Die kompetenzrechtliche Reichweite des Kartellrechts in landesrechtlich determinierten Bereichen

Europäische Hochschulschriften Recht

European University Studies in Law

Publications Universitaires Européennes de Droit

Band/Volume 6715

Christian Thomas Schwepcke

Die kompetenzrechtliche Reichweite des Kartellrechts in landesrechtlich determinierten Bereichen

PETER LANG

Lausanne - Berlin - Bruxelles - Chennai - New York - Oxford

Bibliografische Information der Deutschen Nationalbibliothek
Die Deutsche Nationalbibliothek verzeichnet diese Publikation in der Deutschen Nationalbibliografie; detaillierte bibliografische Daten sind im Internet über http://dnb.d-nb.de abrufbar.

Zugl.: München, Univ., Diss., 2023

D 19
ISSN 0531-7312
ISBN 978-3-631-88363-1 (Print)
E-ISBN 978-3-631-88768-4 (E-PDF)
E-ISBN 978-3-631-88769-1 (EPUB)
DOI 10.3726/b20083

Verlegt durch:
Peter Lang GmbH, Berlin, Deutschland

info@peterlang.com http://www.peterlang.com/

Diese Publikation wurde begutachtet.

www.peterlang.com

Für Daniel und Gerd

Vorwort

Die vorliegende Arbeit wurde im Sommersemester 2022 von der Fakultät der Rechtswissenschaften der Ludwig-Maximilians-Universität München als Dissertation angenommen. Rechtsprechung und Literatur konnten bis Januar 2021 berücksichtigt werden.

Mein herzlicher Dank gilt allen voran meinem Doktorvater Herrn Professor Dr. jur. *Peter M. Huber*, BVR a. D., Minister a. D., für Zuspruch, Unterstützung und Förderung bereits während meiner Studienzeit als Mitarbeiter am Lehrstuhl für Öffentliches Recht und Staatsphilosophie bis hin zur Promotion. Vielen Dank auch an Herrn Professor Dr. jur. *Thomas Ackermann*, LL.M. (Cambridge), für die zügige Erstellung des Zweitgutachtens.

Zudem danke ich allen, die mich beim Verfassen dieser Arbeit und während meines akademischen Werdegangs begleitet haben und deren namentliche Nennung den Rahmen des Vorworts sprengen würde. Exemplarisch seien hier nur Frau Dr. *Denise Gruber*, Herr Professor Dr. *Sebastian Unger*, mein Vater Herr Dr. *Andreas Schwepcke* sowie meine Mutter *Brigitte Schwepcke* erwähnt, die mir stets mit Rat und Tat und wertvollen Anmerkungen zur Seite gestanden haben. Hervorzuheben ist schließlich meine Ehefrau *Julia Schwepcke*, ohne deren bedingungslosen Rückhalt ein Gelingen meines Promotionsvorhabens undenkbar gewesen wäre.

Gewidmet ist die Arbeit jedoch Herrn Dr. *Daniel Fröhlich* und Herrn Dr. *Gerhard Riedl*, die beide als Freund, Vorbild und Unterstützer meiner Dissertation essenziell für deren Zustandekommen waren, mit denen ich den Abschluss der Arbeit jedoch nicht mehr teilen kann.

München im Juni 2023
Christian Schwepcke

Inhalt

Vorwort 7

A. Erosionen der bundesstaatlichen Kompetenzverteilung 17

I. Rundfunkrecht 18

1. Hintergrund: Der Diskurs um die regulatorische Ausgestaltung der Rundfunkfreiheit 18

2. Beschluss vom 27.08.1987 – Globalvertrag Sportrechte 21

a. Sachverhalt der Entscheidung 22

b. Kartellrechtliche Würdigung des Bundeskartellamts 23

c. Gerichtliche Verfahrenshistorie 23

3. Beschluss vom 18.07.1989 – WDR Beteiligung Rahmenveranstalter 25

a. Sachverhalt der Entscheidung 25

b. Kartellrechtliche Würdigung des Bundeskartellamts 26

c. Gerichtliche Verfahrenshistorie 27

4. Beschluss vom 19.01.2006 Fusion ProSiebenSat1/Springer 28

a. Sachverhalt der Entscheidung 29

b. Kartellrechtliche Prüfung des Bundeskartellamtes/ Entscheidung der KEK 31

c. Gerichtliche Verfahrenshistorie 31

aa. Kartellgerichtliche Verfahrenshistorie 32

bb. Verwaltungsgerichtliche Verfahrenshistorie 33

5. BGH Rechtsprechung Einspeiseentgelte 34

a. Sachverhalt der Entscheidungen 34

b. Gerichtliche Verfahrenshistorie 36

aa. Kartellrechtliche Verfahrenshistorie 36

bb. Verwaltungsgerichtliche Verfahrenshistorie 40

6. Zwischenergebnis: Würdigung kompetenzrechtlicher Grenzen des Katellrechts im Rundfunkrecht 43

II. Glücksspielrecht 43

1. Hintergrund: Der Diskurs um das Glücksspielmonopol 43
2. Beschluss vom 22.11.1995 – Deutscher Lotto- und Totoblock 46
a. Sachverhalt der Entscheidung 46
b. Kartellrechtliche Würdigung des Bundeskartellamts 47
c. Gerichtliche Verfahrenshistorie 48
aa. KG, Beschluss vom 11.12.1996 48
bb. BGH, Beschluss vom 19.03.1999 – Lottospielgemeinschaft 49
3. Beschluss vom 23.08.2006 – Lottoblock 51
a. Sachverhalt der Entscheidung 51
b. Kartellrechtliche Würdigung des Bundeskartellamts 53
c. Gerichtliche Verfahrenshistorie 56
aa. OLG Düsseldorf, Beschluss vom 08.06.2007 56
bb. BGH, Beschluss vom 14.08.2008 57
4. Beschluss vom 29.11.2007 – Lotto Rheinland-Pfalz GmbH 58
a. Sachverhalt der Entscheidung 58
b. Kartellrechtliche Würdigung des Bundeskartellamts 59
c. Gerichtliche Verfahrenshistorie 59
5. Zwischenergebnis: Würdigung kompetenzrechtlicher Grenzen des Katellrechts im Glückspielrecht 61
III. Kommunale Daseinsvorsorge 61
1. Hintergrund: Der Diskurs um die effiziente Daseinsvorsorge 62
a. Dekommunalisierung 62
b. Rekommunaliserung 64
c. Sonderfall Wassergebühren 64
aa. BGH, Beschluss vom 02.02.2010 – Wasserpreise Wetzlar 65
bb. BGH, Beschluss vom 18.10.2011 – Niederbarnimer Wasserverband 66
2. BGH-Rechtsprechung zur Rekommunaliserung von Stromnetzen 68
a. Sachverhalt der Entscheidungen 68
b. Kartellrechtliche Prüfung des BGH 71

3. Beschluss vom 28.01.2015 – Stadtwerke Titisee-Neustadt 74
a. Sachverhalt der Entscheidung 74
b. Kartellrechtliche Prüfung des Bundeskartellamts 75
c. Gerichtliche Verfahrenshistorie 76
4. Zwischenergebnis: Würdigung kompetenzrechtlicher Grenzen des Katellrechts im Recht der kommunalen Daseinsvorsorge 78
IV. Ein kompetenzrechtliches Problem? 78
1. Der Meinungsstand im Rundfunkrecht 78
2. Der Meinungsstand im Glücksspielrecht 88
3. Der Meinungsstand im Kommunalrecht 93
4. Zwischenfazit: Kein Ausnahmebereich von den bundesrechtlichen Normen des GWB durch landesrechtliche Normen? 100
a. Die Funktionstauglichkeit der kartellrechtsimmanenten Grenze 103
aa. Grundsatz: wirtschaftliche Betätigung 104
bb. Ausnahme: schlicht hoheitliches Handeln 105
cc. Bewertung anhand der Anwendungsfälle 107
(1) Rundfunkbereich 107
(2) Glücksspielbereich 108
(3) Kommunalrecht 110
dd. Zwischenergebnis 111
b. Die kompetenzrechtlichen Grenzen des Kartellrechts 112
aa. Prüfungsgegenstand 112
bb. Prüfungsverlauf 113
(1) Kompetenzabgrenzung 113
(2) Kompetenzverletzung 114
(3) Kompetenzeffizienz? 117

B. Kompetenzrahmen 121

I. Grundgesetzliche Kompetenzordnung, Bundesstaat und Demokratieprinzip 121

1. Staatsrechtliche Ordnung des Bundesstaates ... 123
2. Demokratische Legitimation ... 124
3. Verantwortungszurechnung ... 125
4. Freiheitssicherung durch Entscheidungsbeteiligung ... 125
5. Zusammenfassung ... 126
II. Die Kompetenzverteilung in den betrachteten Bereichen ... 126
1. Art. 31 GG als taugliche Kompetenzabgrenzungsnorm? ... 126
2. Art. 30 GG als allgemeine und umfassende Kompetenzzuordnungsklausel ... 128
a. Regel ... 128
b. Ausnahme ... 130
3. Landeskompetenzen ... 131
a. Rundfunk ... 132
aa. Kulturhoheit der Länder, Art. 70 GG ... 132
bb. Regulierungsrahmen der Rundfunkhoheit ... 135
cc. Exekutivkompetenz ... 136
b. Glücksspiel ... 138
aa. Lotteriehoheit als Recht der öffentlichen Sicherheit und Ordnung, Art. 70 GG ... 138
bb. Regulierungsrahmen der Lotteriehoheit ... 140
cc. Exekutivkompetenz ... 142
c. Daseinsvorsorge ... 144
aa. Kompetenz zur Regelung der Angelegenheiten der örtlichen Gemeinschaft ... 148
bb. Kommunalrecht als Hausgut der Länder, Art. 70 GG ... 150
cc. Regulierungsrahmen des Landesgesetzgebers ... 152
dd. Organisation der Daseinsvorsorge – notwendige wirtschaftliche Betätigung ... 154
4. Kompetenzen des Bundes ... 154
a. Rundfunk ... 154
b. Glücksspiel ... 156
c. Kommunale Daseinsvorsorge ... 160
d. Kartellrecht ... 160

aa. Das Gesetz gegen Wettbewerbsbeschränkungen 161
bb. Allumfassender Regelungszugriff 163
e. Exekutivkompetenzen 164
aa. Art. 87 Abs. 3 S. 1 GG 164
bb. Organisation der Kartellbehörden 165
cc. Grenze der Verwaltungskompetenzen 166
III. Verhältnis der Kompetenzen 167
1. Doppelzuständigkeiten 167
a. Kompetenzqualifikation – Kompetenzausübung 168
b. Bewertung 169
2. Irrelevanz von Grundrechtsschranken 170
3. Abgrenzung nach dem Schwerpunkt des objektiven Regelungsgegenstandes 171
4. Keine unbegrenzte „Mitregelung“ landesrechtlicher Sachverhalte 173
a. Übertragbarkeit auf Rundfunkbereich? 174
b. Sonderfall privater Rundfunk 178
5. Kompetenzrechtliche Überlagerung durch unionales Kartellrecht? 179
a. Grenzen des unionalen Anwendungsvorrangs 180
aa. Grundrechtsvorbehalt 181
bb. Kompetenzvorbehalt 182
cc. Identitätsvorbehalt 184
b. Anerkennung der Vorbehalte durch den EuGH 184
c. Zuständigkeit der Union 186
aa. Grundsätze der Unionalen Kompetenzverteilung 186
bb. Konkrete Kompetenzverteilung im AEUV hinsichtlich der behandelten Anwendungsfälle 191
(1) Kompetenz für den Binnenmarkt 191
(2) Kompetenz zur Festlegung der für das Funktionieren des Binnenmarkts erforderlichen Wettbewerbsregeln 191
(3) Einwirkung der Grundfreiheiten 192

d. Unionsrechtliche Determination der betrachteten Bereiche 193
aa. Unionsrechtliche Determination des Rundfunkrechts 194
(1) Kein unionsrechtlicher Anwendungsvorrang im Rundfunkrecht 194
(2) Keine unionale Regelung zur Pluralismussicherung 196
(3) Keine unionale Regelung der Programmbeschaffung 197
(4) Keine unionale Regelung der Einspeiseentgelter 197
(5) Zwischenergebnis 198
bb. Unionsrechtliche Determination des Glücksspielsektors 199
cc. Unionsrechtliche Determination der Kommunalen Daseinsvorsorge 201
(1) Kein unionsrechtlicher Anwendungsvorrang im Bereich der kommunalen Daseinsvorsorge 202
(2) Einwirkungsbereich und -grenzen des Primärrechts 203
e. Sonderfall „diagonale Kollision“ 205
aa. Parallele/Alternative Anwendung von deutschem und unionalem Kartellrecht 205
bb. Parallelität beim Verwaltungsvollzug 206
cc. Auflösung bei „diagonalen Kollisionen“ 209
f. Zwischenergebnis: kein Einfluss des Europarechts 210
6. Ergebnis Kompetenzabgrenzung 211

C. Kompetenzverletzung 213

I. Rundfunkrecht 213
1. Beschluss vom 27.08.1985 – Globalvertrag Sportrechte 213
2. Beschluss vom 18.07.1989 – WDR Beteiligung Rahmenveranstalter 215
3. Beschluss vom 19.01.2006 Fusion ProSiebenSat1/Springer 217

4. BGH Rechtsprechung Einspeiseentgelte 220
5. Entscheidend: Der Wettbewerb der Rundfunkanstalten als Mittelpunkt des gesetzgeberischen Gestaltungsspielraums der Landesgesetzgeber 222
6. Grundsatz des bundestreuen Verhaltens 225
7. Zwischenergebnis 226

II. Glücksspielrecht 226
1. Beschluss vom 28.02.1996 – Deutscher Lotto- und Totoblock 226
2. Beschluss vom 23.08.2006 – Lottoblock 228
3. Beschluss vom 29.11.2007 – Lotto Rheinland-Pfalz GmbH 229
4. Entscheidend: Der Wettbewerb der Lottogesellschaften als Mittelpunkt der Gefahrenprognose des Landesgesetzgebers 230
a. Wettbewerb der Länder als bundesstaatlicher Widerspruch 231
b. Gefahrenprognose durch Staatsverträge bestätigt 232
5. Grundsatz des bundestreuen Verhaltens 233
6. Zwischenergebnis 234

III. Die kommunale Daseinsvorsorge 235
1. BGH Rechtsprechung zur Rekommunaliserung von Stromnetzen 235
2. Beschluss vom 28.01.2015 – Stadtwerke Titisee-Neustadt 237
3. Entscheidend: keine Konzessionsvergabe im Markt – keine Vergabe i.S.d. Vergaberechts 238
a. Konzessionsvergabe als Quasi-Vergabe 239
b. Kein Vergaberecht in diesem Bereich der Daseinsvorsorge ... 240
4. Grundsatz des bundestreuen Verhaltens 244
5. Zwischenergebnis 245

IV. Ergebnis der kompetenzrechtlichen Untersuchung 245

D. Kartellrechtliche Rekonstruktion landesrechtlicher Zielsetzungen 249

I. Was Märkte nicht leisten 249

1. Marktversagen im Rundfunk 249
2. Marktversagen im Lotteriebereich 251
3. Marktversagen im Bereich kommunaler Daseinsvorsorge 252
II. Die Reichweite des Kartellrechts 253
1. Verbotsnormen und Wettbewerbprinzip 253
a. Keine kartellrechtliche Rekonstruktion der publizistischen Vielfaltssicherung 255
b. Keine kartellrechtliche Rekonstruktion von Suchtpräventation und Kanalisierung 256
c. Keine kartellrechtliche Rekonstruktion der kommunalen Daseinsvorsorge 256
2. Paradigmenwechsel durch „more economic approach“ 257
a. Begriff „More economic approach“ 257
b. Neue Verfahrensinstrumente der Kartellbehörde 259
3. Kompetenzrechtliche Folgen des Paradigmenwechsels 260
a. Kritik am Ansatz 261
b. Untauglichkeit des „more economic approach“ am Beispiel des Rundfunkrechts 267
4. Zwischenergebnis 269

E. Fazit und Thesen 271

Literaturverzeichnis 273

A. Erosionen der bundesstaatlichen Kompetenzverteilung

„Lebens- und Urlaubsqualität sind die Aushängeschilder von Titisee-Neustadt. Rund 12.000 Einwohner und Millionen von Kurgästen und Tagestouristen finden in und um Titisee-Neustadt alle Attribute für ein angenehmes Leben oder einen attraktiven Urlaub." Mit diesem selbstbewusst formulierten Banner wirbt die kleine Gemeinde auf ihrer Internetpräsenz. Jedenfalls in der rechtlichen Fachpresse war es jedoch weniger die Lebens- und Urlaubsqualität, sondern ein Beschluss des Bundesverfassungsgerichts, mit dem Titisee-Neustadt jüngst von sich reden machte. Die Gemeinde hatte im Wege der Kommunalverfassungsbeschwerde die Feststellung der Verfassungswidrigkeit verschiedener, aus ihrer Sicht in der kartellrechtlichen Rechtsprechung des Bundesgerichtshofs zum Ausdruck kommender Verbote beim Abschluss von Wegenutzungsverträgen nach § 46 EnWG beantragt, nachdem das Bundeskartellamt gegen sie selbst ein Verfahren auf Grundlage von §§ 19, 20 GWB eingeleitet hatte.[1]

Das Bundesverfassungsgericht hat die Beschwerde mit Beschluss vom 22.08.2016 aus formellen Gründen zwar nicht zur Entscheidung angenommen, gleichzeitig aber darauf hingewiesen, Fachgerichte seien dazu angehalten,

> *in den ihnen zur Entscheidung vorgelegten Verfahren sowohl der grundgesetzlichen Kompetenzverteilung, die dem Bund die konkurrierende Gesetzgebungszuständigkeit für das Recht der Wirtschaft, Art. 74 Abs. 1 Nr. 11 GG, und die Verhütung des Missbrauchs wirtschaftlicher Machtstellung, Art. 74 Abs. 1 Nr. 16 GG, den Ländern jedoch die Zuständigkeit für das Kommunalrecht zuweist, als auch der besonderen Bedeutung der den Gemeinden in Art. 28 Abs. 2 GG gewährleisteten Garantie des kommunalen Selbstverwaltungsrechts und ihrer Konkretisierung in der Rechtsprechung des Bundesverfassungsgerichts Rechnung zu tragen, um bei der Auslegung und Anwendung des Energiewirtschaftsgesetzes wie auch des Gesetzes gegen Wettbewerbsbeschränkungen der Möglichkeit einer eigenverantwortlichen Regelung aller Angelegenheiten der örtlichen Gemeinschaft zur Wirksamkeit zu verhelfen.*[2]

Die Sorge des Gerichts um Erosionen der grundgesetzliche Kompetenzverteilung ist im Grunde selbsterklärend, nachdem im selben Satz die sich im Spannungsverhältnis gegenüberstehenden Gesetzesmaterien – das landesrechtliche

---

1 BKartA vom 28.01.2015, B8-175/11.

2 BVerfG-K vom 22.08.2016, – 2 BvR 2953/14; WuW 2016, 535, Rn. 23.

Kommunalrecht auf der einen, das bundesrechtliche Energiewirtschaftsgesetz sowie das ebenfalls bundesrechtliche Gesetz gegen Wettbewerbsbeschränkung auf der anderen Seite – angesprochen sind.

Die deutliche Mahnung des Bundesverfassungsgerichts kann aber auch darauf zurückzuführen sein, dass sich das Verfahren „Stadtwerke Titisee-Neustadt" in eine beträchtliche Anzahl von Fällen einreiht, in denen Kartellbehörden und Gerichte seit Jahrzehnten wettbewerbsrechtliche „Fehltritte" von Akteuren gerügt oder untersagt haben, die zugleich von landesrechtlichen Normen reguliert waren. Kompetenzkonflikte des Kartellrechts sind dabei insbesondere[3] mit dem Rundfunkrecht, dem Glücksspielrecht und dem die kommunale Daseinsvorsorge regulierenden Kommunalrecht zu Tage getreten:

I. Rundfunkrecht

Eine gewisse „Vorreiterrolle" hinsichtlich der Anwendung des Kartellrechts in landesrechtlich determinierten Lebensbereichen nimmt der Rundfunksektor ein.[4] Bereits Mitte der 1980er Jahre rückten rundfunkrechtliche Protagonisten in das Blickfeld des Bundeskartellamts. Gleichzeitig zeigen aber auch jüngere Beispiele die Aktualität der Fragestellung für den Rundfunkbereich.

1. Hintergrund: Der Diskurs um die regulatorische Ausgestaltung der Rundfunkfreiheit

Das landesrechtliche Rundfunkregime ist nicht unumstritten. Insbesondere die explosionsartige Vermehrung des Informationsangebots durch das Internet und die zunehmende Konvergenz von Presse, Telemedien und Rundfunk haben den Rechtfertigungsdruck der sektorspezifischen Regulierung in den vergangenen Jahrzehnten deutlich erhöht.[5] Auch die Emanzipation des Internets von einer bloßen Ergänzung der klassischen Medien hin zu einer führenden Rolle im Medien- und Meinungsmarkt wirft die Frage nach der Aktualität und Passform, aber auch der Legitimation rundfunkrechtlicher Regulierung auf.[6]

---

3 Daneben bestehen durchaus weitere Anwendungsfälle, vgl. etwa zur wettbewerbsrechtlichen Beurteilung des sparkassenrechtlichen Regionalprinzips *Weck*, DÖV 2015, 500 (501 f.)

4 So auch *Brohm*, NJW 1994, 281 (281), für die Mobilisierung des GWB gegen hoheitliche Kompetenzträger.

5 *Körber*, ZWeR 2009, 315 (322 ff.).

6 *Körber*, ZWeR 2009, 315 (326).

Die durch die medienrechtliche Regulierung bestehenden Handlungsspielräume der Rundfunkanstalten und der privaten Rundfunkveranstalter wurden in den vergangenen Jahrzehnten jedoch spürbar durch Anwendungsfälle des Kartellrechts verändert. Dabei hatten Kartell- und Rundfunkrecht bis zum technologiepolitisch bedingten Entwicklungsschub zu Beginn der 1980er Jahre keinerlei Berührungspunkte, waren „verschiedene Welten".[7] Die Gestaltung der Rundfunkordnung der Nachkriegszeit hatte sich, nicht zuletzt stimuliert durch die Erfahrungen mit der Wehrlosigkeit der Weimarer Rundfunkordnung, weitgehend am Vorbild der British Broadcasting Corporation (BBC) orientiert und daher eine öffentlich-rechtliche Rechtsstruktur gewählt, die mit dem Recht zur Selbstverwaltung bei nur beschränkter Rechtsaufsicht zugleich frei von Einflussnahme durch Regierungen oder politische Parteien sein sollte.[8] Hinzu kam, dass das Bundesverfassungsgericht bereits in seinem zweiten Rundfunkurteil die Unzulässigkeit eines reinen Marktmodells betont hatte, da der Rundfunk wegen seiner weitreichenden Wirkungen und Möglichkeiten sowie der Gefahr des Missbrauchs zum Zwecke einseitiger Einflussnahme auf die öffentliche Meinung nicht dem „freien Spiel der Kräfte" überlassen werden könne.[9]

Die Frequenzknappheit, die das Gericht unter anderem zu diesem Schluss bewegte, wurde dann aber durch technische Neuerungen egalisiert: insbesondere die sich aus den USA und Japan verbreitende Breitband- und Satellitentechnologie brachte neue Kapazitäten für Kommunikations- und Rundfunkdienste und mit ihnen für entsprechende gesellschaftliche Interessengruppen.[10]

Damit wurde auch die Frage nach der Tauglichkeit von publizistischem und wirtschaftlichem Wettbewerb zur „dualen Ordnung des Rundfunks" aufgeworfen.[11] Insbesondere die Auffassung des Bundesverfassungsgerichts, dass Markt und Wettbewerb im Rundfunkbereich nicht funktionieren könnten, sahen manche Autoren wegen der Veränderungen auf der rechtstatsächlichen Ebene und der damit verbundenen Anreize der Rundfunkveranstalter i.S. eines „more economic approach" widerlegt.[12]

---

7 *Stock*, AfP 1989, 627, (627); *Huber*, FS „10 Jahre TLM", 2001, 185 (186).
8 *Hoffmann-Riem*, Regulierung der dualen Rundfunkordnung, 2000, 23 f.
9 BVerfG vom 27.07.1971, 2 BvF 1/68, BVerfGE 31, 314 (325).
10 *Hoffmann-Riem*, Regulierung der dualen Rundfunkordnung, 2000, 26.
11 BVerfG vom 04.11.1986, 1 BvF 1/84, BVerfGE 73, 118 (125).
12 *Körber*, ZWeR 2012, 315 (332 f.).

Schnell wurde ein Paradigmenwechsel im Rundfunkrecht hin zu einer Ordnung durch den Markt und damit das Kartellrecht ins Gespräch gebracht.[13] Energische Vorstöße aus der Kartellrechtsliteratur sprachen sich für ein Marktrundfunk-Paradigma und damit zugleich eine stärkere Überprüfung der Vorgänge auf dem Rundfunkmarkt durch das Bundeskartellamt aus.[14] Auch die (ökonomische) Sonderrolle des öffentlich-rechtlichen Rundfunks geriet stärker in den Fokus der Kritik. *Möschel* meint etwa mit Blick auf die Besitzstands- und Entwicklungsgarantie, einem Wettbewerbsrechtler müsse „sich dabei jedes Haar einzeln sträuben".[15] Dass dieser wissenschaftliche Diskurs durchaus auf die Zunahme wirtschaftlicher Interessen in diesem Sektor zurückzuführen war, liegt auf der Hand.[16]

So überrascht es nicht, dass die Frage der Anwendbarkeit kartellrechtlicher Normen auf rundfunkrechtliche Sachverhalte mitunter als Vorentscheidung für die Zuordnung des gesamten Rundfunksystems zu einer Markt- oder einer Kommunikationsordnung eingeordnet wurde.[17]

Das Bundeskartellamt nahm die Anregungen aus der Literatur durchaus ernst und ging in der Folge, wie *Püttner* es beschreibt, gegenüber ARD und ZDF in eine Position „mit gesenkten Hörnern".[18]

Nach ersten Pilotversuchen der Länder zur Erprobung von Technik, Organisation und Inhalten eines Kabelfernsehens präzisierte schließlich das Bundesverfassungsgericht im sog. FRAG-Urteil die verfassungsrechtlichen Möglichkeiten und Grenzen der Liberalisierung und Privatisierung des Rundfunks.[19] Dabei

---

13 *Stock* in: Hoffmann-Riem, Rundfunk im Wettbewerb, 1988, 35 (35); *Hoffmann-Riem*, Regulierung der dualen Rundfunkordnung, 2000, 27.

14 *Emmerich/Steiner*, Möglichkeiten und Grenzen der öffentlichen Rundfunkanstalten, 1988, wollen die Marktzutrittsschranken gegen private Rundfunkanstalten mit einer roll-back Strategie des Bundeskartellamts bekämpft sehen.

15 *Möschel*, MMR 2001, 3 (7).

16 Vgl. hierzu etwa *Klaue* in: Hoffmann-Riem, Rundfunk im Wettbewerb, 1988, 84 (85): Hier spielten wirtschaftliche Interessen und politische und ökonomische Wunschvorstellung eine nicht unerhebliche Rolle.

17 *Müller*, Konzentrationskontrolle zur Sicherung der Informationsfreiheit, 2004, 271; a.A. *Hoffmann-Riem*, Regulierung der dualen Rundfunkordnung, 2000, 27, der die demokratische und kulturelle Aufgabe des Rundfunks als entwicklungsoffene gesellschaftliche Selbstbeschreibung betont.

18 *Püttner*, DÖV 1987, 879.

19 BVerfG vom 16.06.1981, 1 BvL 89/78, BVerfGE 57, 295 (323); hierzu *Stock* in: Hoffmann-Riem, Rundfunk im Wettbewerb, 1988, 35 (41 f.); *Spieler*, Fusionskontrolle im Medienbereich, 1988, 154 f.; *Stock* NJW 1987, 217 (218).

stellte das Gericht hohe Anforderungen an den privaten Rundfunk auf und hielt – unabhängig von der Frequenzknappheit – an der besonderen staatlichen Ausgestaltungsverantwortung fest, da der Wettbewerb allein das Ziel eines unverkürzten Meinungsmarktes nicht hinreichend sicher gewährleiste.[20]

Nachdem 1984 auch politisch der Durchbruch für die Etablierung des privaten Rundfunks erfolgt war, wurde am Beispiel der Änderung der Landesmediengesetze auch die Diskrepanz der kompetenziellen Kleinräumigkeit der Regelungszuständigkeit der Länder und der technisch wie wirtschaftlich angelegten Großräumigkeit des Rundfunks offenkundig.[21] Die Kritik am landesrechtlichen Rundfunkgesetzgeber hatte also auch durch Öffnung des Rundfunkmarktes eher zu- als abgenommen. Auch den Europäischen Gerichtshof hat das deutsche Rundfunkwesen zuletzt beschäftigt: in seinen Schlussanträgen hat Generalanwalt Campos Sánchez-Bordona am 26.09.2018 dem EuGH jedoch vorgeschlagen, festzustellen, dass die Änderung des Kriteriums für die Entstehung des Beitrags zur Finanzierung der öffentlich-rechtlichen Rundfunkanstalten in Deutschland keine rechtswidrige, staatliche Beihilfe darstellt.[22]

Aktuellstes Beispiel der Debatte um die Reichweite des Kartellrechts im Rundfunkbereich ist die Forderung, sogar die Auftragsvergabe von Filmproduktionsleistungen durch die Rundfunkanstalten kartellrechtlich zu überprüfen und ggf. zu ahnden, da rundfunkrechtlich insoweit ein faktisches Kontrollvakuum entstanden sei.[23]

Der Ende Juli 2018 von den Ländern als Diskussionsentwurf zur Weiterentwicklung des Rundfunkstaatsvertrages (RStV)[24] vorgelegte Medienstaatsvertrag ist zum 07.11.2020 in Kraft getreten.[25]

2. Beschluss vom 27.08.1987 – Globalvertrag Sportrechte

Bereits kurz nach der Etablierung des privaten Rundfunks kam es zu einem ersten „Aufeinandertreffen“ der Kompetenzträger im Kartell- und Rundfunkrecht.

---

20 *Hoffmann-Riem*, Regulierung der dualen Rundfunkordnung, 2000, 29.

21 *Hoffmann-Riem*, Regulierung der dualen Rundfunkordnung, 2000, 30.

22 Hierzu MMR-Aktuell 2018, 411000.

23 *Podszun/Leber*, K&R 2015, 777 (777); kritisch *Kreile/Heinrich*, ZUM 2016, 110 (125); vgl. auch *Dreher*, ZUM 2005, 265.

24 Vgl. *Ory*, ZUM 2019, 139.

25 Im Rahmen der vorliegenden Betrachtung wird noch auf den RStV als einfachgesetzliches Rundfunkrecht abgestellt; zu den Neuerungen der Medienregulierung *Siara*, MMR 2020, 523.

Mit Beschluss vom 27.08.1987 hat das Bundeskartellamt einen zwischen den öffentlich-rechtlichen Rundfunkveranstaltern und einer Vielzahl von Spitzensportverbänden abgeschlossenen Globalvertrag für unwirksam erklärt.[26]

a. Sachverhalt der Entscheidung

Zu dieser Zeit hatten private Rundfunkanbieter im Markt Fuß gefasst und das durch sie entstandene duale Rundfunksystem hatte erste Konturen in der Rechtsprechung des Bundesverfassungsgerichts erlangt.[27] Das scheinbar größte Hindernis dieses neuen Geschäftsmodells war aber nach wie vor die strukturelle und wirtschaftliche Überlegenheit der öffentlich-rechtlichen Rundfunkanstalten.

Am 29.06./03.09.1985 hatten der Deutsche Sportbund und ein großer Teil der ihm angeschlossenen Spitzenverbände mit den in der Arbeitsgemeinschaft der deutschen Rundfunkanstalten (ARD) zusammengeschlossenen öffentlich-rechtlichen Rundfunkanstalten sowie dem ZDF einen Vertrag über die rundfunkmäßige Verwertung von Sportveranstaltungen in Bild und Ton abgeschlossen.[28] Durch diesen sogenannten „Globalvertrag“, der rückwirkend zum 01.01.1985 mit einer Laufzeit von fünf Jahren in Kraft getreten war, war den öffentlich-rechtlichen Rundfunkanstalten das Recht zur ausschließlichen Verwertung der von dem Vertrag erfassten Sportveranstaltungen eingeräumt worden. Zur Abgeltung aller vertraglichen Leistungen der Spitzenverbände und sämtlicher einzuräumenden Rechte und Befugnisse hatten sich die Rundfunkanstalten verpflichtet, für jedes Jahr eine von Anfang an festgelegte Gesamtsumme zu zahlen. Dem Globalvertrag nicht beigetreten waren der Deutsche Fußball-Bund, der Deutsche Eishockey-Bund, der Deutsche Motoryacht-Verband, der Deutsche Tanzsportverband, der Deutsche Golf-Verband, der Deutsche Segel-Surfverband, der Hauptverband für Traberzucht und Rennen und das Direktorium für Vollblutzucht und Rennen.

26 BKartA vom 27.08.1987, WuW/E 2273.

27 BVerfG vom 16.06.1981, 1 BvL 89/78, BVerfGE 57, 295 (323); Die Entscheidungen BVerfG vom 04.11.1986, 1 BvF 1/84, BVerfGE 73, 118 und vom 24.03.1987, 1 BvR 147/86, 478/86, BVerfGE 74, 297 folgten nur wenige Monate nach der hier behandelten Entscheidung.

28 Vgl. BGH vom 14.03.1990, KVR 4/88, NJW 1990, 2815 (2815).

b. Kartellrechtliche Würdigung des Bundeskartellamts

Diesen Globalvertrag hat das Bundeskartellamt mit Beschluss vom 27.08.1987[29] für unwirksam erklärt, da er gegen Kartellrecht verstoße. Die vertragliche Beschränkung der Spitzenverbände, Fernsehrechte für die Übertragung der vertragsgegenständlichen Sportveranstaltungen an private Fernsehveranstalter zu vergeben, stelle eine unbillige Marktzutrittsbeschränkung i.S.v. § 18 Abs. 1 lit. b. GWB a.F. dar.[30]

Die Programmbeschaffung der öffentlich-rechtlichen Rundfunkanstalten sei eine unternehmerische Tätigkeit, da sie anders als die Sendetätigkeit, die vom Bundesverfassungsgericht als hoheitliche Tätigkeit qualifiziert werde, gerade nicht für die Erfüllung ihres öffentlichen Sendeauftrages erforderlich sei. Zudem könne die Rechtsprechung des BGH[31] zur Anwendbarkeit des UWG auf die Sendetätigkeit der Rundfunkanstalten entsprechend herangezogen werden: wegen der wettbewerblichen Auswirkungen ihres Verhaltens im Bereich des Programmangebots seien sie grundsätzlich auch insoweit nicht der Anwendung des GWB entzogen.[32]

c. Gerichtliche Verfahrenshistorie

Das KG[33] hat die Beschwerden, die die Vertragsparteien des Globalvertrags gegen den Beschluss des Bundeskartellamts eingelegt haben, zurückgewiesen und dabei lediglich einzelne Akzentuierungen in der kartellrechtlichen Prüfung verändert: So sei etwa der relevante Markt für Sportübertragungen nicht von einem gesonderten Markt für Fußballübertragungen zu trennen.[34] Mit ihren zugelassenen Rechtsbeschwerden haben die Vertragsparteien daraufhin ihren Antrag auf Aufhebung des Beschlusses weiter verfolgt. Der BGH hat jedoch die Einschätzung des KG bestätigt und daher die Rechtsbeschwerden als unbegründet zurückgewiesen.[35]

Im Ergebnis sei die Auffassung der Vorinstanz, das Bundeskartellamt sei für den Erlass der Verfügung zuständig gewesen, zutreffend.[36] Allerdings könne die

---

29 BKartA vom 27.08.1987, B 6 – 743500 – RV 170/84; WuW 1988, 79 ff.

30 BKartA vom 27.08.1987, B 6 – 743500 – RV 170/84; WuW 1988, 79, 81.

31 Abkürzung für Bundesgerichtshof; im Text nicht erläuterte Abkürzungen wie bei *Kirchner/Butz*, Abkürzungsverzeichnis der Rechtsprache, 2018.

32 BKartA vom 27.08.1987, B 6 – 743500 – RV 170/84; WuW 1988, 79, 82.

33 KG Berlin, vom 26.06.1991, Kart 23/89, WuW/E OLG 4267.

34 KG Berlin, ebenda; hierzu auch *Rahn*, Programmauftrag und Kartellrecht, 1991, 120.

35 BGH vom 14.03.1990, KVR 4/88, NJW 1990, 2815 (2815).

36 BGH, ebenda.

Zuständigkeit des Bundeskartellamts nicht weiter gehen, als die Gesetzgebungskompetenz des Bundes für das Kartellrecht als äußerste Grenze seiner Verwaltungsbefugnisse reiche. Verfügungen des Bundeskartellamts seien aber nicht „von vorneherein ausgeschlossen", weil sie sich auch auf Bereiche der Rundfunkordnung auswirken würden, deren gesetzliche Gestaltung in der ausschließlichen Zuständigkeit der Länder liege.[37] Programmbeschaffung und -gestaltung der Rundfunkanstalten würden auch den wirtschaftlichen Wettbewerb beeinflussen. Aufgrund des Kompetenztitels aus Art. 74 Nr. 16 GG könne der Bund aber kartellrechtliche Regelungen auch auf Gebieten erlassen, selbst wenn keine umfassende Bundeskompetenz bestehe. Dies sei nicht zuletzt für die Rechtsverhältnisse der Presse vom Bundesverfassungsgericht anerkannt.[38] Nach denselben Grundsätzen seien auch Verfügungen zulässig, die sich ihrem Wesen nach auf die Verhütung wirtschaftlicher Machtstellung richten und sich nur „als Nebenfolge" auf die Rundfunkordnung auswirkten.[39] Die vorliegenden Verfügungen des Bundeskartellamts würden aber allein die Beseitigung von Beschränkungen privater Fernsehveranstalter im Wettbewerb mit den öffentlich-rechtlichen Rundfunkanstalten bezwecken und daher den Zwecken der Rundfunkordnung dienen.

Auch die materiell-rechtlichen Voraussetzungen der Verfügungen seien gegeben:[40] Der Globalvertrag sei ein Vertrag, den die Rundfunkanstalten als Unternehmen im Sinne des GWB über die Rechte zur rundfunkmäßigen Verwertung von Sportveranstaltungen und damit über gewerbliche Leistungen i.S.d. § 18 Abs. 1 Nr. 2 GWB.F. geschlossen hätten. Dass sich die Programmbeschaffung der Rundfunkanstalten im öffentlichen Bereich vollziehe, schließe ihre Einordnung als Unternehmen i.S.d. Wettbewerbsrechts nicht aus.[41] Die Rechtsprechung zum UWG, wonach dieses auf die Rundfunkanstalten Anwendung finde, sobald diese in einem Wettbewerbsverhältnis mit privaten Unternehmen stünden,[42] sei auf das GWB übertragbar.[43]

---

37 BGH vom 14.03.1990, KVR 4/88, NJW 1990, 2815, (2816).

38 BGH ebenda, mit Verweis auf BVerfG vom 04.11.1986, 1 BvF 1/84, BVerfGE 73, 118 (174).

39 BGH, ebenda.

40 BGH vom 14.03.1990, KVR 4/88, NJW 1990, 2815 (2816 ff.).

41 BGH vom 14.03.1990, KVR 4/88, NJW 1990, 2815 (2817).

42 BGH vom 27.02.1962, I ZR 118/60 NJW 1962, 1295 – AKI; ebenso BGH NJW 1963, 1742 – Vortragsabend; NJW 1977, 951 – Der 7. Sinn; GRUR 1968, 314, 316 – fix und clever; LM § 1 UWG Nrn. 546/549 – Werbung im Programm.

43 BGH vom 14.03.1990, KVR 4/88, NJW 1990, 2815 (2817).

Der Vertrag beschränke die vertragsbeteiligten Spitzenverbände darin, die Rechte zur rundfunkmäßigen Verwertung derjenigen Sportveranstaltungen, die von den Rundfunkanstalten nicht für ihre Berichterstattung ausgewählt worden seien, an andere Fernsehveranstalter zu vergeben. Dadurch würde das für den publizistischen Zweck notwendige Maß an Exklusivität überschritten und die privaten Rundfunkveranstalter in ihren Bezugsmöglichkeiten bei der Programmbeschaffung unbillig beschränkt.[44]

Zuletzt habe das KG, wenn auch nicht im Rahmen der gem. § 18 Abs. 1 lit. b GWB a.F. vorzunehmenden Interessenabwägung, der durch Art. 5 Abs. 1 S. 2 GG gewährleisteten Rundfunkfreiheit ausreichend Rechnung getragen.[45] Die angefochtene Verfügung des Bundeskartellamts, die der Freiheit des wirtschaftlichen Wettbewerbs dienen solle, stünde aber nicht im Widerspruch zur Rundfunkfreiheit, sondern diene dieser vielmehr durch eine Förderung der Vielfalt der Information.

3. Beschluss vom 18.07.1989 – WDR Beteiligung Rahmenveranstalter

Wenig später, am 18.07.1989, hat sich das Bundeskartellamt erneut in den Wirkungskreis der Rundfunkunternehmen eingeschaltet.[46]

a. Sachverhalt der Entscheidung

Der Beschluss betraf den geplanten Erwerb der Radio NRW GmbH durch den Westdeutschen Rundfunk (WDR).

Geschäftszweck der Radio NRW GmbH zum Zeitpunkt der geplanten Übernahme war die Erstellung eines Rahmenprogramms, das von zahlreichen lokalen Hörfunkveranstaltern in Nordrhein-Westfalen kostenlos verwendet werden konnte. Das Rahmenprogramm hatte dazu gedient, eine vom nordrhein-westfälischen Gesetzgeber geforderte Organisationsstruktur, in der lokale Rundfunkprogramme möglichst auf Ebene der Kreise und Städte ermöglicht werden sollten, finanziell abzusichern:[47] Hintergrund dieser Struktur war die Prognose des Landesgesetzgebers, dass sich auf der Ebene der lokalen Sender eine

44 BGH vom 14.03.1990, KVR 4/88, NJW 1990, 2815 (2818 f.).

45 BGH vom 14.03.1990, KVR 4/88, NJW 1990, 2815 (2820 f.).

46 BKartA vom 18.07.1989, B 6 – 743100 – U – 71/88, ZUM 1989, 479.

47 *Jarras*, Kartellrecht und Landesrundfunkrecht, 1991, 5.

programmliche Vielfalt nicht durch den Wettbewerb einer Vielzahl von Rundfunkveranstaltern erreichen lasse.[48]

Das Verbreitungsgebiet dieser lokalen Rundfunkveranstalter war daher gesetzlich auf 600.000 Einwohner begrenzt, § 31 LRG NW, was den Rundfunkveranstaltern aufgrund der damit verbundenen Begrenzung der Werbereichweite erhebliche Finanzierungsschwierigkeiten einbrachte. Zur Lösung dieses Problems bot sich die Bereitstellung eines landesweiten Rahmenprogramms an, da hierdurch zum einen die Kosten der lokalen Sender reduziert und zum anderen die Werbeeinnahmen aufgrund der größeren Reichweite des Rahmenprogramms erhöht werden konnten.[49] Dementsprechend war in § 30 LRG NW verfassungsgemäß[50] die Möglichkeit der Veranstaltung eines landesweiten Rahmenprogrammes fixiert und zugleich in § 6 Abs. 2 LRG NW bestimmt worden, dass sich öffentlich-rechtliche Rundfunkanstalten im Rahmen der für sie geltenden Bestimmungen mit insgesamt bis zu einem Drittel der Kapital- und Stimmanteile an einer Veranstaltergemeinschaft des landesweiten Rahmenprogramms beteiligen dürfen.

Flankierend dazu räumte das Gesetz über den Westdeutschen Rundfunk (WDR-G) dem WDR die Möglichkeit ein, sich an einem Rahmenprogrammgestalter zu beteiligen, insbesondere wenn damit die Stärkung der wirtschaftlichen Leistungsfähigkeit des lokalen Rundfunks bezweckt ist.[51] Zudem privilegierten LRG NW wie WDR-G Rahmenveranstalter mit einer Beteiligung des WDR bei der Erteilung der Rundfunklizenz sowie bei den Werbeeinnahmen.

b. Kartellrechtliche Würdigung des Bundeskartellamts

Die geplante Fusion hat das Bundeskartellamt untersagt, weil die Beteiligung des WDR den Zusammenschlusstatbestand des § 23 Abs. 2 Nr. 2a GWB a.F. erfülle.[52] Dabei erkannte die Behörde durchaus den Widerspruch der Untersagung mit den landesrechtlichen Normen, meinte aber, das GWB setze der in Art. 5 Abs. 1

48 Entwurf der Landesregierung für das LRG NW, LT-Drs. 10/1140, 53; dem zustimmend *Jarras*, ebenda.

49 *Jarras*, Kartellrecht und Landesrundfunkrecht, 1991, 6 f.: Den Lokalsendern werden als Gegenleistung für dessen Ausstrahlung 85 % der Werbeerträge des Rahmenprogrammgestalters zur Verfügung gestellt.

50 Vgl. BVerfG vom 05.02.1991, 1 BvF 1/85, 1 BvF 1/88, BVerfGE 83, 238.

51 *Jarass*, Kartellrecht und Landesrundfunkrecht, 1991, 11 ff. mit Verweis auf §§ 3 Abs. 9, 33 Abs. 2 S. 4 und § 47 WDR-G.

52 BKartA vom 18.07.1989, B 6 – 743100 – U – 71/88, WuW 1989, 862 ff.

S. 2 GG geschützten Rundfunkfreiheit und der rundfunkrechtlichen Gestaltungsfreiheit des Landesgesetzgebers Grenzen.

Die Vorschriften des GWB seien auch auf Gründungen von Rundfunkunternehmen anzuwenden, die dem nordrhein-westfälischen Rundfunkrecht unterlägen, da die Normen in keinem Widerspruch zueinander stünden und ein Ausschluss der Anwendung des Wettbewerbsrechts auf die unternehmerisch handelnden Rundfunkanstalten durch Landesrecht ohnehin „verfassungsrechtlich unzulässig (Art. 31 GG)“ sei.[53] Dem Landesgesetzgeber stünde auch keine aus seiner Rundfunkkompetenz ableitbare Kompetenz kraft Sachzusammenhang oder gar eine Annexkompetenz für einen Ausschluss der Fusionskontrolle zu, da er auch so von seiner Kompetenz für die Sachbereiche Gebrauch machen könnten. Im Niedersachen-Urteil habe das Bundesverfassungsgericht eine in vollem Umfang anwendbare Fusionskontrolle im Bereich des Rundfunks und sogar eine verfassungsrechtliche Verpflichtung des Bundesgesetzgebers zur Ergänzung der Fusionskontrolle auf bestimmte Bereiche des Rundfunks angenommen.[54]

c. *Gerichtliche Verfahrenshistorie*

Mit Beschluss vom 26.06.1991[55] hat das KG die Untersagung des Kartellamts bestätigt. Besonderes Augenmerk legte auch das Gericht auf die Frage, ob das Kartellrecht auf vorliegend Sachverhalt anwendbar, das Bundeskartellamt mithin zuständig gewesen sei.

Die Grenzen der Zuständigkeit ergäben sich zwar aus dem Umfang der bundesrechtlichen Gesetzgebungskompetenz. Gleichzeitig sei aber verfassungsgerichtlich anerkannt, dass die auf Art. 74 Nr. 16 GG gestützten Vorschriften zur Fusionskontrolle auch Anwendung finden dürften, wenn dies Auswirkungen auf ein Sachgebiet habe, dass in die Gesetzgebungskompetenz der Länder fällt.[56] Soweit die Beschwerdeführerin eben diese Rechtsprechung zu ihren Gunsten geltend mache, verkenne sie die Tragweite der Entscheidungsgründe.

Auch bestehe kein Konflikt zwischen Bundes- und Landerecht, da nicht die Zielvorstellungen und Ordnungswünsche der Landesregierung, sondern allein der in den Rundfunkgesetzen konkretisierte Wille des Gesetzgebers maßgeblich sei: diese enthielten weder ausdrücklich noch sinngemäß eine Befreiung

---

53 BKartA vom 18.07.1989, B 6 – 743100 – U – 71/88, WuW 1989, 862, 863.

54 BKartA vom 18.07.1989, B 6 – 743100 – U – 71/88, WuW 1989, 862, 864.

55 KG Berlin vom 26.06.1991, Kart 23/89, AG 1992, 360.

56 KG Berlin, ebenda, mit Verweis auf BVerfG vom 04.11.1986, 1 BvF 1/84, BVerfGE 73, 118 (173).

des WDR von der Fusionskontrolle, da insbesondere § 6 Abs. 2 LRG NW eine Beteiligung der Rundfunkanstalt an den Rahmenprogrammveranstaltern nicht ausdrücklich anordne.[57] Die dort geschaffene Beteiligungsschranke ergänze das Kartellrecht, indem es publizistischen Wettbewerb innerhalb der Veranstaltergemeinschaften sicherstelle.

Schließlich müsse im Falle des Widerspruchs von LRG NW und GWB Art. 31 GG zur Anwendung kommen, wenn nicht zwingende grundrechtliche Erfordernisse ausnahmsweise dem Landesrecht Vorrang einräumen würden. Es könne aber davon „nach Lage der Dinge keine Rede sein", dass die Beteiligung des WDR notwendig wäre, um die mit der Einführung des lokalen Rundfunks in Nordrhein-Westfalen beabsichtigte Steigerung der Medienvielfalt zu gewährleisten; schließlich hätte sonst die notwendige Beteiligung in § 6 Abs. 2 LRG NW fixiert werden können.[58]

Auch die kartellrechtliche Subsumtion des Kartellamts, durch die Beteiligung am Rahmenprogrammveranstalter würde die marktbeherrschende Stellung des WDR verstärkt, hat das KG bestätigt: Die Rundfunkveranstalter seien Unternehmen i.S.d. GWB, wenn sie in Wettbewerbsbeziehungen zu privaten Unternehmen träten. Auch das Gebührenaufkommen des WDR sei für die Toleranzgrenze des § 24 Abs. 8 Nr. 1 GWB a.F. heranzuziehen, da sie die wesentliche Basis des Marktgewichts der Rundfunkanstalt darstelle.[59] Da der WDR durch die Beteiligung an der Radio NRW GmbH in die Lage versetzt würde, das wettbewerbliche Verhalten eines Wettbewerbers zu bestimmen oder zumindest auf dieses einfacher zu reagieren, würde hierdurch seine marktbeherrschende Stellung auf dem Markt für Hörfunkwerbung in Nordrhein-Westfalen verstärkt.[60]

4. Beschluss vom 19.01.2006 Fusion ProSiebenSat1/Springer

Die dargestellten Verfahren haben dazu geführt, dass eine Anwendung des Kartellrechts auf den Rundfunk, insbesondere im Rahmen der Fusionskontrolle, zur allgemeinen Praxis geworden ist. Die kompetenzrechtliche Spannung des „Nebeneinander" von Kartellrecht und Rundfunkrecht ist erst wieder im Jahre 2006 anhand der Fusion ProSiebenSat1/Springer massiv in den Vordergrund gerückt.

---

57 KG Berlin vom 26.06.1991, Kart 23/89, AG 1992, 360 (361).
58 KG Berlin, ebenda.
59 KG Berlin vom 26.06.1991, Kart 23/89, AG 1992, 360 (362).
60 KG Berlin vom 26.06.1991, Kart 23/89, AG 1992, 360 (363).

a. *Sachverhalt der Entscheidung*

Durch den Dritten Rundfunkänderungsstaatsvertrag aus dem Jahr 1996 wurde die rundfunkspezifische Konzentrationskontrolle in einen neuen rechtlichen Rahmen gefasst: Gem. § 26 Abs. 1 Halbs. 1 RStV durfte jedes (zugelassene) Medienunternehmen grundsätzlich eine beliebige Anzahl von Fernsehprogrammen veranstalten. Diese Veranstalterfreiheit stand allerdings unter dem Vorbehalt, dass die Programmveranstaltung die angestrebte Meinungsvielfalt nicht durch „vorherrschende Meinungsmacht" beeinträchtigt, § 26 Abs. 1 Halbs. 2 RStV.[61] Die Verwendung des Begriffs der „vorherrschenden Meinungsmacht". In dem Verbotstatbestand beruht auf der Rechtsprechung des Bundesverfassungsgerichts, wonach die Verhinderung von „vorherrschender Meinungsmacht" ein maßgebliches Ziel der positiven Rundfunkordnung darstellt.[62] Zur Ausfüllung des unbestimmten Rechtsbegriffs „vorherrschender Meinungsmacht", den die ebenfalls neu geschaffene Kommission zur Ermittlung der Konzentration im Medienbereich (KEK), ein von allen Ministerpräsidenten berufenes, unabhängiges Sachverständigengremium,[63] bereits als eigenständigen Tatbestand begreift,[64] enthielt § 26 Abs. 2 RStV insgesamt drei an die Zuschaueranteile anknüpfende Vermutungsregeln.[65]

---

61 Ausführlich hierzu *Schaarschmidt*, Cross-Promotion durch Medienkonglomerate, 2005, 193; *Dörr*, ZWeR 2004, 159 (165); *Dörr/Deicke*, ZUM 2015, 89 (89).

62 *Paal*, AfP 2014, 389 (390); *Huber*, Die Verwaltung 2007, 1 (2).

63 Zur Besetzung grundsätzlich *Dörr*, ZWeR 2004, 159 (181 f.).

64 *Huber*, Die Verwaltung 2007, 1 (4).

65 Gem. § 26 Abs. 2 Satz 1 RStV wird vorherrschende Meinungsmacht vermutet, wenn die einem Unternehmen nach Maßgabe des § 28 RStV zurechenbaren Programme im Durchschnitt eines Jahres einen nach Maßgabe des § 27 RStV zu bestimmenden Zuschaueranteil von 30 % erreichen. Gem. § 26 Abs. 2 Satz 2 RStV wird das Vorliegen einer vorherrschenden Meinungsmacht darüber hinaus in den Fällen vermutet, in denen zwar ein Zuschaueranteil von nur 25 % erreicht wird, das Unternehmen aber auf einem medienrelevanten verwandten Markt eine marktbeherrschende Stellung hat oder sich aus der Gesamtbeurteilung seiner Aktivitäten im Fernsehen und auf medienrelevanten verwandten Märkten ergibt, dass der dadurch erzielte Meinungseinfluss dem eines Unternehmens mit einem Zuschaueranteil von 30 % entspricht. Ferner kommen nach § 26 Abs. 2 Satz 3 RStV mit Blick auf Satz 2 der Bestimmung von dem tatsächlichen Zuschaueranteil zwei Prozentpunkte in Abzug, wenn in dem dem Unternehmen zurechenbaren Vollprogramm mit dem höchsten Zuschaueranteil Fensterprogramme i.S.d. § 25 Abs. 4 RStV aufgenommen sind; weitere drei Prozentpunkte werden in Abzug gebracht für die gleichzeitige Aufnahme von Sendezeit für

Durch Einführung dieser rundfunkspezifischen Konzentrationskontrolle kam schnell Streit um die grundsätzliche Kontrolle der Medienkonzentration auf. Hierzu wurde vorgeschlagen, entsprechende Entscheidungen ausschließlich von der Behörde treffen zu lassen, die qua Gesetz dazu berufen ist, marktbeherrschende Positionen einzelner Unternehmen zu verhindern: vom Bundeskartellamt.[66]

Bereits lange vor Verabschiedung des Dritten Rundfunkänderungsstaatsvertrages hatte die Monopolkommission für sog. Crossmediale Zusammenschlüsse angemahnt, dass der Wettbewerb zwischen den Medien Presse und Rundfunk zu sichern sei und daher die Fusionskontrolle selbst bei der Vergabe von Rundfunklizenzen eingreifen müsse.[67] Auch in der Folge hat die Monopolkommission ihre Kritik an der rundfunkrechtlichen Konzentrationskontrolle stets wiederholt und erneuert.[68]

Zum Schwur kam es schließlich bei einem Zusammenschlussvorhaben, das ab der Jahreswende 2005/2006 wegen seiner rechtlichen und wirtschaftlichen Bedeutung das öffentliche Interesse auf sich gezogen hatte: Der größte deutsche Zeitungsverlag, die Axel Springer AG, plante den Erwerb sämtlicher Anteile an der ProSiebenSat.1 Media AG, welche seinerzeit als führender nationaler privater Fernsehveranstalter die Fernsehsender ProSieben, Sat. 1, Kabel 1 und den Nachrichtensender N24 betrieb. Der Zusammenschluss hätte zu einem zweiten „crossmedialen Riesen" neben der Bertelsmann-Gruppe geführt.[69] Aufgrund dieser potentiell weitgehenden Vermachtung des Mediensektors erachtete mancher Beobachter sogar die marktwirtschaftliche Ordnung insgesamt für gefährdet.[70]

Dritte nach Maßgabe des § 26 Abs. 5 RStV; hierzu *Paal*, *AfP* 2014, 389 (391); *Dörr*, ZWeR 2004, 159 (166 f.).

66 Hierzu *Knothe/Lebens*, AfP 2000, 125 (125), der aber eine Übertragung einer den Ländern zugewiesenen Exekutivfunktion auf eine Bundesbehörde insbesondere deshalb als problematisch ansieht, weil diese Funktion so möglicherweise dem Kontrollbereich der Länderparlamente entzogen werde.

67 *Monopolkommission*, Sondergutachten 11, Rn. 4; hierzu *Paal*, ZWeR 2012, 380 (382).

68 Vgl. etwa *Monopolkommission*, Hauptgutachten 16, Rn. 793: „anstehende Föderalismusreform […] wäre angemessener Anlass, über eine Neuordnung der Rundfunkkontrolle nachzudenken".

69 *Paal*, ZWeR 2012, 380 (383).

70 In diese Richtung *Kuchinke/Schubert*, WuW 2006, 477 (485).

b. *Kartellrechtliche Prüfung des Bundeskartellamtes/Entscheidung der KEK*

Das Zusammenschlussvorhaben hat das Bundeskartellamt mit Beschluss vom 19.01.2006 untersagt, da im Falle des Zusammenschlusses eine Verstärkung sowohl der bestehenden marktbeherrschenden Stellung der Axel Springer AG auf dem bundesweiten Lesermarkt für Straßenverkaufszeitungen als auch der bestehenden marktbeherrschenden Stellung des Duopols von ProSiebenSat.1 Media AG und Bertelsmann AG (RTL-Sendergruppe) auf dem bundesweiten Fernsehwerbemarkt zu erwarten sei.[71] Obwohl die Zusammenschlussbeteiligten auf verschiedenen, nicht verbundenen Märkten tätig waren, nahm das Bundeskartellamt an, sog. „marktübergreifende bzw. crossmediale Effekte" könnten die bereits bestehenden, marktbeherrschenden Stellungen der Unternehmen weiter absichern.[72]

Bereits vor der Entscheidung des Bundeskartellamtes hatte die KEK am 10.01.2006 gem. § 26 RStV, erstmal seit ihrer Bildung,[73] der ProSiebenSat1 die Erteilung der medienrechtlichen Unbedenklichkeitsbescheinigung ebenfalls zum Zwecke der Verhinderung vorherrschender Meinungsmacht verweigert.[74] Nach der Berechnung der KEK hätte die Springer AG mit Übernahme der ProSiebenSat.1 Gruppe über „vorherrschende Meinungsmacht" i.S.v. § 26 Abs. 1 RStV verfügt, da die Meinungsmacht von ProSiebenSat.1, auch bei einem geringeren Zuschaueranteil von 25 % bzw. 30 % i.S.v. § 26 Abs. 2 RStV, zusammen mit der Stellung der Springer AG auf einer Vielzahl medienrelevanter verwandter Märkte einem Zuschaueranteil von über 42 % entsprochen hätte.[75]

c. *Gerichtliche Verfahrenshistorie*

Aufgrund der doppelten Untersagung sowohl durch die KEK als auch durch das Bundeskartellamt beschritten die Parteien der Fusion auch in doppelter Hinsicht die einschlägigen Rechtswege.

---

71 BKartA vom 19.01.2006, B 6 – 103/05, WuW/E DE-V 1163.

72 Zu den crossmedialen Effekten auch *Steger*, WuW 2010 282 (283 ff.).

73 *Huber*, Die Verwaltung 2007, 1 (26).

74 KEK vom 10.01.2006, Az. 293-1 bis 5; vgl. hierzu *Rösler*, WuW 2009, 1014 (1019 f.).

75 Vgl. hierzu *Huber*, Die Verwaltung 2007, 1 (14 ff.).

aa. Kartellgerichtliche Verfahrenshistorie

Das OLG Düsseldorf hat die von der Axel Springer AG eingelegte Beschwerde unter Verweis auf ein fehlendes Fortsetzungsfeststellungsinteresse – die Parteien hatten das Vorhaben bereits im Februar 2006 wegen der weitreichenden finanziellen Risiken einvernehmlich aufgegeben – als unzulässig verworfen.[76] Demgegenüber hat der BGH ein Fortsetzungsfeststellungsinteresse nach Maßgabe von § 71 Abs. 2 Satz 2 GWB ausnahmsweise wegen der Präjudizwirkung für ein entsprechendes künftiges Zusammenschlussvorhaben festgestellt: Trotz der Aufgabe des geplanten Zusammenschlussvorhabens bestehe auch ohne ein erneutes konkretes Vorhaben in der Zukunft ein schützenswertes Interesse an einer gerichtlichen Klärung, insbesondere wenn das Zielobjekt auch künftig jederzeit wieder zum Verkauf angeboten werden könnte.[77]

Im Dezember 2008 hat das OLG Düsseldorf die Beschwerde sodann aus materiell-rechtlichen Erwägungen zurückgewiesen und sich dabei anders als das Bundeskartellamt auf den Fernsehwerbemarkt konzentriert: Das dort von ProSiebenSat.1 und Bertelsmann im Zeitpunkt der Aufgabe des Zusammenschlussvorhabens gebildete marktbeherrschende Duopol, § 19 Abs. 3 Satz 2 Nr. 1 GWB a.F., wäre durch einen Zusammenschluss weiter verstärkt worden.[78]

Die Axel Springer AG legte erneut Rechtsbeschwerde ein. Mit Beschluss vom Juni 2010 hat der Kartellsenat des BGH die Entscheidung der Vorinstanz bestätigt. Der BGH ging – u.a. – davon aus, dass die privaten Fernsehsender ProSiebenSat1 und RTL als Gesamtheit von Unternehmen auf dem Fernsehwerbemarkt eine marktbeherrschende Stellung innehaben würden, § 19 Abs. 3 Satz 2 Nr. 1 GWB a.F. Zudem nahm das Gericht an, dass angesichts umfassender koordinierter Effekte kein wesentlicher Binnenwettbewerb zwischen ProSiebenSat1 und RTL auf dem Fernsehwerbemarkt und in Anbetracht der überragenden gemeinsamen Markstellung überdies auch kein Außenwettbewerb im Verhältnis zu den sonstigen Free-TV-Sendern bestehe, welche sich (zumindest teilweise) über Werbeeinnahmen finanzieren.[79]

---

76 OLG Düsseldorf vom 29.09.2006, VI-Kart 7/06 (V),WuW/E DE-R 1839 – Springer/ProSieben I.

77 BGH vom 25.09.2007, KVR 30/06, BGHZ 174, 179 – Springer/ProSieben I.

78 OLG Düsseldorf vom 03.12.2008, VI-Kart 7/06 (V), WuW/E DE-R 2593 – Springer/ProSieben II.

79 BGH vom 08.06.2010, KVR 4/09, WRP 2010, 1527 (1528 ff.) – Springer/ProSieben II; Übersicht zur Verfahrenshistorie *Paal*, ZWeR 2012, 380; *ders.* AfP 2014, 389 (390).

Materiell-rechtlich hat der kartellgerichtliche Instanzenzug die Versagung des Zusammenschlusses durch das Bundeskartellamt also bestätigt.

bb. Verwaltungsgerichtliche Verfahrenshistorie

Anders verlief die Überprüfung der KEK-Entscheidung.

Das VG München hat zunächst zwar die Zulässigkeit einer verpflichtenden Fortsetzungsfeststellungsklage nach § 113 Abs. 1 Satz 4 VwGO angesichts des bestehenden Fortsetzungsfeststellungsinteresses bejaht. Die Klage der Zusammenschlussbeteiligten hat es aber als unbegründet abgewiesen, da die Beurteilung der vorherrschenden Meinungsmacht durch die KEK nicht zu beanstanden gewesen sei: die Vorgehensweise der KEK sei in § 26 Abs. 2 Satz 2 RStV angelegt, wonach der Meinungseinfluss eines Unternehmens, der die Versagung der medienrechtlichen Unbedenklichkeitserklärung rechtfertige, bei einem Zuschaueranteil von 30 % festgelegt sei.[80]

Der Bayerische Verwaltungsgerichtshof (VGH Bayern) hingegen wies die Berufung bereits mangels Feststellungsinteresses als unzulässig zurück.[81]

Diesen Beschluss hat das BVerwG in der Revisionsinstanz mit Urteil vom 24.11.2010 aufgehoben und hierzu explizit die seitens des BGH im kartellrechtlichen Verfahren gemachten Erwägungen aufgegriffen: trotz der Erledigung des Zusammenschlussvorhabens habe die Klägerin ein berechtigtes Interesse an einer gerichtlichen Sachentscheidung, das sich gerade auch aus der Verhinderung einer Präjudizierung eines vergleichbaren Vorhabens ergeben könne.[82] Außerdem bestehe ein Rehabilitationsinteresse.

Nach der Zurückverweisung hat der VGH dann in materiell-rechtlicher Hinsicht Stellung bezogen: Anders als nach Ansicht des VG München habe die KEK die Grenzen ihres Beurteilungsspielraums überschritten.

Insbesondere hätten Ausführungen zu besonderen Umständen gefehlt, welche bei einem Unterschreiten des Zuschaueranteils von 25 % die Annahme vorherrschender Meinungsmacht ausnahmsweise rechtfertigen könnten.[83]

Das BVerwG hat dieses Ergebnis schließlich sowohl in materiell- als auch prozessrechtlicher Hinsicht bestätigt: Das Feststellungsinteresse bestehe trotz einer zwischenzeitlich erfolgten Beteiligungsveräußerung fort, da die Maßstäbe für

---

80 VG München vom 08.11.2007, M 17 K 06.2675, ZUM 2008, 343 (350) – Springer/ProSieben.

81 BayVGH vom 07.07.2009 – 7 BV 08.254, ZUM 2010, 191 – Springer/ProSieben I.

82 BVerwG vom 24.11.2010, 6 C 16.09, BVerwGE 138, 186 – Springer/ProSieben I.

83 BayVGH vom 15.02.2012, 7 BV 11.285, MMR 2012, 489 – Springer/ProSieben II.

die Erteilung einer Unbedenklichkeitsbescheinigung weiter zu klären seien.[84] Aus dem Leitgedanken des Gesetzgebers zur fernsehbezogenen Medienkonzentrationskontrolle folge, dass bei einem Zuschaueranteil von 20 % auf dem Fernsehmarkt regelmäßig auch Aktivitäten auf verwandten medienrelevanten Märkten nicht zur Annahme vorherrschender Meinungsmacht genügen würden.[85] Dem stehe auch nicht die Sicherung der Meinungsvielfalt entgegen, der – in den Grenzen der gesetzlichen Wertung – über die Generalklausel des § 26 Abs. 1 RStV ausreichend Rechnung getragen werden könne.

BVerwG und BGH kommen damit zu diametral unterschiedlichen Ergebnissen. Und so wird deutlich mehr als 20 Jahre nach der Entscheidung des KG zur Fusion Radio NRW die Frage nach dem Verhältnis von Rundfunk- und Kartellrecht wieder aktuell.

5. BGH Rechtsprechung Einspeiseentgelte

Das aktuellste Spannungsfeld von Rundfunk- und Kartellrecht betrifft das Verhältnis der Rundfunkanstalten zu Kabelnetzbetreibern. Gehen die bisher behandelten Fälle auf ein Tätigwerden des Bundeskartellamts zurück, sind die nachfolgend behandelten Verfahren auf Klagen der Kabelnetzbetreiber selbst zurückzuführen.

a. Sachverhalt der Entscheidungen

Die öffentlich-rechtlichen Rundfunkanstalten strahlen ihre linearen Fernseh- und Hörfunkangebote, die von Netzbetreibern in Kabelnetze eingespeist werden, über die Satelliten von SES Astra aus. Die Ausstrahlung erfolgt seit Ende April 2012 ausschließlich digital, unverschlüsselt und für jeden Endnutzer, aber auch für Kabelnetzbetreiber direkt empfangbar.

Die vier großen Betreiber von Breitbandkabelnetzen, die Kabel Deutschland Vertrieb und Service GmbH (KDG), die Unitymedia NRW GmbH, die Unitymedia Hessen GmbH & Co. KG und die Kabel Baden-Württemberg GmbH, die inzwischen in der Unitymedia GmbH aufgegangen sind (UMG), versorgen über ihre regionalen Kabelnetze einen hohen Anteil der deutschen TV-Haushalte mit Rundfunkangeboten im Breitbandkabel. Nachdem die Kabelnetze in den

---

84 BVerwG vom 29.01.2014, 6 C 2.13, AfP 2014, 469 – Springer/ProSieben II.

85 BVerwG vom 29.01.2014, 6 C 2.13, AfP 2014, 469 – Springer/ProSieben II, Rz. 32 ff.; auch hier instruktiv zum gesamten Verfahrensgang *Paal*, ZWeR 2012, 380; *ders.* AfP 2014, 389 (390); *Dörr/Deicke*, ZUM 2015, 89 (90).

1980ern von der Post aufgebaut wurden, um die Frequenzknappheit bei der terrestrischen Übertragung zu überwinden und werbefinanziertes Fernsehen zu ermöglichen, hatten sich die Rundfunkanstalten nach Auflösung des Monopols eher infolge aufkommenden politischen Drucks dazu entschlossen, Entgelte an KDG und UMG zu bezahlen.[86]

Zur konkreteren Regelung dieser Programmeinspeisung waren daher ab 2008 bis zum 31.12.2012 mit den Rundfunkveranstaltern Verträge über die Einspeisung und Verbreitung von öffentlich-rechtlichen Angeboten (sog. Einspeiseverträge) abgeschlossen worden, in denen auch eine Verpflichtung zur Zahlung von Einspeiseentgelten durch die Programmveranstalter vereinbart wurde.[87] In diesen Verträgen wird meist auch die Höhe der Vergütung geregelt, die der Kabelnetzbetreiber wegen der Zweitverwertung des Rundfunkprogramms dem Sendeunternehmen als Lizenzgebühr gem. § 20b Abs. 1 UrhG schuldet.[88]

Die übrige Kabelversorgung jenseits dieses Geschäftsmodells erfolgt durch kleinere Kabelnetzbetreiber, die jedoch anders als KDG und UMG in der Vergangenheit keine Vergütung für die Einspeisung der Signale erhielten, sich stattdessen durch die direkte Vermarktung von Programmen gegenüber dem Endkunden finanzieren (sog. Vermarktungsmodell).[89]

Ein von den Rundfunkanstalten in Auftrag gegebenes Gutachten hatte 2012 aufgedeckt, dass sich angesichts des niedrigen Umsatzanteils der Einspeiseentgelte auch KDG und UMG hauptsächlich durch das Vermarktungsmodell finanzieren.[90] Diese vertragliche Konstellation ist gleichzeitig stark von rundfunkrechtlichen Regelungen überlagert: Die Kabelnetzbetreiber sind nämlich

---

86 Hierzu *Holznagel/Salwitzek*, K&R 2013, 454 (454).

87 Vgl. BGH vom 16.06.2015, KZR 83/13, MMR 2015, 762 (763) – Einspeiseentgelt; BGH vom 12.04.2016, KZR 31/14, WuW 2016, 536 ff. – Gemeinschaftsprogramme: Verträge vom 27.02.2008, zwischen KDG und UKBW einerseits und dem ARD, ZDF, Deutschlandradio und Arte andererseits; die Höhe des Einspeiseentgelts betrug jährlich 27 Mio. €.

88 Hierzu *Raitz von Frentz/Masch*, ZUM 2016, 326 (326).

89 *Pfeifer*, Vergütungsansprüche von Kabelnetzbetreibern für die Einspeisung der Angebote des öffentlich-rechtlichen Rundfunks im Must-Carry-Bereich, 2013, 5 f.; *Raitz von Frentz/Masch*, ZUM 2016, 326 (326); zum parallel eingeholten, rechtlichen Gutachten vgl. die Zusammenfassungen der Kernaussagen dieses Gutachtens durch die Autoren *Hain/Steffen/Wierny* in MMR 2013, 769 und MMR 2014, 24.

90 Bei KDG und UKBW machten die Einspeiseentgelte von ARD und ZDF 2012 unter 2 % des Gesamtumsatzes aus, vgl. *Gerpott/Winzer*, Betriebswirtschaftliches Gutachten, 22 f. (1,59 % KDG; 0,89 % UKBW).

gem. § 52 b RStV verpflichtet, bestimmte Programme, darunter die Programme des öffentlich-rechtlichen Rundfunks, also ihrer Einspeisevertragspartner, in die Kabelnetze einzuspeisen (sog. „Must-Carry-Verpflichtung").[91]

Die Rundfunkanstalten haben die Kabeleinspeisungsverträge mit KDG und UMG schließlich im Jahr 2012 ordentlich gekündigt bzw. von einer vertraglich vorgesehenen Möglichkeit zur Fortführung der Verträge über den 31.12.2012 hinaus keinen Gebrauch gemacht.[92] Dabei haben die Anstalten einerseits ausdrücklich bekräftigt, künftig keine Einspeisevergütungen mehr zahlen zu wollen, andererseits aber auf der Erfüllung der gesetzlichen Must-Carry-Verpflichtung durch die Kabelnetzbetreiber bestanden.[93]

b. Gerichtliche Verfahrenshistorie

Die Kabelnetzbetreiber hatten in der Folge sowohl vor den ordentlichen Gerichten als auch vor den Verwaltungsgerichten auf Fortzahlung der Einspeiseentgelte geklagt. Aus ihrer Sicht korrespondiere mit der Must-Carry Verpflichtung auch ein Kontrahierungszwang auf Abschluss einer Entgeltzahlungspflicht der Anstalten. Diese waren hingegen der Meinung, die Kosten der Einspeisung seien durch das Vermarktungsmodell der Kabelnetzbetreiber ausreichend gedeckt.[94] Die bundesweite Verstreuung der Rundfunkanstalten hat dabei zu einer Vielzahl gleichgelagerter Verfahren, insgesamt neun erstinstanzliche Verfahren sowie drei Berufungsverfahren und schließlich dazu geführt, dass sich der BGH mit der Sache befasst hat.[95]

aa. Kartellrechtliche Verfahrenshistorie

Die UMG hatte zunächst vor dem LG Stuttgart und dem LG München I auf Feststellung geklagt, dass die Einspeiseverträge mit SWR und BR fortbestehen würden, hilfsweise auf Verurteilung der Rundfunkanstalten zur Annahme eines von ihr vorgelegten Angebots zum Abschluss eines neuen Einspeisevertrages

91 *Holznagel/Salwitzek*, K&R 2013, 454 (454).

92 BGH vom 16.06.2015, KZR 83/13, MMR 2015, 762 (763) – Einspeiseentgelt; BGH vom 12.04.2016, KZR 31/14, WuW 2016, 536 ff. – Gemeinschaftsprogramme; *Pfeifer*, Vergütungsansprüche von Kabelnetzbetreibern für die Einspeisung der Angebote des öffentlich-rechtlichen Rundfunks im Must-Carry-Bereich, 2013, 7.

93 Pressemeldung vom 25.6.2012 in http://www.zeit.de/wirtschaft/2012-06/ard-zdf-einspeiseentgelt-kabelnetze; hierzu *Holznagel/Salwitzek*, K&R 2013, 454 (454).

94 *Holznagel/Salwitzek*, K&R 2013, 454 (454).

95 Vgl. *Weisser*, MMR 2015, 762 (767).

bzw. auf Verurteilung der Rundfunkanstalten zum Abschluss eines Einspeisevertrages zu angemessenen und marktüblichen Bedingungen. Beide LG haben die Klagen abgewiesen.[96] Auch die Berufungsgerichte haben die Berufungen der UMG zurückgewiesen.[97] Die von den Berufungsgerichten jeweils zugelassene Revision hatte Erfolg: der BGH hat die Entscheidungen aufgehoben und zur erneuten Verhandlung zurückverwiesen, da sich ein Verstoß gegen § 1 GWB nicht ausschließen lasse.[98]

Parallel hierzu hatte die KDG in zwei getrennten Verfahren gegen die ARD sowie von in dieser zusammengeschlossenen acht Rundfunkanstalten einerseits und das ZDF andererseits vor dem LG Köln auf Feststellung geklagt, dass der Einspeisevertrag im Hinblick auf die Gemeinschaftsprogramme für die Verbreitung in ihren Kabelnetzgebieten fortbestehe. Gemeinschaftsprogramme sind die von den Rundfunkanstalten gemeinsam veranstalteten Fernsehprogramme wie „Das Erste", „tagesschau24", „Einsfestival" und „Einsplus".[99] Hilfsweise hatte die Kabelnetzbetreiberin die Verurteilung der Beklagten zur Annahme von ihnen vorgelegter Angebote zum Abschluss neuer Einspeiseverträge, die Verurteilung der Beklagten zum Abschluss eines Einspeisevertrags zu angemessenen und marktüblichen Bedingungen sowie die Feststellung, dass die Beklagten zum Ersatz sämtlicher Schäden verpflichtet sind, die der Klägerin aus der mit den anderen öffentlich-rechtlichen Rundfunkanstalten abgestimmten Kündigung des Einspeisevertrags und der Verweigerung des Abschlusses des von ihr angebotenen neuen Vertrags für den Zeitraum ab 1. Januar 2013 entstanden sind und noch entstehen werden, beantragt. Gegenüber dem ZDF hatte die KDG zudem hilfsweise die Feststellung einer Zahlungspflicht begehrt, wenn und solange die Beklagte Einspeiseentgelte an mindestens einen dritten Kabelnetzbetreiber zahlt.

Das LG Köln hat hinsichtlich der ARD und der Landesrundfunkanstalten die Klage abgewiesen[100], das Berufungsgericht, das OLG Düsseldorf, die Berufung der Klägerin zurückgewiesen.[101]

---

96 LG Stuttgart vom 20.03.2013, 11 O 215/12, MMR 2013, 548 (SWR); LG München vom 25.04.2013, 17 HK O 16920/12, ZUM-RD 2014, 119 (BR).

97 OLG Stuttgart vom 21.11.2013, 2 U 46/13, MMR 2014, 568 (SWR); OLG München vom 28.11.2013, U 2094/13 Kart, K&R 2014, 209 (BR).

98 Zum SWR BGH vom 16.06.2015, KZR 83/13, MMR 2015, 762 (763) – Einspeiseentgelt; zum BR BGH vom 16.06.2015, KZR 3/14, ZUM-RD 2015, 569.

99 BGH vom 12.04.2016, KZR 31/14, WuW 2016, 536 ff. – Gemeinschaftsprogramme.

100 LG Köln vom 14.03.2013, 31 O (Kart) 466/12, ZUM 2013, 502. (ARD u.a.)

101 OLG Düsseldorf vom 21.05.2014, VI-U (Kart) 16/13, NZKart 2014, 285 (ARD u.a.).

Zum ZDF stellte das LG Köln durch Teilurteil fest, dass die Beklagte an die Klägerin ein angemessenes Einspeiseentgelt für die Einspeisung und Verteilung der analogen Signale des Programms „Zweites Deutsches Fernsehen" zu zahlen hat, wenn und solange das ZDF an mindestens einen dritten Kabelnetzbetreiber ein Entgelt bezahlt. Ferner hat es das ZDF auf die hilfsweise erhobene Stufenklage zur Auskunft verurteilt. Im Übrigen hat es die Klage hinsichtlich aller vorrangig gestellten Anträge abgewiesen.[102] Gegen dieses Urteil haben beide Seiten Berufung eingelegt, mit der sie ihre erstinstanzlich gestellten Anträge weiterverfolgt haben. Das Berufungsgericht, ebenfalls das OLG Düsseldorf, hat die Berufung der Klägerin zurückgewiesen und auf die Berufung der Beklagten die Klage insgesamt abgewiesen.[103]

Auf die Revision der Klägerin hat der BGH beide Entscheidungen des OLG Düsseldorf aufgehoben und an das OLG zurückverwiesen.[104] Erneut nahm er dabei einen Verstoß gegen § 1 GWB an.

Im Rahmen der Verfahren, die die UMG vor dem LG München I und LG Stuttgart initiiert hatte, hatte der BGH bereits festgestellt, dass der Fortbestand des Vertrages selbst bei einer an sich zulässigen Kündigung angenommen werden könne, wenn die Rundfunkanstalten einem Kontrahierungszwang unterlägen, also verpflichtet wären, einen Vertrag mit dem Kabelnetzbetreiber zu schließen, bei dem weiterhin ein Entgelt für die Übertragung der Programmsignale in der bisherigen Höhe und zu bisherigen Konditionen zu zahlen sei.[105] Ein solcher [106]Kontrahierungszwang bestehe aber nicht aufgrund des weder unions- noch verfassungsrechtlich zu beanstandenden Must-Carry Regimes aus § 52 b Abs. 1 Nr. 1 RStV und § 33 LMG Rheinland-Pfalz,[107] da diese zwar eine Pflicht der Kabelnetzbetreiber, die Programmsignale einzuspeisen, enthielten, gleichzeitig aber keine Aussage darüber träfen, ob und erst recht nicht in welcher Höhe hierfür ein Entgelt verlangt werden könne.

---

102 LG Köln vom 07.05.2013, 88 O 81/11, juris (ZDF).

103 OLG Düsseldorf vom 30.04.2014, VI-U (Kart) 15/13, WuW/E DE-R 4425 (ZDF).

104 BGH vom 12.04.2016, KZR 31/14, WuW 2016, 536 ff. – Gemeinschaftsprogramme (ARD u.a.); BGH vom 12.04.2016, KZR 30/14, NZKart 2016, 374 (ZDF).

105 BGH vom 16.06.2015, KZR 83/13, MMR 2015, 762 (763) – Einspeiseentgelt; insoweit identisch BGH vom 16.06.2015, KZR 3/14, ZUM-RD 2015, 569.

106 BGH vom 16.06.2015, KZR 83/13, MMR 2015, 762 (764) – Einspeiseentgelt; insoweit identisch BGH vom 16.06.2015, KZR 3/14, ZUM-RD 2015, 569.

107 Damit spricht sich der BGH ausdrücklich für ein „Must-Carry" und gegen ein reines „Must-Provide" Regime aus, hierzu *Hain*, K&R 2015, 563 (564); *Hain/Steffen/Wierny*, MMR 2013, 769 (770 f.); a.A. *Trute/Broemel*, MMR-Beilage 11/2012, 1 (11).

Auch aus kartellrechtlichen Bestimmungen ergebe sich keine derartige Verpflichtung: Zwar seien die Rundfunkanstalten, da sie auch wirtschaftliche Ziele verfolgen würden, (marktbeherrschende) Unternehmen i.S.d. Kartellrechts und auch nicht rechtlich, insbesondere nicht durch § 19 RStV, an dem Abschluss des geforderten Vertrags gehindert, doch fehle es entscheidend an einer tatbestandlichen unbilligen Behinderung oder Diskriminierung.[108]

Allerdings sei die Kündigung unwirksam, da sie in Vollziehung einer gegen das Kartellverbot und daher gem. § 134 BGB i.V.m. § 1 GWB unwirksamen Absprache erfolgt sei. Nach dem (als richtig zu unterstellenden) Vortrag der Klägerin habe sich der SWR mit anderen öffentlich-rechtlichen Rundfunkanstalten abgesprochen, den Vertag zu kündigen. Diese Verhaltenskoordination habe den Rundfunkanstalten Vorteile im Wettbewerb untereinander, aber auch mit den privaten Sendern verschafft.[109]

Das hatten nicht nur die Vorinstanzen, sondern auch andere mit dem Rechtsstreit befasste Gerichte zuvor anders gesehen. Das LG Berlin etwa urteilte in dem Verfahren zwischen KDG und dem RBB, dass die Kündigung auch nicht als Ausführungshandlung einer Kartellvereinbarung nach § 134 BGB in Verbindung mit §§ 1, 33 GWB unwirksam sei: Die Zusammenarbeit der in der ARD zusammengeschlossenen Landesrundfunkanstalten sei durch den Zusammenschluss vorgegeben und könne daher nicht als Ausführungsvereinbarung einer kartellrechtswidrigen Absprache aufgefasst werden, dies umso weniger, als die Klägerin selbst den Einspeisungsvertrag mit den „in der Arbeitsgemeinschaft der öffentlich-rechtlichen Rundfunkanstalten der Bundesrepublik Deutschland (ARD) zusammengeschlossenen Landesrundfunkanstalten“ abgeschlossen habe.[110]

Die spätere Entscheidung des BGH, die auf das vor dem LG Köln begonnene Verfahren der KDG gegen acht Rundfunkanstalten, die ARD sowie das ZDF zurückgingen, hatte über das durch die UMG geführte Verfahren hinausgehend speziell die Frage zum Gegenstand, ob auch Einspeiseentgelte für Gemeinschaftsprogramme gezahlt werden müssten.[111] Ob auch hinsichtlich der Verbreitung dieser Programme ein kartellrechtliches Koordinierungsverbot bestünde, hatte der BGH in dem vorangegangenen Verfahren noch offenlassen können, da

---

108 BGH vom 16.06.2015, KZR 83/13, MMR 2015, 762 (765 f.) – Einspeiseentgelt; insoweit identisch BGH vom 16.06.2015, KZR 3/14, ZUM-RD 2015, 569.

109 BGH vom 16.06.2015, KZR 83/13, MMR 2015, 762 (766) – Einspeiseentgelt.

110 LG Berlin vom 30.04.2013, 16 O 389/12 Kart, ZUM 2013, 954 (961).

111 BGH vom 12.04.2016, KZR 31/14, WuW 2016, 536 ff. – Gemeinschaftsprogramme.

die UMG die Übertragung dieser Programme nicht zum Gegenstand gemacht hatte.[112] Die Vorinstanz hatte hinsichtlich der Gemeinschaftsprogramme einen Verstoß gegen § 1 GWB bereits deswegen ausgeschlossen, da die Rundfunkanstalten insoweit eine gemeinsame Verbreitungslast treffe, sie also zur Koordinierung rundfunkrechtlich verpflichtet gewesen seien.[113]

Der BGH meinte demgegenüber, trotz dieser Pflicht aus § 11 b Abs. 1 RStV sei ein Informationsaustausch unter Wettbewerbern erfolgt: Zwar hätten die Rundfunkanstalten auch über die Modalitäten zur Verbreitung der Gemeinschaftsprogramme gemeinsam zu entscheiden; an der Besprechung vom 22. März 2011 habe aber auch das ZDF teilgenommen, dass mit den Rundfunkanstalten nicht nur um Zuschauer, sondern auch um Werbekunden im Wettbewerb stünde. Ferner hat der BGH die Annahme des Berufungsgerichts widerlegt, dieser Informationsaustausch sei für das spätere Markverhalten nicht kausal geworden: In Übereinstimmung mit der Rechtsprechung des EuGH begründe dies vielmehr die Vermutung, die beteiligten Unternehmen würden die ausgetauschten Informationen bei der Bestimmung ihres Verhaltens berücksichtigen, was nur mit greifbaren Anhaltspunkten widerlegt werden könne.[114]

bb. Verwaltungsgerichtliche Verfahrenshistorie

Daneben riefen UMG und KDG auch die Verwaltungsgerichte am Sitz der Rundfunkanstalten an.

Hinsichtlich einer Klage der Kabelnetzbetreiber gegen das ZDF entschied das OVG Rheinland-Pfalz, dass die gestellten Haupt- und Hilfsanträge sowohl wegen des Subsidiaritätsgrundsatzes gem. § 43 Abs. 2 S. 1 VwGO als auch wegen fehlenden Feststellungsinteresses gemäß § 43 Abs. 1 VwGO unzulässig seien: Denn im Rahmen der erhobenen zivilrechtlichen Leistungsklagen werde der Hauptantrag, die Frage der Kontrahierungs- und Entgeltpflicht aufgrund rundfunkrechtlicher Bestimmung, bereits inzident mitgeprüft. Zudem bestünde kein berechtigtes Interesse der Klägerinnen daran, auf einem anderen Rechtsweg und durch einen „weiteren Versuch" doch noch diejenige Feststellung zu erlangen,

112 BGH vom 16.06.2015, KZR 83/13, MMR 2015, 762 (766) – Einspeiseentgelt.

113 OLG Düsseldorf vom 21.05.2014, VI-U (Kart) 16/13, NZKart 2014, 285.

114 BGH vom 12.04.2016, KZR 31/14, WuW 2016, 536 (539 f.) – Gemeinschaftsprogramme mit Verweis auf EuGH vom 08.07.1999, C-49/92 P, Slg. 1999, I-4125, Rn. 121 – Kommission/Anic Partecipazioni; ebenso EuGH Slg. 2009 – I-4529 Rn. 51 ff. – T-Mobile Netherlands/NMa.

die ihnen durch die Zivilgerichte versagt geblieben sei.[115] Die begehrte Feststellung im Hilfsantrag, dass die Kabelnetzbetreiber nicht verpflichtet wären, das Programm Zweites Deutsches Fernsehen („ZDF") in ihre Netze einzuspeisen oder über ihre Netze zu verbreiten, solange hierüber kein Vertrag geschlossen worden sei, würde auch die vorrangige Aufsicht der Landesanstalt für Medien und Kommunikation Rheinland-Pfalz (LMK) unterlaufen. Die Klägerinnen könnten nämlich im Falle einer Ausspeisung des Programms der Beklagten gegen einen (etwaigen) Verwaltungsakt der LMK vorgehen.[116]

Diese Bewertung deckt sich überwiegend mit dem Urteil des VG München, in der das Gericht eine entsprechende Klage gegen den BR abgewiesen hat.[117]

Auch in Verfahren vor dem VG Köln gegen den WDR,[118] vor dem VG Leipzig gegen den MDR[119] sowie vor dem VG Hamburg gegen den NDR[120] unterlagen die Kabelnetzbetreiber, wobei hier die Frage des öffentlich-rechtlichen Kontrahierungszwangs überwiegend zwar noch als feststellungsfähiges Rechtsverhältnis i.S.v. § 43 Abs. 1 VwGO gesehen wurde, die Klagen aber (jedenfalls) als unbegründet abgewiesen wurden.

Das VG Köln befand, dass kein dem Kontrahierungszwang korrespondierender Rechtsanspruch der Kabelnetzbetreiber bestünde: Zwar müsse der WDR im Hinblick auf die Funktion und Bedeutung des öffentlich-rechtlichen Rundfunks sein Programm auch über die Kabelnetze verbreiten, da etwa die Hälfte der Fernsehzuschauer Rundfunkprogramme über die Kabelnetze empfängt, aber hieraus folge ebenso wie aus den Regelungen des RStV – auch in Verbindung mit Art. 3 Abs. 1 GG oder mit dem Grundsatz der Privatwirtschaftlichkeit von Telekommunikationsdienstleistungen gem. Art. 87 f Abs. 2 GG – kein subjektives Recht der Kabelnetzbetreiber auf Abschluss eines Vertrages über Einspeiseentgelte.[121]

Das VG Leipzig urteilte, weder aus rundfunkrechtlichen Regelungen noch aus verfassungsrechtlichen Normen oder aus den einschlägigen Regelungen des EU-Rechts lasse sich ein subjektives öffentliches Recht und eine entsprechende Verpflichtung des Beklagten auf den Abschluss eines die streitgegenständlichen

115 OVG Rheinland-Pfalz vom 28.07.2016, 2 A 10343/16.OVG, ZUM-RD 2016, 663; vorgehend VG Mainz vom 26.02.2016, Az: 4 K 632/13.MZ, juris.

116 OVG Rheinland-Pfalz vom 28.07.2016, 2 A 10343/16.OVG, ZUM-RD 2016, 663 Rn. 32.

117 VG München vom 07.052015, M 17 K 13.1925, ZUM-RD 2016, 668.

118 VG Köln vom 30.04.2015, 6 K 2805/13, juris.

119 VG Leipzig vom 20.11.2015, 1 K 315/13, juris.

120 VG Hamburg vom 29.04.2015, 17 K 1672/13, ZUM-RD 2016, 330.

121 VG Köln vom 30.04.2015, 6 K 2805/13, juris, Rn. 42 ff.

Fernsehprogramme betreffenden Einspeisevertrags herleiten.[122] Anders als das VG Köln, das mit Blick auf die Urteile des LG Köln und OLG Düsseldorf auch kartellrechtliche Ansprüche verneint hatte,[123] prüfte das VG Leipzig diese auch unter Berücksichtigung der Regelung in § 17 Abs. 2 GVG nicht: Zwar wären die Rechtsfolgen bei einem rundfunkrechtlichen und einem kartellrechtlichen Kontrahierungszwang dieselben, nämlich die Verpflichtung zum Abschluss eines entgeltlichen Vertrages über die Einspeisung. Gleichwohl liege dem aber, soweit es um die Must-Carry-Verpflichtungen bzw. -Programme gehe, kein identisch zu prüfender und zu beurteilender Sachverhalt zugrunde, so dass es sich um zwei selbstständige und unabhängig voneinander bestehende Ansprüche handele.[124] Jedenfalls fehle es dieser „Vorfrage" im Rahmen einer Feststellungsklage am Feststellungsinteresse, zugleich greife der Grundsatz der Subsidiarität der Feststellungsklage. Ein Anspruch aus den Regelungen des Kartellrechts wäre im Wege einer vor den Zivilgerichten zu erhebenden Leistungsklage zu verfolgen.[125]

Auch das VG Hamburg teilte die Auffassung, weder aus Vorschriften des einfachen Rechts noch aus den von den Klägerinnen in Anspruch genommenen verfassungsrechtlichen Normen lasse sich ein subjektives öffentliches Recht – und eine entsprechende Verpflichtung des Beklagten – auf den Abschluss eines die streitgegenständlichen Fernsehprogramme betreffenden Einspeisevertrages herleiten.[126] Aufgrund des tatsächlichen Rezeptionsverhaltens der Rundfunkteilnehmer komme der Verbreitung des öffentlich-rechtlichen Rundfunks über die von den Klägerinnen betriebenen Breitbandkabelnetze zwar eine hohe rechtliche Relevanz zu, doch der Gesetzgeber des RStV habe die Autonomie der öffentlich-rechtlichen Veranstalter in keinster Weise einschränken wollen sowie wegen Art. 5 Abs. 1 S. 2 Alt. 2 GG auch nicht einschränken können.[127] In der Folge sei der Hilfsantrag, festzustellen, dass sie ohne Abschluss eines Verbreitungsvertrages nicht verpflichtet seien, die streitgegenständlichen Fernsehprogramme zu verbreiten, als „bloße rechtliche Schlussfolgerung" bereits unzulässig, da es diesbezüglich an einem der Feststellung gemäß § 43 Abs. 1 VwGO zugänglichen Rechtsverhältnis fehle.[128] Allerdings sei § 52 b Abs. 1 S. 1 Ziff. 1 lit. a RStV

---

122 VG Leipzig vom 20.11.2015, 1 K 315/13, juris, Rn. 48 ff.
123 VG Köln vom 30.04.2015, 6 K 2805/13, juris, Rn. 46 f.
124 VG Leipzig vom 20.11.2015, 1 K 315/13, juris, Rn. 93 ff.
125 VG Leipzig vom 20.11.2015, 1 K 315/13, juris, Rn. 102 f.
126 VG Hamburg vom 29.04.2015, 17 K 1672/13, ZUM-RD 2016, 330, Rn. 46 ff.
127 VG Hamburg vom 29.04.2015, 17 K 1672/13, ZUM-RD 2016, 330, Rn. 50 f. und 56.
128 VG Hamburg vom 29.04.2015, 17 K 1672/13, ZUM-RD 2016, 330, Rn. 64 ff., 67.

keine Verpflichtung der Klägerinnen zu entnehmen, die streitgegenständlichen Programme unentgeltlich zu verbreiten.[129]

6. Zwischenergebnis: Würdigung kompetenzrechtlicher Grenzen des Katellrechts im Rundfunkrecht

Die verschiedenen Gerichte beurteilen zumindest die Frage eines „Must-Pay" der Rundfunkanstalten also durchaus unterschiedlich. Die Unterschiede folgen, wie im Besonderen die Gegenüberstellung der verwaltungsgerichtlichen Entscheidungen mit denen des BGH zeigt, aus den jeweils herangezogenen Normen. Während die Anwendung des Kartellrechts durch den BGH einen (mittelbaren) Kontrahierungszwang hinsichtlich eines entgeltlichen Einspeisevertrages erzeugt, ist dieser nach rundfunkrechtlichen Normen gerade nicht gegeben.

Wenn beispielsweise das VG Hamburg bemerkt, der (Landes-)Gesetzgeber habe im RStV die Autonomie der öffentlich-rechtlichen Veranstalter in keinster Weise einschränken wollen sowie wegen Art. 5 Abs. 1 S. 2 Alt. 2 GG auch nicht einschränken können,[130] stellt sich die Frage, ob das Kartellrecht kompetenzrechtlich zu einer solchen Einschränkung aktiviert werden kann.

II. Glücksspielrecht

Neben dem Rundfunksektor steht auch der gesamte Bereich des Glücksspielrechts, insbesondere aber der Bereich der Lotterie, seit Ende des letzten Jahrtausends vermehrt im Fokus der Bonner Wettbewerbshüter.

1. Hintergrund: Der Diskurs um das Glücksspielmonopol

Die Länder haben zur Veranstaltung von Lotterien und Sportwetten Lottogesellschaften, überwiegend als juristische Personen des Privatrechts[131], gegründet,

---

129 VG Hamburg vom 29.04.2015, 17 K 1672/13, ZUM-RD 2016, 330, Rn. 82 ff.: keine Verpflichtung zur Verbreitung der benannten Programme, sondern lediglich eine solche zur Kapazitätsvorhaltung; das VG spricht sich daher, anders als der BGH, für eine Must-Provide und gegen eine Must-Carry Lesart dieser Norm aus, will dies aber als „Shall-Carry" Statut verstanden sehen, siehe Rn. 100.

130 VG Hamburg vom 29.04.2015, 17 K 1672/13, ZUM-RD 2016, 330, Rn. 50 f., 56.

131 *Wormit*, NVwZ 2017, 281 (282); *Pönicke*, WRP 1998, 830 Fn. 4: Die staatliche Lotterieverwaltung des Freistaates Bayern ist eine staatliche Einrichtung im Geschäftsbereich des Bayerischen Staatsministeriums der Finanzen ohne eigene Rechtspersönlichkeit. Die Deutsche Kassenlotterie Berlin sowie die Staatliche Lotterie der Freien und Hansestadt Hamburg sind Anstalten des öffentlichen Rechts. Das Land Schleswig-Holstein

die sich 1960 im Deutschen Lotto- und Toto-Block („DLTB“) als Gesellschaft bürgerlichen Rechts zusammengeschlossen und ihre Zusammenarbeit in einem sog. Blockvertrag geregelt haben.[132] Dieser „kooperative Lotterieföderalismus“[133] soll durch bundesweit einheitliche Grundsätze und Spielpläne die ordnungsrechtlichen Ziele der Glücksspielregulierung gewährleisten.[134] Damit wird zwar ein bundeseinheitliches Spielangebot mit gemeinsamer Jackpot- und Quotenbildung geschaffen, aber kein „Bundeslotto“ veranstaltet: Veranstalter bleiben allein die jeweiligen Landesinstitutionen.[135]

Das Glückspielmonopol und auch die Arbeit des DLTB sind seit jeher Gegenstand intensiver öffentlicher wirtschaftlicher, politischer und rechtlicher Diskussionen. Die Intensität der Auseinandersetzung lässt sich vor allem dadurch erklären, dass eine Vielzahl unterschiedlicher (Wirtschafts-)akteure eng mit der Branche verbunden sind und in dieser ihre jeweils eigenen und teils gegenläufigen Interessen durchzusetzen versuchen.[136] Die Anreize sind durchaus auch wirtschaftlicher Natur: Das Glücksspiel in Deutschland ist eine Milliardenindustrie, der jährliche Umsatz betrug etwa 2014 bereits knappe 35 Milliarden Euro, wovon knapp 7 Milliarden allein auf den DLTB entfielen.[137]

Die Länder auf der einen und die durch veränderte Umweltbedingungen und wirtschaftsliberale Rechtsprechung beflügelten, privaten Glücksspielanbieter auf der anderen Seite veranstalten seit Jahrzehnten ein „Tauziehen“ um diese Umsätze.[138] Die rechtlichen Veränderungen in diesem Wettstreit können grundlegend in zwei Phasen unterteilt werden: Während bis zur Jahrtausendwende die Absicherung des staatlichen Monopols im Mittelpunkt stand, bewirkte im Wesentlichen das Urteil des Europäischen Gerichtshofes in der Rechtssache *Gambelli*[139] und ein durch einen ausufernden Graumarkt im Internet

---

hat zur Veranstaltung von Lotterien und Sportwetten ein rechtlich unselbstständiges Sondervermögen begründet und dessen Verwaltung der Landesbank übertragen.

132 *Westermann*, ZWeR 2010, 81 (82); *Pönicke*, WRP 1998, 830 (830); *Adams/Tolkemitt*, ZRP 2001, 511 (512).

133 *Ohlmann*, WRP 1998, 1043 (1048 ff.).

134 *Pönicke*, WRP 1998, 830 (830).

135 *Wormit*, NVwZ 2017, 281 (282).

136 So auch XIX Hauptgutachten der *Monopolkommission*, BT-Drs. 17/10365, 47.

137 34.687,6 Mio. €, 6.978,8 Mio. € DLTB, Zahlen bei *Meyer*, Glücksspiel – Zahlen und Fakten, in: Deutsche Hauptstelle für Suchtfragen (Hrsg.): Jahrbuch Sucht 2016; vgl. hierzu auch *Ruess/Slopek*, WRP 2011, 28 (29).

138 XIX Hauptgutachten der *Monopolkommission*, BT-Drs. 17/10365, 51.

139 EuGH vom 06.11.2003, Rs. C-243/01, Slg. 2003, I-13031, juris.

verändertes Umfeld eine drastische Verstärkung des Rechtfertigungsdrucks für eine Aufrechterhaltung des Glücksspielmonopols.[140]

Für den Bereich der Sportwetten hat im Jahr 2006 ein Urteil des Bundesverfassungsgerichts für mehr Klarheit gesorgt: Am Beispiel Bayerns stellte es die Unvereinbarkeit der bestehenden Regulierung mit der Berufsfreiheit gem. Art. 12 Abs. 1 GG fest, da diese nicht konsequent am Ziel der Bekämpfung von Suchtgefahren ausgerichtet sei.[141]

Auch der in Anschluss hieran auf den Weg gebrachte Staatsvertrag zum Glücksspielwesen in Deutschland 2008 (GlüStV 2008) und auch der erste Glücksspieländerungsstaatsvertrag (GlüStV 2012) haben die Diskussionen um die Zulässigkeit und das Ausmaß der staatlichen Betätigung im Glücksspielmarkt nicht beilegen können. Nachdem die Ratifizierung des zweiten Glücksspieländerungsstaatsvertrages unter anderem am Widerstand Schleswig-Holsteins, dessen 2017 neu gewählte Regierung eine Liberalisierung des Glücksspielmarktes angestrebt hatte, gescheitert war, ist zum 01.01.2020 der Dritte Glückspieländerungsstaatsvertrag (GlüStV 2020) in Kraft getreten, mit dem in erster Linie der Markt für Sportwettenkonzessionen nach dem weitestgehenden Scheitern des im GlüStV 2012 eingeführten Konzessionsmodells, der sog. „Experimentierklausel", endgültig für private Anbieter geöffnet wurde.[142]

Nach wie vor stehen sich jedoch zwei Lager gegenüber, die je nach der Einschätzung etwaiger vorrangiger fiskalischer Interessen der Länder für oder gegen die Vereinbarkeit des Glücksspielmonopols mit den europäischen Grundfreiheiten oder dem Verfassungsrecht streiten.[143] Die Diskussion um die Zulässigkeit des Monopols ist trotz einer gewissen Wiederholung der Argumente nach wie vor lebhaft.[144]

---

140 XIX Hauptgutachten der *Monopolkommission*, BT-Drs. 17/10365, 51.

141 BVerfG vom 28.03.2006, 1 BvR 1054/01, BVerfGE 115, 276; dadurch stellte das Gericht aber gleichzeitig fest, dass ein Glücksspielmonopol grundsätzlich verfassungsgemäß sein kann.

142 *Lüder*, NVwZ 2020, 190 (191).

143 Vgl. etwa gegen eine Zulässigkeit des GlüStV 2012: *Möschel*, EuZW 2013, 252 ff.; dafür: *Pagenkopf*, NJW 2012, 2918 ff.; *Windoffer*, GewArch 2012, 388 ff.

144 Vgl. etwa: *Kubiciel*, NVwZ 2018, 841 ff.; *Dietlein*, NVwZ 2017, 1667 ff.; *Unterreitmeier*, NJW 2013, 127 ff.; *Papier/Krönke*, Sportwetten und Verfassungsrecht, 2012; *Fried*, MMR 2013, 483 ff.; *Marberth-Kubicki/Hambach/Berberich*, K&R 2012, 27 ff.; *König*, K&R 2013, 17 ff.; *Glöckner*, GRUR 2013, 568 ff.; *Schramm*, GewArch 2013, 244 ff.; *Brock*, CR 2011, 517 ff.; *Langer*, CR 2013, 237 ff.; grundlegend *Scholz/Weidemann*, GewArch Beil. 2007, 105 ff.

Zahlreiche unterschiedliche Urteile verschiedener Gerichte haben inzwischen zu einer schier unüberschaubaren und rechtlich extrem unklaren Lage geführt, so dass das derzeitige System nach Auffassung des EuGH sogar gegen den „Grundsatz der Rechtssicherheit" verstößt.[145]

Zumindest im Lotterierecht haben jedoch erneut die kartellrechtlichen Verfahren die staatlichen Anbieter, insbesondere den DLTB, unter Druck gesetzt und ihren rechtlichen Spielraum entscheidend verändert.

2. Beschluss vom 22.11.1995 – Deutscher Lotto- und Totoblock

Der erste Anwendungsfall, in dem die bundesrechtliche Materie des Kartellrechts in Bereichen, die eigentlich dem landesrechtlichen Glücksspielregime unterfallen, zur Anwendung gebracht wurde, datiert aus dem Jahr 1995: Mit Beschluss vom 22.11.1995[146] hat das Bundeskartellamt den Mitgliedern des DLTB gem. § 37 a GWB a.F. (§ 32 GWB n.F.) untersagt, einen beschlossenen Teilnahmeausschluss gewerblicher Spielegemeinschaften umzusetzen.

a. Sachverhalt der Entscheidung

Vor Geltung des GlüStV 2008 war die Tätigkeit gewerblicher Spielevermittler nicht in den einschlägigen Staatsverträgen zum Glücksspielrecht und/oder den Landesgesetzen geregelt.[147]

Seit Beginn der 1980er Jahre hatten etwa die Faber GmbH oder die Jackpot SystemLotto Spielgemeinschaft GmbH damit begonnen, zusätzlich zu den staatlichen Annahmestellen für die Lottoveranstaltungen zu werben und im Namen ihrer Mitglieder Spielverträge mit den Lotterieveranstaltern zu vermitteln.[148]

Nach den Feststellungen des Bundeskartellamts hatten die Lottogesellschaften am 30.05.1995 mit der nach dem sie verbindenden Blockvertrag erforderlichen qualifizierten Mehrheit beschlossen, gewerblich organisierte Spielgemeinschaften sowie deren gemeinsam spielende Mitglieder von der Spielteilnahme auszuschließen. In einer am gleichen Tag veröffentlichten Pressemitteilung war

---

145 EuGH vom 04.02.2016, ECLI:EU:C:2016:72, NVwZ 2016, 369; *Streinz*, JuS 2016, 568 (570).

146 BKartA vom 22.11.1995, B 8 – 92713 – VX – 127/95, WuW/E 1996, 521 (521 ff.).

147 *Westermann*, ZWeR 2010, 81 (82).

148 Vgl. BKartA vom 22.11.1995, B 8 – 92713 – VX – 127/95, WuW/E 1996, 521 (524); dort findet sich auch ein Hinweis auf die Besonderheit des Angebots einiger Spielevermittler, die durch die Zusammenstellung bestimmter Zahlenkombinationen Einsatzpläne entwickeln.

der Schritt u.a. damit begründet worden, dass die gewerbliche Spielevermittlung gegen die Lotteriehoheit der Länder verstoße, durch oft unlautere Werbeaussagen die Seriosität des Lottogeschäfts insgesamt gefährde und die hohen Gebühren der Spielevermittler nicht zuletzt der staatlichen Zielsetzung, einen möglichst hohen Ertrag aus der Veranstaltung des Glücksspiels einem gemeinnützigen Zweck zuzuführen, entgegenstünden.[149]

b. Kartellrechtliche Würdigung des Bundeskartellamts

Diesen Vorgang hat das Bundeskartellamt in einer knappen rechtlichen Würdigung als Verstoß gegen § 1 GWB eingestuft.[150]

Der Beschluss vom 30.05.1995 sei rechtlich als Beschluss einer Vereinigung von Unternehmen i.S.d. Kartellrechts zu qualifizieren. Unabhängig von ihrer Rechtsform seien die Lottogesellschaften Unternehmen i.S.d. GWB und jedenfalls als Anbieter von Spielverträgen über Sportwetten und Lotterien nicht hoheitlich, sondern unternehmerisch tätig.[151] Durch den Blockvertrag hätten sie sich zu einer Vereinigung von Unternehmen i.S.d. § 1 GWB zusammengeschlossen.[152]

Der Beschluss sei dabei geeignet, den zwischen den Blockpartnern bestehenden Wettbewerb spürbar zu beschränken: Zwar sei in Folge der Lotteriehoheit der Länder, aufgrund derer die Zulassung von Lotterieveranstaltungen stets auf ihr jeweiliges Staatsgebiet beschränkt sei, kein „aktiver" Wettbewerb möglich, doch bleibe davon der „passive" Wettbewerb um die Entscheidung der Spieler, mit welchem der 16 Veranstalter sie Spielverträge abschließen wollen, unberührt.[153] Der Beschluss der Blockpartner könne auch nicht deswegen aus dem Anwendungsbereich des § 1 GWB herausfallen, weil die Tätigkeit der Spielevermittler nach dem Vortrag der meisten Lottogesellschaften gegen § 286 StGB a.F. (§ 287 StGB n.F.) oder landesrechtliche Lotterieveranstaltungsverbote verstoße: Denn nur ein auf offensichtlich strafbarem Verhalten basierender Wettbewerb sei nicht schutzwürdig.[154]

---

149 BKartA vom 22.11.1995, B 8 – 92713 – VX – 127/95, WuW/E 1996, 521 (523).

150 BKartA vom 22.11.1995, B 8 – 92713 – VX – 127/95, WuW/E 1996, 521 (527).

151 Dies leitet das Amt überwiegend aus Abs. 1 Satz 3 der Präambel ab, BKartA vom 22.11.1995, B 8 – 92713 – VX – 127/95, WuW/E 1996, 521 (528).

152 BKartA, ebenda.

153 Hier wird als Vergleich die Parallele zum Regionalitätsprinzip der Sparkassen gezogen, BKartA vom 22.11.1995, B 8 – 92713 – VX – 127/95, WuW/E 1996, 521 (528 f.).

154 BKartA vom 22.11.1995, B 8 – 92713 – VX – 127/95, WuW/E 1996, 521 (529).

Der Beschluss der Lottogesellschaften sei schließlich auch einer kartellrechtlichen Beurteilung zugänglich, weil er, anders als von den Blockpartnern vorgetragen, nicht allein der Wahrnehmung der öffentlichen Aufgabe der Gefahrenabwehr durch „Eindämmung der Spiellust der Bevölkerung“ diene.[155] Dabei könne das Vorliegen einer konkreten Gefahr sogar offenbleiben, da den Lottogesellschaften anders als den Ländern gerade keine öffentlich-rechtliche Regelungskompetenz zustände, die durch die Prognose des Bundeskartellamts berührt werde.[156]

c. Gerichtliche Verfahrenshistorie

Die Entscheidung des Bundeskartellamts wurde im Anschluss von den kartellverfahrensrechtlichen Beschwerdeinstanzen bestätigt.

aa. KG, Beschluss vom 11.12.1996

Die Beschwerde von zwölf der Blockpartner gegen die Entscheidung des BKartA wurde zunächst vom KG zurückgewiesen.[157]

Entgegen der Argumentation der Blockpartner, der Beschluss sei als Maßnahme der Gefahrenabwehr ausschließlich an dem in die Länderkompetenz fallenden Recht der öffentlichen Sicherheit und Ordnung und nicht an den Normen des Kartellrechts zu messen, sei der Bund befugt, auch die Lebensbereiche den allgemeinen Regeln zur Verhütung des Missbrauchs wirtschaftlicher Macht zu unterwerfen (Art. 74 Nr. 16 GG), für die ihm keine umfassende Kompetenz zustehe.[158] Bundesbehörden wie das Bundeskartellamt könnten danach Maßnahmen treffen, die der Regelungskompetenz der Länder unterfielen, wenn sie der Sicherung der Wettbewerbsfreiheit dienen.[159] Auch sei durch die Entscheidung der Länder, Lotto durch von ihnen beherrschte Handelsgesellschaften als Konzessionsträger zu veranstalten, kein die Geltung des GWB ausschließendes, „genuin hoheitliches“ Verwaltungsmonopol begründet worden.[160]

---

155 BKartA vom 22.11.1995, B 8 – 92713 – VX – 127/95, WuW/E 1996, 521 (530).

156 BKartA, ebenda: die Lottogesellschaften hätten bewusst die „zweite Handlungsebene“ gewählt, weil ein derartiges Vorgehen einfacher sei. Den Ländern bliebe es unbenommen, im Rahmen des verfassungs- und unionsrechtlich Zulässigen, eine angemessene Problemlösung zu finden.

157 KG Berlin vom 11.12.1996, Kart 1/96, WuW/E 1997, 633 (644).

158 KG Berlin vom 11.12.1996, Kart 1/96, WuW/E 1997, 633 (645).

159 KG Berlin, ebenda.

160 KG Berlin vom 11.12.1996, Kart 1/96, WuW/E 1997, 633 (646).

Ein auf die Gefahrenabwehr gestütztes Verbot gewerblicher Spielevermittler unter Befreiung vom Kartellverbot könnten ohnehin nicht die Mitglieder des DLTB, sondern nur die Länder einvernehmlich etwa durch Abschluss eines Staatsvertrages beschließen.[161]

Auch ordnungsrechtliche Gründe für den Beschluss vom 20.05.1995 würden sich als nicht stichhaltig erweisen: So sei es vor dem Hintergrund der Werbemaßnahmen der Blockpartner wenig überzeugend, in den Werbemaßnahmen der gewerblichen Spielevermittler ein übertriebenes Anheizen der Spielleidenschaft der Bevölkerung und damit eine Gefährdung der öffentlichen Sicherheit und Ordnung zu sehen.[162] Die Möglichkeit von missbräuchlichem und manipulativem Verhalten bei Verwendung der Einsätze und Auskehrung der Gewinne durch die Spielevermittler bestehe nur abstrakt.[163]

Im Weiteren schloss sich das KG komplett der kartellrechtlichen Würdigung des Bundeskartellamts an und stellte fest, dass die Voraussetzungen des § 1 GWB erfüllt seien.[164]

bb. BGH, Beschluss vom 19.03.1999 – Lottospielgemeinschaft

Nach Rechtsbeschwerde nur noch einer der ursprünglich 16 Verfahrensbeteiligten hat der BGH die Entscheidung des KG bestätigt. Die Entscheidung des Bundeskartellamtes verpflichte die Mitglieder des DLTB insbesondere nicht zur Teilnahme an einer strafbaren Handlung oder deren Unterstützung, da diese gewerblich organisierte Spielgemeinschaften nicht lediglich aufgrund des gefassten Beschlusses und ohne das Vorliegen weiterer (sachlicher) Gründe vom Spielbetrieb ausschließen dürften.[165] Zwar schütze das GWB nur den lauteren Wettbewerb, doch könne vom Kartellamt lediglich gefordert werden, dass es summarisch die strafrechtliche Zulässigkeit der zu schützenden Wettbewerbsbetätigung prüfe.[166]

---

161 KG Berlin, ebenda.

162 KG Berlin vom 11.12.1996, Kart 1/96, WuW/E 1997, 633 (647).

163 KG Berlin vom 11.12.1996, Kart 1/96, WuW/E 1997, 633 (648).

164 KG Berlin vom 11.12.1996, Kart 1/96, WuW/E 1997, 633 (649 ff.).

165 BGH vom 19.03.1999, KVR 20/97, GRUR 1999, 771 (772) – Lottospielgemeinschaft: Eine Zurückweisung aus sachlichen Gründen bleibe daher ausdrücklich vorbehalten.

166 BGH, ebenda.

In Fortsetzung seiner Rechtsprechung betont der Senat, dass das GWB auf Wettbewerbsbeziehungen der öffentlichen Hand auch dann anzuwenden sei, wenn dabei ihr öffentlich-rechtlicher Aufgabenbereich berührt werde.[167]

Zudem würden der DLTB und seine Gesellschafter ausschließlich über den Abschluss zivilrechtlicher Verträge und daher nicht als Träger hoheitlicher Gewalt tätig, woran auch die öffentlich-rechtliche Zweckbestimmung der generierten Einnahmen nichts ändere: Die Einnahmen der Blockpartner seien „ihrer Natur nach" das Ergebnis einer gewinnorientierten Tätigkeit.[168]

Die Lottogesellschaften seien nicht Träger der Gefahrenabwehr, sondern allenfalls das Mittel, das die Bundesländer einsetzen würden, um die nicht vollständig zu unterbindende Spiel- und Wettleidenschaft der Bevölkerung in staatlich kontrollierte Bahnen zu lenken.[169] Schließlich bestehe zwischen den Blockpartnern auch Wettbewerb, der auch durch die Lotteriehoheit der Länder weder rechtlich noch logisch ausgeschlossen werde: Da verfassungsrechtlich allenfalls ein Verbot mit Erlaubnisvorbehalt zur Regelung des Glücksspiels statthaft sei, müssten sich die Mitglieder des DLTB eben um die Erteilung einer entsprechenden Erlaubnis im Gebiet eines Blockpartners bemühen.[170] Auch ohne eine solche Erlaubnis aber stehe es den Teilnehmern der Lotterieveranstaltungen frei, Spielverträge in einem anderen Bundesland abzuschließen.[171]

Dieser Wettbewerb sei, wie das KG rechtsfehlerfrei festgestellt habe, durch den Beschluss des DLTB vom 30.05.1995 spürbar beeinträchtigt worden.[172] Auch durch die Gesetzesnovelle des GWB zum 01.01.1999 habe sich an der Bewertung aller streitigen Punkte nichts geändert.

---

167 BGH vom 19.03.1999, KVR 20/97, GRUR 1999, 771 (773) – Lottospielgemeinschaft mit Verweis auf BGH, GRUR 1989, 774 – Staatslotteriebezirksstelle; BGH, GRUR 1990, 474 – Neugeborenentransport; BGH, GRUR 1990, 702 – Sportübertragungen.

168 BGH vom 19.03.1999, KVR 20/97, GRUR 1999, 771 (773) – Lottospielgemeinschaft.

169 BGH vom 19.03.1999, KVR 20/97, GRUR 1999, 771 (774) – Lottospielgemeinschaft.

170 BGH, ebenda.

171 Dies stelle eine nicht nur theoretische, sondern eine auch praktisch ins Gewicht fallende Alternative dar: bei Annahmestellen im Grenzgebiet der Bundesländer liege der Anteil solcher Spieleinsätze schließlich bei über 10 Prozent, BGH vom 19.03.1999, KVR 20/97, GRUR 1999, 771 (774) – Lottospielgemeinschaft.

172 BGH vom 19.03.1999, KVR 20/97, GRUR 1999, 771 (775) – Lottospielgemeinschaft.

3. Beschluss vom 23.08.2006 – Lottoblock

Gute zehn Jahre später entbrannte der Konflikt ein weiteres Mal. Mit Beschluss vom 23.08.2006 hat das Bundeskartellamt festgestellt, dass ein Beschluss des Rechtsausschusses des DLTB vom 25./26.04.2005 gegen Art. 81 EG a.F. (Art. 101 AEUV n.F.) und § 1 GWB sowie gegen § 21 Abs. 1 GWB und Art. 82 EG a.F. (Art. 102 AEUV n.F.) verstoßen habe.[173]

Nach Feststellungen des Amtes hatte der Rechtsausschuss die Lottogesellschaften in dem fraglichen Beschluss aufgefordert, keine Spieleinsätze gewerblicher Spielevermittler anzunehmen. Daher wurden gegen die Mitglieder des DLTB Anordnungen gem. § 32 GWB erlassen, die im Wesentlichen sicherstellen sollten, dass Einsätze gewerblicher Spielevermittler doch angenommen werden.

Zudem hat das Bundeskartellamt festgestellt, dass § 2 des Blockvertrages der DLTB (das sog. „Regionalisierungsprinzip") sowie der Staatsvertrag über die Regionalisierung von Teilen der von den Unternehmen des DLTB erzielten Einnahmen (der sog. „Regionaliserungsstaatsvertrag") gegen Art. 81 EG a.F. (Art. 101 AEUV n.F.) verstoßen würden. Auch zu diesem Tatsachenkomplex hat die Behörde gegen die Mitglieder das DLTB Untersagungsverfügungen gem. § 32 GWB dahingehend erlassen, die streitigen Normen anzuwenden.[174]

a. Sachverhalt der Entscheidung

Die Länder hatten sich zum 01.07.2004 auf den ersten Lotteriestaatsvertrag geeinigt. Dessen Abschluss schien im Hinblick auf die Entscheidungen einiger Verwaltungsgerichte, die die lotterierechtliche Bedürfnisprüfung verfassungsrechtlich in Zweifel gestellt hatten, und nicht zuletzt im Hinblick auf die einschlägigen Entscheidungen des EuGH[175] angezeigt, um die ordnungsrechtliche Einordnung des Lotteriewesens auf ein neues, tragfähiges Fundament zu stellen.[176] Erstmals wurde in § 14 des Lotteriestaatsvertrages auch die gewerbliche

173 BKartA vom 23.08.2006, B 10 – 148/05, WuW/E DE-V 1251, (1251 ff.) – Deutscher Lotto- und Totoblock.

174 BKartA, ebenda.

175 EuGH vom 24.03.1994, C-275/92, NJW 1994, 2013 – Schindler; vom 21.09.1999, C-124/97, GewArch 1999, 476 – Läärä; vom 21.10.1999, C-67/98, GewArch 2000, 19 – Zenatti; insbesondere aber vom 06.11.2003, C-243/01, NJW 2004, 139 – Gambelli.

176 Vgl. *Ohlmann*, WRP 2005, 48 (48).

Spielevermittlung ausführlicher geregelt, was der späteren restriktiveren Regelung durch den GlüStV 2008 quasi den Weg bereitete.[177]

Ferner war am 01.07.2004 der „Staatsvertrag über die Regionalisierung von Teilen der von den Unternehmen des Deutschen Lotto- und Toto-Blocks erzielten Einnahmen" (im Folgenden: Regionalisierungsstaatsvertrag) in Kraft getreten. Nach den Normen des Lotteriestaatsvertrags sowie des begleitenden Blockvertrages war die Tätigkeit der Lottogesellschaften ausschließlich auf das Angebot ihres Glücksspiels, hauptsächlich über 25.000 terrestrische Lottoannahmestellen, innerhalb ihres jeweiligen Bundeslandes beschränkt.[178] Wenn eine Lottogesellschaft ihr Angebot auf ein anderes Land hätte erstrecken wollen, wäre hierzu die Zustimmung des betroffenen Blockpartners bzw. Landes nötig gewesen.[179]

Private Spielevermittler, nach oben genannter Entscheidung des Bundeskartellamtes als zusätzliche Akteure auf den Markt zurückgekehrt, waren aber an dieses „Regionalitätsprinzip" nicht gebunden und hatten daher Spielaufträge von Verbrauchern bezüglich des Lottoangebots eines Landes im Hoheitsgebiet eines anderen Landes akquirieren können.[180] Anfang 2005 hatte einer der privaten Spielevermittler damit begonnen, ein bundesweites Netz terrestrischer Vermittlungsstellen in stationären Verkaufslokalen aufzubauen.[181] Hierdurch war nach Auffassung des Bundeskartellamtes hinsichtlich des durchaus divergierenden Angebots der Lottogesellschaften auch tatsächlich ein Binnenwettbewerb im DLTB entstanden, da Verbraucher in einem Land über die Spielevermittler auch die konkurrierenden Angebote eines anderen Landes nutzen konnten.[182]

---

177 *Stober*, GewArch 2003, 305 (306); *Westermann*, ZWeR 2010, 81 (82): Gem. § 4 Abs. 4 GlüStV bedürfen gewerbliche Spielevermittler in jedem Bundesland, in dem sie Glücksspiele vermitteln wollen, einer Erlaubnis der zuständigen Behörde. § 14 des Lotteriestaatsvertrages regelte hingegen nur Anforderungen an Art und Umfang von Werbemaßnahmen, Minderjährigenschutz sowie den Anteil der vereinnahmten Beträge, der an die Veranstalter weiterzuleiten ist.

178 § 5 Abs. 3 S. 2 Lotteriestaatsvertrag und § 2 Abs. 1 Blockvertrag, hierzu *Westermann*, ZWeR 2010, 81 (82).

179 § 5 Abs. 3 S. 3 Lotteriestaatsvertrag und § 2 Abs. 3 Blockvertrag.

180 Grund: Spielevermittler veranstalten selbst kein Glücksspiel, BKartA vom 23.08.2006, B 10 – 148/05, WuW/E DE-V 1251 (1251 ff.) – Deutscher Lotto- und Totoblock, Rn. 37.

181 *Westermann*, ZWeR 2010, 81 (83).

182 BKartA vom 23.08.2006, B 10 – 148/05, WuW/E DE-V 1251 (1251 ff.) – Deutscher Lotto- und Totoblock, Rn. 171 ff. zum Markt für Lotterien sowie Rn. 197 ff. zu den genauen Unterschieden im Angebot der Lottogesellschaften.

Da eine derartige Spielevermittlung nicht nur die Grenzen der Bundesländer, sondern aus Sicht des Rechtsausschusses auch die Grenzen geltenden Rechts überschreiten würde, waren die Lottogesellschaften aufgefordert worden, die über die terrestrischen Annahmestellen erzielten Umsätze der privaten Spielevermittler nicht anzunehmen.[183] Dadurch wurde der aufkommende Binnenwettbewerb unter den Lottogesellschaften wieder suspendiert.

b. *Kartellrechtliche Würdigung des Bundeskartellamts*

Das Bundeskartellamt stellte jedoch fest, dass die Aufforderung des Rechtsausschusses, keine Einsätze gewerblicher Spielevermittler mehr anzunehmen, gegen Art. 81 EG a.F. (Art. 101 AEUV n.F.) bzw. § 1 GWB verstoße.[184]

Der DLTB sei eine Unternehmensvereinigung i.S.v. Art. 81 EG a.F. (Art. 101 AEUV n.F.) bzw. § 1 GWB, da die Lottounternehmen wirtschaftlich und nicht hoheitlich tätig seien.[185] Für diese Abgrenzung stützt sich das Amt maßgeblich auf das Sportwettenurteil des Bundesverfassungsgerichts aus dem selben Jahr, in dem der Ausschluss gewerblicher Sportwettenveranstalter durch private Wettunternehmen nicht als Ausdruck des hoheitlichen Charakters dieser Tätigkeiten gewertet wurde,[186] auf die oben bereits diskutierte Entscheidung des BGH[187] sowie auf die Tätigkeit einiger Lottogesellschaften im angrenzenden EU-Ausland.[188]

Die Aufforderung des Rechtsausschusses stelle einen Beschluss einer Unternehmensvereinigung i.S.v. Art. 81 EG a.F. (Art. 101 AEUV n.F.) bzw. § 1 GWB dar, wobei das Verfahren der Willensbildung ebenso wie dessen rechtliche Qualifizierung nach nationalem Recht unerheblich seien.[189] Bereits der Wortlaut des

---

183 Niederschrift über die Sitzung des Rechtsausschusses vom 25./26. April 2005, S. 5 ff., 552 ff.; Auszüge in BKartA vom 23.08.2006, B 10 – 148/05, WuW/E DE-V 1251 (1251 ff.) – Deutscher Lotto- und Totoblock, Rn. 46 f.

184 BKartA vom 23.08.2006, B 10 – 148/05, WuW/E DE-V 1251, (1251 ff.) – Deutscher Lotto- und Totoblock, Rn. 72 ff.

185 BKartA, ebenda, Rn. 73 ff., wobei der Unternehmensbegriff des EuGH, formuliert am 10.01.2006, Rs. C-222/04, EuZW 2006, 306 – Cassa die Risparmio di Firenze, Rn. 107, zu Grunde gelegt wurde.

186 BVerfG vom 28.03.2006, 1 BvR 1054/01, BVerfGE 115, 276 Rn. 88.

187 BGH vom 19.03.1999, KVR 20/97, GRUR 1999, 771 (771 ff.) – Lottospielgemeinschaft.

188 BKartA vom 23.08.2006, B 10 – 148/05, WuW/E DE-V 1251 (1251 ff.) – Deutscher Lotto- und Totoblock, Rn. 84.

189 BKartA, ebenda, Rn. 108 ff.

Beschlusses („der Rechtausschuss fordert die Gesellschaften des DLTB auf") suggeriere, dass dieser nicht bloßen Empfehlungscharakter habe.[190]

Zugleich könne die Aufforderung unter eine Vereinbarung zwischen Unternehmen gem. Art. 81 EG a.F. (Art. 101 AEUV n.F.) subsumiert werden.[191]

Der Ausschluss gewerblicher Spielevermittler bezwecke und bewirke eine Beschränkung des Angebotswettbewerbs auf dem Markt für Lotterien sowie eine des Nachfragewettbewerbs auf dem Markt für die bundesweite gewerbliche Vermittlung von Lotterien und Sportwetten.[192]

Die terrestrische gewerbliche Spielevermittlung sei jedoch rechtmäßig, da sie weder den Regelungen des Lotteriestaatsvertrages noch der hinter ihnen stehenden Zielrichtung widerspreche.[193] So sei es etwa nicht ersichtlich, dass durch die Ausdehnung eines terrestrischen Vertriebsnetzes für Lotto die ordnungspolitisch gebotene Kanalisierung des Spielbetriebs gefährdet werde.[194] Auch könnten die engen Kriterien, die vom Bundesverfassungsgericht hinsichtlich des verfassungsgemäßen Ausschlusses von Wettbewerb in seiner Entscheidung zum Sportwettenmonopol[195] aufgestellt worden sind, nicht auf die Lotterien übertragen werden.[196] Die Abwehr von Folge- und Begleitkriminalität sowie ein effektiver Verbraucherschutz seien auch durch repressive Maßnahmen möglich, ein dem Sportwettenmonopol nachempfundenes Lotteriemonopol daher nicht erforderlich.[197]

Die Aufforderung des Rechtsausschusses des DLTB verstoße zudem gegen das Boykottverbot des § 21 Abs. 1 GWB und stelle außerdem, da die Lottogesellschaften auf dem Nachfragemarkt für die bundesweite gewerbliche Spielvermittlung marktbeherrschend seien, den Missbrauch einer marktbeherrschenden Stellung i.S.v. Art. 82 EG a.F. (Art. 102 AEUV n.F.) dar.[198]

---

190 BKartA, ebenda, Rn. 126.

191 BKartA, ebenda, Rn. 164 f.

192 BKartA, ebenda, Rn. 170 ff.

193 BKartA, ebenda, Rn. 253 ff.

194 So aber die Argumentation des DLTB sowie die im Verfahren geäußerte Ansicht des Bayerischen Staatsministers der Finanzen im Schreiben vom 08.05.2006, vgl. BKartA vom 23.08.2006, B 10 – 148/05, WuW/E DE-V 1251 (1251 ff.) – Deutscher Lotto- und Totoblock, Rn. 267.

195 BVerfG vom 28.03.2006, 1 BvR 1054/01, BVerfGE 115, 276 Rn. 241.

196 BKartA vom 23.08.2006, B 10 – 148/05, WuW/E DE-V 1251 (1251 ff.) – Deutscher Lotto- und Totoblock, Rn. 293 ff.

197 BKartA, ebenda, Rn. 322 f.

198 BKartA, ebenda, Rn. 468 ff. bzw. 501 ff.

Als zweiten Komplex der Entscheidung würdigt das Bundeskartellamt das sog. Regionalitätsprinzip, verankert in § 2 des Blockvertrages sowie § 5 Abs. 3 des Lotteriestaatsvertrages. Diese Normen begrenzten den Tätigkeitsbereich der Lottogesellschaften auf das Hoheitsgebiet ihres Bundeslandes, um so unter anderem eine unerwünschte faktische Wettbewerbssituation bei Glücksspielen mit besonderem Gefährdungspotential zu vermeiden.[199]

§ 2 des Blockvertrags verstoße als Vereinbarung zwischen Unternehmen gegen Art. 81 EG a.F. (Art. 101 AEUV n.F.) bzw. § 1 GWB.[200] Die bewirkte Gebietsaufteilung könne auch nicht mit Hinweis auf die räumlich begrenzte Gesetzgebungs- und Verwaltungszuständigkeit der Länder gerechtfertigt werden, da die Lottogesellschaften gerade keine (zu begrenzende) hoheitliche Tätigkeit wahrnehmen würden.[201]

§ 5 Abs. 3 des Lotteriestaatsvertrags sei europarechtskonform dahingehend auszulegen, dass den Bundesländern nur die Ermächtigung erteilt werde, die Tätigkeit anderer Lottogesellschaften aus rein ordnungsrechtlichen Gründen zu begrenzen oder auszuschließen. Soweit es die Norm, wie vorliegend, ermögliche, Tätigkeiten aus wettbewerblichen Gründen zu untersagen, dürfe sie wegen eines Verstoßes gegen Art. 81 EG a.F. (Art. 101 n.F.) nicht angewendet werden.[202] Auch wenn in den Erläuterungen zum Staatsvertrag festgelegt sei, dass ein Land dem Tätigwerden eines anderen Bundeslandes nur ordnungspolitische Vorstellungen als maßgebliches Kriterium entgegenhalten könne, enthalte die Norm nicht den Ausschluss rein wirtschaftlicher Gründe; einem Wettbewerber aber die Tätigkeit im eigenen Vertriebsgebiet zu untersagen, entspreche nur der betriebswirtschaftlichen Logik und führe im Fall der Lottogesellschaften daher auch de facto zu einem Ausschluss jeglichen Wettbewerbs ohne ordnungspolitischen Hintergrund.[203]

Die Ausdehnung des Vertriebsgebiets der Lottogesellschaften sei rechtmäßig. Sie verstoße nicht gegen gesetzliche Vorschriften und stehe im Einklang mit der Entscheidung des Bundesverfassungsgericht zum bayerischen Monopol für Sportwetten,[204] da ein Ausschluss des Wettbewerbs zwischen den

199 § 5 der Erläuterungen zum Lotteriestaatsvertrag.

200 BKartA vom 23.08.2006, B 10 – 148/05, WuW/E DE-V 1251, (1251 ff.) – Deutscher Lotto- und Totoblock, Rn. 531 ff.

201 Mit Verweis auf BGH, WuW/E DE-R 289/292 – Lottospielgemeinschaft, BKartA vom 23.08.2006, B 10 – 148/05, WuW/E DE-V 1251, (1251 ff.) – Deutscher Lotto- und Totoblock, Rn. 553.

202 BKartA, ebenda, Rn. 578 ff.

203 BKartA, ebenda, Rn. 591.

204 BVerfG vom 28.03.2006, 1 BvR 1054/01, BVerfGE 115, 276.

Lottogesellschaften nicht mit dem Ziel der Bekämpfung der Spielsucht oder dem Verbraucherschutz gerechtfertigt werden könne.[205] Es sei nämlich zu erwarten, dass die unter staatlichem Einfluss stehenden Lottogesellschaften auch im Wettbewerb zueinander die ordnungsrechtlichen Anforderungen einhalten würden und das Suchtgefährdungspotential von Lotto ohnehin nur gering wäre.[206]

Im dritten Teil seiner Entscheidung stellte das Bundeskartellamt fest, dass der vom sog. Regionalisierungsstaatsvertrag bestimmte Informationsaustausch zwischen den Bundesländern, welche Spielumsätze von gewerblichen Spielevermittlern erzielt worden seien, ebenfalls gegen Art. 81 EG a.F. (Art. 101 n.F.) sowie § 1 GWB verstoßen würde.[207] Soweit der Regionalisierungsstaatsvertrag eben diesen Informationsaustausch vorgebe, müsse er unangewendet bleiben, da der Staatsvertrag selbst gegen Art. 81 EG a.F. (Art. 101 n.F.) verstoße. Zwar seien rein hoheitliche Maßnahmen von der Anwendung der europarechtlichen Wettbewerbsnormen ausgenommen; der Regionalisierungsstaatsvertrag finde aber in der ordnungsrechtlichen Zielsetzung der Lotteriehoheit keine Grundlage, diese sei vielmehr rein wirtschaftlich.[208]

c. Gerichtliche Verfahrenshistorie

Erneut haben die angerufenen kartellverfahrensrechtlichen Instanzgerichte die Entscheidung des Bundeskartellamts überwiegend bestätigt.

aa. OLG Düsseldorf, Beschluss vom 08.06.2007

Das OLG Düsseldorf hat die Entscheidung des Bundeskartellamtes, gegen die die Lottogesellschaften sowie der DLTB Beschwerde eingelegt hatten, im Wesentlichen bestätigt und lediglich Nuancen in der Tenorierung geändert.[209]

Mit dem Hinweis darauf, dass die Lottogesellschaften zur Expansion ihres Geschäftsbetriebes bzw. zum Tätigwerden im Hoheitsgebiet eines Blockpartners ohne dessen erforderliche Erlaubnis nicht verpflichtet seien, hat es die Abstellungsverfügungen insoweit eingeschränkt.[210] Ein Problem staatsrechtlicher

---

205 BKartA vom 23.08.2006, B 10 – 148/05, WuW/E DE-V 1251 (1251 ff.) – Deutscher Lotto- und Totoblock, Rn. 632 f.

206 BKartA, ebenda, Rn. 637, 650 ff.

207 BKartA, ebenda, Rn. 687 ff.

208 BKartA, ebenda, Rn. 718

209 OLG Düsseldorf vom 08.06.2007, VI-Kart 15/06 (V), ZfWG 2007, 277 – Deutscher Lotto- und Totoblock; hierzu knapp *Westermann*, ZWeR 2010, 81 (84).

210 OLG Düsseldorf vom 08.06.2007, VI-Kart 15/06 (V), ZfWG 2007, 277 – Deutscher Lotto- und Totoblock; *Westermann*, ebenda.

Natur, gar mit Blick auf die bundesstaatliche Kompetenzverteilung, hat das Gericht dabei nicht erkannt.

bb. BGH, Beschluss vom 14.08.2008

Gegen die Beschränkungen der Abstellungsverfügungen hat das Bundeskartellamt Anschlussbeschwerde beim BGH eingelegt. Gleichzeitig haben die Betroffenen ihr Begehren im Wege der vom Beschwerdegericht zugelassenen Rechtsbeschwerde weiterverfolgt.

Der BGH hat die vom OLG Düsseldorf modifizierten Abstellungsverfügungen, soweit sie nicht wegen zwischenzeitlicher Rechtsänderungen gegenstandslos geworden waren,[211] und damit letztlich auch die vorangegangene Entscheidung des Bundeskartellamts weitestgehend bestätigt.[212]

Unzulässig sei lediglich die Feststellung, dass gesetzliche Bestimmungen gegen Gemeinschaftsrecht verstoßen.[213] Akte der Gesetzgebung seien nämlich keine Handlungen von Unternehmen und damit dem Anwendungsbereich des Kartellrechts entzogen, weshalb lediglich die Verpflichtung der Betroffenen, ihr Verhalten nicht an einer mit Gemeinschaftsrecht unvereinbaren Norm auszurichten, tenoriert werden dürfe.[214]

Die kartellrechtlichen Parameter, etwa die Einordnung des DLTB als Unternehmensvereinigung[215] sowie die Qualifikation der Aufforderung des Rechtsausschusses als Beschluss i.S.v. Art. 81 a.F. EG (Art. 101 AEUV n.F.) bzw. § 1 GWB,[216] aber auch die Einschätzungen des Beschwerdegerichts zum betroffenen Markt[217] sowie dem Regionalitätsprinzip und Regionalisierungsstaatsvertrag hingegen bestätigte der BGH.[218]

---

211 *Westermann*, ZWeR 2010, 81 (84 f.): Etwa war der Internetvertrieb mit In-Kraft-Treten des GlüStV am 01.01.2008 gemäß § 4 Abs. 4 GlüStV gänzlich verboten worden; die Untersagung der räumlichen Beschränkung des Internets war zuvor allerdings alleiniger Prüfungspunkt des vorab durchgeführten Eilverfahrens gem. § 65 Abs. 3 GWB bei denselben beiden Instanzen gewesen, vgl. OLG Düsseldorf vom 23.10.2006, Kart 15/06, WuW/E DE-R 1869; BGH vom 08.05.2007, KVR 31/06, NJW-RR 2007, 1491 – Lotto im Internet.

212 BGH vom 14.08.2008, KVR 54/07, ZfWG 2008, 359 (359 ff.) – Lottoblock.

213 BGH, ebenda, Rn. 82 ff.

214 BGH, ebenda, Rn. 83.

215 BGH, ebenda, Rn. 23 f.

216 BGH, ebenda, Rn. 26 ff.

217 BGH, ebenda, Rn. 30 ff.

218 BGH, ebenda, Rn. 84 ff., 124 ff., zu alledem zusammenfassend *Westermann*, ZWeR 2010, 81 (85 f.).

4. Beschluss vom 29.11.2007 – Lotto Rheinland-Pfalz GmbH

Der jüngste Fall, in dem sich das Bundeskartellamt mit Ausformungen des Glücksspielmonopols befasst hat, ist ein Fusionskontrollverfahren aus dem Jahre 2007. Nachdem das Land Rheinland-Pfalz der Behörde mit Schreiben vom 31.07.2007 mitgeteilt hatte, 51 % der Anteile an der Lotto-Rheinland-Pfalz GmbH erwerben zu wollen, hat sie den geplanten Zusammenschluss mit Beschluss vom 29.11.2007 untersagt.

a. Sachverhalt der Entscheidung

Die Lotto-Rheinland-Pfalz GmbH, eine der 16 Lottogesellschaften der Länder und Gesellschafter im DLTB, war durch das rheinland-pfälzische Landesgesetz über das öffentliche Glücksspiel (im Folgenden „LGlG") mit der Veranstaltung bzw. der Durchführung von Wetten, Lotterien und Ausspielungen betraut worden und hatte so die Aufgabe des Landes zur Sicherstellung eines ausreichenden Glücksspielangebots wahrgenommen, § 5 Abs. 1 Lotteriestaatsvertrag.[219] Am 08.05.2007 hatten die Ministerpräsidenten zudem den GlüStV 2008 unterzeichnet, der zum 01.01.2008 in Kraft getreten ist.[220] In den Ausführungsbestimmungen des zugehörigen Zustimmungsgesetzes des Landes Rheinland-Pfalz, das am 14.11.2007 verabschiedet wurde, ist in § 5 Abs. 1 S. 2 LGlG n.F. vorgesehen, dass unmittelbar veranstaltete, öffentliche Glücksspiele nur von einer privatrechtlichen Gesellschaft veranstaltet werden dürfen, die vom Land beherrscht wird.[221]

Die gesetzliche Neufassung war auch deswegen nötig geworden, da die EU-Kommission im Rahmen des Notifizierungsverfahrens des GlüStV 2008 hinsichtlich der fehlenden Einflussnahmemöglichkeiten des Landes auf den privaten Betreiber des Glücksspiels rechtliche Bedenken geäußert hatte.[222] Das Finanzministerium des Landes Rheinland-Pfalz hatte zudem angemahnt, dass aufgrund lediglich mittelbarer Einflussmöglichkeiten des Landes über ordnungsrechtliche

---

219 Vgl. BKartA vom 29.11.2007, B 6 – 158/07, WuW/E DE-V 1571, Rn. 19, 44 ff.

220 BKartA vom 29.11.2007, B 6 – 158/07, WuW/E DE-V 1571, Rn. 57 ff.

221 BKartA vom 29.11.2007, B 6 – 158/07, WuW/E DE-V 1571, Rn. 65.

222 Ergänzendes Aufforderungsschreiben vom 23.03.2007, Ref. SG(2007) D/201377, Rn. 12: „In Rheinland-Pfalz betreibt ein privates Unternehmen ohne bedeutende staatliche Beteiligung derzeit die Lotterie i.R. einer staatlichen Konzession (…) Die Erlaubnis ist de facto diskriminierend, da die Erlaubnis ohne öffentliche Ausschreibung erteilt wurde."

Auflagen die Geschäftspolitik der privaten Betreiber noch stark an Umsatz- und Gewinnmaximierung ausgerichtet sei.[223]

b. Kartellrechtliche Würdigung des Bundeskartellamts

Das Bundeskartellamt hat sich in dem Fusionskontrollverfahren, im deutlichen Kontrast zu den vorangegangenen Verfahren, ausführlich mit den rechtlichen Rahmenbedingungen im Glücksspielrecht auseinandergesetzt:[224] Etwa habe der auf die Gesetzgebungszuständigkeit der Länder nach Art. 70 GG zurückgehende Lotteriestaatsvertrag „primär" ordnungsrechtliche Ziele verfolgt, während der Regionalisierungsstaatsvertrag lediglich dem Ausgleich der Einnahmen diene, die den Bundesländern durch die Tätigkeit der gewerblichen Spielevermittler entgingen.[225]

Das GWB sei auf das Zusammenschlussvorhaben anwendbar, selbst wenn auf diesem Wege nur die Vorgaben der Staatsverträge und des LGlG umgesetzt werde: Diese Rechtsvorschriften seien durchweg landesrechtliche Normen, die „unterhalb des Bundesrechts stünden (vgl. Art. 31 GG)" und daher keinen Ausnahmebereich von den Vorschriften des GWB begründen könnten.[226]

Der Erwerb der Anteile an Lotto Rheinland-Pfalz würde die Zusammenschlusstatbestände des § 37 Abs. 1 Nr. 3 a) GWB (Anteilserwerb) sowie § 37 Abs. 1 Nr. 2 GWB (Kontrollerwerb) erfüllen und dabei zu einer marktbeherrschenden Stellung der Lotto Rheinland-Pfalz auf dem Lotteriemarkt Rheinland-Pfalz sowie der Lottogesellschaften in Baden-Württemberg, Bayern, Hessen, Sachsen und Thüringen auf den Lotteriemärkten der jeweiligen Länder führen.[227]

c. Gerichtliche Verfahrenshistorie

Anders als die vorangegangenen Beschlüsse, wurde die Entscheidung des Bundeskartellamtes zur Übernahme von Lotto Rheinland-Pfalz bereits in der Beschwerdeinstanz aufgehoben. Mit Beschluss vom 17.09.2008 gab das OLG

---

223 BKartA vom 29.11.2007, B 6 – 158/07, WuW/E DE-V 1571, Rn. 83.

224 BKartA vom 29.11.2007, B 6 – 158/07, WuW/E DE-V 1571, Rn. 30 ff.: Dies hängt freilich überwiegend mit dem Umstand zusammen, dass das Amt im sehr formalisierten Fusionskontrollverfahren seine eigentliche Prüfung regelmäßig mit einem Kapitel zu den tatsächlichen und rechtlichen Rahmenbedingungen einleitet.

225 BKartA vom 29.11.2007, B 6 – 158/07, WuW/E DE-V 1571, Rn. 40.

226 BKartA vom 29.11.2007, B 6 – 158/07, WuW/E DE-V 1571, Rn. 84.

227 BKartA vom 29.11.2007, B 6 – 158/07, WuW/E DE-V 1571, Rn. 87 f., 93 ff.

Düsseldorf der Beschwerde der Zusammenschlussbeteiligten, die die Freigabe des untersagten Zusammenschlussvorhabens verfolgt hatten, Recht.[228]

Da es für die Entscheidung auf die Sach- und Rechtslage zum Zeitpunkt der letzten mündlichen Verhandlung ankam, hat das Gericht dabei auf die bereits in Kraft getretenen Regelungen des GlüStV und die diesen ergänzenden Regelungen des LGlG n.F. abgestellt.[229] Die in diesen Normen angelegte Entscheidung der Länder, das Glücksspielrecht staatlich-monopolistisch zu organisieren, unterläge aber nach Ansicht des OLG von vornherein nicht dem Kartellrecht und demgemäß auch nicht der kartellbehördlichen Kontrolle.[230]

Zwar sei die öffentliche Hand dem Geltungsbereich des Kartellrechts dort unterworfen, wo infolge seiner Angebots- oder Nachfragetätigkeit privatrechtliche Wettbewerbsbeziehungen entstehen; hingegen liege bereits kein unternehmerisches Handeln i.S.d. Wettbewerbsrechts vor, wenn und soweit Ausschließlichkeitsrechte zu Gunsten der öffentlichen Hand durch gesetzliche Vorschriften festgeschrieben seien.[231] Dass ein in diesem Sinne hoheitliches Handeln dem Anwendungsbereich des Kartellrechts entzogen sei, entspreche dem allgemeinen Stand der nationalen Rechtsprechung und Literatur[232] und auch der ständigen Rechtsprechung des EuGH zum sog. „funktionalen Unternehmensbegriff".[233]

Das Land Rheinland-Pfalz sei daher nicht als Unternehmen i.S.d. GWB anzusehen, da es beim Normsetzungsakt die im Urteil des Bundesverfassungsgerichts[234] anerkannten öffentlichen Belange der Gefahrenabwehr und keine fiskalischen Interessen verfolge.[235] Auch die konkrete Ausgestaltung und damit die konkrete Auswahlentscheidung des Finanzministeriums des Landes, sich der Lotto Rheinland-Pfalz zu bedienen, bestätige den hoheitlichen Charakter der Grundentscheidung für ein staatliches Glücksspielmonopol: Ohne konkrete

---

228 OLG Düsseldorf vom 17.09.2008, Kart 19/07, NJOZ 2008, 4979 ff.

229 OLG Düsseldorf vom 17.09.2008, Kart 19/07, NJOZ 2008, 4979 (4981).

230 OLG Düsseldorf vom 17.09.2008, Kart 19/07, NJOZ 2008, 4979 (4983).

231 OLG Düsseldorf, ebenda.

232 Mit Verweis auf BGH vom 14.08.2008, KVR 54/07, ZfWG 2008, 359, (359 ff.) – Lottoblock, Rn. 83; OLG Düsseldorf vom 17.09.2008, Kart 19/07, NJOZ 2008, 4979 (4983).

233 Mit Verweis auf EuGH vom 18.03.1997, C-343/95, Slg. 1997, I-1547 Rn. 16 ff. – Diego Calí, juris; OLG Düsseldorf vom 17.09.2008, Kart 19/07, NJOZ 2008, 4979 (4984).

234 BVerfG vom 28.03.2006, 1 BvR 1054/01, BVerfGE 115, 276, Rn. 99 ff.

235 OLG Düsseldorf vom 17.09.2008, Kart 19/07, NJOZ 2008, 4979 (4985): für Letzteres würden „Anhaltspunkte fehlen".

Umsetzung wäre die Monopolisierung eine bloße formale Willenserklärung des Gesetzgebers ohne praktische Auswirkung.[236]

Im Anschluss hat sich das OLG auch eingehend mit der bundesstaatlichen Kompetenzverteilung auseinandergesetzt. Art. 31 GG greife nur ein, wenn bundesrechtliche und landesrechtliche Regelungen auf denselben Sachverhalt anwendbar seien, aber zu unterschiedlichen Rechtsfolgen führen würden; sei, wie vorliegend, die bundesrechtliche Norm aber schon nicht anwendbar, fehle es bereits an der Kollision, die Art. 31 GG regele.[237] Auch begründe der Grundsatz der Bundestreue keine „kartellrechtliche Rücksichtnahmepflicht" des Landes Rheinland-Pfalz, im Rahmen der Auswahlentscheidung zur Durchführung der staatlichen Lotterien diejenige Alternative zu wählen, die mit den Zielen des Wettbewerbsrechts übereinstimmen würde.[238]

Entscheidend stellt das Gericht zudem fest: Würde das Bundeskartellamt die vom Landesgesetzgeber getroffene Entscheidung missachten und der Fusionskontrolle unterwerfen, würde es im Ergebnis die Gesetzgebungskompetenz des Landes aushebeln.[239]

5. Zwischenergebnis: Würdigung kompetenzrechtlicher Grenzen des Katellrechts im Glückspielrecht

Im Glückspielrecht erscheint auffällig, dass sich Bundesbehörden und Bundesrecht anwendende Gerichte bei ihren Entscheidungen mit der Frage, ob landesrechtliche Regelungen einzuhalten sind, nicht oder wenig eingehend auseinandergesetzt haben. Sobald diese aber in den Vordergrund der rechtlichen Würdigung geraten wird festgestellt, dass eine Anwendung des Kartellrechts die Gesetzgebungskompetenz der Länder kompromittieren würde.

III. Kommunale Daseinsvorsorge

Schließlich ist in den vergangenen Jahren, wie am Eingangsbeispiel der Stadtwerke Titisee-Neustadt gezeigt, auch im Bereich der kommunalen Daseinsvorsorge ein möglicher Kompetenzkonflikt offen zu Tage getreten. Dieser gründet wie im Bereich des Rundfunks und des Glücksspiels vor allem auf der Zunahme

236 OLG Düsseldorf, ebenda.

237 OLG Düsseldorf vom 17.09.2008, Kart 19/07, NJOZ 2008, 4979 (4986): schon dem Grunde nach kein Normenkonflikt.

238 OLG Düsseldorf, ebenda.

239 OLG Düsseldorf vom 17.09.2008, Kart 19/07, NJOZ 2008, 4979 (4989).

privater Akteure in Bereichen der kommunalen Daseinsvorsorge, die überwiegend durch das landesrechtliche Kommunalrecht geregelt werden.

1. Hintergrund: Der Diskurs um die effiziente Daseinsvorsorge

Das Ringen um die öffentlich-rechtliche oder privatwirtschaftliche Betätigung in Angelegenheiten der Daseinsvorsorge, bzw. für oder gegen eine Daseinsvorsorge „im Markt“, ist so alt wie der Begriff selbst. Bereits die Ist-Analyse der Erscheinungsformen durch *Forsthoff* sollte ausdrücklich keine rechtliche Leitlinie, dass diese Leistungsfelder zwingend staatlich und nicht privat erbracht werden sollten, beinhalten.[240] In der Folge sind daher um quasi alle Leistungsfelder erhebliche Auseinandersetzungen darüber ausgefochten worden, ob sie als kommunale Reservate einem möglichen Staatsvorbehalt unterliegen und welche über eine Erledigung durch Private einer besseren, weil effizienteren Handhabe zugeführt werden sollten.[241]

a. Dekommunalisierung

Bewegung in diese Aufgabenverteilung brachte der im Gefolge der „Thatcher Ära“ etablierte Trend zur Privatisierung und Dekommunalsierung.[242] Der aufkommende Deregulierungsdruck führte zunächst zu einem Rückzug des Staates aus vielen Teilen der Daseinsvorsorge, insbesondere zur Entäußerung öffentlicher Versorgungsunternehmen, zur Öffnung ehemaliger Verwaltungsmonopole etwa im Bereich der Abfallentsorgung und zur verstärkten Einbindung Privater im Rahmen Public-Private-Partnerships (PPP).[243] Verbunden war damit meist die Hoffnung auf Effizienzverbesserung und Kostensenkung.[244] Angetrieben insbesondere durch die EU-Kommission,[245] wurde bereits Mitte der 1990er Jahre in Anlehnung an Lean-Management Konzepte der Privatwirtschaft versucht, einen „schlanken Staat“ zu schaffen.[246]

---

240 *Pielow*, JuS 2006, 692 (692).

241 *Wuermeling*, GewArch Beilage WiVerw Nr. 04/2008, 247 (247) nennt die Diskussion den „Zankapfel der Binnenmarktpolitik“.

242 Zum Begriff *Säcker*, NJW 2012, 1105 (1106).

243 *Pielow*, JuS 2006, 692 (693); zu den vergaberechtlichen Folgen der Gründung solcher Gesellschaften *Jaeger* in: Schwarze, Daseinsvorsorge im Lichte des Wettbewerbsrechts, 2001, 165 (180 ff.).

244 *Säcker*, NJW 2012, 1105 (1106).

245 *Markopoulos*, KommJur 2012, 330 (330).

246 *Hill*, BB 1997, 425 (426); *Podszun/Palzer*, NJW 2015, 1496 (1496).

„Reinventing Government“[247] wurde zum geflügelten Wort, der Leviathan sollte zum „nützlichen Haustier“[248] umfunktioniert werden.[249] Das hat auch zu einem Bedeutungszuwachs derjenigen Regulierung geführt, die im Rahmen der dann weiterhin bestehenden Gewährleistungsverantwortung des Staates die rechtliche Steuerung übernehmen muss.[250]

Ungeachtet ihrer primärrechtlichen Sonderstellung in Art. 106 Abs. 2 und 14 AEUV wurden weite Teile der Daseinsvorsorge durch sekundärrechtliche Liberalisierungsmaßnahmen für den Wettbewerb geöffnet.[251] Betroffen waren unter anderem die bisherigen staatlichen Betriebe und Monopole in den Bereichen Telekommunikation, Verkehr und Postdienstleistungen sowie der Energie- und sogar der Wasserversorgung, die zu den elementaren Aufgaben der Daseinsvorsorge zählen.[252] Im Zuge der Energierechtsreform von 1998 etwa sind kartellrechtliche Bereichsausnahmen für die Elektrizitäts- und Gasversorgung beseitigt und mithin dem privatwirtschaftlichen Wettbewerb geöffnet worden.[253] Das Nebeneinander öffentlicher und privater Leistungserbringung im Rahmen eines staatlich regulierten Wettbewerbs bildet seither den status quo. Für den Eisenbahn-, Art. 87e Abs. 4 GG, und den Post- und Telekommunikationsmarkt, Art. 87f Abs. 1 GG, wurde der Paradigmenwechsel sogar verfassungsrechtlich verankert.[254]

Diese Entwicklung hat auch zu einer Zunahme der kartellrechtlichen Regulierung dieser Sektoren geführt. Besonders in teilweise oder vollständig privatisierten Bereichen der Daseinsvorsorge stand scheinbar einer Anwendung des Wettbewerbsrechts nichts mehr entgegen.[255] Befürworter des Paradigmenwechsels betonten dabei, derartige Bereiche seien mit der Entscheidung zur Privatisierung zwar der „absoluten Staatsphäre“ entzogen, eine Überwachung durch die Kartellbehörden gleichzeitig aber dringend notwendig.[256] Die massiven

---

247 *Osborne/Gaebler*, Reinventing Government, 1992, 25 ff.

248 *Schulze-Fielitz*, Der Leviathan auf dem Weg zum nützlichen Haustier? in: Voigt, Abschied vom Staat – Rückkehr zum Staat?, 1993, 95 ff.

249 *Huber*, FS „10 Jahre TLM“, 2001, 185 (185).

250 *Pielow*, JuS 2006, 692 (693); zur Begründung der Gewährleistungsverantwortung vgl. *Unger*, EuZW 2017, 299 (301) m.w.N.

251 *Schmahl*, GewArch Beilage WiVerw Nr. 02/2011, 96 (97).

252 *Schmahl*, GewArch Beilage WiVerw Nr. 02/2011, 96 (98 f).

253 *Breuer*, NVwZ 2009, 1249 (1250); *Wuermeling*, GewArch Beilage WiVerw Nr. 04/2008, 247 (248).

254 *Huber*, FS „10 Jahre TLM“, 2001, 185 (185).

255 *Wuermeling*, GewArch Beilage WiVerw Nr. 04/2008, 247 (248).

256 *Wolf*, BB 2011, 648 (651); kritisch *Deichfuß*, jurisPR-WettbR 2/2012 Anm. 2.

Liberalisierungsprozesse haben in jedem Fall dazu geführt, dass der Wettbewerb zum führenden Ordnungsprinzip in vielen einst staatlich und insbesondere kommunal organisierten Wirtschaftssektoren der Daseinsvorsorge geworden ist.[257]

b. Rekommunaliserung

Die Dekommunalisierung und die mit ihr verbundene Abkehr des Staates aus der sozialstaatlichen Erfüllungs- und zum Rückzug in die Gewährleistungsverantwortung wurde in jüngster Zeit jedoch teilweise revidiert: Zu beobachten ist ein Trend zur Rekommunalisierung.[258] Gerade aus ökologischen Gründen haben viele Gemeinden damit begonnen, etwa die Energie- und Wasserversorgung wieder in die eigenen Hände zu nehmen.[259] Wiederkehrende Störfälle in Atomkraftwerken, aber insbesondere die Bestrebungen zur Herebeiführung der Energiewende[260] und Klimaschutzprojekte haben den Anspruch der Öffentlichkeit auf mehr politische Steuerung in diesem Bereich erhöht. Die (Rückkehr in die) staatliche Daseinsvorsorge wird dabei als Garant für eine verbraucherfreundliche, sichere, umweltschützende und gemeinwohlorientiert nachhaltigere Energie- und Wasserversorgung gesehen.[261]

Dadurch stellt sich aber auch aktuell wieder die Frage nach der Anwendbarkeit des Wettbewerbsrechts. Natürlich wird vertreten, die Rekommunalisierung könnte die durch die Privatisierung bewirkte Anwendbarkeit des Kartellrechts nicht wieder rückgängig machen; hierzu bedürfe es eines ausdrücklichen Aktes der Staatsmonopolisierung oder der Wiedereinführung von Sektorausnahmen.[262]

c. Sonderfall Wassergebühren

Exemplarisch für die Probleme von Gebietskörperschaften, die mit einer Öffnung der Daseinsvorsorge für den Wettbewerb und anschließender

257 *Markopoulos*, KommJur 2012, 330 (330).

258 *Säcker*, NJW 2012, 1105 (1106).

259 *Byoak/Graef/Faasch*, NZBau 2012, 556 (556).

260 Hiermit ist das 2011 in Angriff genommene, politisch-gesellschaftliche Großvorhaben gemeint, nicht der generelle Apellbegriff, der bereits mehrere Jahrzehnte alt ist, vgl. *Reimer* in: Müller/Kahl, Energiewende im Föderalismus, 2015, 70 (70).

261 *Möllnitz*, Die Vergabe von Konzessionsverträgen nach § 46 Abs. 2 EnWG im Spannungsfeld zwischen Wettbewerb und Daseinsvorsorge, 2016, 2.

262 *Wolf*, BB 2011, 648 (651).

Rekommunalisierung einhergehen, kann der Streit um die Überprüfung von Wassergebühren betrachtet werden. Die Wasserversorgung zählt zu den klassischen Bereichen der kommunalen Daseinsvorsorge[263] und ist auch unionsrechtlich als Dienstleistung von allgemeinem wirtschaftlichem Interesse anerkannt.[264]

Die kompetenzrechtliche Brisanz eines der häufigsten Berührungspunkte der Kartellbehörden mit der Daseinsvorsorge wurde schließlich durch die 8. GWB Novelle gelöst: Nach § 185 Abs. 1 S. 2 GWB (§ 130 Abs. 1 S. 2 a.F.) ist das GWB auf öffentlich-rechtliche Gebühren und Beiträge, und damit auch entsprechend erhobene Wassergebühren, nicht (mehr) anwendbar.[265] Hintergrund war ein Vorstoß des Bundesrats im Gesetzgebungsverfahren, der für eine über die gebührenrechtliche Kontrolle öffentlich-rechtlicher Gebühren hinausgehende kartellrechtliche Preismissbrauchskontrolle „keinen Raum" sah.[266]

Diese Lösung mag den Zugriff des Kartellrechts in diesen spezifischen Bereich der Daseinsvorsorge beendet haben. Dies war notwendig geworden, nachdem in zwei Verfahren, in denen die Anwendung kartellrechtlicher Vorschriften jeweils vom BGH gebilligt wurde, der Konflikt zwischen kommunaler Wasserversorgung und kartellbehördlicher Preiskontrolle „offen ausgebrochen" war.[267]

aa. BGH, Beschluss vom 02.02.2010 – Wasserpreise Wetzlar

Ausgangspunkt war insoweit eine Untersagungsverfügung des Hessischen Ministeriums für Wirtschaft, Verkehr und Landesentwicklung vom 09.05.2007. In seiner Eigenschaft als Landeskartellbehörde hat das Ministerium dem kommunalen Wasserversorgungsunternehmen enwag Wetzlar untersagt, für die Lieferung von Trinkwasser mehr als bestimmte, für zwei „Typfälle" berechnete

263 *Bringmann* in: Sander, Öffentliche Wasserversorgung zwischen Daseinsvorsorge, Regulierung und Privatisierung, 2014, 13 (14 f.); *Gottfried* in: Sander, Öffentliche Wasserversorgung zwischen Daseinsvorsorge, Regulierung und Privatisierung, 2014, 89 (89).

264 *Markopoulos*, KommJur 2012, 330 (332); vgl. auch EG 15 RL 2000/60/EG, ABl. L 327: Die Wasserversorgung ist eine Leistung der Daseinsvorsorge im Sinne der Mitteilung der Kommission „Leistungen der Daseinsvorsorge in Europa".

265 Hierzu *Wolfers/Wollenschläger*, EnWZ 2014, 261 (262); *Breder*, Die Kartellrechtliche Preishöhenmissbrauchskontrolle im Bereich der Trinkwasserversorgung, 2016, 143 f.; *Gottfried* in: Sander, Öffentliche Wasserversorgung zwischen Daseinsvorsorge, Regulierung und Privatisierung, 2014, 89 (94).

266 BR-Drs. 641/12, 2; *Wolfers/Wollenschläger*, EnWZ 2014, 261 (263).

267 *Breuer*, NVwZ 2009, 1249 (1250).

Geldbeträge zu verlangen, und zugleich rückwirkend für die Zeit ab dem 01.07.2005 den Missbrauch einer marktbeherrschenden Stellung festgestellt.[268]

Auf Beschwerde der enwag Wetzlar hat das OLG Frankfurt a.M. lediglich die rückwirkende Festsetzung missbräuchlicher Preise aufgehoben.[269]

bb. BGH, Beschluss vom 18.10.2011 – Niederbarnimer Wasserverband

Der BGH hat mit Beschluss vom 02.02.2010[270] die Anwendung des Kartellrechts und insbesondere des kartellrechtlichen Vergleichsmarktkonzeptes auf die Wasserversorgung bestätigt.

Auch wenn im Anschluss argumentiert wurde, die Anwendung des kartellrechtlichen Vergleichsmarktkonzepts würde standortabhängige Unterschiede der Gemeinden bei der Wasserversorgung für unerheblich erklären, damit den wasserrechtlichen Vorrang der ortsnahen Wasserversorgung unterlaufen und letztlich schwerwiegend sowie ungerechtfertigt in die kommunale Selbstverwaltung eingreifen,[271] wurde die kartellrechtliche Überprüfung von Wasserpreisen in der Folge allerdings fortgeführt und durch die Entscheidung des BGH vom 18.10.2011 sogar erweitert.[272]

Der Beschluss ist zurückzuführen auf ein Verfahren des BKartA gegen die Berliner Wasserbetriebe A.ö.R. wegen des Verdachts missbräuchlich überhöhter Trinkwasserpreise. Um Informationen über Entgelte, Kosten und Erlöse in möglichen Vergleichsgebieten zu erlangen, hatte die Behörde Auskunftsbeschlüsse gemäß

§ 59 Abs. 1 S. 1 Nr. 1 GWB gegen 45 Trinkwasserversorgungsunternehmen erlassen, darunter den Niederbarnimer Wasser- und Abwasserzweckverband. Der Zweckverband erhebt, wie die große Mehrzahl der kleineren Wasserversorgungsunternehmen,[273] für die Versorgung mit Trinkwasser Gebühren auf der Grundlage einer kommunalen Gebührensatzung, zudem besteht ein Anschluss- und Benutzungszwang. Derartige Gebühren unterfallen der Kontrolle des Preisrechts der Kommunalabgabengesetze, insbesondere dem dort verankerten Gebot der Kostenermittlung nach betriebswirtschaftlichen Grundsätzen (vgl. etwa in Art. 8 Abs. 2 BayKAG, § 6 Abs. 2 BbgKAG, § 6 Abs. 2 NWKAG).

---

268 Vgl. Darstellung des Verfahrens bei *Breuer* NVwZ 2009, 1249 (1249).

269 OLG Frankfurt a.M. vom 18.11.2008 – 11 W 23/07 Kart., juris.

270 BGH vom 02.02.2010, KVR 66/08, NJW 2010, 2573 – Wasserpreise Wetzlar.

271 *Breuer*, NVwZ 2009, 1249 (1253 f.).

272 BGH vom 18.10.2011, KVR 9/11, NJW 2012, 1150 – Niederbarnimer Wasserverband.

273 *Säcker*, NJW 2012, 1105 (1108).

Zunächst hat das OLG Düsseldorf auf Antrag des Zweckverbandes die aufschiebende Wirkung der Beschwerde gegen den Auskunftsbeschluss angeordnet.[274] Es bestünden ernstliche Zweifel an der Rechtmäßigkeit des angefochtenen Auskunftsbeschlusses, weil der Zweckverband nicht als Unternehmen i. S. des § 59 Abs. 1 S. 1 Nr. 1 GWB anzusehen sei: zwar sei nach dem maßgeblichen funktionalen Unternehmensbegriff unerheblich, dass es sich bei dem Zweckverband um eine Körperschaft des öffentlichen Rechts handele; die Versorgungstätigkeit des Zweckverbandes sei aber als hoheitlich zu qualifizieren und damit dem Anwendungsbereich des GWB entzogen. Wegen des satzungsmäßigen Anschluss- und Benutzungszwanges sei jedweder Wettbewerb Dritter von vornherein ausgeschlossen.[275]

Die Auffassung des OLG deckte sich insoweit mit der herrschenden Meinung in der Literatur, wonach Wasserentgelte, die öffentlich-rechtlich als Benutzungsgebühren auf Grundlage kommunaler Gebührensatzungen erhoben werden, nicht der Missbrauchsaufsicht der Kartellbehörden, also dem Anwendungsbereich des Kartellrechts, unterfallen.[276]

Anders als das OLG Düsseldorf hat der BGH demgegenüber die Anwendbarkeit des § 59 GWB bejaht.[277] Demnach sei zur Beurteilung der Tätigkeit als hoheitlich darauf abzustellen, ob die öffentlich-rechtliche und die privatrechtliche Ausgestaltung weitgehend austauschbar sind.[278] Jedenfalls aber werde die öffentlich-rechtliche Tätigkeit der kommunalen Unternehmen durch die Erteilung der Auskunft nicht beeinträchtigt.

Dieses Spannungsfeld wurde schließlich im Rahmen der 8. GWB Novelle durch Einfügung der – kompetenzrechtlich allenfalls deklaratorischen[279] – Regelung in § 130 Abs. 1 S. 2 GWB a.F. befriedet.

---

274 OLG Düsseldorf vom 08.12.2010, VI-2 Kart 1/10 (V), 2 Kart 1/10, KommJur 2011, 61; eingehend zur Entscheidung *Wolf*, BB 2011, 648.

275 OLG Düsseldorf vom 08.12.2010, VI-2 Kart 1/10 (V), 2 Kart 1/10, KommJur 2011, 61 (62).

276 *Säcker*, NJW 2012, 1105 (1105) m.w.N.; *Breuer*, NVwZ 2009, 1249 (1250).

277 BGH vom 18.10.2011, KVR 9/11, NJW 2012, 1150 – Niederbarnimer Wasserverband, Rn. 12 ff.

278 BGH vom 18.10.2011, KVR 9/11, NJW 2012, 1150 – Niederbarnimer Wasserverband, Rn. 11.

279 Vgl. *Breder*, Die Kartellrechtliche Preishöhenmissbrauchskontrolle im Bereich der Trinkwasserversorgung, 2016, 168.

2. BGH-Rechtsprechung zur Rekommunaliserung von Stromnetzen

Anders sieht es in einem weiteren Teilbereich der Daseinsvorsorge aus: der Energieversorgung. Auch hier ist es in jüngster Vergangenheit zu kartellrechtlichen Anwendungsfällen gekommen, die kompetenzrechtlich problematisch erscheinen. Beispielhaft steht der eingangs erwähnte Fall der Gemeinde Titisee-Neustadt.[280]

Hintergrund des Rechtsstreits rund um die Stadtwerke Titisee-Neustadt und maßgeblicher Beweggrund für die Verfassungsbeschwerde der Gemeinde waren zwei die Ausgestaltung der kommunalen Daseinsvorsorge prägende Urteile des BGH. Am 17.12.2013 hat der Kartellsenat des BGH sowohl die Stadt Heiligenhafen als auch 36 Gemeinden der Ämter Sandesneben-Nusse und Berkenthin durch Urteile rechtskräftig untersagt, bei der Konzessionierung ihrer Stromversorgungsnetze Rekommunalisierungsgesichtspunkte zu Lasten privater Bewerber diskriminierend einfließen zu lassen.[281]

a. Sachverhalt der Entscheidungen

Energienetze sind natürliche Monopole, bei denen ein Anbieter die Nachfrage kostengünstiger befriedigen kann als eine Mehrzahl von Anbietern in einem „Wettbewerb zwischen den Netzen".[282] Das EnWG reguliert dieses Monopol, insbesondere durch Festlegung einer alle 20 Jahre stattfindenden Neuvergabe des Monopols: Gemäß § 46 Abs. 1 EnWG haben Gemeinden ihre öffentlichen Verkehrswege für die Verlegung und den Betrieb von Leitungen, einschließlich Fernwirkleitungen zur Netzsteuerung und Zubehör, zur unmittelbaren Versorgung von Letztverbrauchern im Gemeindegebiet diskriminierungsfrei durch Vertrag zur Verfügung zu stellen.

§ 46 Abs. 2 EnWG bestimmt speziell für die vorliegend interessierenden sog. Konzessionsverträge eine Maximallaufzeit von 20 Jahren sowie die Verpflichtung, die Konzession zum Betrieb eines Stromnetzes auf das „neue Energieversorgungsunternehmen" zu übertragen, falls der jeweilige Konzessionsvertrag nicht verlängert wird. Konzessionsverträge sind Verträge von Energieversorgungsunternehmen mit Gemeinden über die Nutzung öffentlicher Verkehrswege

280 Vgl. BVerfG-K vom 22.08.2016, – 2 BvR 2953/14; WuW 2016, 535 (535 ff.).

281 BGH vom 17.12.2013, KZR 65/12, NZBau 2014, 303 – Stromnetz Heiligenhafen; vom 17.12.2013, KZR 66/12, NZBau 2014, 514 – Stromnetz Berkethin.

282 *Podszun/Palzer*, NJW 2015, 1496 (1497).

für die Verlegung und den Betrieb von Leitungen, die zu einem Energieversorgungsnetz der allgemeinen Versorgung im Gemeindegebiet gehören.

Schließlich bestimmt § 46 Abs. 4 EnWG (§ 46 Abs. 3 S. 3 EnWG a.F.), dass die Gemeinde bei der Auswahl des Konzessionärs den Zielen des § 1 Abs. 1 EnWG verpflichtet ist. Nach Abschluss der vorliegenden Verfahren wurde § 46 Abs. 4 S. 2 EnWG hinzugefügt, wonach die Gemeinde unter Wahrung netzwirtschaftlicher Anforderungen, insbesondere der Versorgungssicherheit und der Kosteneffizienz, auch Angelegenheiten der örtlichen Gemeinschaft berücksichtigen kann. Gemäß § 46 Abs. 6 EnWG (§ 46 Abs. 4 EnWG a.F.) finden die Absätze 2 bis 5 für Eigenbetriebe der Gemeinden entsprechende Anwendung.[283]

Die ökonomische Bedeutung dieser Netze ist nicht zu unterschätzen, da der Verteilernetzbetrieb trotz intensiver Preisregulierung wirtschaftlich äußerst lukrativ ist und damit eine tragende ökonomische Säule vieler Energieversorgungsunternehmen und bei Stadtwerken oftmals sogar die wirtschaftliche Existenzgrundlage darstellt.[284]

Der Gesetzgeber hatte ausweislich der Gesetzesbegründung zur Vorgängervorschrift in § 13 III EnWG 1998 bewusst keine Kriterien für die Konzessionsvergabe normiert.[285] Der BGH stellte bereits mit Urteil vom 16.11.1999 – im Kontext der Laufzeitbeschränkung von Konzessionsverträgen – fest, dass die Kommunen „völlig frei und ungehindert darüber entscheiden können, welcher Partner fortan für die Energieversorgung zuständig sein solle".[286] Rechtsprechung[287] und Literatur hatten dies wörtlich genommen und waren lange Zeit angesichts der nur rudimentären gesetzlichen Regelungen in § 46 EnWG davon ausgegangen, dass die Kommunen bei der Gestaltung von Konzessionsvergabeverfahren

---

283 Diese juristische Fiktion ist notwendig, da Gemeinde und Eigenbetrieb dieselbe juristische Person sind, was nach bürgerlich-rechtlichen Grundsätzen einen Vertrag i.S.d. Abs. 2 ausschließt, vgl. *Theobald* in: Danner/Theobald, Energierecht, 92. EL März 2017, § 46 EnWG Rn. 151.

284 *Weiß*, NVwZ 2014, 1415 (1415).

285 BT-Drs. 13/7274, 21.

286 BGH vom 16.11.1999, KZR 12/97, BGHZ 143, 128 (146 f.) – Endschaftsbestimmung.

287 Vgl. etwa OLG Stuttgart vom 18.08.2005, 2 U 27/05, ZNER 2005, 234 (234 ff.) zur Frage des Übergangs von Vertriebskunden; ebenso OLG Schleswig, NVwZ-RR 2006, 811 zum Umfang des Herausgabeanspruchs; bestätigt durch BGH, NJW-RR 2010, 1070 – Endschaftsbestimmung II; OLG Koblenz, RdE 2011, 191 zur geschuldeten Vergütung; OLG Frankfurt a. M., RdE 2011, 422 zum Umfang des Herausgabeanspruchs und zur geschuldeten Vergütung.

über einen weiten (Ermessens-)Spielraum verfügen.[288] Hierfür sprach die staatlich-kommunale Tradition der leitungsgebundenen Energieversorgung und ihre Zuordnung zum verfassungsrechtlich geschützten Aufgabenbereich der Gemeinden.[289]

Trotz im Wesentlichen unveränderter Gesetzeslage kam es durch einen Impuls aus dem Kartellrecht zu einer „Kehrtwende um 180 Grad“:[290] Bundeskartellamt und Bundesnetzagentur stellten in einem am 15.10.2010 veröffentlichten Leitfaden fest, dass Gemeinden bei der Vergabe von Wegekonzessionen unternehmerisch tätig seien, ein örtliches Monopol innehätten und folglich an das kartellrechtliche Missbrauchsverbot gebunden seien.[291]

Diese Kehrtwende traf den Bereich der Energieversorgung, als dort die Rekommunaliserung im vollen Gange war: Allein zwischen 2007 bis zu den Entscheidungen Ende 2013 hatten 83 Kommunen eigene Stadtwerke gegründet und knapp 200 Gemeinden Konzessionen für Stromnetze selbst übernommen.[292]

Eine Rekommunalisierung kann bei der Konzessionierung auf zwei Wegen erfolgen: Entweder wird die Konzession (isoliert) und das Beteiligungsmodell (mit integrierter Konzession) parallel ausgeschrieben und die Entscheidung zwischen Konzession und Beteiligungsmodell erst am Ende des Vergabeverfahrens getroffen (Parallelausschreibung – einstufiges Konzept) oder zunächst vor der eigentlichen Konzessionsvergabe eine (Projekt-)Gesellschaft gegründet, die sich in der Folge um die Konzession bewirbt (zweistufiges Konzept).[293]

Dieses zweistufige Konzept hatte auch die Stadt Heiligenhafen verfolgt, die das Stromnetz auf und unter den öffentlichen Wegen der Gemeinde ab dem Jahr 1989 für eine Laufzeit von 20 Jahren an einen privaten Betreiber konzessioniert und sich dabei auch verpflichtet hatte, nach Ablauf des Konzessionsvertrages die

---

288 OLG Düsseldorf, ZNER 2008, 165: die Gemeinde sei „nicht zu einer reglementierten Ausschreibung mit konkreten und nachvollziehbaren Wertungskriterien – etwa nach dem Vorbild des Vergaberechts – gezwungen“.

289 *Weiß*, NVwZ 2014, 1415 (1416).

290 *Weiß*, ebenda.

291 Gemeinsamer Leitfaden von BKartA und Bundesnetzagentur zur Vergabe von Strom- und Gaskonzessionen und zum Wechsel des Konzessionsnehmers vom 15.12.2010, Rn. 16 ff.

292 *Nebel*, jurisPR-UmwR 5/2014, Anm. 3.

293 *Weiß*, NVwZ 2014, 1415 (1417): Das einstufige Modell ist nach der BGH-Rechtsprechung bereits ausgeschlossen, weil Beteiligungsaspekte sachfremde Kriterien seien; denn was nicht in Vergabekriterien abgebildet werden dürfe, könne auch nicht Gegenstand eines entsprechenden Vergabeverfahrens sein.

der Stromverteilung dienenden Anlagen zu übernehmen. Nach einem entsprechenden Stadtratsbeschluss kurz vor Ablauf des Vertrags hatte die Gemeinde am 25.03.2009 bekanntgegeben, ihr Stadtwerk als Eigenbetrieb übernehmen zu wollen, um auf diesem Wege größeren Einfluss auf dessen Betrieb zu erhalten.[294] Die vorherige Konzessionärin, deren Angebot auf Abschluss eines neuen Konzessionsvertrages von der Gemeinde nicht angenommen wurde, da es im Vergleich zu dem Vorhaben, einen Eigenbetrieb zu organisieren, als minderwertig eingestuft wurde, verweigerte daraufhin die Herausgabe des Stromnetzes.

Die Klage der Gemeinde u.a. auf Übereignung des Stromnetzes hat das LG Kiel abgewiesen.[295] Auch das als Berufungsgericht angerufene OLG Schleswig hat einen Anspruch der Gemeinde aus § 46 Abs. 2 S. 1 EnWG oder aus dem Konzessionsvertrag verneint, da die Neuübertragung des Netzbetriebes auf den kommunalen Eigenbetrieb wegen des Verstoßes gegen energiewirtschafts- und kartellrechtliche Bestimmungen nichtig sei, § 134 BGB.[296]

Ähnlich verhielt es sich im Parallelverfahren: auch das Stromnetz der 36 Gemeinden der Ämter Sandesneben-Nusse und Berkenthin war mit Bekanntmachung vom 31.03.2010 neu an ein kommunales Unternehmen konzessioniert, vom vorherigen Konzessionär unter Berufung auf eine fehlerhafte Neukonzessionierung aber nicht herausgegeben worden.[297] Auch hier haben die Instanzgerichte, das LG Kiel[298] und das OLG Schleswig,[299] die Klage des Neukonzessionärs auf Übertragung des Stromnetzes abgewiesen.

b. Kartellrechtliche Prüfung des BGH

Der BGH hat in beiden Fällen die Entscheidungen der Vorinstanzen bestätigt. Die Gemeinde bzw. das kommunale Unternehmen hätte keinen Anspruch auf Übertragung, da sie in Ermangelung einer rechtswirksamen Übertragung der Konzession kein „neues Energieversorgungsunternehmen" seien.[300] Die Gemeinde sei verpflichtet, als marktbeherrschende Anbieterin der Wegenutzungsrechte gem. § 19 Abs. 2 Nr. 1 GWB sowie § 46 Abs. 1 EnWG, der auch

294 BGH vom 17.12.2013, KZR 65/12, NZBau 2014, 303 (303) – Stromnetz Heiligenhafen.
295 LG Kiel vom 28.02.2012, 14 O 83/10.Kart, BeckRS 2012, 07591.
296 OLG Schleswig vom 22.11.2012, 16 U (Kart) 22/12, WuW 2013, 168.
297 BGH, vom 17.12.2013, KZR 66/12, NZBau 2014, 514 (515) – Stromnetz Berkethin.
298 LG Kiel, vom 03.02.2012, 14 O 12/11.Kart, BeckRS 2012, 07589.
299 OLG Schleswig vom 22.11.2012, 16 U (Kart) 21/12, ZNER 2013, 403.
300 BGH vom 17.12.2013, KZR 65/12, NZBau 2014, 303 (308) – Stromnetz Heiligenhafen; vom 17.12.2013, KZR 66/12, NZBau 2014, 514 (520) – Stromnetz Berkethin.

für Konzessionsverträge nach § 46 Abs. 2 EnWG gelte, den Konzessionär für den Betrieb eines Energieversorgungsunternehmens in einem diskriminierungsfreien Wettbewerb auszuwählen.[301] Die Gemeinden, die beim Abschluss von Konzessionsverträgen Normadressaten des kartellrechtlichen Diskriminierungsverbots, nämlich marktbeherrschende Unternehmen i.S.d. deutschen Kartellrechts seien,[302] könnten sich der Verpflichtung nicht mit Blick auf das Recht zur kommunalen Selbstverwaltung, insbesondere durch ein „Konzernprivileg", entziehen.[303] Die Gesetzesbegründung des EnWG und vorherige Urteile des BGH, wonach die Kommunen „auch künftig frei entscheiden können, ob die Versorgung durch ein eigenes Stadtwerk oder ein anderes Unternehmen erfolgen soll",[304] hätten dem Ziel des freien Wettbewerbs, nicht der Freistellung der Gemeinden von gesetzlichen Vorgaben gedient. Aus § 46 Abs. 6 EnWG (§ 46 Abs. 4 EnWG a.F.) folge, dass die Gemeinden auch die Entscheidung zwischen einem Eigenbetrieb und anderen, privaten Wettbewerbern, gem. § 46 Abs. 1 S. 1 EnWG diskriminierungsfrei und ohne „Konzernprivileg" zu treffen hätten.[305] Die Versorgung der Einwohner und der ortsansässigen Unternehmer mit Energie sei eine Aufgabe der verfassungsrechtlich geschützten kommunalen Selbstverwaltung, die aber auch rechtlichen Schranken wie dem EnWG unterläge. Die Pflicht zur diskriminierungsfreien Auswahl des Netzbetreibers sei zu einer Verbesserung der Versorgungsbedingungen geeignet und erforderlich und beschränke demnach die Gemeinden nicht übermäßig.[306] Konkret würden aus dem Diskriminierungsverbot verfahrensbezogene, etwa die Mitteilung der Entscheidungskriterien und ihrer Gewichtung, und materiell-rechtliche Anforderungen, nämlich eine Ausrichtung der Auswahl an den Kriterien des § 1 EnWG folgen. Kurz: Die Gemeinde müsse einen Wettbewerb um das für den Netzbetrieb notwendige Wegerecht ermöglichen.[307]

---

301 BGH vom 17.12.2013, KZR 65/12, NZBau 2014, 303 (304) – Stromnetz Heiligenhafen.

302 BGH vom 15.04.1986, KVR 6/85, NJW-RR 1986, 880 – Wegenutzungsrecht; ebenso BGH, NJW 1997 2200 – Erdgasdurchgangsleitung.

303 BGH vom 17.12.2013, KZR 65/12, NZBau 2014, 303 (305 f.) – Stromnetz Heiligenhafen; an dieser Stelle unterscheidet sich die Entscheidung in der Akzentuierung deutlich vom Parallelverfahren, vgl. *Nebel*, jurisPR-UmwR 5/2014, Anm. 3.

304 Vgl. zu § 13 EnWG 1998 BT-Drs. 13/7274, 32; sowie BGH vom 16.11.1999, KZR 12/97, BGHZ 143, 128 (146 f.) – Endschaftsbestimmung.

305 BGH vom 17.12.2013, KZR 65/12, NZBau 2014, 303 (306) – Stromnetz Heiligenhafen; vom 17.12.2013, KZR 66/12, NZBau 2014, 514 (516 ff.) – Stromnetz Berkethin.

306 BGH, ebenda.

307 BGH vom 17.12.2013, KZR 65/12, NZBau 2014, 303 (307) – Stromnetz Heiligenhafen.

Im Fall des Stromnetzes Heiligenhafen habe die Konzessionsvergabe bereits gegen das Transparenzgebot verstoßen, da zunächst überhaupt keine und später einige undurchsichtige Entscheidungskriterien genannt worden seien.[308] Die Konzessionsvergabe sei daher nichtig entsprechend § 134 BGB i.V.m. § 46 Abs. 1 EnWG und „jedenfalls“ § 19 GWB, was neben den gesetzlichen Ansprüchen auch vertragliche Ansprüche über den Einwand unzulässiger Rechtsausübung sperren würde.[309]

Die materiell-rechtlichen Anforderungen an die Konzessionsvergabe hat der BGH in der Entscheidung zum Stromnetz Berkenthin weiter konkretisiert. Anders als im Fall der Konzessionierung des Stromnetzes Heiligenhafen hatten die Gemeinden bei der Neuvergabe der Wegerechte ihre Auswahlkriterien und deren Gewichtung umfangreich in einem „Verfahrensbrief“ dargestellt.[310] Die Gemeinden seien bei der Kriterienfestlegung an die Ziele des § 1 EnWG gebunden, den Betrieb des Stromnetzes an einer möglichst sicheren, preisgünstigen, verbraucherfreundlichen, effizienten und umweltverträglichen leitungsgebundenen Versorgung auszurichten.[311] Da die Konkretisierung, Gewichtung und Abwägung dieser Aspekte weitestgehend den Gemeinden überlassen sei, stehe dies im Einklang mit dem kommunalen Selbstverwaltungsrecht.[312] Ob demgegenüber das Kriterium „gesellschaftsrechtlicher Einfluss“, der kommunale Unternehmen oder Eigenbetriebe bevorzugen würde, herangezogen werden könne, sei zweifelhaft.[313] Während der BGH in der Folge die im „Verfahrensbrief“ aufgestellten Kriterien „Konzessionsabgabe“, „Gemeinderabatt“, „Abschlagszahlungen“, „Folgekostenübernahme“, „Endschaftsbestimmungen“, „Kaufpreisregelung“, „Vertragslaufzeit“, „Aufkunftsansprüche“ und „Zusatzleistungen“ anders als die Berufungsinstanz einzeln allesamt unbeanstandet ließ, beanstandete er den Kriterienkatalog insgesamt, da er die Ziele des § 1 EnWG nicht oder jedenfalls nicht vorrangig berücksichtige.[314] Zudem sei das Kriterium der „Regionalen Präsenz“ nicht erkennbar an diesem Zielkatalog ausgerichtet,

---

308 BGH vom 17.12.2013, KZR 65/12, NZBau 2014, 303 (309 f.) – Stromnetz Heiligenhafen.
309 BGH vom 17.12.2013, KZR 65/12, NZBau 2014, 303 (308) – Stromnetz Heiligenhafen.
310 BGH vom 17.12.2013, KZR 66/12, NZBau 2014, 514 (514) – Stromnetz Berkethin.
311 BGH vom 17.12.2013, KZR 66/12, NZBau 2014, 514 (517) – Stromnetz Berkethin.
312 BGH vom 17.12.2013, KZR 66/12, NZBau 2014, 514 (518) – Stromnetz Berkethin.
313 BGH vom 17.12.2013, KZR 66/12, NZBau 2014, 514 (519) – Stromnetz Berkethin.
314 So hätte allein das Kriterium der Netzsicherheit statt mit lediglich 10, mit mindestens 43 von 170 Punkten gewichtet werden müssen; andere Ziele kämen im Kriterienkatalog der Gemeinde überhaupt nicht vor, BGH vom 17.12.2013, KZR 66/12, NZBau 2014, 514 (521) – Stromnetz Berkethin.

sondern verfolge mutmaßlich gewerbesteuerrechtliche Aspekte.[315] Die Kriterien „Höhe des kommunalen Anteils an den Netzen", „Kommunaler Vermögenszuwachs", „Höhe des kommunalen Kapitaleinsatzes", „Möglichkeiten der Geschäftserweiterung" sowie „Mitgestaltungsrechte/Einflussmöglichkeiten" würden unzulässigerweise, weil ohne erkennbaren sachlichen Grund, die gesellschaftsrechtliche Beteiligung der Gemeinden an dem potentiellen Konzessionär bevorzugen und damit gegen das Diskriminierungsverbot des § 46 Abs. 1 EnWG und § 19 GWB verstoßen.

3. Beschluss vom 28.01.2015 – Stadtwerke Titisee-Neustadt

In diese Rechtsprechung reiht sich schließlich auch der Komplex rund um die Rekommunalisierung der Stadtwerke Titisee-Neustadt ein.

a. Sachverhalt der Entscheidung

Auch hier war der zwischen der Stadt Titisee-Neustadt und einer privaten Konzessionärin geschlossene Wegenutzungsrechtsvertrag zum 31.12.2011 ausgelaufen. Da sich die Stadt selber nicht in der Lage sah, das Stadtwerk nach der Rekommunalisierung wettbewerbsfähig zu betreiben, hatte sie am 29.03.2011 beschlossen, mit der kommunalen Stadtwerkegemeinschaft einer Nachbargemeinde, den Elektrizitätswerken Schönau, zu kooperieren, mit dieser ein Gemeinschaftsunternehmen zu gründen und das Stromnetz zu diesem Zweck von der Altkonzessionärin abzulösen.[316] Für die Neuvergabe der Wegenutzungsrechte wurde daher ein Kriterienkatalog aufgestellt, bei dem die Einflussnahme der Gemeinde auf die Netzgesellschaft mit 30 %, das ökologische Konzept mit 15 % sowie die Möglichkeit der Bürgerbeteiligung, die möglichst geringe Belastung des Gemeindehaushalts, die Errichtung einer Betriebsstätte vor Ort, die Erzielung von Synergien für den Gemeindehaushalt und die Möglichkeit des Einstiegs in den Stromvertrieb mit jeweils 10 % gewichtet wurden.[317] Das kommunale Gemeinschaftsunternehmen hat ebenso wie die Altkonzessionärin Angebote abgegeben. In einer weiteren Sitzung vom 16.08.2011 stimmte der Gemeinderat zunächst separat über die Erfüllung der einzelnen Kriterien durch die beiden Bewerber ab und beschloss, dem kommunalen Unternehmen, das

315 BGH vom 17.12.2013, KZR 66/12, NZBau 2014, 514 (522) – Stromnetz Berkethin.

316 Vgl. die Feststellungen des BKartA vom 08.01.2009, B 3 – 174/08, BeckRS 2016, 14187, Rn. 13 ff.

317 BKartA, ebenda, Rn. 25.

sieben der acht Kategorien deutlich für sich entschied, die Wegenutzungsrechte einzuräumen. Daraufhin schloss die Gemeinde am 22.11.2011 einen Konzessionsvertrag mit dem kommunalen Unternehmen, das wiederum eine Entflechtungsvereinbarung mit der Altkonzessionärin am 15.12.2011 unterzeichnete.[318] In dem Entflechtungsvertrag war eine befristete Rückabwicklungsklausel für den Fall der kartellrechtlichen Unwirksamkeit eingebaut; bereits am 28.09.2011 hatte die Altkonzessionärin das Bundeskartellamt über das Konzessionsverfahren informiert.

b. Kartellrechtliche Prüfung des Bundeskartellamts

Mit Beschluss vom 28.01.2015 hat das Bundeskartellamt einen Missbrauch der marktbeherrschenden Stellung gem. §§ 1, 19 Abs. 1 i.V.m. Abs. 2 Nr. 1, 20 GWB i.V.m. § 1, 46 EnWG der Beschwerdeführerin bei der Auswahl des Unternehmens, dem sie Wegerechte für die Verlegung und den Betrieb von Leitungen zur Stromversorgung einräumt, festgestellt und der Beschwerdeführerin aufgegeben, das Auswahlverfahren zu wiederholen.

Das deutsche Wettbewerbsrecht sei anwendbar, da die Beteiligte, die Stadt Titisee-Neustadt, ein Unternehmen i.S.d. GWB sei. Mit der Einräumung von Rechten zur Nutzung der öffentlichen Verkehrswege gegen Entgelt trete die Gemeinde als Anbieter und daher unternehmerisch auf.[319] Die Missbrauchsvorschriften des EnWG würden die des GWB nicht verdrängen, da keine nach § 111 Abs. 1 EnWG abschließende Regelung getroffen worden sei.[320]

Auch die Tatbestandsvoraussetzungen des Missbrauchsverbots seien erfüllt: Auf dem sachlich und örtlich relevanten Markt, dem Angebotsmarkt von Wegenutzungsrechten im Gemeindegebiet, habe die Gemeinde als einzige Anbieterin eine marktbeherrschende Stellung.[321] Diese Stellung habe die Stadt missbraucht, indem sie kein offenes und transparentes Auswahlverfahren durchgeführt, Auswahlkriterien ohne sachlichen Bezug zum Strombetrieb und den in § 1 EnWG genannten Zielen verwendet, das kommunale Beteiligungsunternehmen bei der Durchführung des Verfahrens zur Vergabe der Wegenutzungsrechte für Stromleitungen ohne sachlichen Grund bevorzugt, den Geheimwettbewerb beschränkt, gegen das Nebenleistungsverbot nach § 3 KAV verstoßen und dadurch die Altkonzessionärin unbillig und ohne sachlichen Grund in ihren

318 BKartA, ebenda, Rn. 39 f.
319 BKartA, ebenda, Rn. 68, 71.
320 BKartA, ebenda, Rn. 69.
321 BKartA, ebenda, Rn. 72 ff.

Wettbewerbsmöglichkeiten beeinträchtigt habe.[322] Durch die politische Festlegung der Konzessionsvergabe an das kommunale Eigenunternehmen sei die eigentliche Vergabe bereits am 29.03.2011 weitreichend vorgezeichnet gewesen. Die zulässigen Kriterien seien durch die oben dargelegte Rechtsprechung fixiert und die nun nach § 46 Abs. 3 S. 5 EnWG zu berücksichtigenden kommunalen Belange könnten nur im eingeschränktem Maße berücksichtigt werden.[323] Die Auswahlkriterien würden zulässigerweise auch vom Kartellrecht determiniert, da das Recht zur kommunalen Selbstverwaltung nur in Rahmen der allgemeinen Gesetze gewährt sei, wozu EnWG und GWB gleichermaßen zählten.[324] Da das EnWG den Kommunen erlaube, den Wettbewerb um den Netzbetrieb zu prägen und diesen auch selbst zu übernehmen, gleichzeitig aber den Zielen diene, die die Gemeinden im Rahmen ihrer kommunalen Infrastrukturverantwortung zu erreichen hätten, bestünde kein Zielkonflikt zwischen der kommunalen Daseinsvorsorge und dem Energie(kartell-)recht.[325] Sofern die kommunale Selbstverwaltung weitere Ziele im Blick habe, könnten diese nicht so gewichtig sein, um die Diskriminierung zu rechtfertigen.

c. *Gerichtliche Verfahrenshistorie*

Gegen die Untersagungsverfügung des Bundeskartellamts legte die Beschwerdeführerin am 03.03.2015 Beschwerde beim Oberlandesgericht Düsseldorf ein und beantragte zudem am 12.03.2015, die aufschiebende Wirkung dieser Beschwerde anzuordnen. Mit Beschluss vom 15.07.2015 hat das Oberlandesgericht Düsseldorf den Antrag der Beschwerdeführerin zurückgewiesen, wobei das Oberlandesgericht in seiner Begründung im Wesentlichen auf die oben angeführte kartellrechtliche Rechtsprechung des Bundesgerichtshofs Bezug nahm und dabei insbesondere auch eine Verletzung von Art. 28 Abs. 2 GG verneinte.[326] Die Rechtsbeschwerde gegen diesen Beschluss hat das Oberlandesgericht Düsseldorf nach § 74 Abs. 2 und 3 GWB nicht zugelassen, da weder eine Rechtsfrage von grundsätzlicher Bedeutung zu entscheiden sei, noch die Fortbildung des Rechts

322 BKartA, ebenda, Rn. 75 ff.

323 BKartA, ebenda, Rn. 83.

324 BKartA, ebenda, Rn. 92, 146 ff.

325 BKartA, ebenda, Rn. 147.

326 OLG Düsseldorf vom 15.07.2015 – VI-2 Kart 1/15 (V), 2 Kart 1/15 (V) –, juris, Rn. 22 ff., 28 ff.

oder die Sicherung einer einheitlichen Rechtsprechung einer Entscheidung des Bundesgerichtshofs bedürfe.[327]

Die hiergegen von der Beschwerdeführerin erhobene Rechtsbeschwerde sowie ihre Beschwerde gegen die Nichtzulassung der Rechtsbeschwerde durch das Oberlandesgericht Düsseldorf hat der BGH mit Beschluss vom 26.01.2016 zurückgewiesen.[328]

Die Rechtsbeschwerde sei bereits unzulässig, da eine Verletzung des rechtlichen Gehörs nicht schlüssig vorgetragen worden sei, nur weil die Gemeinde eine Übergehung ihrer verfassungsrechtlichen Argumentation geltend gemacht hätte.[329] Das Beschwerdegericht habe sich mit dem Vortrag der Gemeinde, dass die Rechtsprechung des BGH ein „Verbot direkter Aufgabenerledigung" in der Energieversorgung, einem „Systementscheidungsverbot" (Verpflichtung, Eigenbetriebe, Eigengesellschaften und kommunale Beteiligungsgesellschaften ohne sachlichen Grund zu bevorzugen) und letztlich ein „Verbot der Berücksichtigung kommunaler Interessen" aufstellen würde, aber ausreichend auseinandergesetzt. Auch die von der Gemeinde eingelegte Kommunalverfassungsbeschwere könne dem öffentlichen Interesse an einer Vollziehung der kartellrechtlichen Verfügung nicht entgegenstehen, da das Beschwerdegericht zu Recht keine Gefahr divergierender Entscheidungen angenommen habe.[330] Der verfassungsgerichtliche Rechtsbehelf begründe zudem nicht die Nichtzulassungsbeschwerde, da die Kommunalverfassungsbeschwerde ansonsten statt einer Bindung an das Gesetz, Art. 20 Abs. 3 GG, einer „Ungültigkeitsvermutung" gleichkommen würde.[331]

Die zuvor bereits eingelegte Kommunalverfassungsbeschwerde hat das Bundesverfassungsgericht mit Beschluss vom 22.08.2016, wie bereits einleitend erwähnt, nicht zu Entscheidung angenommen, da die Rechtsprechung des BGH keinen zulässigen Beschwerdegegenstand, da kein Gesetz und auch kein Gewohnheitsrecht, darstelle, und die Fachgerichte dazu aufgerufen, sowohl der grundgesetzlichen Kompetenzverteilung als auch der besonderen Bedeutung der den Gemeinden in Art. 28 Abs. 2 GG gewährleisteten Garantie des kommunalen Selbstverwaltungsrechts und ihrer Konkretisierung in der Rechtsprechung des Bundesverfassungsgerichts Rechnung zu tragen.[332]

---

327 vgl. OLG Düsseldorf vom 15.07.2015 – VI-2 Kart 1/15 (V), 2 Kart 1/15 (V) –, juris, Rn. 75.

328 BGH vom 26.01.2016, KVZ 41/15, KommJur 2016, 181.

329 BGH vom 26.01.2016, KVZ 41/15, KommJur 2016, 181 (182).

330 BGH vom 26.01.2016, KVZ 41/15, KommJur 2016, 181 (183).

331 BGH, ebenda.

332 BVerfG-K vom 22.08.2016, – 2 BvR 2953/14, WuW 2016, 535, Rn. 23.

4. Zwischenergebnis: Würdigung kompetenzrechtlicher Grenzen des Katellrechts im Recht der kommunalen Daseinsvorsorge

Dieser – vor dem Hintergrund einer aus formalen Gründen nicht zugelassenen Verfassungsbeschwerde – als *obiter dictum* ergangene und damit nicht entscheidungserhebliche Hinweis des hier erstmalig angerufenen Bundesverfassungsgerichts ist gleichermaßen selbstverständlich wie bemerkenswert: denn erst die Garantie des kommunalen Selbstverwaltungsrechts scheint die kompetenzrechtlichen Grenzen der Anwendbarkeit materiellen Kartellrechts greifbar zu machen.

IV. Ein kompetenzrechtliches Problem?

Ob das Bundeskartellamt bzw. die Fachgerichte in den zuvor dargestellten Anwendungsfällen eine diesen Vorgaben entsprechende, kompetenzrechtliche Prüfung vorgenommen haben, ist bisher nicht umfassend untersucht worden. Dabei haben sich zahlreiche Kommentatoren zwar mit der Frage der Anwendbarkeit des Kartellrechts beschäftigt, dabei aber nur selten eine Betroffenheit oder gar grundsätzliche Erosion der bundesstaatlichen Kompetenzverteilung identifiziert.

1. Der Meinungsstand im Rundfunkrecht

Deringer legt den Fokus seiner Anmerkung zur BGH-Entscheidung zum Verfahrenskomplex „Globalvertrag“ zwar ausschließlich auf den Aspekt, ob das Wettbewerbsrecht auf die Tätigkeit der öffentlich-rechtlichen Rundfunkanstalten Anwendung finden dürfe.[333] Die Qualifikation der Rundfunkanstalten als Unternehmen i.S.d. Kartellrecht sei jedoch anerkannt und müsse daher „eigentlich abgehakt“ sein. Eine Verwaltungskompetenz des Bundes für den Rundfunk durch Anwendung des GWB sieht er nicht kritisch: Die landesrechtlichen Regelungen würden nur das „Ob“ wirtschaftlicher Betätigung der öffentlichen Hand festlegen, während das „Wie“ auch im Bereich des Rundfunks durch allgemeine Gesetze geregelt werden könne.[334] Schließlich hofft er, dass die Gegenüberstellung von publizistischem Wettbewerb der Rundfunkanstalten und wirtschaftlichem Wettbewerb der privaten Rundfunkveranstalter infolge des Spruchs des BGH, durch die Verfügung auch den publizistischen Wettbewerb fördern zu wollen, überholt sei.

---

333 *Deringer*, NJW 1990, 2821 (2821).
334 *Deringer*, NJW 1990, 2821 (2822).

Auch *Emmerich* meint bereits vor dem Votum des BGH, das Wettbewerbsrecht müsse in seiner vollen Strenge angewandt werden, um Marktverschließungen wie durch den Globalvertrag zu verhindern.[335] Der Programmauftrag der Rundfunkanstalten rechtfertige jedenfalls keine Ausschließlichkeitsbindung.[336] Erst mit Einführung des dualen Rundfunksystems würden sich die Rundfunkanstalten der Aktualität der Rechtsprechung des BGH zur Anwendbarkeit des Wettbewerbsrechts bei gleichen Leistungsbeziehungen bewusst. Insofern ließen sich aber weder „das Rad zurückdrehen" noch durch „Vokabeln" wie Programmauftrag und Grundversorgung Ausnahmebereiche konstituieren.[337]

Nach dem Urteil wiederholt *Emmerich* seine Ansicht, das Kartellrecht müsse auf den Bereich der Programmbeschaffung trotz der landesrechtlich geregelten Rundfunktätigkeit und trotz der „angeblichen Eigenschaft der Anstalten als Kulturfaktoren" angewendet werden.[338] Auch *Möschel*, *Lüttmann* und *Immenga* stimmen dem BGH insoweit zu.[339]

Roth sieht zwar bereits vor der kartellrechtlichen Überprüfung des Globalvertrags durch BKartA und BGH diesen als kartellrechtswidrig an. Insbesondere könne auch der Programmauftrag der Rundfunkanstalten insofern eine Privilegierung nicht begründen.[340] Zum grundsätzlichen Verhältnis von Landesrundfunkrecht und Kartellrecht hält er hingegen fest, dass z.B. die in § 22 Abs. 4 ZDF-Staatsvertrag vorgesehene Programmkoordinierung vom Kartellrecht hingenommen werden müsse.[341] Auch für andere Fragen, die in die Programmautonomie der Rundfunkanstalten fallen, sieht er allein den Landesgesetzgeber zuständig.[342]

Deutlicher kommentiert *Rahn*: Kartellrechtliche Generalklauseln müssten als „Einbruchstellen" für die Wertungen der Rundfunkverfassung, insbesondere der weitgehenden Regelungszuständigkeit der Länder, dienen und auf diese Weise Rundfunkanstalten im konkreten Einzelfall vom Anwendungsbereich des Kartellrechts ausnehmen.[343] Zwar seien die Rundfunkanstalten trotz der „Programmnähe" der das Sendegut betreffenden Beschaffungstätigkeit

---

335 *Emmerich*, AfP 1989, 433 (436).
336 *Emmerich*, ebenda.
337 *Emmerich*, AfP 1989, 433 (437).
338 *Emmerich*, JuS 1991, 156;
339 *Möschel*, EWiR 1990, 911; *Lüttmann*, JA 1990, 391; *Immenga*, JZ 1991, 520.
340 *Roth*, AfP 1986, 287 (293).
341 *Roth*, AfP 1986, 287 (294): Landesrecht gebühre insoweit Vorrang.
342 *Roth*, AfP 1986, 287 (295).
343 *Rahn*, Programmauftrag und Kartellrecht, 1991, 113 und 129.

Unternehmen i.S.d. Kartellrechts.[344] Die Unbilligkeit der Marktzutrittsbeschränkung gem. § 18 Abs. 1 GWB sei aber zu verneinen: Das KG verkenne ebenso wie das Bundeskartellamt die wirtschaftliche und publizistische Funktion der im Globalvertrag zugunsten der öffentlich-rechtlichen Rundfunkanstalten vereinbarten Exklusivitätsklausel; das Interesse der Rundfunkanstalten an einem derart gesicherten Programmplan sei nicht in langfristiger Programm- oder Kostenplanung zu sehen, vielmehr gehe es um die Erfüllung des Programmauftrags und die Gewährleistung der rundfunkverfassungsrechtlichen Grundversorgung selbst.[345] Das Bundesverfassungsgericht habe im Niedersachsen Urteil[346] entgegen der Ansicht des KG explizit festgestellt, dass öffentlich-rechtliche und private Fernsehveranstalter gerade nicht zu gleichen Bedingungen zuzulassen seien. Das freie Spiel der Kräfte habe das Bundesverfassungsgericht insoweit ausdrücklich nicht zugelassen.[347] Auch die verfassungsrechtliche Relevanz der Reichweite der Anstalten auf der einen und der Marktchancen der privaten Anbieter auf der anderen Seite habe das KG falsch gewertet.[348] Die duale Rundfunkordnung sei kein nach Marktkriterien geordnetes System gleichberechtigter und voneinander unabhängiger Konkurrenten.[349]

Brohm meint, der Rundfunk nehme insoweit eine „Vorreiterrolle" ein, was die Mobilisierung des GWB gegen hoheitliche Kompetenzträger betreffe.[350] Seine Betrachtung, die sich von den fachspezifischen Besonderheiten im Rundfunkrecht zu lösen versucht, behandelt den Einsatz privatrechtlicher Gestaltungsformen bei der öffentlich-rechtlichen Aufgabenwahrnehmung und der Anschlussfrage, ob diese Gestaltungsformen dann dem Wettbewerbsrecht unterworfen sind.[351] Soweit der Staat mit seinen Hoheitsbefugnissen das Gemeinwohl gegenüber Partikularinteressen zu Geltung bringe, könne er aber nicht durch das an der privatautonomen Selbstverwirklichung orientierte Kartellrecht, sondern nur durch das die Staatsgewalt bändigende öffentliche Recht gebunden sein.[352] Im Rundfunk aber könnten nicht alle Bereiche durch diesen Grundsatz von der allgemeinen Wirtschaftsordnung ausgenommen werden. Vielmehr müssten hier

344 *Rahn*, Programmauftrag und Kartellrecht, 1991, 117.
345 *Rahn*, Programmauftrag und Kartellrecht, 1991, 125.
346 BVerfG vom 04.11.1986, 1 BvF 1/84, BVerfGE 73, 118.
347 *Rahn*, Programmauftrag und Kartellrecht, 1991, 125.
348 *Rahn*, Programmauftrag und Kartellrecht, 1991, 126.
349 *Rahn*, Programmauftrag und Kartellrecht, 1991, 128.
350 *Brohm*, NJW 1994, 281 (281).
351 *Brohm*, NJW 1994, 281 (284 f.).
352 *Brohm*, NJW 1994, 281 (285).

die Überschneidungen der Bundeskompetenz für Wirtschaft und der Länderkompetenzen auf sozialem und kulturellem Gebiet, sog. „Kompetenzkollisionen", durch den Grundsatz der kompetenziellen Rücksichtnahme zu einem optimalen Ausgleich gebracht werden.[353] *Jarass* verweist anlässlich der WDR-Beteiligung an den Rahmenveranstaltern auf die „eindeutige Zielvorstellung des Landesgesetzgebers", Anreize für private Interessenten zu schaffen, das den Lokalrundfunk entlastende Rahmenprogramm gemeinsam mit dem WDR zu veranstalten.[354] Die zwingende Beteiligung des WDR gesetzlich vorzuschreiben, wie es das KG gefordert hatte, wäre mit Blick auf die Rundfunkfreiheit von WDR und Rahmenprogrammveranstaltern verfassungsrechtlich problematisch gewesen. Die Beteiligung des WDR verfolge rein publizistische Ziele, die der Rundfunkkompetenz der Länder zuzuordnen seien.[355] Der Rückgriff des Bundeskartellamts auf eine Kompetenz kraft Sachzusammenhangs oder eine Annexkompetenz sei daher unzutreffend.[356] Dass die Behörde zudem die Grundrechtsschranke des Art. 5 Abs. 2 GG zur Abgrenzung der Kompetenzbereiche von Bund und Ländern herangezogen habe, sei „bereits im Ansatz fragwürdig".[357] Selbst wenn man dem Strukturmodell skeptisch gegenüber stehe, müsse insoweit der Spielraum des Gesetzgebers respektiert werden.[358] Der Grundsatz der Bundestreue, verstärkt durch den Verfassungsauftrag der Länder aus Art. 5 Abs. 1 S. 2 GG, gebiete daher eine verfassungskonform restriktive Interpretation des GWB.[359] Das Verbot der Beteilung des WDR an der Radio NRW GmbH durch das Bundeskartellamt sei daher verfassungswidrig.[360]

Diesem Ergebnis wie auch seiner dogmatischen Herleitung stimmt *Gersdorf* vollumfänglich zu: Die hinter den Kompetenzgrundlagen stehenden Schutzgüter müssten durch wechselseitige Begrenzung zum Ausgleich gebracht werden, wobei die durch Art. 5 Abs. 1 S. 1 GG gewährleistete Medienfreiheit die insoweit anwendbaren wirtschaftsrelevanten Grundrechte aus Art. 12 Abs. 1 GG und Art. 14 GG stark überlagere und begrenzte.[361] Das führe zu einer Präponderanz

353 *Brohm*, ebenda.
354 *Jarass*, Kartellrecht und Landesrundfunkrecht, 1991, 16 f.
355 *Jarass*, Kartellrecht und Landesrundfunkrecht, 1991, 25.
356 *Jarass*, Kartellrecht und Landesrundfunkrecht, 1991, 27.
357 *Jarass*, Kartellrecht und Landesrundfunkrecht, 1991, 41.
358 *Jarass*, Kartellrecht und Landesrundfunkrecht, 1991, 26.
359 *Jarass*, Kartellrecht und Landesrundfunkrecht, 1991, 52.
360 *Jarass*, Kartellrecht und Landesrundfunkrecht, 1991, 55.
361 *Gersdorf* in: ders./Paal, BeckOK Informations- und Medienrecht, 18. Edition, Stand 01.05.2017, Art. 70 GG Rn. 7.

des Medienrechts bei einer Kollision mit dem Wirtschaftsrecht des Bundes.[362] Der Bund und seine mit dem Vollzug betrauten Behörden dürften aus kompetenziellen Gründen keine vielfaltssichernden Ziele verfolgen.[363]

Stock sieht in der Entscheidung die Tendenz bestätigt, mit kartellrechtlichen Mitteln ein außenpluralistisches Modell durchzusetzen, auch wo sich der Landesgesetzgeber anders entschieden hat.[364] Die Entscheidung des Kartellamts würde die publizistisch-marktstrukturellen Zielsetzungen des Landesrundfunkrechts nicht hinreichend einbeziehen: Die wirtschaftliche Konzentration diene genau dazu, publizistische Konzentration abzuwenden. Wegen des kompetenzrechtlichen Vorrangs des Landesrundfunkrechts dürfe das Kartellamt diese Strukturentscheidung, die sich innerhalb des Gestaltungsspielraums des Landesrundfunkgesetzgebers bewege, nicht einfach ausklammern und mit seinen Mitteln konterkarieren; würde es dennoch tätig, liege hierin ein Verfassungsverstoß.[365]

Emmerich bezeichnet demgegenüber das Konzept, die Anwendung des GWB auf private Rundfunkanstalten zu beschränken und die öffentlich-rechtlichen Anstalten durch ihre Unterstellung unter Landesrundfunkrecht zu privilegieren, als „längst überholtes rundfunkpolitisches Konzept von gestern" und nicht als eine „ernsthaft zu diskutierende juristische Theorie zur Konkurrenz von Rundfunk- und Wettbewerbsrecht".[366] Auch öffentliche Zwecke könnten keine Durchbrechung des Kartellrechts für sich beanspruchen, soweit nicht der (Bundes-) Gesetzgeber selbst eine Ausnahme angeordnet habe.[367] Er geht davon aus, dass sich die ordentlichen Gerichte ohnehin nicht von einer Anwendung abhalten ließen: weder Verfassungsrecht noch Landesrundfunkrecht würden sie daran hindern.[368]

Deringer meint, § 6 LRG NRW liefere schon tatbestandlich keine Rechtfertigung, da Radio NRW keine Veranstaltergesellschaft i.S.d. Definition des Rundfunkrechts sei.[369] Jedenfalls sei der Bund zur Regelung des „Wie" der

---

362 *Gersdorf* ebenda.
363 *Gersdorf* in: ders./Paal, BeckOK Informations- und Medienrecht, 18. Edition, Stand 01.05.2017, Art. 70 GG Rn. 7.
364 *Stock*, AfP 1989, 627 (633).
365 *Stock*, ebenda.
366 *Emmerich*, AfP 1989, 433 (435).
367 *Emmerich*, ebenda: keine Manifestierung „neuer ungeschriebener Ausnahmebereiche".
368 *Emmerich*, AfP 1989, 433 (436).
369 *Deringer*, NJW 1990, 2821 (2822).

wirtschaftlichen Tätigkeit des Bundes auch im Rahmen der Rundfunkfreiheit zuständig.

Auch die kartellrechtlichen[370] und rundfunkrechtlichen Entscheidungen[371] zur Fusion ProSiebenSat1/Springer sind Gegenstand einer schier unübersehbaren Zahl an Abhandlungen, Anmerkungen und mehr als eines Dutzend Dissertationen, von denen sich einige auch mit dem Verhältnis der beiden Gesetzesmaterien beschäftigen.

Paal kommentiert anlässlich der 2. Entscheidung des BVerwG, die Divergenz der normativen Vorgaben von Rundfunk- und Kartellrecht könne darauf zurückzuführen sein, dass für den Pressesektor nach der bereits dargestellten Rechtsprechung des Bundesverfassungsgerichts von einer grundsätzlichen Funktionsgeeignetheit des Wettbewerbsrechts ausgegangen werden könne, im Rundfunkbereich demgegenüber eine allein den wettbewerblichen Marktkräften überlassene Ordnung verfassungswidrig sei. Die Mediensektoren müssten in Ansehung der Konvergenzentwicklungen vielmehr als kommunizierende Röhren betrachtet werden, was auch eine Aktualisierung der normativen Vorgaben notwendig mache.[372] Dass *Paal* diese Neuordnung allerdings auch mit einem Zurücktreten des Kartellrechts hinter das unstreitig anwendbare Rundfunkrecht verbindet, kann mit Blick auf eine frühere Besprechung der kartellrechtlichen Entscheidungen zum vorliegenden Verfahren nicht angenommen werden: im Medienbereich könne das Kartellrecht neben wirtschafts- und gesellschaftspolitischen Funktionen auch mittelbar die Verwirklichung des medienrechtlichen Leitbildes der Meinungs- und Medienvielfalt fördern.[373] Unternehmen im Mediensektor würden dem Kartellrecht daher auch in „uneingeschränktem Maße und ohne medienspezifische Anwendungsbesonderheiten" unterfallen.[374]

---

370 Zur 1. Entscheidung des BGH etwa *Herrlinger*, BB 2008, 750; *Paal*, ZWeR 2012, 380; *Schwartmann*, Praxishandbuch Medien-, IT- und Urheberrecht, 3. Auflage 2014, 1. Rundfunkfreiheit, Rn. 5 in der Fußnote; zur 2. Entscheidung des BGH etwa *Podszun*, MMR 2011, 60 (63 f.); *Grave/ Klauß*, GWR 2010, 531; *Emmerich*, JuS 2011, 464.

371 Zur Entscheidung der KEK: *Gounalakis*, AfP 2006, 93; *Bornemann*, ZUM 2006, 200; *ders.*, MMR 2006, 275; *Hain*, K&R 2006, 150; *Lange*, MP 2005, 546; *Möschel*, K&R 9/2005, 1; *Säcker*, K&R 2006, 49; zur Entscheidung des VG München *Hain*, K& R 2008, 160 (164); zur 1. Entscheidung des BVerwG *Dörr*, JuS 2012, 184; *Neumann*, jurisPR-BVerwG 6/2011 Anm. 4; *Grünwald*, MMR 2011, 265; zur 2. Entscheidung des BVerwG *Grünwald*, MMR 2014, 209; *Dörr/Deicke*, ZUM 2015, 89 (90).

372 *Paal*, AfP 2014, 389 (394).

373 *Paal*, ZWeR 2012, 380, 386 (391): „Vielfalt durch Vielzahl"; vgl. auch *ders.*, GRUR Int. 2017, 481 (482).

374 *Paal*, ZWeR 2012, 380 (398).

Rösler sieht durch die Entscheidung Springer/ProSiebenSat.1 gesetzgeberischen Reformbedarf verdeutlicht.[375] Normenhäufung und Doppelkontrolle durch KEK und Bundeskartellamt würden Gefahren divergierender Entscheidungen und damit für die unternehmerische Planungs- und Investitionssicherheit der Unternehmen mit sich bringen.[376] Im Zweifel müsse Art. 5 Abs. 1 S. 2 GG und damit Rundfunkrecht wegen seiner überragenden Bedeutung für die demokratische Ordnung vorgehen.[377]

Körber meint, eine Anwendung der §§ 26 ff. RStV neben der Zusammenschlusskontrolle durch das BKartA sei „auf dem Papier stimmig", habe aber in der Praxis durch die „abenteuerlich anmutende" Entscheidung der KEK in der Sache Springer/ProSiebenSat.1 Schwierigkeiten aufgeworfen.[378] Seine Kritik beschränkt sich aber darauf, dass die sektorspezifische Konzentrationskontrolle wegen ihres Fokus auf eine etwaige Dominanz des Fernsehens wegen der Medienrelevanz von Telemedien nicht mehr zeitgemäß sei.[379] Auf rechtstatsächlicher Ebene stellt er jedoch fest, dass mehr für einen Gleichlauf als für eine Divergenz von publizistischem und ökonomischem Wettbewerb spräche: Die Werbeeinnahmen, der maßgebliche Maßstab im kartellrechtlichen Verfahren, würden schließlich von der Zuschaueranzahl abhängen und damit letztlich vom Maßstab der Meinungsmacht.[380] Wenn der hinter den Werbeinnahmen stehende Zuschauermarkt als Markt i.S.d. Kartellrechts anerkannt würde, würden die Unterschiede zwischen kartellrechtlicher und rundfunkrechtlicher Konzentrationskontrolle gering.[381]

Brockhoff räumt zwar ein, dass die unterschiedlichen Entscheidungen von BGH und BVerwG Anlass bieten, die grundsätzliche Tauglichkeit des Nebeneinanders von rundfunkrechtlicher und kartellrechtlicher Konzentrationskontrolle zu hinterfragen.[382] Er meint, dass Art. 31 GG diesen Konflikt nicht aufzulösen vermag, da die Länder im Rahmen ihrer Gesetzgebungskompetenz zur Ordnung des Rundfunks angehalten seien.[383] Seine „Lösung" für das Spannungsverhältnis

---

375 *Rösler*, WuW 2009, 1014 (1021).

376 *Rösler*, WuW 2009, 1014 (1023).

377 *Rösler*, ebenda.

378 *Körber*, ZWeR 2009, 315 (331).

379 *Körber*, ebenda.

380 *Körber*, ZWeR 2009, 315 (332).

381 *Körber*, ZWeR 2009, 315 (339).

382 *Brockhoff*, Reichweite und Grenzen der Fusionskontrolle im Rundfunkbereich, 2016, 151 ff.

383 *Brockhoff*, Reichweite und Grenzen der Fusionskontrolle im Rundfunkbereich, 2016, 149.

von Rundfunk- und Kartellrecht erschöpft sich allerdings in dem Vorschlag, allein dem Bundeskartellamt die Regulierung dieses Bereiches zu überantworten, da sich die KEK im Fall Springer/ProSiebenSat.1 als „nicht geeignet" erwiesen habe, die effektive Konzentrationskontrolle im Rundfunkbereich zu gewährleisten.[384]

Bayer prüft allgemein, wie „materielle Konflikte", also unterschiedliche Ergebnisse der rundfunkrechtlichen sowie der kartellrechtlichen Zusammenschlusskontrolle, zu lösen sind: Art. 31 GG finde keine Anwendung, da die gesetzgeberischen Zielsetzungen der beiden Fusionskontrollen unterschiedlich seien; schließlich müsse der publizistische und der ökonomische Wettbewerb gerade nach der Rechtsprechung des Bundesverfassungsgerichts getrennt betrachtet werden.[385] Ein Vorrang des landesrechtlichen Rundfunkregimes könne aber ebenfalls weder mit dem Grundsatz der Spezialität, noch mit einem Ausgestaltungsvorrang oder mit den von *Jarras* vorgeschlagenen Kompetenzausübungsschranken begründet werden.[386] Ausnahmsweise käme ein Vorrang des Rundfunkrechts in Betracht, wenn die Rundfunkfreiheit in ihrem Kern betroffen sei.[387] Ein solcher Anwendungsfall sei nur schwer vorstellbar; bislang würden rundfunkrechtliche Gründe lediglich vorgeschoben, um Aufhebungen der kartellrechtlichen Untersagung zu erreichen.[388]

Junghein befürwortet eine parallele Anwendbarkeit von GWB und Medienkonzentrationsrecht der Länder.[389] Die untersagte Fusion Springer/ProSiebenSat1 führt sie als Beweis der Leistungsfähigkeit des Kartellrechts zur Vielfaltssicherung an.[390] Das von der KEK entwickelte Modell um auch andere Mediengattungen mit dem Zuschaueranteilsmodell vergleichbar zu machen, sei hingegen wenig konsistent.[391]

---

384 *Brockhoff*, Reichweite und Grenzen der Fusionskontrolle im Rundfunkbereich, 2016, 349 ff., insbesondere 367.

385 *Bayer*, Fusionskontrolle im Rundfunk, 2013, 238.

386 *Bayer*, Fusionskontrolle im Rundfunk, 2013, 239.

387 *Bayer*, Fusionskontrolle im Rundfunk, 2013, 240.

388 *Bayer*, Fusionskontrolle im Rundfunk, 2013, 241, mit Verweis auf die oben behandelten Anwendungsfälle des Kartellrechts bei der Fusion Radio NRW sowie des Globalvertrages.

389 *Jungheim*, Medienordnung und Wettbewerbsrecht im Zeitalter der Digitalisierung und Globalisierung, 2012, 508.

390 *Jungheim*, Medienordnung und Wettbewerbsrecht im Zeitalter der Digitalisierung und Globalisierung, 2012, 548 ff. und 556.

391 *Jungheim*, Medienordnung und Wettbewerbsrecht im Zeitalter der Digitalisierung und Globalisierung, 2012, 579 f.

Auf der 118. Tagung des Studienkreises Presserecht und Pressefreiheit im November 2015 wies *Holznagel* auf die Intention des Bundeswirtschaftsministeriums hin, die Kontrolle von Medienmacht zukünftig komplett dem Kartellrecht zuzuordnen.[392] Dem entgegneten *Paal* und *Knothe*, dass Vielfaltssicherung Ländersache und daher eher eine Diskussion über die Sensibilität der Kompetenzen auf Bundesebene zu führen sei.[393]

Auch die dargestellten Entscheidungen zu den sog „Einspeiseentgelten" wurden zahlreich kommentiert[394], wobei insbesondere untersucht wurde, ob ein entsprechender Kontrahierungszwang aus dem Rundfunk- oder dem Kartellrecht abgeleitet werden kann.[395] Hinsichtlich des Verhältnisses dieser beiden Regelungsmaterien schreibt *Hain* den Urteilen allein wegen der Probleme der Schnittstellen zwischen öffentlichem Medienrecht und dem Kartellrecht grundlegende Bedeutung zu.[396] Die Kompatibilisierung dieser zwei Rechtsmaterien sei dem BGH nicht überzeugend gelungen, da die Anwendung des Kartellrechts mediengesetzgeberische Entscheidungen zu konterkarieren drohe: Die Must-Carry Regelungen verbunden mit den haushaltsrechtlichen Bindungen der Anstalten zu Wirtschaftlichkeit und Sparsamkeit, etwa aus § 14 Abs. 1 RStV, würden es diesen verbieten, sich vertraglich zur Zahlung von Einspeiseentgelten für Signaltransportleistungen zu verpflichten.[397] Wegen dieses gesetzlichen Verbots bestehe daher kein Markt.[398]

Auch *Holznagel* und *Salwitzek* meinen, dass die den Must-Carry Verpflichtungen zugeteilten Kapazitäten von vorneherein dem Wettbewerb entzogen seien.[399] Zudem betonen sie, dass dem Rundfunkgesetzgeber hinsichtlich seiner Verpflichtung, durch eine positive Ordnung für Meinungsvielfalt zu sorgen, ein weiter Gestaltungsspielraum zukomme. Das Must-Carry Regime diene jedenfalls diesem Ziel.[400]

---

392 Zusammengefasst in AfP 2015, 524 (527).

393 AfP 2015, 524 (528).

394 *Dos Santos Goncalves/Lunk*, GWR 2016, 365; *Podszun* in: Jaeger/Kokott/Schroeder, Frankfurter Kommentar zum Kartellrecht, 88. Lieferung 04.2017, Telekommunikationssektor, Rn. 228.

395 Einprägsam *Schröder*, MMR 2013, 1: Der Rundfunkauftrag ist kein Bezahlauftrag.

396 *Hain*, K&R 2015, 563 (563).

397 *Hain*, K&R 2015, 563 (564).

398 *Hain*, K&R 2015, 563 (565).

399 *Holznagel*/Salwitzek, K&R 2013, 454 (456).

400 *Holznagel*/Salwitzek, K&R 2013, 454 (458).

Ladeur meint demgegenüber, Kartellrecht müsse nur insoweit gegenüber dem Rundfunkrecht als Sonderrecht zurücktreten, als auch eine tatsächliche Regulierung erfolgt sei: Dies habe hinsichtlich der Frage des Einspeiseentgeltes jedoch gerade nicht stattgefunden.[401] Tatbestandlich könne aber von einer unbilligen Zahlungsverweigerung angesichts der Finanzierungsrealität der Kabelnetzbetreiber „keine Rede sein".[402]

Weisser mahnt das zuständige Berufungsgericht, bei der Feststellung des Kartellrechtsverstoßes auch rundfunkrechtliche Vorgaben in Bezug auf die Erfüllung des Wirtschaftlichkeits- und Sparsamkeitsgebots, §§ 14 Abs. 1, 19 S. 2 RStV, zu berücksichtigen, die selbst bei autonomen (also kartellrechtskonformen) Entscheidungen jeder Rundfunkanstalt selbst zwangsläufig zu ähnlichen Ergebnissen führen würden.[403] *Mailänder* sieht die drei Entscheidungen des BGH als Nachweise eines „bedrohlichen, diametralen Konflikts" zwischen Rundfunk- und Kartellrecht.[404] Dieser rufe den zur Sicherung von Meinungsvielfalt zuständigen Gesetzgeber auf den Plan, was den Ergänzungsvorschlag des Bundesrates zu § 30 Abs. 2c GWB in der neuesten GWB Novelle erkläre. Das BMWi lasse die Einsicht vermissen, dass es nach der Kompetenzordnung des Grundgesetzes Aufgabe und Befugnis der Länder sei, für die Sicherung des Rundfunkauftrags gegen kartellrechtliche Konfliktlagen einzutreten. Der unergiebigen Vorrangdiskussion um Art. 31 GG könne durch die Gesetzesnovelle die Spitze genommen werden. Insgesamt dürfe die in der Länderkompetenz verbliebene Ausgestaltung der Rundfunkordnung nicht einer Gegenregulierung durch ein auf die Kräfte des freien Wettbewerbs ausgerichtetes Kartellverbot des Bundes ausgesetzt bleiben.

Assion beschäftigt sich abstrakter mit der Frage, ob (auch) sog. Kartellrechtliche „Must-Offer"[405] Pflichten gegenüber Kabelnetzbetreibern und anderen Plattformanbietern gegenüber § 19 RStV, der im Gegensatz dazu den Rundfunkveranstaltern die Wahl der Verbreitungswege ausdrücklich überlässt, Vorrang beanspruchen können: Dies sei im Hinblick auf verfassungsrechtliche Wertungen, insbesondere die Reichweite der Rundfunkfreiheit, nur in Ausnahmefällen

401 *Ladeur*, ZUM 2012, 939 (944).

402 *Ladeur*, ZUM 2012, 939 (945).

403 *Weisser*, MMR 2015, 767 (770).

404 *Mailänder*, WuW 2017, 61 (61).

405 Darunter versteht er die Frage, ob ein Programmveranstalter auch gegen den Willen eines Rundfunkveranstalters auf dessen Programme zugreifen kann, also einen (von der in den vorliegenden Verfahren entscheidenden Frage eines angemessenen Entgelts unabhängigen) Überlassungszwang.

annehmbar.[406] Die hier behandelten BGH Urteile sieht er in einem späteren Beitrag zunächst als Bestätigung, dass das rundfunkrechtliche Einspeiseregime kein „Must-Pay“ vorschreibe.[407] Die Feststellung des BGH, dass an dieser Stelle eine marktbeherrschende Stellung der Rundfunkanstalten anzunehmen sei, kritisiert er, da die Plattformbetreiber auf die Einspeiseentgelte wirtschaftlich nicht angewiesen seien und der Wettbewerb hinsichtlich der reservierten Kapazitäten von vornherein aufgehoben: Das Wettbewerbsrecht sei schon deswegen nicht anwendbar.[408]

2. Der Meinungsstand im Glücksspielrecht

Die Entscheidung des BGH zum Verfahrenskomplex „Deutscher Lotto- und Totoblock“ hatte zwar vor allem deswegen Aufsehen erregt, weil sich das Gericht zum ersten Mal seit der Neufassung des GWB durch das WettbewGÄndG vom 26.08.1998 mit den Tatbestandsmerkmalen des Kartellverbots befasste. So zeigen *Busche* und *Keul* den Versuch des BGH um Kontinuität seiner Rechtsprechung einerseits und Annäherung zum europäischen Kartellrechtsregime andererseits auf.[409] Dass auch Unternehmen der öffentlichen Hand dem GWB unterliegen, hätte ihrer Meinung nach „kaum längerer Ausführungen bedurft“ und würde vielmehr den sich anschließenden Abwägungen im Rahmen der (nicht ausdrücklich erwähnten) Immanenztheorie argumentativ den Weg bereiten.[410]

Auch *Pönicke* tritt in ihren Überlegungen im Vorfeld der Entscheidung des BGH der Auffassung von Bundeskartellamt und KG bei, der Beschluss des DLTB habe gegen § 1 GWB verstoßen.[411] Insbesondere würde es die Verfolgung „beliebiger öffentlicher Zwecke“ nicht rechtfertigen, den Staat bzw. von diesem kontrollierte Unternehmen von der Anwendung des Kartellrechts auszunehmen.[412] An der objektiven Eignung, den rechtlich erlaubten Wettbewerb zwischen den

406 *Assion*, ZUM 2015, 631 (640).
407 *Assion*, ZUM 2015, 645 (645).
408 *Assion*, ZUM 2015, 645 (647).
409 *Busche/Keul*, ZIP 1999, 1027 (1027 f.): wünschenswerte Harmonisierung, weitgehende Wertungskongruenz zwischen deutschem und europäischem Kartellrecht.
410 *Busche/Keul*, ZIP, 1999, 1027 (1028): Nach dieser Theorie sind unter dem Gesichtspunkt der Einheit der Rechtsordnung Abreden kartellrechtlich zulässig, die der Durchführung eines kartellrechtsneutralen Hauptzwecks dienen oder diesen fördern.
411 *Pönicke*, WRP 1998, 830 ff.
412 *Pönicke*, WRP 1998, 830 (832): Da der Staat selbst die Wettbewerbsregeln setze, wäre eine derartige Ausnahme unvereinbar mit Art. 3 GG.

Blockpartnern spürbar zu beschränken, bestünden keine Zweifel.[413] Durch die Prüfung, ob in dem streitigen Beschluss zudem der Mißbrauch einer marktbeherrschenden Stellung gem. § 22 GWB, ein Boykottaufruf gem. § 26 Abs. 1 GWB sowie eine unbillige Behinderung gem. § 26 Abs. 2 GWB gesehen werden könnte, erörtert *Pönicke* zudem weitere kartellrechtliche Untersagungsgründe, die Bundeskartellamt und Gerichte erst viele Jahre später bei ihrer zweiten Befassung mit dem DLTB aufgriffen.[414]

Ohlmann beklagt hingegen, der Beschluss des BGH habe eine „Goldgräberstimmung" in der Lottowelt heraufbeschworen und hinsichtlich der gewerblichen Spielevermittlung den trügerischen Eindruck vermittelt, dass auf „dieser zweiten Vertriebsschiene die Bahn frei gemacht worden" sei.[415] Die Bejahung des Wettbewerbs zwischen den Deutschen Lotto- und Totounternehmen verkenne jedoch die grundlegenden staats- und verfassungsrechtlichen Vorgaben für diese Unternehmen, die anders als jeder normale Wirtschaftsakteur gerade nicht darauf aus sein sollten, ständig Wettbewerbsvorteile gegenüber dem Wettbewerber zu erzielen.[416] Wegen der polizei- und ordnungsrechtlichen Aufgabenstellung der Lottounternehmen könne die Feststellung des Bundesverfassungsgerichts zu Spielbanken[417] auf sie übertragen werden, da diese ebenfalls keine Gebilde des wirtschaftlichen Lebens und ihr Betrieb keine wirtschaftliche Betätigung seien.[418] Die Anwendung des Kartellrechts hebele die Kompetenzen der Länder aus und unterlaufe die gesamte Systematik und Dogmatik einer öffentlich-rechtlichen Überprüfung des pauschalen Ausschlusses der Spielevermittler, selbst wenn diese möglicherweise zu dem gleichen Ergebnis gekommen wäre.[419] Außerdem sehe das landesgesetzliche Konzept keinen Wettbewerb zwischen den Lottogesellschaften vor.[420]

In einem weiteren Beitrag nahm *Ohlmann* eine Abhandlung von *Adams* und *Tolkemitt*,[421] in der diese eine Privatisierung der staatlichen Beteiligungen am

413 *Pönicke*, WRP 1998, 830 (834).

414 *Pönicke*, WRP 1998, 830 (836 ff.); vgl. unten BKartA vom 23.08.2006, B 10 – 148/05, WuW/E DE-V 1251, (1251 ff.) – Deutscher Lotto- und Totoblock; BGH vom 14.08.2008, KVR 54/07, ZfWG 2008, 359, (359 ff.) – Lottoblock.

415 *Ohlmann*, WRP 2001, 672 (673).

416 *Ohlmann*, WRP 2001, 672 (674).

417 BVerfG vom 18.03.1970, 2 BvO 1/65, BVerfGE 28, 119 (146 f.).

418 *Ohlmann*, WRP 2001, 672 (674).

419 *Ohlmann*, WRP 2001, 672 (675).

420 *Ohlmann*, WRP 2001, 672 (676 ff.).

421 *Adams/Tolkemitt*, ZRP 2001 (511 ff.).

Glücksspielmarkt gefordert hatten, um „Unwirtschaftlichkeiten, Unregelmäßigkeiten" und nicht zuletzt eine „staatliche Günstlingswirtschaft" zu beseitigen, zum Anlass, für eine ordnungsrechtliche Einordnung des Lotteriewesens zu plädieren.[422] Gegen einen Einschluss des Glücksspielwesens in den Kreis der ökonomisierend durchdrungenen Lebensbereiche wendet er ein, dass der *homo ludens* mitsamt der ihn tragenden Irrationalität eben nur schwer in die Gesetzmäßigkeiten der Ökonomie gestaucht werden könne.[423] Das Glücksspielrecht der Länder sei als Teil der rechtspolitischen Antwort auf dieses komplexe anthropologische und soziologisch relevante Phänomen zu betrachten.[424] Die Lottounternehmen seien, soweit ohnehin nicht schon Behörden oder Anstalten des öffentlichen Rechts, gleichzeitig Verwaltungshelfer und Gewinnsozialisierungsunternehmen.[425] Dieser ordnungsrechtlichen Betrachtung würde die „Goldgräberstimmung" unter gewerblichen Spielgemeinschaften, die in Folge des Beschlusses des Kartellsenats des BGH aufgekommen wäre und zu einer Abschöpfung der Spielleidenschaft anderer für private Zwecke führe, widersprechen.[426] In einem später veröffentlichen Beitrag bekräftigt *Ohlmann* ferner die Ursächlichkeit dieser „spektakulären, gleichwohl sehr diffusen" Entscheidung des BGH für die immense Verbreitung gewerblicher Spielevermittler bis 2005.[427] Er zeigt auf, dass die Entscheidung des Gerichts im Widerspruch zu den historisch gewachsenen, negativen Erfahrungen mit Spielevermittlern stehe.[428] Ein Restwettbewerb zwischen den Gesellschaften des DLTB sei „ein an den Haaren herbeigezogener Popanz".[429]

Terhechte stellt mit Blick auf den Verfahrenskomplex „Lottoblock II" zwar treffend fest, das Kartellamt müsse sich auf eine wettbewerbliche Würdigung beschränken; aus dieser Perspektive aber sei der Beschluss zustimmungswürdig.[430]

---

422 *Ohlmann*, ZRP 2002, 354 (354).

423 *Ohlmann*, ZRP 2002, 354 (354), der diesen Erkenntnisgewinn mit David Friedmann, Sohn des Wirtschaftsnobelpreisträger und Begründer des „more economic approach", Milton Friedmann, zu teilen glaubt, vgl. *Friedmann*, Der ökonomische Code, 2001, 268 (276).

424 *Ohlmann*, ZRP 2002, 354 (355).

425 *Ohlmann*, ZRP 2002, 354 (356) mit Verweis auf *Püttner*, Die öffentlichen Unternehmen, 1969, 110.

426 *Ohlmann*, ebenda.

427 *Ohlmann*, WRP 2005, 48 (56).

428 *Ohlmann*, WRP 2005, 48 (57): Den gewerblichen Spielegemeinschaften sollte nicht zuletzt aus ordnungsrechtlichen Gründen Einhalt geboten werden.

429 *Ohlmann*, WRP 2005, 48 (59).

430 *Terhechte*, ZfWG 2006, 203 (203).

Er folgte der Gefahrenprognose des Amtes, dass Wettbewerb zu keiner Erhöhung des Suchtpotentials führe, das immanente Verteilungsverfahren vielmehr günstige Preise und damit Konsumentenwohlfahrt verspreche.[431] Die privatwirtschaftliche Tätigkeit der Lottounternehmen falle in den Anwendungsbereich des GWB und habe deshalb auch dessen Wertungen zu respektieren.[432] Dieses Ergebnis scheint freilich bereits vor dem Hintergrund unstimmig, dass nach *Terhechte* die Einschätzungsprärogative „desselben Gesetzgebers" durch den Beschluss nicht verletzt werde.[433] Auch *Klees* analysiert mit Fokus auf den Beschluss des OLG Düsseldorf, dem Aufruf des Rechtsausschusses des DLTB sei die Kartellrechtswidrigkeit „auf die Stirn geschrieben".[434]

Für *Uwer* ist das Verdikt des Bundeskartellamtes noch mild ausgefallen, da die Massivität der Kartellverstöße auch ein Totalverbot des DLTB als illegales Kartell gerechtfertigt hätte und der sich von den DLTB Gesellschaften selbst attestierte ordnungsrechtliche Auftrag ein „Fantasieprodukt" sei.[435] Der „verfassungsrechtlich peinlichen Idee einer Monopolisierungsrechtfertigung durch Finanzierung von Gemeinwohlbelangen" habe das Bundesverfassungsgericht im Sportwetten-Urteil eine Absage erteilt. In diesem Urteil habe das Gericht auch klargestellt, dass das Glücksspielrecht dem Recht der Wirtschaft, Art. 74 Abs. 1 Nr. 11 GG unterfalle, weshalb die behauptete „Lotteriehoheit" der Länder als verfassungsrechtliche Chimäre dekuvriert sei.[436] Das GWB als Bundesgesetz entfalte insoweit Sperrwirkung für die Ländergesetzgebung, so dass die Länder nur noch insoweit zuständig seien, wie ihnen das durch BKartA und Europäische Kommission konkretisierte Wettbewerbsrecht legislatorischen Spielraum belasse.[437]

Demgegenüber analysiert *Westermann*, der BGH habe zwar den Wettbewerb zwischen den Lotteriegesellschaften schützen wollen; doch könne weder das deutsche noch das europäische Kartellverbot ordnungsrechtliche Vorgaben des Gesetzgebers „umstoßen", selbst wenn mit diesen wettbewerbsbeschränkende Wirkungen verbunden seien.[438]

Dietlein legt den Fokus seiner Untersuchung auf die festgestellte Kartellrechtswidrigkeit des Regionalitätsprinzips, da dieser „Frontalangriff auf das

---

431 *Terhechte* ZfWG 2006, 203 (204).
432 *Terhechte*, ZfWG 2006, 203 (206).
433 *Terhechte*, ebenda, der damit *Dietlein*, ZfWG 2006, 197 (197 ff.) zu widerlegen glaubt.
434 *Klees*, EWiR 2007, 493 (494).
435 *Uwer*, NJW 2006, 3257 (3258).
436 *Uwer*, NJW 2006, 3257 (3259).
437 *Uwer*, ebenda.
438 *Westermann*, ZWeR 2010, 81 (99).

landesstaatliche Ordnungsrecht" die Ausführungen zur terrestrischen Spielevermittlung als vergleichsweise unbedeutend verblassen lasse.[439] Das Amt ersetze dabei die kodifizierte Gefahrenprognose des Landesgesetzgebers durch eine eigene großzügigere Lesart, was einen Systemwechsel zu einer wettbewerblichen Ordnung des Lotterierechts vorbei am zuständigen Gesetzgebungsorgan bedeute.[440] Die Lotteriehoheit umfasse gem. Art. 70 GG sowohl den Gesetzeserlass als auch gem. Art. 83 GG den Gesetzesvollzug. Unter den Vollzug falle aber nicht nur die Durchsetzung der Lotteriehoheit, sondern auch die Umsetzung der gesetzlichen Vorgaben. Die eigenstaatliche Wahrnehmung ihres ordnungsrechtlichen Auftrages durch die Bundesländer, kurz das Regionalitätsprinzip, sei aber nichts anderes als die Umsetzung der gesetzlichen und verfassungsrechtlichen Vorgaben.[441] Das Bundeskartellamt als Behörde des Bundes habe die Einschätzungsprärogative der zuständigen Landesparlamente zu beachten.[442] Den grenzüberschreitenden Wettbewerb der Landeslottogesellschaften für risikolos zu erklären, sei Aufgabe der nach der Kompetenzordnung zuständigen und politisch verantwortlichen Gesetzgebungskörperschaften.[443] Vor diesem Hintergrund verwundere die „rustikale" Vorgehensweise des Bundeskartellamtes, seine kläglich belegte Gefahrenprognose ohne jedes Problembewusstsein an die Stelle der 16 zuständigen Landesgesetzgeber zu stellen.[444]

Emmerich meint anlässlich der Entscheidung des OLG Düsseldorf zum Verfahrenskomplex „Lotto Rheinland-Pfalz GmbH", das GWB müsse „immer" und auch in dem Fall der Lotto-Rheinland Pfalz GmbH Anwendung finden: die abweichende Auffassung des OLG Düsseldorf für den Erwerb von Anteilen an einer GmbH durch ein Bundesland in Vollzug seiner Gesetzgebung über „das (angebliche) Glücksspielmonopol" des Landes sei nicht haltbar.[445]

Richter und *Steinvorth* hingegen sehen durch die Entscheidung die Ansicht des Bundeskartellamtes überholt, nach der kraft Landesgesetz bzw. in dessen

439 *Dietlein*, ZfWG 2006, 197 (197).
440 *Dietlein*, ZfWG 2006, 197 (198).
441 *Dietlein*, ZfWG 2006, 197 (200).
442 *Dietlein*, ebenda.
443 *Dietlein*, ebenda.
444 *Dietlein*, ebenda.
445 *Emmerich* in: Immenga/Mestmäcker, GWB, 5. Aufl. 2014, § 130 Rn. 60.

Durchführung erfolgte Zusammenschlüsse *per se* der Fusionskontrolle unterlägen, weil dem GWB als Bundesgesetz Vorrang vor Landesgesetzen zukomme.[446]

3. Der Meinungsstand im Kommunalrecht

Hinsichtlich der Kontrolle kommunaler Gebühren sieht *Wolf* im Anschluss- und Benutzungszwang keinen Grund zum Ausschluss des Kartellrechts, da die damit verbundene Monopolisierung gerade einen Schutz vor Ausbeutung verlange.[447] Die „begriffliche Unschärfe" bei der Bestimmung des materiellen Anwendungsbereichs diene dazu, den veränderten Bedingungen Rechnung zu tragen, um den Auftrag aus Art. 74 Abs. 1 Nr. 16 GG zu erfüllen.[448] Bereits die „Flucht ins Gebührenrecht", die die Entscheidung des BGH zu den Wasserpreisen Wetzlar ausgelöst habe, spreche auf rechtstatsächlicher Ebene gegen einen effektiven Schutz der Verbraucher vor erhöhten Gebühren durch die Kommunalabgabengesetze der Länder.[449]

In einem späteren Beitrag geht *Wolf* dann der Frage nach, ob die Gesetzgebungskompetenz der Länder oder die kommunale Selbstverwaltungshoheit eine Befreiung der kommunalen Wasserversorger vom Kartellrecht bedingen müssten.[450] Mit Blick auf einige bereits untersuchte BGH Entscheidungen meint er, der Bund könne auch Landeskompetenzen unterstellte Lebensbereiche dem kartellrechtlichen Missbrauchsverbot unterstellen, solange er etwa das Gebührenrecht nicht „in seinen Grundfesten erschüttere".[451] Auch ein Verstoß gegen Art. 28 Abs. 2 GG scheide aus, da das GWB ein allgemeines Gesetz i.S. dieser Norm sei, das neben den landesrechtlichen Kommunalabgabengesetzen zur kostengünstigen Sicherstellung einer ausreichenden Bedienung der Bevölkerung gerechtfertigt sei.[452]

---

446 *Richter/Steinvorth* in: Wiedemann, Kartellrecht, 3. Aufl. 2016, § 19 Rn. 14 mit dem Hinweis, dass vor der 6. GWB Novelle § 24 a Abs. 1 Nr. 2 Nr. 3 GWB aF derartige Zusammenschlüsse ausdrücklich den Regeln der Fusionskontrolle unterworfen habe.

447 *Wolf*, BB 2011, 648 (649).

448 *Wolf*, BB 2011, 648 (651).

449 *Wolf*, BB 2011, 648 (652).

450 *Wolf*, WuW 2013, 246 (247 ff.).

451 *Wolf*, WuW 2013, 246 (247) mit Verweis u.a. auf BGH vom 14.03.1990, KVR 4/88, WuW/E BGH 2627 – Sportübertragungen oder KG Berlin vom 26.06.1991, Kart 23/89, WuW/E OLG 4811 (4820 f.) – Radio NRW.

452 *Wolf*, WuW 2013, 246 (249 f.).

Säcker begrüßt grundsätzlich den Ansatz des BGH, „durch den Schleier der Rechtsform hindurch“ die materiell-rechtliche Würdigung zu betreiben.[453] Auch könnten kalkulatorische Vorgaben in einem Landesgesetz nicht die Durchsetzung eines Bundesgesetzes, des GWB, verhindern. Art. 31 GG enthalte keinen entsprechenden Vorbehalt.[454] Allerdings würden sich die Gemeinden aber bei Ausübung ihres Rechts, die in den Gemeindeordnungen zugewiesenen Aufgaben, wie die Wasserversorgung, in Eigenerfüllung wahrzunehmen, nicht im rechtsfreien Raum bewegen, sondern unterlägen gerade bei der Gebührenberechnung den Vorgaben der Abgabengesetze, wie etwa Art. 8 Abs. 2 BayKAG.[455] Da das Kartellrecht auch nicht *lex specialis* zum öffentlichen Preisrecht sei und auch eine parallele Anwendung, schon um Doppelkompetenzen zu vermeiden, ausscheide, bleibe für eine Anwendung des Kartellrechts kein Raum.[456] Auch eine schwache Gebührenkontrolle würde keine universelle Aufgreifkompetenz der Kartellbehörden begründen; dies würde die verfassungsrechtliche Kompetenzverteilung zwischen Bund und Ländern stören und den Kartellbehörden die Kompetenz-Kompetenz geben, sich zum Einschreiten zu ermächtigen.[457]

Dem stimmt auch *Breder* zu,[458] der ebenfalls zu dem Ergebnis kommt, der BGH habe sich hier eine Zuständigkeit zur Kommunalaufsicht angemaßt.[459] Dem ließe sich auch nicht die Allzuständigkeit der Kartellbehörden für das Unionsrecht entgegenhalten, da sich die Erhebung der Gebühren jedenfalls im Sinne einer nachhaltigen Wasserbewirtschaftung und Finanzierung der Wasserversorgung vor Art. 106 Abs. 2 AEUV rechtfertigen lasse.[460] Nach Herausarbeitung der Grenzen der Kompetenznormen des Art. 74 Abs. 1 Nr. 11 und 16 GG betont er, die Länder seien für die Frage der Gebührenkontrolle gem. Art. 30, 70 GG zuständig.[461]

---

453 *Säcker*, NJW 2012, 1105 (1106).

454 *Säcker*, NJW 2012, 1105 (1107).

455 *Säcker*, NJW 2012, 1105 (1108).

456 *Säcker*, NJW 2012, 1105 (1109).

457 *Säcker*, ebenda.

458 *Breder*, Die Kartellrechtliche Preishöhenmissbrauchskontrolle im Bereich der Trinkwasserversorgung, 2016, 164.

459 *Breder*, Die Kartellrechtliche Preishöhenmissbrauchskontrolle im Bereich der Trinkwasserversorgung, 2016, 156 f.

460 *Breder*, Die Kartellrechtliche Preishöhenmissbrauchskontrolle im Bereich der Trinkwasserversorgung, 2016, 159.

461 *Breder*, Die Kartellrechtliche Preishöhenmissbrauchskontrolle im Bereich der Trinkwasserversorgung, 2016, 173.

Wolfers und *Wollenschläger* folgern daraus, dass eine kartellrechtlich missbilligte Machtausübung ausscheide, wenn ein Landesgesetzgeber unter Nutzung seiner Kompetenz für das Kommunal- und Gebührenrecht aus Art. 70 Abs. 1 GG gebührenrechtliche Vorgaben für die Abrechnung von Daseinsvorsorgeleistungen schaffe und das abrechnende Wasserversorgungsunternehmen diese einhalte. Öffentlich-rechtliche Gebühren unterlägen daher schon aus kompetenzrechtlichen Gründen nicht dem GWB.[462]

Auch *Säcker* thematisiert die Kompetenzverletzung, die eine Anwendung des materiellen Kartellrechts auf kommunale Wassergebühren bedeuten würde: Würden Wassergebühren, die auf kommunalen Satzungen beruhen, kartellrechtlich geprüft, werde in die Kompetenz des Landesgesetzgebers, diese Frage über die Abgabengesetze zu regeln, eingegriffen. Die Kompetenz-Kompetenz, im Falle einer schwachen kommunalabgabenrechtlichen Gebührenkontrolle das Kartellrecht zur Anwendung zu bringen, hätten Kartellbehörden ebenso wenig wie Gerichte.

Scholtka und *Keller-Herder* sehen in der Rechtsprechung zur Rekommunalisierung von Stromnetzen durchaus ein Mehr an rechtlicher Sicherheit für die Gemeinden bei der Durchführung von Konzessionierungsverfahren.[463] Auch *Koppe* begrüßt die Anwendung des Kartellrechts. Die einzige verfassungsrechtliche Weichenstellung, die Einschränkung der kommunalen Selbstverwaltung, sieht er deswegen als gerechtfertigt an, weil die Kommunen weiterhin zur Vergabe der Konzessionen zuständig blieben und Kartell- und Energiewirtschaftsrecht lediglich die Art und Weise regeln würden, wie die Vergabe abzulaufen habe.[464] Er sieht zwar, dass viele Länder durch Regelungen in den Gemeindeordnungen versuchen würden, ihre kommunalen Unternehmen „wettbewerbsfähiger" zu machen, erkennt aber insoweit keinen Konflikt mit der entgegengesetzten Regelungsabsicht des Kartellrechts.[465]

---

462 *Wolfers/Wollenschläger*, EnzW 2014, 261 (262); ebenso wohl *Di Fabio*, Verfassungsrechtliche Grenzen der Kartellaufsicht im Bereich kommunaler Daseinsvorsorge, Vortrag beim Institut für deutsches und europäisches Wirtschafts-, Wettbewerbs- und Regulierungsrecht der FU Berlin am 30.09.2013.

463 *Scholtka/Keller-Herder*, RdE 2014, 189 (191); Kritisch auch *Byoak/Graef/Faasch*, NZBau 2012, 556 (559), die sich aber schwerpunktmäßig mit der Vergabe an die Betreibergesellschaft auseinandersetzen.

464 *Koppe*, (Re-)Kommunalisierung des Strom- und Gasversorgungsnetzbetriebes, 2017, 62 f.

465 *Koppe*, (Re-)Kommunalisierung des Strom- und Gasversorgungsnetzbetriebes, 2017, 69.

Nebel merkt an, dass die Einführung vergaberechtlicher Maßstäbe in das Konzessionsverfahren die Kommunen vor schwer handhabbare Probleme stelle und auch abgeschlossene Rekommunalisierungen einer Neuvergabe unterziehen könnte.[466]

Brüning sieht die Entscheidung des BGH bereits als Wegbereiter der Mutation kommunaler Stadtwerke zu beliebig austauschbaren Anbietern energiewirtschaftlicher Dienstleistungen, die zur Wahrung kommunaler Interessen nicht mehr fähig seien.[467]

Auch *Wolfgang Weiß* kritisiert die rechtliche Fundierung der durch Entscheidungen des BGH ausgelösten Einschränkungen kommunaler Handlungsspielräume durch das GWB, insbesondere im Hinblick auf die verfassungsrechtliche Selbstverwaltungsgarantie aus Art. 28 Abs. 2 GG und die Bedeutung der Energieversorgung als Teil der Daseinsvorsorge.[468] Die Konzessionsvergabe durch die Kommunen sei zwar wirtschaftliche Betätigung, wie schon deren Einordnung im kommunalen Wirtschaftsrecht, etwa in § 107a GO NRW oder § 106 GO LSA zeige.[469] Aufgrund fehlender verfahrensbezogener und materieller Anforderungen in § 46 EnWG, der auch kein „Inhouse"-Privileg kenne, sei aber die Praxis, die Auswahlentscheidung an § 19 GWB zu messen und somit auf ausschließlich wettbewerbsrechtliche Wertungen zurückzugreifen, nicht unproblematisch.[470] Soweit der Gesetzgeber den Gemeinden Spielräume eröffnet habe, dürften diese nicht vorschnell als missbräuchlich i.S.v. § 19 GWB „gebrandmarkt" und dadurch die Berücksichtigung kommunaler Belange als unzulässig abgetan werden.[471] Entgegen der Auffassung des BGH habe der Gesetzgeber 1998 ausdrücklich das Einbringen spezifisch kommunaler Interessen erlaubt, was durch die „Klarstellung" im 3. Gesetz zur Neuregelung des Energiewirtschaftsrechts 2011 bestätigt worden sei.[472] Wenn aber etwa die kommunale Beteiligung nicht als sachliches Kriterium gelten würde, sei die Möglichkeit der Gemeinden zu einer eigenen Betätigung als Netzbetreiber auf die Fälle reduziert, in denen das kommunale Unternehmen nach objektiven Kriterien ohnehin zum Zuge komme.[473]

---

466 *Nebel*, jurisPR-UmwR 5/2014, Anm. 3.

467 *Brüning*, NVwZ 2015, 689 (695).

468 *Weiß*, EnWZ 2014, 435 (435).

469 *Weiß*, EnWZ 2014, 435 (436).

470 *Weiß*, EnWZ 2014, 435 (439).

471 *Weiß*, EnWZ 2014, 435 (440).

472 § 46 Abs. 3 S. 5 EnWG 2012 lässt nun die Berücksichtigung kommunaler Belange ausdrücklich zu, was Bundesrat aber auch Bundesregierung als „Klarstellung" der bisherigen Rechtslage werten, vgl. BT-Drs. 17/11269, 5, 35; *Weiß*, EnWZ 2014, 435 (441).

473 *Weiß*, EnWZ 2014, 435 (442).

Kommunalwirtschaftliche Gesetze, insbesondere die dort verankerten Subsidiaritätsklauseln, würden aber gerade in der Energieversorgung eine Betätigung der Gemeinde zulassen, ohne „besser als Private zu sein".[474]

Auch *Hellermann* meint, der BGH verkenne die Entscheidungsspielräume der Gemeinden aus Unions- und Verfassungsrecht.[475] Entgegen des „grundlegenden Missverständnisses der Rolle der Gemeinden" seien diese keine mit dem Vollzug des EnWG betraute Behörde, sondern Selbstverwaltungskörperschaften, die die von ihr eigenverantwortlich zu regelnden Angelegenheiten des örtlichen Wirkungskreises zu beachten hätten.[476] Die gravierende Beschränkung dieser kommunalen Selbstverwaltung könne verfassungsrechtlich nicht durch die Förderung des Wettbewerbs gerechtfertigt werden, da das materielle Aufgabenverteilungsprinzip zugunsten der Gemeinden überwiege.[477]

Holger Weiß kritisiert, die kartellrechtlichen Generalklauseln würden durch den BGH „überinterpretiert": Die vergaberechtlichen Regelungsgehalte seien nicht nur sehr spät „entdeckt" worden, sie würden auch deutlich über das hinausgehen, was der EuGH den europäischen Marktfreiheiten und Diskriminierungsverboten entnähme.[478] Die allgemeinen europäischen Vergabegrundsätze ließen eine Inhouse-Vergabe zu und würden auch kein „Systementscheidungsverbot" kennen. Die kommunale Selbstverwaltungsgarantie nach Art. 28 Abs. 2 S. 1 GG spräche zudem für eine zurückhaltende Auslegung, die die verfassungsrechtlich verbriefte Eigenverantwortung der Kommunen stärker respektiere.[479] Angesichts des verbleibenden Klärungsbedarfs bei der Auslegung etwa der Vergabekriterien „Preisgünstigkeit" oder „Effizienz" sei die Fehlerfolge „Nichtigkeit" jedenfalls unverhältnismäßig. Durch die willkürliche Übertragung des Rechtsgedankens des § 101a GWB als Teilelement des Kartellvergaberechts entstehe kein konsistentes rechtsdogmatisches System, das allgemeine Rechtsregime des Kartellrechts und seine Verknüpfungen ins Zivilrecht (über § 134 BGB) seien kein tauglicher Rahmen. Die Rechtsprechung stoße an Funktionsgrenzen,

---

474 *Weiß*, EnWZ 2014, 435 (443) mit Verweis auf Art. 87 Abs. 1BayGO, § 107a Abs. 1 GO NRW, § 85 Abs. 1 GemO RP, § 121 Abs. 1a HGO.

475 *Hellermann*, EnWZ 2014, 339 (339).

476 *Hellermann*, EnWZ 2014, 339 (342) mit Verweis auf *Hellermann*, Die gemeindliche Entscheidung über die Vergabe von Strom- und Gaskonzessionsverträgen, 2013, 31.

477 *Hellermann*, EnWZ 2014, 339 (345); zum Aufgabenverteilungsprinzip BVerfG vom 23.11.1988, 2 BvR 1619/83, 2 BvR 1628/83, BVerfGE 79, 127 (150).

478 *Weiß*, NVwZ 2014, 1415 (1418).

479 *Weiß*, ebenda.

so dass nur der Gesetzgeber Abhilfe schaffen könne.[480] Zudem sei in Vergessenheit geraten, dass in der kommunalen Selbstverwaltungsgarantie gem. Art. 28 Abs. 2 S. 1 GG eine bewusste Entscheidung des Verfassungsgebers zu Gunsten von dezentralen Entscheidungsstrukturen und des grundsätzlichen Vorrangs von Bürgernähe vor reinen Effizienzüberlegungen zu sehen sei.[481]

Templin begrüßt zwar die vom BGH aufgestellten „Leitplanken" zur Konzessionsvergabe, meint aber zugleich, mit Blick auf die Rechtsprechung des EuGH, sei – insbesondere in Fällen der „Inhouse-Vergabe" – die Anerkennung einer Systementscheidung der Kommunen zur Rekommunalisierung der Energienetze bei der Vergabe der Konzession wünschenswert und sachgerecht gewesen.[482] Da Eingriffe in die kommunale Selbstverwaltungsgarantie nur aus überwiegenden Gründen des Gemeininteresses zulässig seien, hätte es seitens des BGH zumindest einer genaueren verfassungsrechtlichen Bewertung des Vorliegens solcher Gründe bedurft. Dass der BGH die den Kommunen zustehende „Kriterienfindungskompetenz" für voll gerichtlich überprüfbar erkläre, bedeutete eine weitere Einschränkung der kommunalen Handlungsfreiheit.[483]

Auch *Möllnitz* prüft auf verschiedenen Ebenen, wie sich die kommunale Selbstverwaltung auf die energie- und kartellrechtliche Prüfung hätte auswirken müssen. Eine hoheitliche Einordnung der Konzessionsvergabe, mithin eine Ausklammerung der Gemeinden aus dem kartellrechtlichen Unternehmensbegriff, lehnt sie jedoch vor dem Hintergrund ab, dass theoretisch auch Private die Energieversorgung übernehmen könnten.[484] Die vom BGH aus § 46 EnWG und § 19 GWB entwickelten Verfahrensvorgaben würden die kommunale Selbstverwaltungsgarantie nicht ungerechtfertigt beschränken, da sich diese Verfahrensvorgaben ebenso aus Art. 28 Abs. 2 GG oder vorrangigem Unionsrecht ableiten ließen.[485] Als problematisch identifiziert sie allerdings, dass die Einschränkung von Art. 28 Abs. 2 S. 1 GG Teil des kommunalen Wirtschaftsrechts sei, für das die Länder gem. Art. 70 Abs. 1 GG zuständig seien. Dies gelte jedoch nur für das „Ob" der wirtschaftlichen Betätigung, während die Konzessionsvergabe, insbesondere die Systementscheidung zur Rekommunalisierung, schwerpunktmäßig

480 *Weiß*, NVwZ 2014, 1415 (1419).
481 *Weiß*, NVwZ 2014, 1415 (1420).
482 *Templin*, NZBau 2014, 487 (488).
483 *Templin*, NZBau 2014, 487 (490).
484 *Möllnitz*, Die Vergabe von Konzessionsverträgen nach § 46 Abs. 2 EnWG im Spannungsfeld zwischen Wettbewerb und Daseinsvorsorge, 2016, 62 f.
485 *Möllnitz*, Die Vergabe von Konzessionsverträgen nach § 46 Abs. 2 EnWG im Spannungsfeld zwischen Wettbewerb und Daseinsvorsorge, 2016, 95 f.

dem „Wie“ der wirtschaftlichen Betätigung zugeordnet werden müsse, für die der Bund sehr wohl regelungszuständig sei.[486]

In dem Verfahren zu den Stadtwerken Titisee-Neustadt sehen *Podszun* und *Palzer* im Vorfeld der Entscheidung des Bundesverfassungsgerichts ganz grundsätzlich die Reichweite und Grenzen wirtschaftlicher Betätigung des Staates in der Marktwirtschaft zur Debatte gestellt.[487] Die Rekommunalisierung der Strom- und Gasnetze sei der Paradefall für den Konflikt zwischen Staat und Markt, zwischen Selbstverwaltungsrecht und Kartellrecht, deren Versöhnung noch immer nicht gelungen sei.[488] Zu Recht sei die kommunale Freiheit in der Frage der Auswahlkriterien durch die Vorgaben des EnWG insofern beschränkt, dass „kommunale“ Kriterien wie Bürgerbeteiligung, Bürgernähe, ökologische örtliche Energieversorgung, Schaffung von Arbeitsplätzen oder regionale Wertschöpfung ohne Belang seien.[489] Die kommunale Selbstverwaltungshoheit bestehe schließlich nur im Rahmen der Gesetze, also insbesondere der ordnungspolitischen Anliegen des Gesetzgebers von EnWG und GWB, und nicht als „Freibrief zu ineffizientem Wirtschaften der Gemeinden“.[490] Das Bundesverfassungsgericht, das wie der Landesgesetzgeber fälschlicherweise in seiner Entscheidung zur Eingliederung privater Rettungsdienste eine Gefahr für die Funktionsfähigkeit dieses Teils der Daseinsvorsorge durch den Wettbewerb gesehen hatte, könne das Verfahren wegen des unzulässigen Beschwerdegegenstandes aber ohnehin nicht zur Entscheidung annehmen.[491] Dem Griff der Kommunen nach wirtschaftlicher Macht müsse, wie auch im Glücksspiel- oder Gebührenrecht, wieder entschiedener entgegengehalten werden, was „Märkte leisten“.[492] In diesem Zusammenhang schließt der Schluss der Betrachtung fast alle Anwendungsfelder der vorliegenden Arbeit in eine Art Gesamtbetrachtung ein.

Anders wertet *Prantl* die Bedeutung der Rekommunalisierung der Daseinsvorsorge. Diese „neue Gründerzeit“ sei ein Indiz eines neuen Selbstverständnisses

---

486 *Möllnitz*, Die Vergabe von Konzessionsverträgen nach § 46 Abs. 2 EnWG im Spannungsfeld zwischen Wettbewerb und Daseinsvorsorge, 2016, 171.

487 *Podszun/Palzer*, NJW 2015, 1496 (1496).

488 *Podszun/Palzer*, NJW 2015, 1496 (1497).

489 *Podszun/Palzer*, NJW 2015, 1496 (1498).

490 *Podszun/Palzer*, NJW 2015, 1496 (1498).

491 *Podszun/Palzer*, NJW 2015, 1496 (1499) die ihre Kritik an einer Fehleinschätzung volkwirtschaftlicher Zusammenhänge durch das Verfassungsgericht festmachen und dazu „im Sinn des Rufs deutscher Juristen hoffen, dass kein Volkswirt dies je lesen möge.“

492 *Podszun/Palzer*, NJW 2015, 1496 (1500).

der Städte und Gemeinden, ihren Status als Selbstverwaltungskörperschaften nach „zu viel Entstaatlichkeit“ wieder ernst zu nehmen.[493] Die dadurch bewirkte Demokratisierung der Energieversorgung, d.h. der Einfluss der Bürger etwa auf die Energiewende sei ein sachlich einleuchtender Grund; § 46 Abs. 3 EnWG stifte diesbezüglich „viel Verwirrung“.[494]

4. Zwischenfazit: Kein Ausnahmebereich von den bundesrechtlichen Normen des GWB durch landesrechtliche Normen?

Eine in der Literatur herrschende Meinung zur Anwendung des Kartellrechts in landesrechtlich determinierten Bereichen lässt sich nicht identifizieren. Das mag dazu geführt haben, dass Bundeskartellamt und Zivilgerichte trotz der zahlreichen, kompetenzrechtlich durchaus brauchbaren Ansätze den rechtlichen Handlungsspielraum der landesrechtlich regulierten Akteure weiterhin scheinbar ohne jegliche kompetenzrechtliche „Berührungsängste“ einschränken.

So ringen etwa die Rundfunkanstalten auch aktuell um die Frage, ob sie weiter zur Zahlung der Einspeiseentgelte verpflichtet sind. Dabei hat jüngst der BGH zu Gunsten der Kabelnetzbetreiber und gegen die Veranstalterin des deutsch-französischen Kulturkanals ARTE entschieden, dass diese zur Zahlung des Einspeiseentgelts verpflichtet sei, da der Kündigung ihres Einspeisevertrags eine nach § 1 GWB verbotene Abstimmung unter Wettbewerbern zugrunde gelegen hätte.[495] Meldungen zufolge hatten ARD und ZDF sich bereits im Frühjahr 2018 sowie Deutschlandradio im Dezember 2019 auf einen außergerichtlichen Vergleich mit den Kabelnetzbetreibern geeinigt, was im Markt als Signal verstanden worden sei, dass „das Geschäftsmodell der Netzbetreiber Bestand hat“.[496] Ob dieses Geschäftsmodell jedoch auch dem geltenden Landesrecht entspricht, scheint dabei nicht mehr zu interessieren.

Auch den DLTB beschäftigt das Eingreifen der Kartellbehörden noch zehn Jahre nach der Entscheidung des Bundeskartellamts in dem Verfahren „Lottoblock“: In einem Schadensersatzverfahren, einer sog. kartellrechtlichen Follow-On Klage gem. § 33 GWB, hat das OLG Düsseldorf einem ehemaligen gewerblichen Spielevermittler, der vortrug, in Folge der Kooperationsweigerung

---

493 *Prantl*, EnWZ 2014, 481 (481).

494 *Prantl*, EnWZ 2014, 481 (482).

495 BGH vom 18.02.2020 – KZR 7/17, GRUR-RS 2020, 3719.

496 https://www.juve.de/nachrichten/verfahren/2020/02/kabelstreit-bgh-verurteilt-arte-zur-zahlung-an-vodafone-und-unitymedia (zuletzt abgerufen: 20.01.2021).

der Lottogesellschaften erhebliche Umsatzeinbußen verzeichnet zu haben, insgesamt 11.538.020,51 € nebst Zinsen zugesprochen.[497] Damit steht die Entscheidung massiv im Widerspruch zu einigen Entscheidungen verschiedener Oberverwaltungsgerichte, die Staatshaftungsansprüche gewerblicher Spielevermittler wegen etwaiger Verfassungs- und Unionsrechtswidrigkeit der Untersagung gewerblicher Spielevermittlung seit Geltung des GlüStV als offensichtlich ausgeschlossen abgewiesen haben.[498]

Nach Ansicht des OLG sei dem Spielevermittler aber auch nach Inkrafttreten des GlüStV 2008 ein ersatzpflichtiger Schaden entstanden. Denn auch das ebenfalls zum 01.01.2008 in Kraft getretene Provisionsverbot für gewerbliche Spielevermittler in den Ausführungsgesetzen zum GlüStV der Länder Berlin, Brandenburg, Mecklenburg-Vorpommern, Sachsen und Sachsen-Anhalt sei kartellrechtswidrig.

Zwar habe das Bundesverfassungsgericht in Bezug auf das Ausführungsgesetz zum GlüStV des Landes Berlin die Entscheidung des Landesgesetzgebers für ein Provisionsverbot bei der gewerblichen Spielevermittlung unter Suchtpräventionsgesichtspunkten für verfassungsrechtlich unbedenklich erklärt.[499] Das Provisionsverbot stelle dennoch einen Verstoß gegen Art. 10 EG i. V. m. Art 81 EG a.F. dar, weil es noch mehr als die vom Bundesgerichtshof verworfene Regionalisierung der Spieleinsätze dem Ziel diene und bewirke, einen Wettbewerb der Lottogesellschaften zu verhindern.[500] Das OLG Düsseldorf erklärt somit das (unionsrechtliche) Kartellrecht gegenüber dem (nationalen) Verfassungsrecht und nach dieser Maßgabe den Wettbewerb der Lottogesellschaften gegenüber der Entscheidung des Landesgesetzgebers für vorrangig.

Im Bereich der kommunalen Daseinsvorsorge sind allerdings zuletzt durchaus einige Instanzgerichte dem Aufruf des Bundesverfassungsgerichts, verfassungsrechtliche Wertungen und insbesondere Aspekte der bundesstaatlichen Kompetenzverteilung in ihre Bewertung der Konzessionsvergaben mit einfließen zu lassen, gefolgt.

---

497 OLG Düsseldorf vom 09.04.2014, VI-U (Kart) 10/12, NZKart 2014, 280 ff.; das Verfahren ist nach Zurückverweisung durch den BGH noch hinsichtlich eines Teils des Zinsausspruchs anhängig, vgl. BGH vom 12.07.2016, KZR 25/14, juris.

498 Zuletzt OVG Berlin-Brandenburg vom 30.06.2016, OVG 1 B 2.14, juris.

499 BVerfG-K vom 14.10.2008 – 1 BvR 928/08, BVerfG-K 14, 328 ff., Rz. 60.

500 OLG Düsseldorf vom 09.04.2014, VI-U (Kart) 10/12, NZKart 2014, 280, 285; dazu *Meinzenbach/Koch*, ZfWG 2014, 286 (287).

Das OLG Stuttgart, das als Berufungsgericht im Verfahren des einstweiligen Rechtsschutzes eines privaten Altkonzessionärs gegen die Vergabe einer Gemeinde an ein kommunales Gemeinschaftsunternehmen angerufen wurde, hat ausdrücklich versucht, der Garantie des kommunalen Selbstverwaltungsrechts und ihrer Konkretisierung in der Rechtsprechung des Bundesverfassungsgerichtes durch Festlegung eines Vorrangs der Verfahrensprinzipien der Gemeindeordnung Baden-Württemberg (Gemo BW) Rechnung zu tragen.[501] Anders als die Vorinstanz ließ das Gericht daher unbeanstandet, dass sich ein Unternehmen um die Konzession bewarb, an dem die Gemeinde mit 60 % beteiligt war. Auch sei die Gemeinde wegen des politischen Willens zur Rekommunalisierung nicht „voreingenommen", also zur Durchführung eines diskriminierungsfreien Verfahrens durchaus im Stande.[502] Ein Verstoß gegen die der Gemeinde obliegende Neutralitätspflicht im Vergabeverfahren selbst dürfe nicht am Maßstab des § 46 EnWG, sondern allein an den Normen der Gemo BW geprüft werden, da insoweit keine Derogation des Landesrechts durch das Bundesrecht stattfinde.[503] Daher könnten Gemeinderatsmitglieder gem. § 18 Abs. 1, 2 Nr. 3 GemO BW am Abstimmungsverfahren über die Konzessionsvergabe teilnehmen, solange sie dem an der Abstimmung teilnehmenden Unternehmen als Vertreter der Gemeinde angehörten.[504] Auch das OLG Karlsruhe hat jüngst betont, dass allein die Gründung eines kommunal geprägten Beteiligungsunternehmens, an dem die Gemeinde beteiligt ist, oder der politische Wille zur Rekommunalisierung für sich genommen kein Beleg für eine unsachliche und nicht den Zielen des § 1 EnWG entsprechende Vorfestlegung der Gemeinde ist.[505] Allerdings sei in Anlehnung an den Rechtsgedanken aus § 16 VgV eine strikte organisatorische und personelle Trennung zwischen der Kommune als verfahrensleitende Stelle und Bieter notwendig.[506] Das OLG Stuttgart hatte demgegenüber betont, dass das Vergaberecht auf das Verfahren der Wegekonzessionierung gerade nicht anwendbar sei.[507]

---

501 OLG Stuttgart vom 05.01.2017, 2 U 66/16, NZBau 2017, 435, (436 und 440) ausdrücklich mit Verweis auf den Nichtannahmebeschluss des BVerfG in der Sache Stadtwerke Titisee-Neustadt.

502 OLG Stuttgart vom 05.01.2017, 2 U 66/16, NZBau 2017, 435 (437).

503 OLG Stuttgart vom 05.01.2017, 2 U 66/16, NZBau 2017, 435 (440).

504 OLG Stuttgart vom 05.01.2017, 2 U 66/16, NZBau 2017, 435 (441).

505 OLG Karlsruhe vom 03.04.2017, 6 U 151/16 Kart, Gemeindehaushalt 2017, 139, 1. Leitsatz sowie auf juris, Rn. 88 ff.

506 OLG Karlsruhe vom 03.04.2017, 6 U 151/16 Kart, juris, Rn. 94.

507 OLG Stuttgart vom 05.01.2017, 2 U 66/16, NZBau 2017, 435 (440).

Insgesamt hat auch der Beschluss des Bundesverfassungsgerichts in der Rechtssache Titisee-Neustadt nicht verhindern können, dass zumindest einige Gerichte eine zumindest stark vergaberechtlich geprägte Konzessionsvergabe fordern.[508]

Den derzeitigen Status der landesrechtlich determinierten Akteure in Folge der dargestellten Verfahren fasst daher am treffendsten ein redaktioneller Leitsatz zur Entscheidung des Bundeskartellamts zur Lotto Rheinland-Pfalz GmbH zusammen:

> *Durch landesrechtliche Normen kann ein Ausnahmebereich von den bundesrechtlichen Normen des GWB nicht begründet werden.*[509]

a. Die Funktionstauglichkeit der kartellrechtsimmanenten Grenze

Dieses bereits bei oberflächlicher Betrachtung wenig zufriedenstellende Ergebnis ist auch darauf zurückzuführen, dass kompetenzrechtliche Gesichtspunkte im Rahmen der Prüfung des Anwendungsbereichs des Kartellrechts nahezu vollständig ausgeblendet wurden.

Ansatzpunkt ist meist § 185 GWB. Der Anwendungsbereich der meisten Vorschriften des GWB beschränkt sich hiernach auf „Unternehmen".[510] Dieser für das Kartellrecht maßgebliche, sog. Funktionale Unternehmensbegriff erfasst jedwede Tätigkeit im geschäftlichen Verkehr, die auf den Austausch von Waren oder gewerblichen Leistungen gerichtet ist.[511] Der Begriff markiert damit den personellen Anwendungsbereich des Wettbewerbsrechts.[512] Unternehmen der öffentlichen Hand stellen insoweit einen Sonderfall dar. Bereits der historische Gesetzgeber des GWB warnte davor, wegen der damals noch zahlreichen, gesetzlich fixierten Ausnahmebereiche für staatswirtschaftliche Betätigungsfelder auf

508 OLG Karlsruhe vom 03.04.2017, 6 U 151/16 Kart, juris, Rn. 94 mit ausdrücklichem Verweis auf den Beschluss des Bundeskartellamtes in der Sache Titisee-Neustadt.

509 Leitsatz der *WuW Redaktion* zu BKartA vom 29.11.2007, B 6 – 158/07, WuW/E DE-V 1571.

510 *Emmerich* in: Immenga/Mestmäcker, GWB, 5. Aufl. 2014, § 130 Rn. 17.

511 BGH vom 06.11.2013, KZR 58/11, NVwZ-RR 2014, 515, Rn. 43; *Meessen/Kersting* in: Loewenheim/Meessen/Riesenkampff/Kersting/Meyer-Lindemann, Kartellrecht, 3. Auflage 2016, Einführung in das europäische und deutsche Kartellrecht, Rn. 17; *Wolf*, BB 2011, 648 (648); *Roth*, FS Bechtold, 2006, 393 (394); *Ehlers*, Empfiehlt es sich, das Recht der öffentlichen Unternehmen im Spannungsfeld von öffentlichem Auftrag und Wettbewerb national und gemeinschaftsrechtlich neu zu regeln, 2002, 26.

512 *Wolf*, BB 2011, 648 (649).

eine allgemeine Ausnahme für jede wirtschaftliche Tätigkeit des Staates vom Kartellrecht zu schließen.[513] Konsequenterweise stellt nun § 185 Abs. 1 S. 1 GWB (nahezu wortgleich wie zuvor § 130 GWB a.F., davor § 98 GWB a.F.) klar, dass auch die Tätigkeit von Unternehmen unter den Anwendungsbereich des Kartellrechts fallen, die ganz oder teilweise im Eigentum der öffentlichen Hand stehen oder die von ihr betrieben oder verwaltet werden: Eine Sonderstellung der öffentlichen Hand wird also gerade nicht anerkannt.[514]

Hinsichtlich der Betätigung der öffentlichen Hand im Wettbewerb muss allerdings dennoch unterschieden werden.

aa. Grundsatz: wirtschaftliche Betätigung

Vom Kartellrecht erfasst sind nur Tätigkeiten des Staates, bei denen er sich, gleich in welcher rechtlichen Form, durch das Angebot von Leistungen oder durch die Nachfrage nach solchen *wirtschaftlich* betätigt.[515] Bei einer solchen wirtschaftlichen Tätigkeit einer öffentlich-rechtlichen Unternehmensform gibt es in der derzeitigen Auslegung durch Rechtsprechung und Literatur keine „Kartellrechtsimmunität".[516] Der Einfluss kartellrechtlicher Normen stellt die öffentliche Hand damit vor die Wahl, entweder ohne die ihr „eingestifteten" Strukturvorteile am Wettbewerb teilzunehmen oder ihre unternehmerische Tätigkeit in den Dienst öffentlicher Aufgabenerfüllung zu stellen.[517]

---

513 RegBegr, BT-Drs. 2/1158, 23; *Schwensfeier/Knauff* in: Loewenheim/Meesen/Riesenkampff/Kersting/Meyer-Lindemann, Kartellrecht, 3. Aufl. 2016, § 130 Rn. 25.

514 *Kluckert*, NZS 2012, 808 (808); zu der weitgehend deklaratorischen Natur der Vorschrift bis zur 7. GWB-Novelle *Schwensfeier/Knauff* in: Loewenheim/Meesen/Riesenkampff/Kersting/Meyer-Lindemann, Kartellrecht, 3. Aufl. 2016, § 130 Rn. 2 f., 21; für das europäische Recht ergibt sich dasselbe aus Art. 106 AEUV *Meessen/Kersting* in: Loewenheim/Meessen/Riesenkampff/Kersting/Meyer-Lindemann, Kartellrecht, 3. Auflage 2016, Einführung in das europäische und deutsche Kartellrecht, Rn. 18.

515 Ständige Rechtsprechung, vgl. BGH vom 26.10.1961, NJW 1962, 196 – Gummistrümpfe; vom 16.12.1976, WM 1977, 924 – Architektenkammer; vom 14.03.1990, KVR 4/88, NJW 1990, 2815; vom 18.11.2011, NJW 2012, 1150 – Niederbarnimer Wasserverband, Rn. 10; vom 06.11.2013, NVwZ-RR 2014, 515, Rn. 43; *Roth*, FS Bechtold, 2006, 393 (395); *Emmerich* in: Immenga/Mestmäcker, GWB, 5. Aufl. 2014, § 130 Rn. 18, der die Gesellschaften des DLTB mit Verweis auf oben benannte Rechtsprechung als „bizzares Beispiel" nennt.

516 *Säcker*, NJW 2012, 1105 (1105); *Wolf*, BB 2011, 648 (649).

517 *Huber*, FS Badura, 2004, 897 (929).

bb. Ausnahme: schlicht hoheitliches Handeln

Als Gegenpart zur wirtschaftlichen Tätigkeit werden nämlich genuin *hoheitliche* Tätigkeiten vom Unternehmensbegriff nicht erfasst.[518] Der Grund dafür ist, dass bei hoheitlichen Tätigkeiten aufgrund der alleinigen Kompetenz der öffentlichen Hand private Anbieter keine Möglichkeit zum Markteintritt erhalten und es daher auch zu keinem bzw. nur zu einem sehr geringen Wettbewerb kommt.[519] Die Entscheidung zur hoheitlichen Aufgabenwahrnehmung ist daher meist eine Entscheidung zur Ausschaltung des Wettbewerbs in diesem Bereich[520]: Kein Wettbewerb, kein Kartellrecht.

Die Grenzen zwischen wirtschaftlicher und hoheitlicher Tätigkeit verlaufen allerdings häufig fließend.[521] Die Abgrenzung wird im nationalen Kartellrecht durch die Organisation der Leistungsbeziehung vorgenommen, während im europäischen Kartellrecht, in dem mit Art. 106 AEUV eine weitere konfliktträchtige Schnittstelle kodifiziert ist, stärker auf Indizien für die eine oder andere Einordnung rekurriert wird.[522] Zudem wird im europäischen Recht nach der sog. FENIN-Rechtsprechung des EuGH[523] die Nachfragetätigkeit des Staates nahezu komplett aus dem Unternehmensbegriff ausgeklammert, da hier nur solche Beschaffungsvorgänge als unternehmerisch gelten, bei denen die nachgefragten

518 BGH vom 26.10.1961, KZR 1/61, NJW 1962, 196 – Gummistrümpfe; in der Folge ebenso BGH vom 25.06.1964, NJW 1964, 2208 – EU-MED; WuW/E DR-R 2144, 2145 – Rettungsleitstelle; vom 18.11.2011, NJW 2012, 1150 – Niederbarnimer Wasserverband, Rn. 10; *Schwensfeier/Knauff* in: Loewenheim/Meesen/Riesenkampff/Kersting/Meyer-Lindemann, Kartellrecht, 3. Aufl. 2016, § 130 Rn. 3; *Wolf*, BB 2011, 648 (649); *Schultz*, NZS 1998, 269 (269); *Ehlers*, Empfiehlt es sich, das Recht der öffentlichen Unternehmen im Spannungsfeld von öffentlichem Auftrag und Wettbewerb national und gemeinschaftsrechtlich neu zu regeln, 2002, 28 f.

519 *Möllnitz*, Die Vergabe von Konzessionsverträgen nach § 46 Abs. 2 EnWG im Spannungsfeld zwischen Wettbewerb und Daseinsvorsorge, 2016, 60.

520 *Breder*, Die Kartellrechtliche Preishöhenmissbrauchskontrolle im Bereich der Trinkwasserversorgung, 2016, 143.

521 *Kling*, Staatliches Handeln, Daseinsvorsorge und Kartellrecht, 2014, 3.

522 *Kling/Dally*, ZWeR 2014, 3 (18); *Schwensfeier/Knauff* in: Loewenheim/Meesen/Riesenkampff/Kersting/Meyer-Lindemann, Kartellrecht, 3. Aufl. 2016, § 130 Rn. 45 f.: Indiz für eine wirtschaftliche Tätigkeit sei etwa, dass die betreffende Aufgabe privaten Unternehmen übertragen werden könnte bzw. wird oder dass das Kostendeckungsprinzip angewendet wird, für eine hoheitliche Tätigkeit etwa ein gesetzlich vorgesehenes Entgelt angesetzt.

523 EuGH vom 11.07.2006, C-205/03 P, Slg. 2006, I-6295, Rn. 26 – FENIN.

Produkte anschließend wiederum wirtschaftlich verwendet werden.[524] Diese Rechtsprechung wird wegen einer dadurch evidenten Verwerfung des „level-playing-fields" stark kritisiert und ihre Übertragung auf den deutschen Unternehmensbegriff überwiegend abgelehnt.[525]

Hat aber eine Körperschaft ihre Leistungsbeziehung zu den Abnehmern öffentlich-rechtlich organisiert, etwa durch eine öffentlich-rechtliche Satzung geregelt, dann ist sie auch nach der kartellrechtlichen Rechtsprechung grundsätzlich dem Anwendungsbereich des GWB entzogen.[526] Möglich ist allerdings auch eine Doppelqualifikation, etwa wenn eine öffentlich-rechtliche Körperschaft, die die Leistungsbeziehung zu ihren Abnehmern öffentlich-rechtlich organisiert hat, daneben im Wettbewerb zu anderen Unternehmen steht.[527] Im Verhältnis zu den Wettbewerbern sollen dann UWG und GWB gelten.[528]

Da für Manchen in der Markierung des personellen Anwendungsbereichs des Wettbewerbsrechts die Effektivität der rechtlichen Umsetzung wettbewerblicher Grundprinzipien der Wirtschaftsordnung „auf dem Spiel steht",[529] kommt der

524 *Roth*, FS Bechtold, 2006, 393, 399 f.; *Schwensfeier/Knauff* in: Loewenheim/Meesen/Riesenkampff/Kersting/Meyer-Lindemann, Kartellrecht, 3. Aufl. 2016, § 130 Rn. 53 ff.

525 *Schwensfeier/Knauff* in: Loewenheim/Meesen/Riesenkampff/Kersting/Meyer-Lindemann, Kartellrecht, 3. Aufl. 2016, § 130 Rn. 59.

526 BGH vom 26.10.1961, KZR 1/61, NJW 1962, 196 – Gummistrümpfe; in der Folge ebenso BGH vom 25.06.1964, NJW 1964, 2208 – EU-MED; WuW/E DR-R 2144, 2145 – Rettungsleitstelle; vom 18.11.2011, NJW 2012, 1150 – Niederbarnimer Wasserverband, Rn. 10; *Möllnitz*, Die Vergabe von Konzessionsverträgen nach § 46 Abs. 2 EnWG im Spannungsfeld zwischen Wettbewerb und Daseinsvorsorge, 2016, 60; a.A. *Breder*, Die Kartellrechtliche Preishöhenmissbrauchskontrolle im Bereich der Trinkwasserversorgung, 2016, 145; *Wolf*, BB 2011, 648 (650), der gegen eine Immunisierung der öffentlichen Verwaltung durch die Wahl der Rechtsform ist.

527 BGH vom 14.03.1990, KVR 4/88, WuW/E BGH 2627 – Sportübertragungen; *Schultz*, NZS 1998, 269 (270); *Schwensfeier/Knauff* in: Loewenheim/Meesen/Riesenkampff/Kersting/Meyer-Lindemann, Kartellrecht, 3. Aufl. 2016, § 130 Rn. 45; *Mestmäcker*, NJW 1969, 1 (2. f.).

528 *Breder*, Die Kartellrechtliche Preishöhenmissbrauchskontrolle im Bereich der Trinkwasserversorgung, 2016, 144 f.; *Wolf*, BB 2011, 648 (651); kritisch *Brohm*, NJW 1994, 281 (282 f.); *Mestmäcker*, NJW 1969, 1 (3), nach dem ein solches Wettbewerbsverhältnis ausscheidet, wenn eine öffentlich-rechtliche Pflicht zur Inanspruchnahme begründet wurde, z.B. durch einen Anschluss- oder Benutzungszwang.

529 *Wolf*, BB 2011, 648 (649).

Abgrenzung hoheitlicher von wirtschaftlicher Betätigung scheinbar entscheidende Bedeutung zu.

cc. *Bewertung anhand der Anwendungsfälle*

Daher kann es nicht verwundern, dass die (kompetenzrechtliche) Anwendbarkeit des Kartellrechts in den dargestellten Anwendungsfällen meist an die Subsumption dieses Tatbestandsmerkmals geknüpft wurde.

(1) Rundfunkbereich

Flechsig betont etwa, die Rundfunkanstalten könnten nicht als Unternehmer, die eine gewerbliche oder berufliche Tätigkeit ausüben, angesprochen werden, da sie vielmehr in Wirklichkeit öffentlich-rechtliche Aufgaben, die die Länder wegen des Gebots der Staatsferne nicht selbst wahrnehmen könnten, erfüllten.[530]

Klaue hält eine Restriktion des Kartellrechts im Verhältnis zum verfassungsrechtlich begründeten Status und der öffentlichen Aufgabe der Rundfunkanstalten für möglich und zulässig.[531] Auch *Hofmann-Riem* meint mit Blick auf das europäische Recht, die Tätigkeit der Rundfunkanstalten sei als im Allgemeininteresse liegende und folglich gerechtfertigte Beschränkung der Dienstleistungsfreiheit zu verstehen.[532] *Schneider* ist der Auffassung, die Rundfunkanstalten seien nur insoweit Unternehmen i.S.d. Wettbewerbsrechts, als sie sich jenseits ihrer Programmaufträge wirtschaftlich betätigen.[533] *Wittig-Terhardt* zufolge müsste dann aber die Beschaffung der Programme als Kernbereich rundfunkrechtlicher, hoheitlicher Betätigung vom Unternehmensbegriff ausgeklammert werden.[534] Für eine noch weitergehende Einschränkung des Unternehmensbegriffs plädiert *Lange*, der das Verhältnis der Rundfunkanstalten im Leistungsaustausch in den Blick nimmt: Soweit diese nicht mehr Gleiche unter Gleichen seien, könne auch das GWB keine Anwendung finden.[535]

Emmerich meint hingegen, mit solchen Thesen sei eine wissenschaftliche Auseinandersetzung deswegen nicht mehr möglich, da sie hinter dem Stand

---

530 *Flechsig*, CR 1999, 327 (330) mit Verweis auf BVerfG vom 27.07.1971, 2 BvF 1/68, BVerfGE 31, 314 (329).

531 *Klaue* in: Hoffmann-Riem, Rundfunk im Wettbewerb, 1988, 84, 89.

532 *Hoffmann-Riem*, Europäisierung des Rundfunks, 201 f.

533 *Schneider*, Rundfunkveranstalter als öffentliche Unternehmen, 180 ff.

534 *Wittig-Terhardt*, AfP 1986, 298 (304 f.).

535 *Lange*, Werbeverpflichtungen öffentlich-rechtlicher zu Gunsten privater Rundfunkveranstalter, 187 ff.

des deutschen und europäischen Kartellrechtsrechts zurückblieben und jedenfalls für die Rundfunkanstalten aufgrund ihrer Staatsferne nicht haltbar seien.[536] Allenfalls bei der Programmkoordinierung und der Grundversorgung seien kleine Randkorrekturen des GWB denkbar, solche Fälle freilich aber nicht vorstellbar.[537]

Bezogen auf den Anwendungsfall der Einspeiseentgelte konstatieren *Fink* und *Kerber*, dass der Anwendung auch der unionsrechtlichen Wettbewerbsvorschriften auf die Rundfunkanstalten Art. 106 Abs. 2 AEUV nicht entgegenstehe: Zwar seien die Rundfunkanstalten mit Dienstleistungen im allgemeinen wirtschaftlichen Interesse betraut, die Norm sei als Ausnahmevorschrift allerdings eng zu interpretieren.[538] Zudem entspricht es der ständigen Rechtsprechung der deutschen und europäischen Gerichte, die kartellrechtlichen Normen auf die öffentlich-rechtlichen Rundfunkanstalten anzuwenden. Eine wirtschaftliche Tätigkeit wird dabei meist wegen Anlegung eines weiten, funktionalen Verständnisses dieses Begriffes angenommen.[539] Dem folgt auch der überwiegende Teil der Literatur: Die Rundfunkanstalten seien grundsätzlich, selbst im Rahmen ihrer Programmtätigkeit, als „Unternehmen" i.S.d. Kartellrechts einzustufen, wenn sie ihre Geschäfte privatrechtlich abwickeln.[540] Für die privaten Rundfunkanbieter wird die Anwendbarkeit des GWB schon aufgrund ihrer erwerbswirtschaftlichen Ausrichtung nicht ernsthaft in Frage gestellt.[541]

(2) Glücksspielbereich

Hier hat einzig das OLG Düsseldorf in seiner Entscheidung zur Lotto Rheinland-Pfalz GmbH ein wenig Farbe bekannt: Es erkannte keine Anhaltspunkte für eine

---

536 *Emmerich*, AfP 1989, 433 (436).

537 *Emmerich*, AfP 1989, 433 (437).

538 *Fink/Kerber*, MMR-Beilage 2013/2, 1 (21 f.) und (26).

539 *Kreile/Heinrich*, ZUM 2016, 110 (122) mit Verweis auf BGH vom 16.06.2015, KZR 83/13, MMR 2015, 762 (766) – Einspeiseentgelt.

540 *Emmerich* in: Immenga/Mestmäcker, GWB, 5. Aufl. 2014, § 130 Rn. 18 und 44 ff.; *Kreile/Heinrich*, ZUM 2016, 110 (123); *Brockhoff*, Reichweite und Grenzen der Fusionskontrolle im Rundfunkbereich, 2016, 136 ff.; *Jarass*, Kartellrecht und Landesrundfunkrecht, 1991, 32; *Deringer*, NJW 1990, 2821 (2821); *Ulmer*, Der Programmauftrag der Rundfunkanstalten, 1983, 24; *Spieler*, Fusionskontrolle im Medienbereich, 1988, 158; *Roth*, AfP 1986, 287 (288), der aber zumindest die Sendung von Programmen ausklammern will; a.A. *Mestmäcker*, NJW 1969, 1 (4).

541 Vgl. etwa *Brockhoff*, Reichweite und Grenzen der Fusionskontrolle im Rundfunkbereich, 2016, 136.

fiskalische Tätigkeit des Landes Rheinland-Pfalz, dieses handele bei der Übernahme der Anteile an besagter Lottogesellschaft rein hoheitlich.[542] Daher verneinte es die Anwendbarkeit des Kartellrechts auf diese Konstellation.

In den zwei vorangegangenen Verfahren im Glücksspielbereich ersparten sich Bundeskartellamt und die Gerichte eine Lösung dieses Spannungsfelds: Die Frage, ob die Länder als Glücksspielmonopolisten eine öffentliche Aufgabe wahrnehmen würden, könne offenbleiben, da jedenfalls die Lottogesellschaften selbst, die Adressaten der Untersagungsverfügungen waren, mit keinen hoheitliche Befugnissen ausgestattet seien und damit nur wirtschaftlich und nicht hoheitlich handeln könnten.[543] Dies bestätigte auch das OLG Düsseldorf in der Entscheidung zur Übernahme der Lotto Rheinland-Pfalz.[544] Auch der Blockvertrag und der Regionalisierungsstaatsvertrag hätten nach Ansicht des Bundeskartellamts und des BGH keine ordnungsrechtliche, sondern eine rein wirtschaftliche Zielsetzung.[545]

Dietlein meint demgegenüber, die Tätigkeit der Lottogesellschaften ist nicht privatwirtschaftlich, da eine fiskalische Ausrichtung nicht gestattet ist, nicht privatautonom, da integraler Bestandteil der Staatsverwaltung und damit genuine Verwaltungstätigkeit.[546] Die Leistungsbeziehung der Lottogesellschaften sei zwar nicht durch eine öffentlich-rechtliche Satzung konkretisiert, aber durch die Staatsverträge zum Glücksspiel komplett öffentlich-rechtlich determiniert. Privatrechtlich organisierte Lottogesellschaften seien Verwaltungshelfer, die durch Gesetze oder Verwaltungsakt aufgrund eines Gesetzes in den einzelnen Bundesländern zugelassen sind.[547] Gerade im europäischen Kartellrecht werde ein unternehmerisches Verhalten nicht angenommen, wenn der Handlungsspielraum vollständig normativ determiniert ist und keine Selbstständigkeit mehr existiert.[548]

---

542 OLG Düsseldorf vom 17.09.2008, Kart 19/07, NJOZ 2008, 4979 (4985).

543 Vgl. oben BGH vom 19.03.1999, KVR 20/97, GRUR 1999, 771, (771 ff.) – Lottospielgemeinschaft.

544 OLG Düsseldorf vom 17.09.2008, Kart 19/07, NJOZ 2008, 4979 (4989).

545 BKartA vom 23.08.2006, B 10 – 148/05, WuW/E DE-V 1251, (1251 ff.) – Deutscher Lotto- und Totoblock, Rn. 718; BGH vom 14.08.2008, KVR 54/07, ZfWG 2008, 359 (359 ff.) – Lottoblock, 84 ff., 124 ff.

546 Vgl. oben *Dieltein*, ZfWG 2006, 197 (199).

547 *Ohlmann*, WRP 2001, 672 (674).

548 Sog. State-action-defense, vgl. *Schwensfeier/Knauff* in: Loewenheim/Meesen/Riesenkampff/Kersting/Meyer-Lindemann, Kartellrecht, 3. Aufl. 2016, § 130 Rn. 41.

Danach kann man zwar die Tätigkeit wegen der ganz überwiegenden rechtlichen Festlegung durch Lotteriestaatsverträge und GlüStV zur Zeit der vorliegenden Verfahren durchaus als hoheitlich einordnen. Insoweit bleibt aber problematisch, dass europäisches und nationales Kartellrecht insoweit unterschiedliche Maßstäbe anlegen, und § 185 GWB auch nach den neuesten GWB-Novellen weiter den Kristallisationspunkt dieser unterschiedlichen Ansichten darstellt.[549] Die Einordnung der Tätigkeit der Lottogesellschaften als hoheitlich wird jedoch dadurch erschwert, dass in diesem Zusammenhang auch die grundsätzliche Qualifikation des Glücksspielmonopols mit im Raum steht: Die Frage, ob die Tätigkeit der deutschen Glücksspielmonopolisten als fiskalisch einzustufen oder der öffentlich-rechtlichen Aufgabe der Gefahrenabwehr zuzuordnen ist, stellt die Grundsatzfrage in der Debatte dar.[550]

(3) Kommunalrecht

Auch insoweit müsste vertreten werden, dass die Konzessionsvergabe in allen Verfahren hoheitlich, weil untrennbar mit der ebenfalls hoheitlichen Wahrnehmung der Daseinsvorsorge verbunden war. Dem wird zum Teil entgegengehalten, die Konzessionsverträge seien trotz der vorgelagerten Entscheidung des Gemeinderats formal betrachtet zivilrechtlicher Natur.[551] In beiden Verfahrenskomplexen haben Bundeskartellamt und BGH die Gemeinden beim Abschluss von Konzessionsverträgen bereits deshalb als Normadressaten des kartellrechtlichen Diskriminierungsverbots, nämlich als marktbeherrschende Unternehmen i.S.d. deutschen Kartellrechts, eingeordnet, weil sie mit der Einräumung von Rechten zur Nutzung der öffentlichen Verkehrswege gegen Entgelt als Anbieter und daher unternehmerisch auftreten würden.[552] Auch die Literatur stimmt dem im Grundsatz zu, da die Konzessionsvergabe durch die Kommunen

549 *Schwensfeier/Knauff* in: Loewenheim/Meesen/Riesenkampff/Kersting/Meyer-Lindemann, Kartellrecht, 3. Aufl. 2016, § 130 Rn. 40.

550 Vgl. etwa: *Unterreitmeier*, NJW 2013, 127 ff.; *Papier/Krönke*, Sportwetten und Verfassungsrecht, 2012; *Fried*, MMR 2013, 483 ff.; *Marberth-Kubicki/Hambach/Berberich*, K&R 2012, 27 ff.; *König*, K&R 2013; 17 ff.; *Glöckner*, GRUR 2013, 568 ff.; *Schramm*, GewArch 2013, 244 ff.; *Brock*, CR 2011, 517 ff.; *Langer*, CR 2013, 237 ff.; grundlegend *Scholz/Weidemann*, GewArch Beil. 2007, 105 ff.

551 *Möllnitz*, Die Vergabe von Konzessionsverträgen nach § 46 Abs. 2 EnWG im Spannungsfeld zwischen Wettbewerb und Daseinsvorsorge, 2016, 55.

552 BGH vom 15.04.1986, KVR 6/85, NJW-RR 1986, 880 – Wegenutzungsrecht; ebenso BGH NJW 1997, 2200 – Erdgasdurchgangsleitung; BKartA vom 08.01.2009, B 3 – 174/08, BeckRS 2016, 14187, Rn. 68 und 71.

wirtschaftliche Betätigung sei, wie schon deren Einordnung im kommunalen Wirtschaftsrecht, etwa § 107a GO NRW oder § 106 GO LSA zeige.[553] Die Wegerechtsvergabe sei am ehesten mit der Vermietung bzw. Verpachtung kommunalen Eigentums vergleichbar, auf die ebenfalls das GWB Anwendung finde.[554] Auch die Tatsache, dass zumindest kommunale Eigenbetriebe als Tochtergesellschaften keine autonomen Entscheidungen treffen könnten, kann nach Lesart der überwiegenden Meinung die Anwendung des Kartellrechts auf mit ihnen geschlossene Konzessionsverträge nicht sperren.[555]

Das ließe sich widerlegen, wenn im Gegensatz zu den Verpachtungsfällen die Konzessionsvergabe und die dazu getroffene hoheitliche Auswahlentscheidung untrennbar miteinander verknüpft wären und die Wegerechtsvergabe als gemeindliche Selbstverwaltungsangelegenheit eine andere rechtliche Qualität aufweise.[556] Angesichts des Spektrums der Gegenargumente kann diese Ansicht jedoch nicht voll überzeugen.

dd. Zwischenergebnis

Die Differenzierung zwischen öffentlich-rechtlichem Leistungs- und privatrechtlichem Wettbewerbsverhältnis führt zu einer überwiegenden Gleichstellung öffentlicher und privater Unternehmen bei der Subsumtion unter den kartellrechtlichen Unternehmensbegriff. So wird im Rundfunkbereich deutlich, dass sich infolge dieser weitgehenden Gleichstellung sowohl die Beschaffungstätigkeit der Rundfunkanstalten, als auch die Wirtschaftswerbung und sogar Bereiche der Programmgestaltung unter den Unternehmensbegriff subsumieren lassen.[557] Im Glücksspielrecht müsste der Status des Glücksspielmonopols als solchem untersucht werden. Und hinsichtlich der dargestellten Rekommunalisierungssachverhalte scheint die Rechtsprechung des BGH hinsichtlich der Anwendbarkeit des Kartellrechts auf die Konzessionsvergabeverfahren eindeutig.

---

553 *Weiß*, EnWZ 2014, 435 (436); *Koppe*, (Re-)Kommunalisierung des Strom- und Gasversorgungsnetzbetriebes, 2017, 58 f. m.w.N.

554 Etwa *Säcker/Mohr/Wolf*, Konzessionsverträge, 57 ff.

555 *Sauer*, Das Recht der Vergabe von Strom- und Gas-Konzessionsverträgen im EnWG, 2012, 299.

556 *Möllnitz*, Die Vergabe von Konzessionsverträgen nach § 46 Abs. 2 EnWG im Spannungsfeld zwischen Wettbewerb und Daseinsvorsorge, 2016, 55, die aber wegen der theoretischen Möglichkeit, dass private Dritte ein Energienetz aufbauen und konzessionieren könnten, eine hoheitliche Tätigkeit ausschließt.

557 *Rahn*, Programmauftrag und Kartellrecht, 1991, 92; *Mestmäcker*, NJW 1969, 1 (3 ff.).

Somit kann im Rahmen der Prüfung der kartellrechtsimmanenten Grenze nur mit großem Begründungsaufwand eine „Kartellrechtsimmunität" bei landesrechtlich determinierten Sachverhalten begründet werden. Als echtes Abgrenzungskriterium, auch um dem verfassungsrechtlichen Status der landesrechtlich determinierten Akteure Rechnung zu tragen, taugt der Unternehmensbegriff in dieser Auslegung nicht.[558] In jedem Fall scheint der Unternehmensbegriff als „Einbruchstelle" für eine Verfassungskonform restriktive Interpretation des GWB wenig zielführend.[559]

b. Die kompetenzrechtlichen Grenzen des Kartellrechts

Die im Rahmen der Auslegung des Unternehmensbegriffs maßgebliche Abgrenzung wirtschaftlicher von hoheitlicher Tätigkeit kann aber dahinstehen, wenn die Gesetzgebungs- und Verwaltungskompetenzen der Länder den Anwendungsbereich des Kartellrechts entscheidend begrenzen und damit eine „Kartellrechtsimmunität"[560] – selbst bei Einordnung der betrachteten Tätigkeiten als fiskalisch – begründen. Das GWB darf dann aus verfassungsrechtlichen Gründen keine Anwendung finden, so dass es auf eine Auslegung dort normierter Begriffe bereits nicht ankommt.

aa. Prüfungsgegenstand

Es ist somit – wie vom Bundesverfassungsgericht in oben dargelegter Entscheidung[561] ausdrücklich angemahnt – zu untersuchen, ob in den dargestellten Anwendungsfällen auch der grundgesetzlichen Kompetenzverteilung Rechnung getragen wurde und die Anwendung des Kartellrechts nicht die Kompetenzen der Länder verletzt hat. Prüfungsgegenstand der vorliegenden Arbeit sind folglich die kompetenzrechtlichen Grenzen der Anwendung des Kartellrechts.

Kompetenz ist eine Grundkategorie des Rechts der Organisation.[562] Sie bezeichnet eine Parzelle innerhalb ihres Tätigkeitsfeldes, die einem bestimmten Subjekt zur verantwortlichen Wahrnehmung zugeteilt ist.[563] Sie ist zwar grundsätzlich eine formale Kategorie, entfaltet aber durch die ihr innewohnende

558 *Rahn*, Programmauftrag und Kartellrecht, 1991, 92.

559 Vgl. *Rahn*, Programmauftrag und Kartellrecht, 1991, 113 und 129; *Jarass*, Kartellrecht und Landesrundfunkrecht, 1991, 52.

560 Vgl. oben *Säcker* NJW 2012, 1105 (1105).

561 Oben A.III.3.c.

562 *Rengeling*, FS Kirchof, 2013, § 8 Kompetenzen, Rn. 1.

563 *Isensee*, HStR VI, 3. Auflage 2008, § 133 Rn. 1.

Begrenzung von Handlungsmacht und Begrenzung von Verantwortung auch ethische Wirkung.[564]

Staatsrechtlich betrachtet ermöglicht erst diese Zuteilungsfunktion den funktionstüchtigen Bundesstaat: Die Fülle der Staatsgewalt wird erfasst, analysiert und sowohl hinsichtlich der Aufgabe des Handelns als auch des Mittels zum Handeln unter den Akteuren, Bund, Ländern und Kommunen aufgeteilt.[565] Sinn der Aufteilung in Kompetenzen ist es nicht, die Einheit der Staatsgewalt zu sprengen, sondern sie auszudifferenzieren, zu verfeinern und in ihrer Leistungsfähigkeit zu steigern und dabei gleichzeitig die politische Machtlage in den Aggregatzustand des Rechts zu überführen.[566]

Extrem ausdifferenziert und doch kaum wahrnehmbar, wie ein Skelett,[567] gewährleistet die Kompetenz damit Rationalität, Effektivität, Rechtstauglichkeit und Judiziabilität der Staatsorganisation. Mit *Isensee* lässt sich der Begriff „Kompetenz" für das vorliegende, staatsrechtliche Problem jedoch perfekt verknappen: Es geht um den rechtlich zugemessenen Anteil des Bundes oder der Länder am Handlungspotential des Gesamtstaates.[568]

bb. Prüfungsverlauf

Die kompetenzrechtliche Untersuchung der Anwendungsfälle soll dabei in drei Schritten vollzogen werden.

(1) Kompetenzabgrenzung

Nach einer einleitenden Darstellung der grundgesetzlichen Kompetenzverteilung müssen zunächst die konkreten kompetenzrechtlichen Rahmen in den betroffenen Bereichen und ihre Interdependenzen untersucht werden. Insoweit haben sich aus den dargestellten Anwendungsfällen und deren Kommentierungen bereits einige kompetenzrechtliche Thesen herauskristallisiert, die für einen Vorrang des bundesrechtlichen Kartellrechts vor den landesrechtlichen Regulierungsmaterien angeführt werden und deren Stichhaltigkeit es daher ebenfalls zu untersuchen gilt:

---

564 *Isensee*, HStR VI, 3. Auflage 2008, § 133 ebenda.

565 *Isensee*, HStR VI, 3. Auflage 2008, § 133 Rn. 2.

566 *Isensee*, HStR VI, 3. Auflage 2008, § 133 Rn. 3 f.

567 *Fehling*, Mechanismen der Kompetenzabgrenzung in föderativen Systemen im Vergleich, in: Josef Aulehner u. a., Föderalismus – Auflösung oder Zukunft der Staatlichkeit?, 1997, 31 (45).

568 *Isensee*, HStR VI, 3. Auflage 2008, § 133 Rn. 19.

Landesrechtliche Normen, die „unterhalb des Bundesrechts stünden", Art. 31 GG, könnten keinen Ausnahmebereich von den Vorschriften des GWB begründen.[569]

Etwaige Kompetenzkonflikte dürften nicht auf der Ebene der Kompetenzqualifikation durch ein striktes Verbot von Doppelkompetenzen zu Gunsten der Länder, sondern auf der Ebene der Kompetenzausübung durch einen Ausgleich der hinter den Kompetenzen stehenden Rechtsgüter gelöst werden.[570] Der Bund könne danach trotz eigentlicher Kompetenz der Länder Bereiche regeln, wenn diese von dieser Kompetenz (in Teilbereichen) keinen Gebrauch gemacht hätten und es daher bei strikter Beachtung des Verbots von Doppelkompetenzen in vielen Fällen zu einem Regelungsausfall käme.[571]

Kartellrechtliche Verfügungen, die sich ihrem Wesen nach auf die Verhütung wirtschaftlicher Machtstellung richten und sich nur „als Nebenfolge" auf die Rundfunkordnung auswirkten, seien kompetenzrechtlich zulässig.[572]

Das Bundesverfassungsgericht habe auch am Beispiel der Pressefusionskontrolle ein Eingreifen des Bundes in Kompetenzen der Länder für verfassungskonform erachtet.[573]

Nationales Recht und insbesondere Gesetze der Länder, aber auch die Kompetenzverteilung an sich könnten keine Anwendung beanspruchen, da dem Kartellrecht als überwiegend europäischem Recht dessen Anwendungsvorrang zukäme.[574]

(2) Kompetenzverletzung

Anhand der hiernach erarbeiteten kompetenzrechtlichen Abgrenzungskriterien sollen die dargestellten Anwendungsfälle auf ihre verfassungsrechtliche Zulässigkeit untersucht werden.

---

569 Exemplarisch BKartA vom 29.11.2007, B 6 – 158/07, WuW/E DE-V 1571, Rn. 84; BKartA vom 18.07.1989, B 6 – 743100 – U – 71/88, WuW 1989, 862, 863; ähnlich KG vom 26.06.1991, Kart 23/89, AG 1992, 360 (361); *Säcker*, NJW 2012, 1105 (1107).

570 *Jarras*, Kartellrecht und Landesrundfunkrecht, 1991, 38 ff.; zustimmend insbesondere *Gersdorf*, ZWeR 2016, 113 (133).

571 *Jarass*, Kartellrecht und Landesrundfunkrecht, 1991, 40 und 44.

572 BGH, ebenda.

573 Insoweit wird auf BVerfG vom 04.11.1986, 1 BvF 1/84, BVerfGE 73, 118 (173 f). Bezug genommen, etwa *Gersdorf*, ZWeR 2016, 113 (133).

574 *Emmerich*, AfP 1989 433 (437); *Uwer*, NJW 2006, 3257 (3258); *Möllnitz*, Die Vergabe von Konzessionsverträgen nach § 46 Abs. 2 EnWG im Spannungsfeld zwischen Wettbewerb und Daseinsvorsorge, 2016, 96.

Dabei soll auch in die Betrachtung miteinbezogen werden, dass in diesem Zusammenhang – wie im Fall der Gemeinde Titisee-Neustadt – das grundsätzliche Verhältnis von Staat und Wettbewerb thematisiert und betont wird, „was Märkte leisten“:[575] Das Verhalten der Gemeinde Titisee-Neustadt füge sich in eine ganze Reihe von Maßnahmen, mit denen ein wieder selbstbewusst auftretender Staat in die Wirtschaft zu eigenen Gunsten eingreife, wie etwa Versäumnisse bei der letzten Kartellrechtsnovelle im Hinblick auf öffentlich-rechtliche Gebühren, die „Bigotterie des staatlichen Glücksspielmonopols“, die Krankenhausreform und andere Baustellen zeigen würden.[576]

Dieser Ansatz ist im Ausgangspunkt nachvollziehbar. Denn alle Anwendungsfälle haben gemein, dass jeweils der Wettbewerb auf eigentlich landesrechtlich determinierten Märkten gefördert werden sollte. Jedes Plädoyer für die Anwendbarkeit des bundesrechtlichen GWB enthält damit auch eine merkliche Präferenz für die Effizienzen eines freien Wettbewerbs anstelle der landesrechtlich regulierten oder monopolisierten Märkte. So wird mitunter von einer „Mobilisierung des GWB gegen hoheitliche Kompetenzträger“[577] gesprochen oder auch eine „Durchsetzung eines außenpluralistischen Modells mit kartellrechtlichen Mitteln“ beobachtet.[578] *Breder* meint sogar, mittels des Kartellrechts würden die Grenzen der Wahlfreiheit des Staates vermessen.[579]

Tatsächlich schützen die europäischen Wettbewerbsregeln und das GWB auch den Wettbewerb als rechtliches Ordnungsprinzip[580] und sind damit zugleich Mittel zur Wahrung und Steigerung der Wohlfahrt, dem der Wettbewerb dient.[581] Denn Wettbewerb legitimiert sich durch seine Zielsetzung, den Wohlstand aller Beteiligten zu mehren.[582] Er ist ein Prozess, der eine Mehrzahl von voneinander unabhängigen – aktuellen und/oder potenziellen – Akteuren

575 Vgl. *Podszun/Palzer*, NJW 2015, 1496: „Was Märkte leisten“ als Überschrift VI.
576 *Podszun/Palzer*, NJW 2015, 1496 (1500).
577 *Brohm*, NJW 1994, 281 (281).
578 *Stock*, AfP 1989, 627 (633).
579 *Breder*, Die Kartellrechtliche Preishöhenmissbrauchskontrolle im Bereich der Trinkwasserversorgung, 2016, 165.
580 *Huber*, FS Badura, 2004, 897 (924); *Meessen/Kersting* in: Loewenheim/Meessen/Riesenkampff/Kersting/Meyer-Lindemann, Kartellrecht, 3. Auflage 2016, Einführung in das europäische und deutsche Kartellrecht, Rn. 5.
581 *Künzler*, Effizienz oder Wettbewerbsfreiheit, 2008, 4.
582 *Grzeszick*, HStR IV, 3. Auflage 2006, § 78 Rn. 12.

involviert.[583] Das Ergebnis der wettbewerblichen Entscheidungsprozesse ist dabei offen und ergibt sich erst von Fall zu Fall. Wettbewerb ist also in erster Linie ein „Entdeckungsverfahren"[584] und damit auch ein „Wert in sich".[585]

Über Angebot und Nachfrage wird im Markt dezentral aufgrund von Informationen entschieden, die nur hinsichtlich der eigenen Möglichkeiten und Bedürfnisse sehr genau sind, ansonsten aber auf vagen Beobachtungen und Vermutungen beruhen. Anhand von Kriterien wie Preis, Qualität, Liefertermin entscheidet jeder Akteur im Wettbewerb selbst über das Zustandekommen von Transaktionen und trägt damit auch seine Chancen und Risiken selbst. Aufgrund des hieraus resultierenden Eigeninteresses ist die Wahrscheinlichkeit rationaler Entscheidungen (homo oeconomicus) zugleich relativ hoch. Das Verhalten des Einzelnen wird also hinsichtlich seiner Effizienz so gesteigert, so dass schließlich alle, vor allem beide Seiten jeder Transaktion aber auch die gesamtwirtschaftliche Summierung, durch eine höhere Ressourcenallokation profitieren.[586]

Letztlich nimmt hierbei der freie Markt, der zu den Grundprinzipien der Verfassung gehört,[587] für sich in Anspruch, durch die Sicherstellung eines ungehinderten Wettbewerbs die optimale Versorgung der Verbraucher und eine allgemeine Mehrung des Wohlstands der Marktbeteiligten zu gewährleisten[588] und es besteht im Ausgangspunkt mittlerweile kein nennenswerter Dissens mehr hinsichtlich der These, dass die durch den Wettbewerb als soziales Ordnungsprinzip gelenkte Marktwirtschaft gegenüber einer staatlichen gelenkten Zentralverwaltungswirtschaft weitaus effektiver ist, um die angesprochene Wohlstandsmehrung zu erreichen.[589]

Seit der Finanzkrise, nach der sogar die generelle Geeignetheit des Wettbewerbs als Ordnungsprinzip auf den Finanzmärkten diskutiert wurde,[590] ist die

---

583 *Meessen/Kersting* in: Loewenheim/Meessen/Riesenkampff/Kersting/Meyer-Lindemann, Kartellrecht, 3. Auflage 2016, Einführung in das europäische und deutsche Kartellrecht, Rn. 7.

584 *Meessen/Kersting*, ebenda.

585 *Möschel* in: FS Mestmäcker, 2006, 355 (366).

586 *Grzeszick*, HStR IV, 3. Auflage 2006, § 78 Rn. 12 ff.

587 BVerfG vom 08.02.1972, 1 BvR 170/71, BVerfGE 32, 311 (317) – Grabsteinwerbung; BVerfG-K vom 13.07.1992, 1 BvR 310/90;1 BvR 238/92, GRUR 1993, 751 – Großmarkt-Werbung; *Di Fabio*, Wettbewerbsprinzip und Verfassung, FIW 2008, 1 (2).

588 *Voet van Vormizeele*, NZKart 2013, 386 (386).

589 Hierzu *Voet van Vormizeele*, NZKart 2013, 386 (386); *Markopoulos*, KommJur 2012, 330 (330).

590 *Rittner*, WuW 2009, 715 ff.; *Möschel*, WuW 2008, 1283 ff.; *Haucap*, WuW 2009, 247 ff.; *Kühn*, EuZW 2014, 685 ff.; *Breuer*, GewArch Beilage WiVerw Nr. 03/2015, 150 (153),

Nachfrage nach einer (Wieder-)Einführung staatlicher (Überwachungs-)strukturen jedoch wieder gestiegen. Statt der ordnenden Hand des Marktes wurde in einer Zeit, in der die soziale Wohlfahrt und die Stabilität des Bankensystems auf der Kippe standen, die Hoffnung auf den Staat gesetzt.[591] Ein weiteres Beispiel ist die Energiewende: Ohne eine Intervention des Staates gäbe es heute Windmühlen wohl nur noch für Touristen, nicht aber zur Energieerzeugung.[592] Gerade in diesen Bereichen dominieren daher Gegentrends zur Privatisierung, etwa der zur Rekommunalisierung.[593] Auch diese „Renaissance des Staates"[594] wird durch die dargestellten Anwendungsfälle in Frage gestellt. Dies wäre möglicherweise rechtspolitisch, nicht jedoch kompetenzrechtlich zu beanstanden, wenn die spezifischen Märkte nicht selbst Bestandteil der jeweiligen Gefahrenprognose des Landesgesetzgebers wären. Somit muss im Rahmen der Prüfung, ob die Kompetenzen der Länder verletzt wurden, herausgearbeitet werden, was aus dem Blickwinkel der Landesgesetzgeber die in Rede stehenden „Märkte leisten bzw. nicht leisten".

(3) Kompetenzeffizienz?

Schließlich ist auch die bundesstaatliche Ordnung weder Selbstzweck noch starres Korsett, sondern ein stetiger Veränderung und Neujustierung unterworfener Prozess, der sich vor allem durch seinen Ertrag für den Gesamtstaat, also dem „Mehrwert" für Freiheit und Selbstbestimmung des Einzelnen sowie der Effizienz der staatlichen Aufgabenerledigung, rechtfertigen muss.[595] Sinn der

---

konstatiert ein „tief sitzendes wie diffuses Misstrauen gegenüber privat- und marktwirtschaftlichen Lösungen".

591 *Haucap*, WuW 2009, 247, betont jedoch mit Blick auf die Bankenrettung, dass hier das Wettbewerbsprinzip als solches nicht versagt hätte, vielmehr durch die industriepolitisch motivierte Intervention des Staates außer Kraft gesetzt wurde, bevor es seine Wirksamkeit hätte entfalten können.

592 Alternative Energiequellen wären im Wettbewerb mit den etablierten fossilen Oligopolisten nicht bzw. noch nicht zum Zug gekommen, *Nagel*, KJ 2007, 144 (149).

593 Vgl. hierzu etwa Kapitel V. des Hauptgutachten XX der *Monopolkommission*, 2012/2013; *Podszun/Palzer*, NJW 2015, 1496 ff.; *Breuer*, GewArch Beilage WiVerw Nr. 03/2015, 150 ff.; *Säcker*, NJW 2012, 1105 (1106).

594 *Huber* in Calliess/Paque, Deutschland in der Europäischen Union im kommenden Jahrzehnt – Kreativität und Innovationskraft: Neue Impulse für Staat, Markt und Zivilgesellschaft, 2010, 29.

595 *Huber*, Klare Verantwortungsteilungs zwischen Bund, Ländern und Kommunen?, 2004, 43 und 49.

Kompetenzverteilung ist es nicht, die Einheit der Staatsgewalt ziellos zu sprengen, sondern diese vielmehr auszudifferenzieren und dadurch möglichst in ihrer Leistungsfähigkeit zu steigern.[596]

In einem abschließenden Schritt soll daher untersucht werden, ob die vorgefundenen Ergebnisse auch vor dem Hintergrund von Effektivität und Effizienz der staatlichen Aufgabenerledigung Bestand haben oder ob nicht erst die Anwendung des Kartellrechts geeignet ist, einen entsprechenden „Mehrwert“ für Freiheit und Selbstbestimmung zu gewährleisten.

Hierbei sollen auch die Auswirkungen des jüngsten Paradigmenwechsels im Wettbewerbsrecht in die Betrachtung mit einbezogen werden: der sog. „more economic approach“. Danach sollen bei der Anwendung des Rechts und insbesondere des Kartellrechts ökonomischen Erkenntnissen mehr Einfluss zugestanden und hierdurch die Interessen der Verbraucher besser berücksichtigt und geschützt werden.[597] Dabei soll dem Wettbewerb als „unsichtbarer Hand“[598] die Wohlfahrtsförderung nur insoweit überlassen werden,[599] als er wirtschaftlich effiziente Ergebnisse hervorbringt.[600]

Die damit einhergehende Durchsetzung der Behörden im Kartellrecht mit Effizienzkriterien ist nur ein Teilausschnitt einer allgemeinen Modernisierung der Verwaltung, die oft mit Schlagwörtern wie „New Public Management“ greifbar zu machen versucht worden ist.[601] In Deutschland war und ist insoweit die sog. „Neue Verwaltungswissenschaft“ prägend.[602] Statt einer Ausrichtung behördlicher Entscheidungen an ihrer Gesetzmäßigkeit treten dabei etwa Effizienz- und Gemeinwohlbindung, Zeitrichtigkeit und Effektivität in den

596 *Isensee*, HStR VI, 3. Auflage 2008, § 133 Rn. 3.

597 *Schmidt*, FS Bechtold, 2006, 409 (409); *Klement*, Wettbewerbsfreiheit, 2015, 164: „stärkeres Gewicht der Wohlfahrtswirkungen“.

598 Begriff geht zurück auf *Smith*, An Enquiry into the Nature and Causes of the Wealth of Nations, 1789; vgl. hierzu *Meessen/Kersting* in: Loewenheim/Meessen/Riesenkampff/Kersting/Meyer-Lindemann, Kartellrecht, 3. Auflage 2016, Einführung in das europäische und deutsche Kartellrecht, Rn. 7.

599 Sog. Structure-approach, *Schmidt*, FS Bechtold, 2006, 409 (409); *Unger*, Wettbewerbsverwaltung, 11.

600 *Eilmansberger*, ZWeR 2009, 437 (469).

601 *Podszun*, ZWeR 2012, 48 (53).

602 Grundlegend *Voßkuhle* in: Hoffmann-Riem/Schmidt-Aßmann/Voßkuhle, Grundlagen des Verwaltungsrechts, Band 1, 2006, § 1; hierzu mit Blick auf das Kartellrecht auch *Sennekamp*, Der Diskurs um die Abgrenzung von Kartell- und Regulierungsrecht, 2016, 173 ff.

Vordergrund.[603] Da viele Behördenentscheidungen ohnehin nicht in das Stadium gerichtlicher Überprüfung kommen, soll stattdessen die Vornahme einer wirtschaftswissenschaftlichen Evaluation zweckmäßig sein. Verwaltungsrecht wird hiernach grundsätzlich als Steuerungsrecht verstanden.[604]

Wenn somit auch das Kartellrecht einen Wandel zum Steuerungsrecht vollzogen hat, könnte dies auch zu einer Neubewertung des Ergebnisses der Kompetenzprüfung veranlassen. Wenn nämlich die Einführung des „more economic approach" dazu geführt hat, den Ertrag des Kartellrechts für den Gesamtstaat, also den „Mehrwert" für Freiheit und Selbstbestimmung des Einzelnen sowie die Effizienz der staatlichen Aufgabenerledigung, zu steigern, könnte dies zwar etwaige Kompetenzverletzungen nicht rechtfertigen, aber Denkanstoss für eine grundsätzliche Neuordnung der grundgesetzlichen Kompetenzverteilung sein. Damit schließt die Arbeit mit einem Ausblick auf das kompetenzrechtliche Verhältnis von Kartellrecht und den betrachteten landesrechtlichen Gesetzesmaterien *de constitutione ferenda*.

---

603 *Podszun*, ZWeR 2012, 48 (55).
604 *Unger*, Wettbewerbsverwaltung, 17.

B. Kompetenzrahmen

Die gezeigten Anwendungsfälle haben gemein, dass das Bundeskartellamt, und in seinem Nachgang die kartellrechtlichen Spruchkörper der Justiz, strikt kartellrechtlich betrachtet, dem Anliegen gefolgt sind, den Wettbewerb in bestimmten Bereichen zu stärken oder zu erhalten. Die betroffenen Bereiche unterliegen aber auch landesrechtlichen Regulierungsmaterien, namentlich dem Glücksspielrecht (konkreter, dem Lotterierecht), dem Rundfunkrecht sowie dem Kommunalrecht und anderen Materien rund um die öffentliche Daseinsvorsorge.

Das Kartellrecht hingegen ist Bundesrecht.[605] Wenn aber die Adressaten der kartellrechtlichen Verfügungen eigentlich (auch) im Vollzug oder Anwendungsbereich von Landesrecht stehen, stellt sich notwendigerweise die Frage hinsichtlich der verfassungsrechtlichen Zuständigkeit, der Kompetenz zur Regelung der vorliegenden Sachverhalte durch das Kartellrecht. Um dieser Frage nachzugehen, bedarf es zunächst einer Darstellung der Systematik der bundesstaatlichen Kompetenzordnung sowie der sich hieraus ergebenden Kompetenzverteilung in den betrachteten Bereichen.

I. Grundgesetzliche Kompetenzordnung, Bundesstaat und Demokratieprinzip

Im Bundesstaat existieren grundsätzlich zwei Ebenen der Staatlichkeit, der Bund und die Länder. Die Aufgabenverteilung der beiden Ebenen erfolgt durch nicht disponible[606] Kompetenzvorschriften,[607] die Vereinbarkeit der Ebenen miteinander stellen Kollisionsnormen sicher.[608]

---

605 Zur kompetenzrechtlichen Abgrenzung siehe sogleich.

606 *Rengeling*, FS Kirchof, 2013, § 8 Kompetenzen, Rn. 10.

607 Das Wort „Kompetenz" wird allerdings im Grundgesetz selbst nicht verwendet, das von „Zuständigkeit", von „Recht" oder von „Befugnis" zur Gesetzgebung spricht; gleiches gilt aber für andere Schlüsselbegriffe wie etwa die „Gewaltenteilung", vgl. *Isensee*, HStR VI, 3. Auflage 2008, § 133 Rn. 11: Das Wort als solches erscheint nicht im Grundgesetz,

608 *Pietzcker*, HStR IV, 3. Auflage 2008, § 134 Rn. 1: Im Grundgesetz findet sich all dies: Art. 30, 70, 83, 91 a, b, 92, 104 a, 105 GG etc. als Kompetenzvorschriften; Art. 31 mit Art. 142 GG als Kollisionsnormen; Art. 28 Abs. 1 GG als inhaltliche Vorgabe für die Landesverfassung, ferner die Grundrechte und sonstigen Normen, die alle Landesstaatsgewalt unmittelbar binden. Überwachung und Aufsicht sind unter anderem in

Die kommunale Rechtsetzung und Verwaltung, oft als dritte Ebene bezeichnet, bedarf hingegen keiner entsprechenden verfassungsrechtlichen Kompetenzabgrenzung und Kollisionsregelung, da sie einen Teilausschnitt der Landeskompetenzen und Landesnormen darstellt.[609] Im zweistufigen Bundesstaat sind die Kommunen somit Teil der Länder.[610]

Dabei erschöpfen sich Kompetenznormen trotz ihres formalen Charakters[611] nicht in Zuständigkeitsabgrenzungen, sondern weisen durchaus materiellen Gehalt auf.[612] *Isensee* nennt dies eine „Einstrahlung externen Rechts auf die Kompetenzordnung“ sowie „Ausstrahlungen der Kompetenzordnung auf externes Verfassungsrecht“.[613]

Die materielle Relevanz der Kompetenzordnung wird dabei insbesondere bei der Dichotomie von Bundesstaat und dem Demokratieprinzip deutlich. Bundesstaat und Demokratieprinzip stehen durchaus in einem Spanungsverhältnis.[614] Auf der einen Seite dient der Bundesstaat mit seinen verschiedenen Ebenen demokratisch legitimierter Hoheitsträger und der damit verbundenen Multiplikation staatsbürgerlicher Mitwirkungsmöglichkeiten auch einer Verwirklichung des Demokratieprinzips. Auf der anderen Seite hat die Verteilung staatlicher Macht rechtstatsächlich wiederholt zu einer Erosion demokratischer Grundprinzipien geführt, sei es durch ausufernde Mitwirkung der Länder bei Angelegenheiten des Bundes[615] oder bei den hier dargestellten Zugriffen des Bundes auf solche der Länder.

Die Auflösung dieses Spannungsverhältnisses ist Aufgabe der grundgesetzlichen Kompetenzverteilung. Sie ist die normative Grundlage, das „Skelett“[616]

Art. 37 und Art. 84, 85, 91 GG vorgesehen; zu Ausnahmen der Zweiteilung *Kirchhof*, ZfWG 2015, 301, 305.

609 *Pietzcker*, HStR IV, 3. Auflage 2008, § 134 Rn. 7.; a.A. *Reimer* in: Müller/Kahl, Energiewende im Föderalismus, 2015, 70, 71.

610 BVerfG vom 19.09.2018, BVerfGE 150, 1 Rn. 184; st. Rspr. BVerfGE 39, 96 (109); 119, 331 (364); 137, 108 (147).

611 *Isensee*, HStR VI, 3. Auflage 2008, § 133 Rn. 1.

612 *Rengeling*, FS Kirchof, 2013, § 8 Kompetenzen, Rn. 13.

613 *Isensee*, HStR VI, 3. Auflage 2008, § 133 Rn. 118 ff.

614 *Huber*, Klare Verantwortungsteilungs zwischen Bund, Ländern und Kommunen?, 2004, 33 ff., 36.

615 *Huber*, Klare Verantwortungsteilungs zwischen Bund, Ländern und Kommunen?, 2004, 15.

616 *Isensee*, HStR VI, 3. Auflage 2008, § 133 Rn. 6 mit Verweis auf *Fehling* in: Aulehner, Föderalismus – Auflösung oder Zukunft der Staatlichkeit, 1997, 31.

des Bundesstaates und verwirklicht gleichermaßen das Demokratieprinzip, das aus verschiedenen Gründen auf eine möglichst klare Aufgabenverteilung der hoheitlichen Entscheidungsträger abzielt und damit auf die Kompetenzordnung einwirkt.[617]

1. Staatsrechtliche Ordnung des Bundesstaates

Die bundesstaatliche Kompetenz ist das „rechtliche Gefäß staatlicher Macht".[618] Jede Kompetenz ist die Rechtsmacht zur Herbeiführung rechtlich erheblicher Entscheidungen.[619] Staatsrechtlich bedeutet Kompetenz die Handlungsmacht zur Setzung hoheitlicher Rechtsakte, konkret die den staatlichen Stellen eingeräumte und zugeteilte Handlungsmacht, in Verfolgung des staatlichen Gemeinwohlauftrages und in Erfüllung zugewiesener staatlicher Aufgaben hoheitliche Akte festgelegter und genau bezeichneter Art zu setzen.[620] Kompetenzen räumen aber Handlungsmacht nicht nur ein, sondern begrenzen diese zugleich strikt gegenständlich und in klar abgegrenzter Reichweite.[621] Das *duplex regimen* des Bundesstaates wird erst über die Verteilung der Kompetenzen und die damit angelegte bundesstaatliche Verflechtung praktisch funktionstüchtig[622] und zum rechtsstaatlich und föderal „gebändigten" Nationalstaat.[623] Die Zuständigkeitsordnung gibt dem Föderalismus damit die lebensnotwendige Statik.[624]

Die bewusst zur Einhegung und damit zur „Bändigung" des überwundenen „Machtstaates" gewollte Erschwerung oder Verzögerung von Entscheidungsverfahren durch Mitwirkungsbefugnisse der Länder wurde zwar von jeher und spätestens im Zuge zunehmender Globalisierung als Standortnachteil Deutschlands im globalen Wettbewerb der (Staats-)Systeme empfunden, ist aber als

617 *Huber*, Klare Verantwortungsteilungs zwischen Bund, Ländern und Kommunen?, 2004, 36.

618 *Isensee*, HStR VI, 3. Auflage 2008, § 133 Rn. 4.

619 *Klamert*, EuZW 2017, 131, 133; *Isensee*, HStR VI, 3. Auflage 2008, § 133 Rn. 1.

620 *Jürgens*, Die Kompetenzabgrenzung zwischen der Europäischen Union und den Mitgliedstaaten, 2010, 6 mit Verweis auf die Definition bei *Stettner*, Grundfragen der Kompetenzlehre, 35; kritisch zu dieser Definition *Isensee*, HStR VI, 3. Auflage 2008, § 133 Rn. 18.

621 *Isensee*, HStR VI, 3. Auflage 2008, § 133 Rn. 1.

622 *Isensee*, HStR VI, 3. Auflage 2008, § 133 Rn. 2.

623 *Huber*, Klare Verantwortungsteilungs zwischen Bund, Ländern und Kommunen?, 2004, 11.

624 *Isensee*, HStR VI, 3. Auflage 2008, § 133 Rn. 6.

Kompensation zum Verlust vieler Entscheidungszuständigkeiten an den Bund so bewusst im Grundgesetz angelegt.[625]

Diese Zerlegung der Staatsgewalt[626] hat also zuvorderst den Sinn, die Macht des Staates rechtlich einzuhegen und damit den föderalen Bundesstaat steuerbar zu machen.

2. Demokratische Legitimation

Gleichzeitig hilft die Kompetenzordnung dabei, den Staat in seinen zerlegten Einzelbereichen zu legitimieren.

Jede Handlungsmacht wird über das Wahlrecht des einzelnen Bürgers legitimiert. Auf die Unionsebene bezogen hat das Bundesverfassungsgericht bereits im *Maastricht*-Urteil angemerkt, dass ein Übergewicht von Aufgaben und Befugnissen in der Verantwortung des europäischen Staatenverbundes problematisch anzusehen sei, da hiermit die Demokratie auf staatlicher Ebene geschwächt werde, denn die nationalen Parlamente könnten die demokratische Legitimation der von der Union wahrgenommenen Hoheitsgewalt nicht mehr ausreichend vermitteln.[627]

Auch die Wahlen zum Bundes- und Landtag können in einer repräsentativen Demokratie dieser Handlungsmacht nur ihre demokratische Legitimation vermitteln, wenn das gewählte Organ auch die Kompetenz besitzt, die vom Wähler im Wahlakt getroffene Richtungsentscheidung in die Tat umzusetzen.[628] Wird der gewählte Kompetenzträger aber in eben dieser Kompetenz eingeschränkt, wirkt das unmittelbar auf das Wahlrecht des Bürgers zurück. Wird in der Folge der Wahlakt ausgehöhlt oder zum inhaltsleeren Ritual degeneriert, ist daher unmittelbar das Demokratieprinzip betroffen.[629] Demokratieprinzip, Art. 20 Abs. 1, 2 GG und Wahlrecht erodieren, wenn mit der Wahl die Politik des Kompetenzträgers nicht mehr beeinflusst werden kann.[630]

---

625 *Huber*, Klare Verantwortungsteilungs zwischen Bund, Ländern und Kommunen?, 2004, 30.

626 *Isensee*, HbdStR VI, 2. Auflage, § 126 Rn. 196; *ders.* HStR VI, 3. Auflage 2008, § 133 Rn. 2.

627 BVerfG vom 12.10.1993, 2 BvR 2134/92, 2 BvR 2159/92, BVerfGE 89, 155 (186); *Huber*, Klare Verantwortungsteilungs zwischen Bund, Ländern und Kommunen?, 2004, 35.

628 *Huber*, Klare Verantwortungsteilungs zwischen Bund, Ländern und Kommunen?, 2004, 34.

629 *Huber*, ebenda.

630 *Huber*, Klare Verantwortungsteilungs zwischen Bund, Ländern und Kommunen?, 2004, 35.

3. Verantwortungszurechnung

Die kompetenzrechtliche Legitimation begründet aber nicht nur Handlungsmacht, sondern auch Verantwortung.[631] Die Kompetenzverteilung zwischen Bund und Ländern ist damit auch ein essentielles Element demokratischer Verantwortungszuordnung.[632] Die Kompetenzordnung wirkt damit insbesondere auf Transparenz und Kontrollierbarkeit staatlichen Handelns hin.[633]

Kompetenzverstöße stören daher auch diese in Kompetenznormen angelegte Zurechnung politischer Verantwortung, die ebenfalls direkt aus dem Demokratieprinzip folgt.[634] Die Entscheidungsverfahren der Hoheitsgewalt ausübenden Organe und die jeweils verfolgten politischen Zielvorstellungen müssen daher allgemein sichtbar und verstehbar sein.[635]

Die Legitimation endet aber auch nicht im Verhältnis Bürger-Parlament, sondern setzt sich im Verhältnis Parlament-Exekutive fort. Vor diesem Hintergrund ist bereits die (aktive) Übertragung einer den Ländern zugewiesenen Exekutivfunktion auf eine Bundesbehörde problematisch, weil diese Funktion so möglicherweise dem Kontrollbereich der Länderparlamente entzogen wird.[636] Wird die Exekutivfunktion nicht übertragen, sondern von der Bundesbehörde schlicht übernommen, ist die Verantwortungszurechnung erst recht gestört.

4. Freiheitssicherung durch Entscheidungsbeteiligung

Die Zergliederung der Entscheidungsprozesse und die Einbeziehung des Einzelnen in Entscheidungsprozesse hat schließlich immer eine freiheitssichernde Funktion.[637] Diese Funktionalität potenziert sich, je kleiner die Entscheidungseinheit ist. Länder und Kommunen haben deshalb konstitutiv erhöhtes freiheitssicherndes Potential im Vergleich zum Bund als größter demokratisch legitimierter Entscheidungseinheit.[638] Auch dieses Potential sichert die Kompetenzordnung, insbesondere die Art. 30, 70 GG, ab. Die darin enthaltende

---

631 *Isensee*, HStR VI, 3. Auflage 2008, § 133 Rn. 1.

632 *Pieroth* in Jarass/ders., GG Kommentar, 14. Auflage 2016, Art. 30 Rn. 1.

633 *Isensee*, HStR VI, 3. Auflage 2008, § 133 Rn. 126.

634 *Huber*, Klare Verantwortungsteilungs zwischen Bund, Ländern und Kommunen?, 2004, 36.

635 BVerfG vom 12.10.1993, 2 BvR 2134/92, 2 BvR 2159/92, BVerfGE 89, 155 (185).

636 *Knothe/Lebens*, AfP 2000, 125 (128).

637 BVerfG vom 20.12.1979, 1 BvR 385/77, BVerfGE 53, 30 ff.

638 *Huber*, Klare Verantwortungsteilungs zwischen Bund, Ländern und Kommunen?, 2004, 43.

kompetenzielle Stärkung der Länder muss daher auch als Instrument der Effizienzsteigerung des Gesamtsystems verstanden werden.[639]

5. Zusammenfassung

Mit der Beachtung der klaren und eindeutigen Kompetenzverteilung steht und fällt die Ordnung des Bundesstaates und damit die Legitimation durch das Wahlrecht, eine klare Verantwortungszurechnung und nicht zuletzt das Potential der Freiheitssicherung durch kleinere Entscheidungseinheiten.

II. Die Kompetenzverteilung in den betrachteten Bereichen

Da die Kompetenzverteilung in den betrachteten Bereichen bisher nur rudimentär herausgearbeitet wurde, soll dies an dieser Stelle nachgeholt werden.

1. Art. 31 GG als taugliche Kompetenzabgrenzungsnorm?

Soweit in den dargestellten Anwendungsfällen die bundesstaatliche Kompetenzverteilung überhaupt thematisiert wurde, wurde insoweit meist auf Art. 31 GG verwiesen:[640] Landesrechtliche Normen, die „unterhalb des Bundesrecht stünden (vgl. Art. 31 GG)", begründeten keinen Ausnahmebereich von den Vorschriften des GWB.[641]

Art. 31 GG kann aber nur scheinbar zur Lösung des vorliegenden Konflikts beitragen. Zwar stellt die Norm die Widerspruchsfreiheit der beiden Rechtsordnungen durch die Anordnung des Vorrangs des Bundesrechtes sicher.[642] Art. 31 GG ist jedoch allein eine Kollisionsnorm. Entscheidende Voraussetzung für ihre Anwendbarkeit ist daher das Vorliegen einer Kollision.[643] Hierfür bedarf es einer landesgesetzlichen und einer bundesgesetzlichen Materie mit einem identischen

---

639 *Huber*, Klare Verantwortungsteilungs zwischen Bund, Ländern und Kommunen?, 2004, 49.

640 BKartA vom 29.11.2007, B 6 – 158/07, WuW/E DE-V 1571, Rn. 84.; OLG Düsseldorf vom 17.09.2008, Kart 19/07, NJOZ 2008, 4979, 4986; KG Berlin vom 26.06.1991, Kart 23/89, AG 1992, 360 (361); *Säcker*, NJW 2012, 1105, 1107; *Wolf*, BB 2011, 648, 653; differenzierter insoweit *Brockhoff*, Reichweite und Grenzen der Fusionskontrolle im Rundfunkbereich, 2016, 149.

641 Exemplarisch BKartA vom 29.11.2007, WuW/E DE-V 1571, Rn. 84; vgl. auch *Säcker*, NJW 2012, 1105, 1107.

642 *Pietzcker*, HStR IV, 3. Auflage 2008, § 134 Rn. 1, 46.

643 *März* in: v. Mangoldt/Klein/Starck, GG, 6. Aufl. 2010, Art. 31 Rn. 40.

Regelungsgegenstand, die den identischen Normadressaten ansprechen, von diesem aber die Erfüllung unterschiedlicher, miteinander nicht vereinbarer Normbefehle verlangen.[644] Ist die bundesrechtliche Norm aber ihrerseits kompetenzrechtlich überhaupt nicht anwendbar, besteht keine Kollision.[645]

Art. 31 GG trifft also selbst keine Kompetenzverteilung oder -abgrenzung, sondern setzt diese voraus. Der Grundsatz „Bundesrecht bricht Landesrecht" gilt also nur für verfassungsrechtlich, insbesondere kompetenzrechtlich wirksames Bundesrecht, mithin nur soweit der Bund die Gesetzgebungskompetenz für die betreffende Sachmaterie hat, die die Kollision auslöst.[646] Art. 31 GG setzt wirksames Bundesrecht und damit die Einhaltung sämtlicher höherrangiger, insbesondere grundgesetzlicher, Anforderungen voraus, nicht aber die verfassungsrechtlichen Anforderungen an das Bundesrecht außer Kraft.[647]

Landesrecht steht nur „unterhalb des Bundesrechts",[648] soweit dieses überhaupt verfassungsrechtlich zur Anwendung kommen kann. Liegt die Kompetenz aber bei den Ländern und wurde die Regelung daher im Widerspruch zur Kompetenzverteilung in Anspruch getroffen, besteht schon keine Kompetenzkollision.

Die Norm muss daher gelesen werden: Nur verfassungskonformes Bundesrecht bricht Landesrecht, nur im Einklang mit der bundesstaatlichen Kompetenzverteilung angewendetes Bundesrecht steht „oberhalb des Landesrechts".

Es besteht daher kein Normkonflikt zwischen dem Kartellrecht und den Landesgesetzen, wenn das Kartellrecht auf den jeweils vorliegenden Sachverhalt verfassungsrechtlich keine Anwendung findet.[649] Die Frage der Anwendung des Kartellrechts beantwortet daher nicht Art. 31 GG, sondern die vorrangigen Kompetenznormen des Grundgesetzes.

---

644 BVerfG vom 29.01.1974 – 2 BvN 1/69, BVerfGE 36, 342 (363); ebenso BVerfGE 96, 345 (364 f.); *März* in: v. Mangoldt/Klein/Starck, GG, 6. Aufl. 2010, Art. 31 Rn. 41; richtig daher auch OLG Düsseldorf vom 17.09.2008, Kart 19/07, NJOZ 2008, 4979, 4986; insoweit verdrängt Art. 31 GG den Grundsatz der Spezialität, der auf das Verhältnis von Bundes- und Landesrecht nicht passt, vgl. *Jarass*, Kartellrecht und Landesrundfunkrecht, 1991, 36 f.

645 OLG Düsseldorf vom 17.09.2008, Kart 19/07, NJOZ 2008, 4979 (4986).

646 *Brohm*, NJW 1994, 281 (286).

647 *Pietzcker*, HStR IV, 3. Auflage 2008, § 134 Rn. 47.

648 Fälschlicherweise verallgemeinernd BKartA vom 29.11.2007, B 6 – 158/07, WuW/E DE-V 1571, Rn. 84.

649 OLG Düsseldorf vom 17.09.2008, Kart 19/07, NJOZ 2008, 4979 (4986): schon dem Grunde nach kein Normenkonflikt.

2. Art. 30 GG als allgemeine und umfassende Kompetenzzuordnungsklausel

Ausgangspunkt für alle kompetenzrechtlichen Überlegungen[650] ist Art. 30 GG, wonach die Ausübung der staatlichen Befugnisse und die Erfüllung der staatlichen Aufgaben Sache der Länder ist, soweit das Grundgesetz keine andere Regelung trifft oder zulässt. Die bundesstaatliche Kompetenzverteilung räumt dem Bund damit gerade nicht den pauschalen Vorrang ein, den Art. 31 GG suggeriert.

a. Regel

Statt eines Vorrangs des Bundesrechts überantwortet die kompetenzrechtliche „Generalklausel"[651] des Art. 30 GG reziprok die Restsumme all derjenigen Gesetzgebungs-, Regierungs-, Verwaltungs-, und Rechtsprechungsaufgaben, die nicht ausdrücklich dem Bund zugeordnet sind, an die Länder.[652] Nach der Systematik der grundgesetzlichen Kompetenzordnung wird der Kompetenzbereich der Länder somit grundsätzlich durch die Reichweite der Bundeskompetenzen bestimmt, nicht umgekehrt.[653] Damit statuiert Art. 30 GG den „Grundsatz der Länderkompetenz"[654] und zudem eine Kompetenzvermutung zu Gunsten der Länder, die systematisch zugleich die Begründungsbedürftigkeit jeder Bundeszuständigkeit begründet.[655] Diese

---

650 *Jarass*, Kartellrecht und Landesrundfunkrecht, 1991, 21.

651 *Rengeling*, FS Kirchof, 2013, § 8 Kompetenzen, Rn. 14; kritisch *Korioth* in: Maunz/Dürig, GG-Kommentar, 89. EL Oktober 2019, Art. 30 Rn. 21 mit Blick auf die sektoralen Generalklauseln.

652 *Erbguth/Schubert* in: Sachs, GG, 8. Auflage 2018, Art. 30 Rn. 10; *März* in: v. Mangoldt/Klein/Starck, GG, 6. Aufl. 2010, Art. 30 Rn. 14.

653 BVerfG vom 28.01.2014, 2 BvR 1561/12, BVerfGE 135, 155 Rn. 103.

654 BVerfG vom 10.03.1976 – 1 BvR 355/67, BVerfGE 42, 20 (28); *Jarass*, Kartellrecht und Landesrundfunkrecht, 1991, 21; *Erbguth/Schubert* in: Sachs, GG, 8. Auflage 2018, Art. 30 Rn. 10.

655 H.M. BVerfG vom 15.03.1960 – 2 BvG 1/57, BVerfGE 11, 7 (15); ebenso BVerfGE 26, 281 (297); 42, 20 (28); *Pieroth*, in Jarass/ders., GG Kommentar, 14. Aufl. 2016, Art. 30 Rn. 1; *Sannwald* in: Schmidt-Bleibtreu/Klein, GG Kommentar, 10. Aufl. 2004, Art. 30 Rn. 3; a.A. *Korioth* in: Maunz/Dürig, GG-Kommentar, 89. EL Oktober 2019, Art. 30 Rn. 25; *Hellermann* in: Epping/Hillgruber, Beck OK GG, 42. Edition, Stand: 01.12.2019, Art. 30 Rn. 11; *Kössinger*, Die Durchführung des Europäischen Gemeinschaftsrechts im Bundesstaat, 1988, 48; *Pietzcker*, HStR IV, 3. Auflage 2008, § 134 Rn. 15: „Vermutung" passt für Machtkompensation bei der Auslegung von AGB, nicht aber für Kompetenzvorschriften und wird weder Auslegungspraxis des

„Residualkompetenz"[656] wird in Art. 70 GG für die Gesetzgebung, in Art. 83 ff. GG für die Ausführung von Bundesgesetzen sowie in Art. 93 GG für die Rechtsprechung bekräftigt.[657]

Dieses Regel-Ausnahme Verhältnis darf freilich nicht darüber hinwegtäuschen, dass die Ausnahmen die Regel quantitativ deutlich übersteigen: Auch nach der letzten Föderalismusreform liegt das Gros der Zuständigkeiten durch die Normierung zahlreicher Gesetzgebungskompetenzen im Grundgesetz beim Bund.[658] Sei Verabschiedung des Grundgesetzes ist eine derartige Erosion von Länderkompetenzen zu beobachten, dass kurz vor der Föderalismusreform sogar Zweifel an der fortdauernden Staatsqualität der Länder berechtigt erschienen.[659] Beim Verwaltungsvollzug hingegen haben die Bundesländer ihre starke Stellung seit jeher auch faktisch behaupten können.[660] Der deutsche Föderalismus ist daher vor allem ein „Exekutivföderalismus".[661]

Wegen der starken Überlagerung durch andere Kompetenznormen wird Art. 30 GG mitunter die rechtliche Regelungsrelevanz abgesprochen.[662] Zu Unrecht: Selbst wenn die Norm möglicherweise nicht die Länder in der Flüchtlingskrise vor einer „Überforderung" durch den Bund schützen kann,[663] so bleibt Art. 30 GG doch der rechtliche Hebel gegen einen Entzug oder eine

---

BVerfG nicht gerecht; *Isensee*, HStR VI, 3. Auflage 2008, § 133 Rn. 47: kein „in dubio pro Bavaria".

656 Zur Systematik *Pietzcker*, HStR IV, 3. Auflage 2008, § 134 Rn. 2 f.

657 *Fassbender*, DÖV, 2011, 714 (715).

658 Um die Tendenz, dass Länderkompetenzen aller Bemühungen der Föderalismusreformen zum Trotz immer mehr an Gewicht verlieren, nicht zu verstärken, ist es daher besonders wichtig, die Kompetenzen des Bundes nach Art. 74 GG möglichst genau abzugrenzen, vgl. *Maunz* in: ders./Dürig, GG Kommentar, 76. EL Dezember 2015, Art. 74 Rn. 2; *Erbguth/Schubert* in: Sachs, GG, 8. Auflage 2018, Art. 30 Rn. 10; *Isensee*, HStR VI, 3. Auflage 2008, § 133 Rn. 47; vgl. auch zum Primat der Bundeszuständigkeiten *Kössinger*, Die Durchführung des Europäischen Gemeinschaftsrechts im Bundesstaat, 1988, 51.

659 *Huber*, Klare Verantwortungsteilungs zwischen Bund, Ländern und Kommunen?, 2004, 15.

660 *Oebbecke*, HStR VI, 3. Auflage 2008, § 136 Rn. 25; *Kössinger*, Die Durchführung des Europäischen Gemeinschaftsrechts im Bundesstaat, 1988, 52.

661 *Oebbecke*, HStR VI, 3. Auflage 2008, § 136 Rn. 2, 25.

662 *Korioth* in: Maunz/Dürig, GG Kommentar, 81. EL September 2017, Art. 30 Rn. 21: da Kompetenzen vollständig durch sektorale Generalklauseln zugeordnet seien, kein Rückgriff auf Art. 30 nötig.

663 So aber *Di Fabio*, Migrationskrise als föderales Verfassungsproblem, 2016.

Beeinträchtigung von nach der Vorschrift den Ländern zustehenden Wahrnehmungszuständigkeiten durch den Bund, sei es durch gesetzliche Maßnahmen oder solche faktischer Art, wie etwa die Schaffung einer „Schattenverwaltung".[664] Und gerade wegen des beschriebenen Auseinanderfallens von statistischer Normalität und Normativität begründet die Regelung erhebliche Rechtfertigungslasten für eine extensive Auslegung der Bundeskompetenzen.[665]

Denn die Norm erschöpft sich nicht nur in der Zuweisung der Kompetenz, sondern verbietet gleichzeitig eine rechtliche, aber auch eine faktische Aufhebung oder Aushöhlung von Landeskompetenzen.[666] Zusammen mit Art. 83 GG sollen die Länder insbesondere vor einem Eindringen des Bundes in den ihnen vorbehaltenen Bereich der Verwaltung geschützt werden.[667]

Statt der üblichen top-down Perspektive muss verfassungsrechtlich für eine bottom-up Perspektive plädiert werden: Das „normative Normal-Null" ist im Verhältnis von Bund und Ländern die Länderzuständigkeit.[668]

b. Ausnahme

Im Vergleich mit Art. 31 GG „dreht" Art. 30 GG damit in Bereichen, in denen eine Landeskompetenz besteht, kompetenzrechtlich „den Spieß um": Nicht etwa haben Landesbehörden – wie für das Glücksspielrecht vom Bundeskartellamt angenommen – ihr eigenes Recht unangewendet zu lassen; vielmehr sind es die Bundesbehörden, die insoweit beim Vollzug von Bundesgesetzen an Landesrecht gebunden sind.[669]

Der Erlass und die Anwendung von Bundesrecht bedürfen daher einer spezifischen kompetenzrechtlichen „Erlaubnis" im Grundgesetz. Solche Ausnahmen finden sich für Gesetzgebungszuständigkeiten hauptsächlich in den Art. 73 ff. GG, für Verwaltungszuständigkeiten in den Art. 87 ff. GG.[670] Bei Zweifeln an der Einhaltung etwa seiner Gesetzgebungskompetenz im konkreten Fall muss der

664 BVerfG vom 11.04.1967 – 2 BvG 1/62, BVerfGE 21, 312 (328); ebenso BVerfGE 104, 249 (266); *Ewer/Thienel*, NJW 2016, 376 (376).

665 *Reimer* in: Müller/Kahl, Energiewende im Föderalismus, 2015, 70 (74).

666 BVerfG vom 19.10.1982, 2 BvF 1/81, BVerfGE 61, 149 Rn. 153.

667 BVerfG vom 25.06.1974, 2 BvF 2 u. 3/73, BVerfGE 37, 363 (384 f.); *Ewer/Thienel*, NJW 2016, 376 (376).

668 *Reimer* in: Müller/Kahl, Energiewende im Föderalismus, 2015, 70 (74).

669 *Pieroth* in: Jarass/ders., GG Kommentar, 14. Aufl. 2016, Art. 30 Rn. 7a.

670 *Korioth* in: Maunz/Dürig, GG-Kommentar, 89. EL Oktober 2019, Art. 30 Rn. 22; *Sannwald* in: Schmidt-Bleibtreu/Klein, GG Kommentar, 10. Aufl. 2004, Art. 30 Rn. 23 f.

Bund allerdings auch den „Nachweis" führen, dass die geregelte Materie einer dieser Kompetenznormen zugeordnet ist.[671]

Die Systematik des Grundgesetzes fordert dabei eine strikte, dem Sinn der Kompetenznorm gerecht werdende Auslegung der Art. 70 ff. GG.[672] Für die Zuweisung einer Gesetzgebungsmaterie an Bund oder Länder ist der in Betracht kommende Kompetenztitel anhand des Wortlauts, historisch, systematisch und mit Blick auf den Normzweck auszulegen.[673] Die historische Interpretation ist je nach Struktur und Ausformung des Kompetenztitels zu gewichten. So ist die Regelungsgeschichte weniger relevant, wenn die Kompetenzmaterie einen Lebenssachverhalt benennt und maßgeblicher, wenn die Regelungsmaterie normativ-rezeptiv einen vorgefundenen Normbereich aufgegriffen hat.[674] In diesem Zusammenhang hat auch die Staatspraxis besonderes Gewicht: sie vermittelt nicht nur die im allgemeinen bestmögliche Gewissheit über die hergebrachten Grenzen eines Sachbereichs, sondern zeigt auch an, ob und wie der historische Gesetzgeber eine Kompetenz genutzt hat und wieweit sich dadurch unter dem übergeordneten Gesichtspunkt der Kontinuität der Kompetenzordnung eine Bestandsgarantie herausgebildet hat.[675]

3. Landeskompetenzen

Ausgehend von diesen Grundsätzen sind die Länder im Kernbereich des Rundfunks, des Lotteriebereichs sowie des Bereichs der kommunalen Daseinsvorsorge für Gesetzgebung und -ausführung zuständig.

---

671 *Jarass*, Kartellrechtrecht und Landesrundfunkrecht, 1991, 21; *Stettner*, Grundfragen einer Kompetenzlehre, 1983, 390 f.

672 BVerfG vom 28.02.1961, 2 BvG 1/60, 2 BvG 2/60, BVerfGE 12, 205 (228 f.); fortgeführt in BVerfGE 15, 1 (17); 26, 281 (297 f.); 42, 20 (28); 61, 149 (174); 132, 1 (6); 138, 261 (273).

673 BVerfG vom 10.02.2004, 2 BvR 834/02, 1588/02, BVerfGE 109, 190 (212); ebenso BVerfGE 138, 261 (273).

674 BVerfG vom 03.06.1954, 1 BvR 183/54, BVerfGE 3, 407 (414 f.); in Folge ebenso BVerfGE 61, 149 (175); 97, 198 (219); 106, 62 (105); 109, 190 (213); 134, 33 (55); 138, 261 (273); BVerfG NVwZ 2017, 1111, Rn. 99.

675 BVerfG vom 14.01.1976, 1 BvL 4/72, BVerfGE 41, 205 (220); ebenso BVerfGE 48, 367 (373); 61, 149 (175 f.); 65, 1 (39); 68, 319 (328); 77, 308 (331); 109, 190 (213); BVerfG NVwZ 2017, 1111, ebenda.

a. *Rundfunk*

Rundfunk ist nach der einfach gesetzlichen Definition des § 2 Abs. 1 S. 1 des Rundfunkstaatsvertrages (RStV) „ein linearer Informations- und Kommunikationsdienst; er ist die für die Allgemeinheit und zum zeitgleichen Empfang bestimmte Veranstaltung und Verbreitung von Angeboten in Bewegtbild oder Ton entlang eines Sendeplans unter Benutzung elektromagnetischer Schwingungen."

Dieser einfachgesetzliche Rundfunkbegriff ist maßgeblich von den Kriterien des verfassungsrechtlichen Rundfunkbegriffs i.S.d. Art. 5 Abs. 1 Satz 2 GG geprägt.[676] Es handelt sich dabei um die Merkmale der Allgemeinheit, der Funktechnik (Verbreitung mittels elektromagnetischer Schwingungen) und der Darbietung. Eine Darbietung ist dann gegeben, wenn ein elektronisches Kommunikationsangebot Inhalte verbreitet, die eine besondere publizistische Wirkung auf die öffentliche Meinungsbildung haben, was sich nach Aktualität, Suggestivkraft und Breitenwirkung des Mediums bestimmt.[677]

aa. *Kulturhoheit der Länder, Art. 70 GG*

Die Veranstaltung von Rundfunk ist eine öffentliche Aufgabe.[678] Mithin gilt obiger Ausgangspunkt der Kompetenzabgrenzung: Die Erfüllung der öffentlichen Aufgabe durch den Staat, kurz die „staatlichen Aufgaben", ist nach Art. 30 GG Sache der Länder, soweit das Grundgesetz keine andere Regelung getroffen oder zugelassen hat.[679] Danach liegt auch die „Rundfunkhoheit", also insbesondere die Gestaltung und Weiterentwicklung aller programminhaltlicher und organisatorischer Aspekte, als Teil der Kulturhoheit bei den Ländern,

Art. 70 GG.[680] Im Begriff der sog. Kulturhoheit der Länder wird versucht, die einzelnen Landeskompetenzen in einem Terminus programmatisch zu

---

676 *Oster* in: Hoeren/Sieber/Holznagel, Multimedia-Recht, 44. EL Januar 2017, Telekommunikationsrechtliche Vorfragen, Rn. 26.

677 BVerfG vom 22.02.1994, 1 BvL 30/88, BVerfGE 90, 60 (87).

678 BVerfG vom 18.03.1970, 2 BvO 1/65, BVerfGE 28, 119 (148); vgl hierzu unten B.I.3.b.dd.; *Flechsig*, CR 1999, 327 (329).

679 BVerfG vom 28.02.1961, 2 BvG 1/60, 2 BvG 2/60, BVerfGE 12, 205 Rn. 138; zur sog. Residualkompetenz *Pietzcker*, HStR IV, 3. Auflage 2008, § 134 Rn. 2 f.

680 BVerfG vom 28.01.2014, 2 BvR 1561/12, BVerfGE 135, 155 Rn. 103; st. Rspr. BVerfGE 6, 309 (346 f.); 37, 314 (322); 106, 62 (132); 108, 1 (14); 119, 59 (82); 122, 89 (110); *Uhle* in: Maunz/Dürig, GG Kommentar, Art. 70, Rn. 106; *Gersdorf* in: ders./Paal, Informations- und Medienrecht, 15. Edition 2017, Art. 70 GG Rn. 3; *Martini* in: Gersdorf/Paal, BeckOK Informations- und Medienrecht, 18. Edition, Stand: 01.11.2017, § 1 RStV Rn. 4; *Schwartmann*, Praxishandbuch Medien-, IT- und Urheberrecht, 3. Auflage 2014,

bündeln.[681] Es entspricht der in der Kompetenzordnung des Grundgesetzes wirksam gewordenen Vorstellung des Verfassungsgebers, dass die Kulturpolitik Sache der Länder sein sollte.[682]

Speziell für den Rundfunk ist diese sehr umfangreiche Kompetenzzuweisung auch historisch bedingt: Nach Ende des Zweiten Weltkriegs wurde der Rundfunk bewusst dezentral in den jeweiligen Besatzungszonen wiederaufgebaut und damit der Grundstein zu einer „auf die Kulturkompetenz der Länder gestützten Tradition" gelegt.[683] Grundsätzlich zählt auch der Rundfunk zu den ungeschriebenen Gesetzgebungsmaterien der Länder, die ihnen als Teil ihrer Residualkompetenz gem. Art. 70 GG zugewiesen sind. Seit der Föderalismusreform des Jahres 2006 nennt Art. 23 Abs. 6 Satz 1 GG allerdings die „ausschließliche(n) Gesetzgebungsbefugnisse der Länder auf den Gebieten der schulischen Bildung, der Kultur oder des Rundfunks" im Kontext der Beteiligung deutscher Organe an der Entwicklung der Europäischen Union. Allerdings werden die betroffenen Sachbereiche den Ländern hierdurch nicht konstitutiv zugewiesen, sondern lediglich wegen ihrer besonderen Bedeutung erwähnt, da sie allesamt seit Inkrafttreten des Grundgesetzes aufgrund der Regelung des Art. 70 Abs. 1 GG als ausschließliche Gesetzgebungszuständigkeiten zum kompetentiellen Hausgut der Länder gehören, also seit langem zu den Kernbereichen der Länderkompetenzen zählen.[684] Kompetenzrechtlich hat die Benennung der Länderzuständigkeiten in Art. 23 Abs. 6 Satz 1 GG daher nur deklaratorische Bedeutung.

Mit Ausnahme des sog. Auslandsrundfunks sind die Länder daher ausschließlich zuständig für die Regelung aller inhaltlichen Aspekte bei der Veranstaltung von Rundfunk.[685] Die Kompetenz sperrt damit Bundesregelungen über

---

1. Rundfunkfreiheit, Rn. 5 in der Fußnote; *Brenner*, ZUM 1998, 877 (877); *Grossfeld*, AG 1992, 336 (336).

681 So für gewisse Teilbereiche sogar BVerfG vom 11.06.1974, 1 BvR 82/71, BVerfGE 37, 314 (322); ebenso BVerfGE 108, 1 (14); für die Verwendung des Begriffs *Heintzen* in: Bonner Kommentar zum Grundgesetz, Stand: 135. Lfg. August 2008, Art. 70 Rdnr. 85; kritisch *Kunig* in: v. Münch/ders., GG Kommentar, Bd. 5. Auflage 2003, Art. 70 Rdnr. 11; *Rozek* in: v. Mangoldt/Klein/Starck, GG Kommentar, Bd. 2, 5. Auflage 2005, Art. 70 Rdnr. 12.

682 BVerfG vom 28.01.2014, 2 BvR 1561/12, BVerfGE 135, 155 Rn. 103.

683 *Martini* in: Gersdorf/Paal, BeckOK Informations- und Medienrecht, 18. Edition, Stand: 01.11.2017, § 1 RStV Rn. 4.1: Freilich war der Rundfunk bereits zur Zeit der Weimarer Republik Ländersache.

684 *Uhle* in: Maunz/Dürig, GG Kommentar, Art. 70, Rn. 82; *Gersdorf* in: ders./Paal, Informations- und Medienrecht, 18. Edition, Stand 01.05.2017, Art. 70 GG Rn. 4.

685 BVerfG vom 28.02.1961, 2 BvG 1/60, 2 BvG 2/60, BVerfGE 12, 205 (225 ff.);

Organisation, Veranstaltung und Programm von Rundfunksendungen, sowie die Regelung der Rundfunkfinanzierung.[686] Daneben wird auch die Beteiligung der öffentlich-rechtlichen Rundfunkanstalten an Tochterunternehmen oder an Gemeinschaftsunternehmen wegen der dahingehenden Staatspraxis, in Landesgesetzen hierzu Regelungen zu erlassen, der Kompetenz der Länder zugeordnet.[687] Nicht zuletzt sind die Länder zuständig, Regelungen zur Sicherung der Meinungsvielfalt, also auch zum sog. Medienkonzentrationsrecht, zu erlassen.[688]

Speziell an dieser Kompetenzmaterie ist, dass das Bundesverfassungsgericht den Landesgesetzgeber zu Regelungen in diesem Bereich nicht nur berechtigt, sondern auch verpflichtet sieht: es seien materielle, organisatorische und verfahrensbezogene Regelungen erforderlich, die sich an der Aufgabe der Rundfunkfreiheit orientieren und deshalb geeignet seien, zu bewirken, was Art. 5 Abs. 1 S. 2 GG gewährleisten wolle.[689] Diese Pflicht umschreibt das Gericht auch als „(Landes)Parlamentsvorbehalt".[690]

Das hängt auch mit der verfassungsrechtlichen Einordnung der Rundfunkfreiheit als sog. „dienende Freiheit" zusammen, die als drittnützziges Freiheitsrecht der freien, individuellen Meinungsbildung dient und damit Grundvoraussetzung für eine funktionsfähige Demokratie ist.[691] Das Pluralismusgebot des Art. 5 Abs. 1 S. 2 GG ist wiederum eng mit dem Demokratiegebot, Art. 20 Abs. 2 S. 1

---

ebenso BVerfGE 92, 203 (238); 97, 228 (251 f.); *Scholz*, Audiovisuelle Medien und bundesstaatliche Gesetzgebungskompetenz, 1976, 25; *Kunig* in: v. Münch/Kunig, GG Kommentar, Band 3, 4./5. Auflage 2003, Art. 70 Rn. 8; *Stettner* in: Dreier, Grundgesetz-Kommentar, Bd. II, 2. Auflage 2006, Supplementum 2007, Art. 73 Rn. 40.

686 BVerwG vom 15.03.1968, VII C 189.66, BVerwGE 29, 214 (215 f.); in der Folge auch BVerwGE 66, 315 (322); 72, 8 (10); *Pestalozza* in: v. Mangoldt/Klein/Starck, GG Kommentar, 3. Auflage 1996, Band 8, Art. 73 Rn. 470.

687 *Jarass*, Kartellrecht und Landesrundfunkrecht, 1991, 22 f. mit Verweis unter anderem auf die Arbeitsgemeinschaft der Rundfunkanstalten Deutschlands (ARD), gegen die trotz kartellähnlicher Elemente keine entsprechenden Einwände erhoben werde.

688 *Dörr*, ZWeR 2004, 159 (187); *Paschke*, AfP 2012, 501 (510); *Rösler*, WuW 2009, 1014 (1018); *Huber*, Die Verwaltung 2007, 1 (3).

689 BVerfG vom 16.06.1981, 1 BvL 89/78, BVerfGE 57, 295 (320); hierzu *Dörr/Deicke*, ZUM 2015, 89 (91); *Dörr/Herr*, K&R 2004, 424 (427).

690 BVerfG vom 16.06.1981, 1 BvL 89/78, BVerfGE 57, 295 (321); *Jarass*, Kartellrecht und Landesrundfunkrecht, 1991, 25.

691 BVerfG vom 06.10.1992, 1 BvR 1586/89, 1 BvR 487/92, BVerfGE 87, 181 (197); ebenso BVerfGE 83, 238 (295); 57, 295 (319); *Dörr/Herr*, K&R 2004, 424 (427); *Dörr/Deicke*, ZUM 2015, 89 (91); *Flechsig*, CR 1999, 327, 330; *Körber*, ZWeR 2009, 315 (320); *Huber*, BayVBl. 2004, 609 (612).

GG, verknüpft.[692] Im Interesse der Demokratie werden publizistische Vielfalt und ein funktionsfähiger publizistischer Wettbewerb als Werte an sich begriffen, die mit den Interessen der Rundfunkwirtschaft und der Rezipienten nicht abgeglichen werden müssen.[693]

Die Länder sind danach verpflichtet, eine positive Ordnung zu schaffen, die die Meinungsvielfalt gewährleistet und sicherstellt.[694] Das Gesamtangebot des Rundfunks muss daher sowohl ausgewogen als auch vielfältig sein.[695] Die positive Vielfaltssicherung, die statt eines Mindeststandards einen konstanten Optimierungsauftrag enthält, ist der eigentliche Kern des Pluralismusgebots.[696]

Zu diesem „Rundfunkauftrag" gehört auch die Verbreitung des Rundfunks.[697] Nach ständiger Rechtsprechung des Bundesverfassungsgerichts fällt daher auch die Wahl der Übertragungstechnik, bei der ein Empfang der Sendungen für alle sichergestellt ist, in die Kompetenz der Länder.[698] Schließlich ist damit auch die Frage der Einspeisegebühren, die für die Verbreitung der Rundfunksendungen gezahlt werden, Teil der Kompetenz der Länder.[699]

bb. Regulierungsrahmen der Rundfunkhoheit

Die Länder haben diesen vom Bundesverfassungsgericht aufgestellten Regelungsauftrag für den Rundfunk im RStV und den Landesmediengesetzen im Sinne einer sektorspezifischen Regulierung umgesetzt: Unter anderem finden sich in §§ 11 ff. RStV spezielle Vorschriften für die öffentlich-rechtlichen Fernsehanstalten, in § 20 RStV ein Zulassungserfordernis für private Rundfunkveranstalter und in den §§ 25 ff. RStV Regelungen zur Verhinderung und Kontrolle vorherrschender Meinungsmacht.[700] Die §§ 52 ff. RStV und die parallelen Landesmediengesetze regeln die Pflichten der Kabelnetzbetreiber bei der Belegung

---

692 *Dörr/Deicke*, ZUM 2015, 89 (93).

693 *Huber*, BayVBl. 2004, 609 (612); *Huber*, FS „10 Jahre TLM", 2001, 185 (195).

694 BVerfG vom 16.06.1981, 1 BvL 89/78, BVerfGE 57, 295 (323); in der Folge BVerfGE 73, 118 (172); hierzu *Dörr*, ZWeR 2004, 159 (160 ff.) und (188); *Dörr/Deicke*, ZUM 2015, 89 (89); *Huber*, Die Verwaltung 2007, 1 (2).

695 *Dörr/Herr*, K&R 2004, 424 (427).

696 *Dörr/Deicke*, ZUM 2015, 89 (91).

697 *Trafkowski*, K&R 2002, 62 (63).

698 BVerfG vom 04.11.1986, 1 BvF 1/84, BVerfGE 73, 118 (123); in der Folge auch BVerfGE 74, 297 (326).

699 *Raitz von Frentz/Masch*, ZUM 2016, 326 (328).

700 Hierzu *Dörr/Deicke*, ZUM 2015, 89 (89); *Körber*, ZWeR 2009, 315 (321); *Rösler*, WuW 2009, 1014 (1018); *Trafkowski*, K&R 2002, 62 (62).

ihrer Plattformen, insbesondere den diskriminierungsfreien Zugang der Sendeunternehmen zu den Kabelnetzen zu angemessenen Bedingungen.[701]

Der Staatsvertrag war und ist dabei das verfassungsrechtlich zulässige „Instrument der Wahl“, da die Erfüllung des Rundfunkauftrags auch Koordination und Kooperation der Länder erfordert.[702] Bis zur Vereinheitlichung durch Inkrafttreten des RStV hatten etwa hinsichtlich der Weiterverbreitung von Satellitenprogrammen zwischen den Ländern unterschiedliche rechtliche Rahmenbedingungen geherrscht.[703] Das Bundesverfassungsgericht hatte daher zur Gewährleistung der Freiheit des Rundfunks klargestellt, ein funktionierendes System der Verbreitung grenzüberschreitenden Rundfunks hänge von einer Koordination der landesgesetzlichen Regelungen und damit auch von einer Kooperation der Länder ab.[704]

cc. Exekutivkompetenz

Auch und gerade für den Bereich der Verwaltungszuständigkeiten gilt der Vorrang der Länderzuständigkeit aus Art. 30 GG. Daher steht den Ländern auch für die Ausführung der Gesetze im Rundfunk das Gros der Kompetenzen als Teil ihrer Rundfunkhoheit zu.

Dabei hat sich in mehreren Entwicklungsschritten ein duales Rundfunksystem etabliert. Die Landesgesetzgeber haben sich letztlich dafür entschieden, öffentlich-rechtliche Rundfunkanstalten und private Rundfunkveranstalter nebeneinander zur Sicherung der Meinungsvielfalt einzusetzen.[705] In Rahmen dieser strukturellen Vielfaltssicherung ergänzt das Angebot der privaten Rundfunkveranstalter die Grundversorgung des öffentlich-rechtlichen Rundfunks.[706]

Die Tätigkeit beider Säulen unterliegt der Aufsicht von vierzehn Landesmedienanstalten.[707] Die Aufsicht umfasst auch die Einspeisegebühren, die an

701 *Raitz von Frentz/Masch*, ZUM 2016, 326 (327).

702 *Martini* in: Gersdorf/Paal, BeckOK Informations- und Medienrecht, 18. Edition, Stand: 01.11.2017, § 1 RStV Rn. 10 f. auch zu den Problemen bei der Genese der Staatsverträge, etwa der unzureichenden Einbindung der Länderparlamente.

703 *Martini* in: Gersdorf/Paal, BeckOK Informations- und Medienrecht, 18. Edition, Stand: 01.11.2017, § 1 RStV Rn. 2.

704 BVerfG vom 04.11.1986, 1 BvF 1/84, BVerfGE 73, 118 (196).

705 *Dörr/Deicke*, ZUM 2015, 89 (91).

706 *Huber*, FS „10 Jahre TLM“, 2001, 185 (186).

707 Die Landesmedienanstalt ist zuständige Aufsichtsbehörde für alle Rundfunkveranstalter, die in ihrem Bundesland ihren Sitz haben, hierzu *Jungheim*, Medienordnung und Wettbewerbsrecht im Zeitalter der Digitalisierung und Globalisierung, 2012, 558.

Kabelnetzbetreiber gezahlt werden.[708] Dabei folgt aus dem Gebot der Staatsferne, dass Rundfunkanstalten und insbesondere ihre Aufsichtsgremien binnenplural ausgestaltet sein müssen.[709] Zu deren besserer Koordinierung und der Konzentration gewisser Entscheidungsprozesse wurde u.a. die Kommission für Zulassung und Aufsicht (ZAK) und die Kommission zur Ermittlung der Konzentration im Medienbereich (KEK) geschaffen.[710]

Den zwei Säulen des Rundfunksystems kommt nach der Rechtsprechung des Bundesverfassungsgerichts und in der Lesart der Rundfunkgesetze eine sehr ungleiche Bedeutung bei der Verwirklichung des Rundfunkauftrags zu. Während der kommerzielle Privatrundfunk speziell hinsichtlich der Gewährleistung der Meinungsvielfalt eher als leistungsschwach eingeschätzt wird,[711] ist es Auftrag der öffentlich-rechtlichen Rundfunkanstalten, durch die Herstellung und Verbreitung ihrer Angebote als Medium und Faktor des Prozesses freier individueller und öffentlicher Meinungsbildung zu wirken und dadurch die demokratischen, sozialen und kulturellen Bedürfnisse der Gesellschaft zu erfüllen, § 11 RStV.[712] Die öffentlich-rechtlichen Rundfunkanstalten sind also nach der gesetzgeberischen Konzeption das zentrale Mittel zur Verwirklichung des Rundfunkauftrages, auch wenn die Umschreibung des Programmauftrages wegen des Grundsatzes der Staatsferne nur abstrakt erfolgt.[713]

Der öffentlich-rechtliche Rundfunk muss daher die Sicherstellung von umfassender und qualitativ hochwertiger Informationsbereitstellung gewährleisten.[714] Insoweit kommt ihm eine besondere Bedeutung für die demokratische Ordnung und für das kulturelle Leben zu.[715] Erfüllt der öffentlich-rechtliche Rundfunk diese Grundversorgung der Bürger nicht vollumfänglich, entfällt auch die „Privilegierung“ der privaten Rundfunkveranstalter: Diese sind dann, soweit dies ihre marktwirtschaftliche Organisation zulässt, gleichermaßen zur Gewährleistung

---

708 *Raitz von Frentz/Masch*, ZUM 2016, 326 (330).

709 *Paulus/Nölscher*, ZUM 2017, 177 (179 f.).

710 *Körber*, ZWeR 2009, 315 (321); vgl. auch *Huber*, Die Verwaltung 2007, 1 (1 ff.).

711 BVerfG vom 04.11.1986, 1 BvF 1/84, BVerfGE 73, 118 (154).

712 Vgl. auch BVerfG vom 24.03.1987, 1 BvR 147/86, 478/86, BVerfGE 74, 297 (325); *Dörr/Deicke*, ZUM 2015, 89 (92); *Klaue* in: Hoffmann-Riem, Rundfunk im Wettbewerb, 1988, 84 (87).

713 *Gersdorf* in: ders./Paal, BeckOK Informations- und Medienrecht, 18. Edition, Stand: 01.05.2017, § 11 RStV Rn. 4.

714 BVerfG vom 04.11.1986, 1 BvF 1/84, BVerfGE 73, 118, (157 f.).

715 BVerfGE ebenda.

der Meinungsvielfalt angehalten.[716] Allerdings verhindert die konzeptionelle Schwäche der privaten Rundfunkveranstalter, dass der Gesetzgeber die verfassungsrechtliche Verantwortung insgesamt oder in großen Teilen auf den privaten Rundfunk übertragen darf.[717]

Hierfür ist der öffentlich-rechtliche Rundfunk anders als der private Sektor auch durch umfassende Funktionsgarantien als Bestands- und Entwicklungsgarantien, einschließlich einer Finanzgarantie, gesichert.[718]

Dazu beeinflussen die Rundfunkanstalten der Länder die koordinierten Rundfunkmärkte durch differenzierte materiell-programmrechtliche, organisations- und verfahrensrechtliche Vorgaben.[719]

b. Glücksspiel

Das Wesen des Glücksspiels besteht nach der Eingrenzung der Rechtsprechung darin, dass die Entscheidung über Gewinn und Verlust nach den Vertragsbedingungen nicht wesentlich von den Fähigkeiten, den Kenntnissen und der Aufmerksamkeit der Spieler abhängt, sondern allein oder hauptsächlich vom Zufall. Maßgebend für die Beurteilung sind dabei die Spielverhältnisse, unter denen das Spiel eröffnet ist und gewöhnlich betrieben wird, also die Fähigkeiten und Erfahrungen des Durchschnittsspielers. Den Maßstab hierfür bildet das Publikum, für das das Spiel eröffnet ist, nicht der geübtere oder besonders geübte Teilnehmer.[720]

aa. Lotteriehoheit als Recht der öffentlichen Sicherheit und Ordnung, Art. 70 GG

Auch die Veranstaltung von Glücksspiel ist eine öffentliche Aufgabe. Bereits zu Beginn der 1970er schrieb das Bundesverfassungsgericht der Konzessionierung von Spielbanken, einem durchaus repräsentativen Teil des Glücksspielmonopols, den Hauptzweck als „öffentliche Aufgabe“ zu, die darin bestehe, das illegale

---

716 *Dörr/Deicke*, ZUM 2015, 89 (92).

717 *Dörr/Deicke*, ZUM 2015, 89 (92): Das Bundesverfassungsgericht sieht in der Werbeabhängigkeit der privaten Fernsehveranstalter allerdings eine konzeptionelle Schranke für die Sicherung von Vielfalt.

718 *Stock* in: Hoffmann-Riem, Rundfunk im Wettbewerb, 1988, 35 (46).

719 *Stock* in: Hoffmann-Riem, Rundfunk im Wettbewerb, 1988, 35 (42).

720 BGH vom 18.04.1952, 1 StR 739/51, BGHSt 2, 274 (276); vom 07.12.1979, 2 StR 315/79, BGHSt 29, 152 (157); vom 11.01.1989, 2 StR 461/88, BGHSt 36, 74 (80); BVerwGE 2, 110 (111).

Glücksspiel um Geld einzudämmen und dem Spieltrieb des Menschen staatlich überwachte Betätigungsmöglichkeiten zu schaffen.[721] Diese Auffassung hat das Gericht mehrfach bestätigt und jüngst die Bekämpfung von Spiel- und Wettsucht, den Schutz der Spieler vor betrügerischen Machenschaften und einen weitergehenden Verbraucherschutz sowie die Abwehr von Gefahren aus mit dem Spiel verbundener Folge- und Begleitkriminalität als besonders wichtige Gemeinwohlziele eingestuft.[722]

Das gesamte Glücksspielrecht dient daher dem Ziel, die Bevölkerung, insbesondere Kinder und Jugendliche, vor den Gefahren der Glücksspielsucht und der mit den Glücksspielen verbundenen Folgen und Begleitkriminalität zu schützen.[723] Glücksspielrecht ist also klassisches Gefahrenabwehrrecht. Dieses gehört als Teilausschnitt des Rechts der öffentlichen Sicherheit und Ordnung zu den Kernkompetenzen der Länder.[724]

Die originäre Zuständigkeit der Länder für gefahrenvorsorgende Rechtsetzung umfasst neben dem Recht der Spielbanken[725] auch das Recht der Sportwetten[726] sowie das Recht der Lotterien: Auch ein attraktives Lottoangebot dient der gleichen öffentlichen Aufgabe, da auch hier der Staat aktiv wird, um eine „an sich unerwünschte Tätigkeit"[727] selbst in die Hand zu nehmen. Die Veranstaltung von Lotterien ist daher eine öffentliche Aufgabe,[728] deren Erfüllung nach Art. 30 GG Sache der Länder ist, soweit das Grundgesetz keine andere Regelung getroffen oder zugelassen hat.[729] Auch die sog.

---

721 BVerfG vom 18.03.1970, 2 BvO 1/65, BVerfGE 28, 119 (148); hierzu *Schneider*, GewArch Beilage WiVerw Nr. 03/2014, 165 (166).

722 BVerfG vom 26.03.2007, 1 BvR 2228/02, juris, Rn. 36; ähnlich bereits BVerfG vom 19.07.2000, 1 BvR 539/96, BVerfGE 102, 197 (215).

723 BVerfG vom 28.03.2006, 1 BvR 1054/01, BVerfGE 115, 276; bestätigt für den GlüStV durch das BVerfG in einem Nichtannahmebeschluss vom 14.10.2008, 1 BvR 928/08, juris, Rn. 28 f.

724 BVerfG vom 18.03.1970, 2 BvO 1/65, BVerfGE 28, 119 Rn. 98.

725 BVerfG vom 18.03.1970, 2 BvO 1/65, BVerfGE 28, 119 ebenda.

726 *Dietlein/Thiel*, NWVBl. 2001, 171; *Dietlein*, WRP 2003, 1175; *Janz*, NJW 2003, 1699; a.A. *Horn*, NJW 2004, 2047 (2048); *Kolb*, Die Veranstaltung von Glücksspielen, 2009, 84.

727 BVerfG vom 19.07.2000, 1 BvR 539/96, BVerfGE 102, 197 (215 f.).

728 *Walz*, Werbung für staatliche Glücksspielangebote als öffentliche Ausgabe, 2009.

729 BVerfG vom 28.02.1961, 2 BvG 1/60, 2 BvG 2/60, BVerfGE 12, 205 Rn. 138; zur sog. Residualkompetenz *Pietzcker*, HStR IV, 3. Auflage 2008, § 134 Rn. 2 f.

„Lotteriehoheit" ist nichts anderes als eine Ausprägung der Polizeihoheit der Länder;[730] sie umfasst Gesetzeserlass, Art. 70 GG, ebenso wie Gesetzesvollzug, Art. 83 GG.[731]

Dabei spielt es kompetenzrechtlich keine Rolle, dass abgesehen vom Teilbereich des Rechts der Spielhallen, der im Zuge der Föderalismusreform in Art. 74 Abs. 1 Nr. 11 GG ausdrücklich den

Ländern zugewiesen worden ist,[732] die meisten Teilbereiche des Glücksspielrechts und auch die Lotteriehoheit nicht ausdrücklich in Kompetenznormen genannt, sondern den Ländern durch Art. 70 Abs. 1 GG als Residualkompetenz zugewiesen sind. Die Residualkompetenz ist ebenfalls eine eindeutige Gesetzgebungskompetenzzuweisung, erfasst die Landeszuständigkeiten aber als eine Gruppe unbenannter Einzelgesetzgebungsbefugnisse.[733] Diese generalklauselartige Kompetenzzuweisung ist aber für ihre Qualifikation als Kompetenznorm ebenso konstitutiv wie ausreichend.[734]

bb. Regulierungsrahmen der Lotteriehoheit

Wegen der fehlenden ausdrücklichen Zuweisung des Lotterierechts kommt jedoch der historischen Auslegung von Art. 70 GG erhöhtes Gewicht zu. Die für die historische Auslegung maßgebliche Staatspraxis ist aber insoweit eindeutig: Die Länder haben sich dieser Materie seit vielen Jahrzehnten angenommen.[735]

Die Länder haben sich in Umsetzung ihrer Polizeihoheit im Grundsatz für einen (Landes-)Staatsvorbehalt hinsichtlich der Veranstaltung bestimmter Glücksspielarten entschieden. Im Bereich des Lottos besteht hierzu ein Staatsmonopol hinsichtlich der umsatzträchtigen „Jackpotlotterien" wie etwa dem „Lotto 6 aus 49" oder dem 2012 eingeführten „Eurojackpot".[736]

Seit der Ratifizierung des GlüStV 2008 haben die zuständigen Länder der Veranstaltung von Glücksspiel und insbesondere Lotto einen bundeseinheitlichen

---

730 *Ohlmann*, WRP 1998, 1043 (1043); *Wormit*, NVwZ 2017, 281 (281).

731 *Dietlein*, ZfWG 2006, 197 (200).

732 Zum Umfang dieses Kompetenztitels jüngst BVerfG-K vom 07.03.2017, 1 BvR 1694/13, 1 BvR 1314/12, 1 BvR 1630/12, 1 BvR 1694/13, 1 BvR 1874/13, NVwZ 2017, 1111, Rn. 101 ff.

733 *Uhle* in: Maunz/Dürig, GG Kommentar, Art. 70, Rn. 80.

734 *Uhle* in: Maunz/Dürig, GG Kommentar, Art. 70, Rn. 85.

735 Vgl. unten B.II.1.e.

736 *Wormit*, NVwZ 2017, 281 (281).

Rahmen gegeben, der mit Inkrafttreten des GlüStV 2012 zum 01. Juli 2012 fortgeführt wurde.[737]

Die Zielsetzung der Regulierung knüpft dabei nahtlos an die kompetenzrechtliche Grundlage im Gefahrenabwehrrecht an. Das Lotteriemonopol dient einer effektiven Suchtbekämpfung der Spieler und gleichzeitig einer Kanalisierung sowohl des Glücksspiels als auch der damit einhergehenden Kriminalität.[738]

Rechtshistorisch betrachtet kann allerdings auch der Aspekt der Erzielung von Einnahmen gerade bei den Lotterien nicht vollständig ausgeblendet werden: Schon eine der ersten Lotterien, die im Jahre 1611 in Hamburg gegründet wurde, diente der Finanzierung eines Zuchthauses; doch auch der „Patentierung" der aus Italien stammenden Lotterie „5 aus 90"[739] im Jahr 1763 durch den preußischen König und dem Aufbau weiterer 25 staatlicher oder staatlich lizenzierter Lotterien bis 1771 kann ein gewisser fiskalischer Beigeschmack wohl nicht abgesprochen werden.[740] Dieser zweite Aspekt steht stets im Mittelpunkt aller Angriffe auf die Legitimität des Glücksspielmonopols.[741]

---

737 *Kirchhof*, ZfWG 2015, 301 (302 f.) auch zu den verfassungsrechtlichen Grenzen derartiger Länderkooperationen am Beispiel des Glücksspielkollegiums; vgl. auch XIX Hauptgutachten der *Monopolkommission*, BT-Drs. 17/10365, 45.

738 Vgl. § 1 GlüStV: Ziele des Staatsvertrages sind gleichrangig

1. das Entstehen von Glücksspielsucht und Wettsucht zu verhindern und die Voraussetzungen für eine wirksame Suchtbekämpfung zu schaffen,
2. durch ein begrenztes, eine geeignete Alternative zum nicht erlaubten Glücksspiel darstellendes Glücksspielangebot den natürlichen Spieltrieb der Bevölkerung in geordnete und überwachte Bahnen zu lenken sowie der Entwicklung und Ausbreitung von unerlaubten Glücksspielen in Schwarzmärkten entgegenzuwirken,
3. den Jugend- und den Spielerschutz zu gewährleisten,
4. sicherzustellen, dass Glücksspiele ordnungsgemäß durchgeführt, die Spieler vor betrügerischen Machenschaften geschützt, die mit Glücksspielen verbundene Folge- und Begleitkriminalität abgewehrt werden und
5. Gefahren für die Integrität des sportlichen Wettbewerbs beim Veranstalten und Vermitteln von Sportwetten vorzubeugen.

739 Die Methode geht zurück auf die Ziehung der fünf Senatoren für den Stadtstaat Genua Anfang des 16. Jahrhunderts, *Ohlmann*, ZfWG 2007, 101 (102).

740 In diese Richtung XIX Hauptgutachten der *Monopolkommission*, BT-Drs. 17/10365, 51; grundlegend hierzu *Ohlmann*, WRP 2005, 48 (49 ff.); *Houtman-de Smedt*, North-West Europe Under the Spell of Lotteries and Lotto in the Eighteenth and Nineteenth Centuries in: Bauer, Lotto und Lotterie, 87; *Ohlmann*, ZfWG 2007, 101 (102 ff.); zur Entwicklung des deutschen Sportwettenrechts *Scholz/Weidemann*, GewArch Beil. 2007, 105 (106 ff.).

741 Dazu sogleich B.I.1.b.

Daneben stellen auch gewerbliche Spielevermittler, die im Mittelpunkt der dargestellten Anwendungsfälle stehen, eine rechtshistorische Konstante dar: Bereits im 19. Jahrhundert lösten sie den sogenannten „Lotteriekrieg" zwischen Preußen und anderen deutschen Bundesstaaten aus, der erst durch den Abschluss der ersten Lotteriestaatsverträge in den Jahren 1904 bis 1911 eingedämmt werden konnte.[742]

cc. Exekutivkompetenz

Auch zur Gesetzesausführung sind im Lotteriebereich grundsätzlich die Länder zuständig.[743]

Betraut mit der Ausführung dieser öffentlichen Aufgabe sind die Lottogesellschaften. Die Mitglieder des DLTB haben die gleiche polizei- und ordnungsrechtliche Aufgabenstellung wie Spielbanken und decken keinen wirtschaftlichen Bedarf.[744] Selbst wenn sie keine (mit Hoheitsgewalt ausgestattete) Träger öffentlicher Gefahrenabwehr sind,[745] sind ihnen öffentliche Aufgaben übertragen worden.[746] Sie werden durch Gesetze oder Verwaltungsakte aufgrund eines Gesetzes in den einzelnen Ländern zu dem Zweck zugelassen, das Spiel um Geld einzudämmen und dem nicht vollständig zu unterdrückenden Spieltrieb des Menschen staatlich überwachte Betätigungsmöglichkeiten zu verschaffen.[747]

Neben dieser ordnungsrechtlichen Aufgabe schöpfen sie gleichzeitig jeglichen Ertrag aus dem soziologisch missbilligten Spiel ab.[748] Sie sind auch insoweit nur scheinbar Erwerbsunternehmen, unterliegen, anders als bei einer erwerbswirtschaftlichen Betätigung der öffentlichen Hand, z.B. der Beteiligung des Landes Niedersachsen an VW, nicht dem Gewinnmaximierungsgebot,[749] erfüllen

742 *Ohlmann*, WRP 2005, 48 (52): der preußische Staat hatte in den privaten Spielevermittlern eine Gefährdung der Eindämmung des potentiell sozialschädlichen Charakters der Lotterie erblickt.

743 *Dietlein*, ZfWG 2006, 197 (200).

744 *Ohlmann*, WRP 2001, 672 (674).

745 BGH vom 14.08.2008, KVR 54/07, ZfWG 2008, 359, (359 ff.) – Lottoblock, Rn. 34 mit Verweis auf BGH vom 19.03.1999, KVR 20/97, GRUR 1999, 771, (771 ff.) – Lottospielgemeinschaft.

746 BGH vom 14.08.2008, KVR 54/07, ZfWG 2008, 359, (359 ff.) – Lottoblock, Rn. 98 und 100; OLG Düsseldorf vom 08.06.2007, VI-Kart 15/06 (V), ZfWG 2007, 277 (284) – Deutscher Lotto- und Totoblock.

747 *Ohlmann*, WRP 2001, 672 (674), damit wird ihnen nicht eine Gelegenheit zur wirtschaftlichen Betätigung eröffnet.

748 *Ohlmann*, WRP 1998, 1043 (1046).

749 *Ohlmann*, WRP 1998, 1043 (1047).

selbst Verwaltungsaufgaben und sind vorrangig einem öffentlichen Zweck verpflichtet.[750] Wenngleich die Lottogesellschaften wie auch die Spielbanken auch Gewinn erwirtschaften dürfen und sollen und mit ihnen eine Einnahmequelle für die öffentliche Hand geschaffen wird, sind diese wirtschaftlichen Aspekte jedoch nur Rand- und Folgeerscheinungen, nicht aber der Kern des Betriebs eines Lotterieunternehmens.[751] Sie sind Gewinnsozialisierungsunternehmen.[752]

Damit sind die Lottogesellschaften Kompetenzträger im kooperativen Lotterieföderalismus[753] und somit Subjekte der bundesstaatlichen Kompetenzverteilung. Ihre Tätigkeit fällt daher unter Art. 30 GG.[754] Art. 30, 83 GG umschreiben allein die in der Fülle rechtlich verfasster Aktivität wurzelnde Emanation der Staatsgewalt, ohne eine quasi polizeirechtliche Differenzierung nach Handlungsermächtigung und Eingriffsermächtigung zu bezwecken oder einen Restbestand unqualifizierten Staatshandelns auszuklammern.[755] Die Kompetenzzuweisung muss daher insbesondere rechtsformunabhängig verstanden werden.[756] Es spielt demgemäß keine Rolle, ob bei dieser Betätigung Mittel des öffentlichen oder des privaten Rechts verwendet werden.[757] Die Art. 83 ff. GG gelten daher auch für die privatrechtsförmige Verwaltung.[758] Schließlich kann sich die Verwaltung auch nicht durch eine „Flucht ins Privatrecht" ihrer öffentlich-rechtlichen Bindungen entledigen, bleibt also grundrechtsgebunden. Diese Grundsätze dienen zwar dem Rechtsschutz des Bürgers, gelten aber gleichermaßen für die Kompetenzverteilung.[759] Neben einer Grundrechtsbindung bleibt damit auch die Bindung an die bundesstaatliche Kompetenzverteilung bestehen.

Zudem gilt Art. 30 GG ebenso für die gesetzesakzessorische wie für die „gesetzesfreie" Erfüllung öffentlicher Aufgaben: Unter die Kompetenznorm fällt nach eindeutiger Rechtsprechung des Bundesverfassungsgerichts jede Betätigung des Staates, auch unabhängig davon, ob die Tätigkeit in dem Vollzug von Gesetzen

---

750 *Ohlmann*, WRP 2001, 672 (675).
751 *Ohlmann*, WRP 2001, 672 (674).
752 *Püttner*, Die öffentlichen Unternehmen, 1969, 110.
753 *Ohlmann*, WRP 2001, 672 (685).
754 *März* in: v. Mangoldt/Klein/Starck, GG, 6. Aufl. 2010, Art. 30 Rn. 42.
755 *März* in: v. Mangoldt/Klein/Starck, GG, 6. Aufl. 2010, Art. 30 Rn. 39.
756 *Pietzcker*, HStR IV, 3. Auflage 2008, § 134 Rn. 18.
757 BVerfG vom 28.02.1961, 2 BvG 1/60, 2 BvG 2/60, BVerfGE 12, 205 Rn. 139; *Pietzcker*, HStR IV, 3. Auflage 2008, § 134 Rn. 18.
758 *Oebbecke*, HStR VI, 3. Auflage 2008, § 136 Rn. 7.
759 *Brohm*, NJW 1994, 281 (284).

besteht.[760] Das Gericht hat damit bereits 1961 dem zunehmenden Umfang der nichteingreifenden Verwaltung gerecht werden wollen.[761] Auch aus dem systematischen Zusammenhang von Art. 30 und dem VIII. Abschnitt des Grundgesetzes würde folgen, dass wie eben in diesem Abschnitt auch die „gesetzesfreie" Verwaltung umfasst ist.[762] Denn wie *Ehlers* pointiert feststellt: Die öffentliche Verwaltung bleibt auch dann Verwaltung, wenn sie wirtschaftet.[763]

c. *Daseinsvorsorge*

Anders als im Glücksspiel- und Rundfunkrecht fällt es schwerer, die kommunale Daseinsvorsorge zum Zwecke der Kompetenzabgrenzung begrifflich einzugrenzen. Da die Daseinsvorsorge ohnehin kein im Grundgesetz verankerter Kompetenztitel ist, kann der Begriff allein noch keine Kompetenzzuweisung mit sich bringen.[764] Allerdings gibt der Begriff zumindest Anhaltspunkte dafür, was zum kompetenziellen Gut des Rechts der Gemeinden gehören könnte. Wie *Ossenbühl* anmerkt, hat der Begriff der Daseinsvorsorge insoweit keine problemlösende, sehr wohl aber eine problemverdeutlichende Funktion.[765]

Da der Begriff zugleich den rechtlichen Maßstab für eine zulässige kommunale Betätigung setzt, die mit den Grenzen der Daseinsvorsorge mithin auch die Grenzen des zulässigen Eingriffs der Gemeinden in die Marktwirtschaft vorzeichnet, ist er auch selbst Gegenstand intensiver Diskussionen.[766] Hierbei

---

760 BVerfG vom 28.02.1961, 2 BvG 1/60, 2 BvG 2/60, BVerfGE 12, 205 Rn. 148 ff.; *Oebbecke*, HStR VI, 3. Auflage 2008, § 136 Rn. 6.

761 BVerfG vom 28.02.1961, 2 BvG 1/60, 2 BvG 2/60, BVerfGE 12, 205 Rn. 139.

762 BVerfG vom 28.02.1961, 2 BvG 1/60, 2 BvG 2/60, BVerfGE 12, 205 Rn. 149 f.: Die Gegenüberstellung von „Ausführung der Bundesgesetze" und „die Bundesverwaltung" könne nur vor diesem Hintergrund erklärt werden.

763 *Ehlers*, Empfiehlt es sich, das Recht der öffentlichen Unternehmen im Spannungsfeld von öffentlichem Auftrag und Wettbewerb national und gemeinschaftsrechtlich neu zu regeln, 2002, 43.

764 *Longo*, Neue örtliche Energieversorgung als kommunale Aufgabe, 2009, 130; *Schiller*, Staatliche Gewährleistungsverantwortung und die Sicherstellung von Anschluss und Versorgung im Bereich der Energiewirtschaft, 2012, 81: keine unmittelbaren normativen Wirkungen.

765 *Ossenbühl*, DÖV 1971, 513 (517).

766 *Ipsen*, ZHR 170, 422, 422; *Fehling* in: Schwarze, Daseinsvorsorge im Lichte des Wettbewerbsrechts, 2001, 195 (201); kritisch *Hill*, BB 1997, 425 (427): die Begrenzung kommunalwirtschaftlicher Betätigung folge nicht aus dem Begriff der Daseinsvorsorge, sondern aus GG, GO und dem Wettbewerbsrecht.

wurde dem Begriff sogar jegliche rechtliche Relevanz abgesprochen, die Daseinsvorsorge zum reinen politischen Leitziel ohne Auswirkungen etwa auf die Grenzen der kommunalen Betätigung erklärt[767] und schließlich ausgerechnet von der Europäischen Kommission wieder aus der „soziologischen Austragsstube" geholt.[768]

Die Bildung des Begriffs der Daseinsvorsorge hängt eng mit der Entwicklung des heutigen sozialen Rechts- und Leistungsstaates vom „Polizeystaat", auch „Nachtwächterstaat" genannt, der sich vorwiegend als eingreifender Staat in Lauerstellung verstand, hin zum mehr aktiv leistenden und vorausschauend „fürsorgenden" Staat infolge der Industrialisierung zusammen.[769] Da der Einzelne – anders als noch in der Agrargesellschaft – in der industrialisierten Massengesellschaft nicht in der Lage ist, aus eigener Kraft seine existenznotwendigen Güter selbst zu beschaffen, springt der Staat zur Befriedigung dieses „Appropriationsbedürfnisses" ein. Dieses Phänomen taufte *Forsthoff* „Daseinsvorsorge".[770]

Zur staatlichen Daseinsvorsorge rechnet *Forsthoff* die Versorgung mit Wasser, Gas und Elektrizität, daneben aber auch die Bereitstellung von Verkehrsmitteln jeder Art, wie Post, Telefonie und Telegraphie, die hygienische Sicherung, die Vorsorge für Alter, Invalidität, Krankheit, Arbeitslosigkeit und vieles mehr.[771] Der Begriff unterliegt schon wegen des ständigen Wechsels des Appropriationsbedürfnisses infolge sich verändernder Umwelt- und Gesellschaftsbedingungen einem stetigen Wandel.[772] Das „existentielle Angewiesensein des Einzelnen auf die Besorgung zivilisatorischer Leistungen zu sozial angemessenen Bedingungen" ist aber als Phänomen der modernen arbeitsteiligen Gesellschaft nicht wegzudenken.[773]

Ein beispielhafter, aber die Spannweite durchaus verdeutlichender Katalog öffentlicher Aufgaben der Daseinsvorsorge findet sich z.B. in Art. 83 Abs. 1 der Bayerischen Verfassung: Neben der Verwaltung des Gemeindevermögens und

---

767 *Hill*, BB 1997, 425 (427).

768 *Badura* in: Schwarze, Daseinsvorsorge im Lichte des Wettbewerbsrechts, 2001, 25 (25) mit Hinweis auf die Mitteilungen der *Kommission* vom September 1996 und September 2000.

769 *Pielow*, JuS 2006, 692 (692).

770 *Forsthoff*, Die Verwaltung als Leistungsträger, 1938; *Pielow*, JuS 2006, 692 (692); *Hill*, BB 1997, 425 (427); *Longo*, Neue örtliche Energieversorgung als kommunale Aufgabe, 2009, 128.

771 *Forsthoff*, Rechtsfragen der leistenden Verwaltung, 1959, 28.

772 *Gaßner*, KommJur 2007, 129 (133).

773 *Hill*, BB 1997, 425 (427) mit Verweis auf *Stern*, LKT NW 1977, 177.

der Gemeindebetriebe ist der örtliche Verkehr nebst Straßen- und Wegebau, die Versorgung der Bevölkerung mit Wasser, Licht, Gas und elektrischer Kraft, die Einrichtungen zur Sicherung der Ernährung, die Ortsplanung, der Wohnungsbau und die Wohnungsaufsicht, die örtliche Polizei, der Feuerschutz, die örtliche Kulturpflege, das Volks- und Berufsschulwesen und die Erwachsenenbildung, das Vormundschaftswesen und die Wohlfahrtspflege, das örtliche Gesundheitswesen, die Ehe- und Mütterberatung sowie die Säuglingspflege, die Schulhygiene und die körperliche Ertüchtigung der Jugend, der Betrieb öffentlicher Bäder, die Totenbestattung sowie die Erhaltung ortsgeschichtlicher Denkmäler und Bauten (nicht abschließend) aufgezählt.[774]

Zunehmend ist der Begriff auch europarechtlich determiniert, obwohl er trotz seiner Präsenz in vielen Rechtskreisen der Mitgliedstaaten der Unionsrechtsordnung selbst fremd ist.[775] Art. 106 Abs. 2 AEUV umschreibt aber die Daseinsvorsorge als „Dienste von allgemeinem (wirtschaftlichen) Interesse".[776] Eben diese Umschreibung war stets Gegenstand großen Widerstands verschiedener Mitgliedstaaten, die angesichts klarer Liberalisierungstendenzen auf Unionsebene auf ihre Gemeinwohl- und nicht zuletzt Souveränitätsinteressen pochten und Daseinsvorsorgeleistungen dabei als originär (national-)staatliche Aufgabe verstanden.[777]

Den Auffassungen Frankreichs und Italiens, beide geprägt durch eine Tradition zentralistischer Staatsorganisationen und des Staatsinterventionismus, standen insbesondere den Ansichten der föderalen und zugleich liberalisierteren Marktordnungen in Deutschland oder den Beneluxstaaten gegenüber.[778] Art. 106 Abs. 2

---

774 *Ipsen*, ZHR 170, 422 (444); *Ehlers*, Gutachten E für den 64. Deutschen Juristentag, 2002, Empfiehlt es sich, das Recht der öffentlichen Unternehmen im Spannungsfeld von öffentlichem Auftrag und Wettbewerb national und gemeinschaftsrechtlich neu zu regeln?, 36.

775 Vgl. etwa service public in Frankreich, servizzio publico in Italien, *Markopoulos*, KommJur 2012, 330, 331; *Ehlers*, Gutachten E für den 64. Deutschen Juristentag, 2002, Empfiehlt es sich, das Recht der öffentlichen Unternehmen im Spannungsfeld von öffentlichem Auftrag und Wettbewerb national und gemeinschaftsrechtlich neu zu regeln?, 36.

776 *Jung* in: Calliess/Ruffert, EUV/AEUV, 5. Auflage 2016, Art. 106 Rn. 36; *Markopoulos*, KommJur 2012, 330 (331).

777 *Pielow*, JuS 2006, 692 (694); *Schmahl*, GewArch Beilage WiVerw Nr. 02/2011, 96 (97 ff.).

778 *Markopoulos*, KommJur 2012, 330 (331).

AEUV ist daher schon historisch bedingt eine Kompromissklausel, die sowohl marktfreundliche als auch etatistische Auslegungsvarianten erlaubt und damit konkrete öffentliche Interessen und Aufgaben, aber gleichzeitig auch die Organisationshoheit der Mitgliedstaaten insgesamt zu schützen versucht.[779]

Gleichzeitig findet sich in Art. 14 AEUV eine Art „Artenschutzklausel für die Daseinsvorsorge",[780] die die spezifische Stellung der Daseinsvorsorge-Leistungen innerhalb des europäischen Zielkatalogs zumindest auf formale Weise verstärkt.[781] Die Norm wird regelmäßig bemüht, um die nationale Tradition der Daseinsvorsorge mit den divergierenden Zielen des unionalen Wettbewerbsrechts in Einklang zu bringen.[782] Europarechtlich gelten als Dienste von allgemeinem wirtschaftlichen Interesse (also als Daseinsvorsorge) vor allem die sog. Basisdienstleistungen, die anders als die sog. Mehrwertdienstleistungen nicht von privaten Dritten erbracht werden können.[783]

Die Spruchpraxis von Kommission und EuGH grenzt den Begriff zudem von zwei Seiten her ein: Dienstleistungen sind nur dann „allgemein", wenn sie zumindest auch im öffentlichen Interesse wahrgenommen werden, wofür das Interesse eines Teils der Bevölkerung oder einer einzelnen Gemeinde genügt: Das ist vor allem der Fall bei ganz oder teilweise unrentablen Dienstleistungen, die zur gleichmäßigen Versorgung der Bevölkerung gleichwohl flächendeckend erbracht werden müssen.[784] Zum anderen ist die Daseinsvorsorge von den Leistungen abzugrenzen, die öffentlichen Interessen nicht-wirtschaftlicher Art dienen.[785]

---

779 *Ehlers*, Gutachten E für den 64. Deutschen Juristentag, 2002, Empfiehlt es sich, das Recht der öffentlichen Unternehmen im Spannungsfeld von öffentlichem Auftrag und Wettbewerb national und gemeinschaftsrechtlich neu zu regeln?, 35 f.; *Markopoulos*, KommJur 2012, 330 (332).

780 *Gaßner*, KommJur 2007, 129 (130).

781 *Schmahl*, GewArch Beilage WiVerw Nr. 02/2011, 96 (97).

782 Vgl. *Fehling* in: Schwarze, Daseinsvorsorge im Lichte des Wettbewerbsrechts, 2001, 195 (205).

783 *Schmahl*, GewArch Beilage WiVerw Nr. 02/2011, 96 (108).

784 EuGH vom 11.04.1989, 66/86, Slg. 1989, 803 – Ahmed Saeed, Rn. 55; in der Folge ebenso EuGH Slg. 2000, I-825 – Deutsche Post AG/GZS u. Citicorp, Rn. 44; Slg. 2003, I-8089 – Ambulanz Glöckner/Landkreis Südwestpfalz, Rn. 55. *Jung* in: Calliess/Ruffert, EUV/AEUV, 5. Auflage 2016, Art. 106 Rn. 38

785 Vgl. Arbeitspapier der Kommissionsdienststellen vom 20.11.2007, SEK (2007) 1516 endg., 9 ff., das im Rahmen eines Frage-Antwort-Katalogs weitere Beispiele für wirtschaftliche und nichtwirtschaftliche Tätigkeiten anführt; *Jung* in: Calliess/Ruffert, EUV/AEUV, 5. Auflage 2016, Art. 106 Rn. 39.

Auch nach nationalen Wertungen lässt sich der Begriff besser negativ bestimmen, also durch Ausschluss der Felder, die nicht zur Daseinsvorsorge gehören (dürfen). Dabei kann eine begriffliche Eingrenzung nur unter Berücksichtigung von Funktion und gleichzeitig Legitimation der Daseinsvorsorge geschehen. Gewährleistet der Markt allein den gewünschten gesellschaftlichen und sozialen Nutzen der Versorgung mit Gütern und Dienstleistungen vom allgemeinen Interesse, ist für Daseinsvorsorge kein Raum.[786] Daseinsvorsorge ist also staatliche Marktkorrektur zur Erreichung sozialer und gesellschaftspolitischer Zwecke.[787] Das Konzept der Daseinsvorsorge ist damit idealtypisch ein Gegenmodell zum marktwirtschaftlichen Wettbewerb.[788]

aa. Kompetenz zur Regelung der Angelegenheiten der örtlichen Gemeinschaft

Soweit der jeweilige Bereich der Daseinsvorsorge örtlich verankert ist, ist er Teil des von Art. 28 Abs. 2 S. 1 GG geschützten Aufgabenbereichs.[789] Angelegenheiten der örtlichen Gemeinschaft i.S.v. Art. 28 Abs. 2 S. 1 GG sind solche Aufgaben, die das Zusammenleben und -wohnen der Menschen vor Ort betreffen oder einen spezifischen Bezug darauf haben[790]. Die kommunale Selbstverwaltungsgarantie räumt den Städten und Gemeinden eine umfassende Kompetenz zur Wahrnehmung der Angelegenheiten der örtlichen Gemeinschaft ein und bestimmt damit sowohl deren Zuständigkeit als auch den Inhalt ihrer (kommunalen) Aufgaben.[791]

Als dreifache Garantie erkennt sie erstens die Gemeinden als Ebene innerhalb des Staatsaufbaus an (institutionelle Garantie), garantiert zweitens deren selbstverantwortliche Aufgabenerfüllung (objektive Rechtsinstitutionsgarantie) und schützt drittens vor Eingriffen in den Garantiebereich (subjektive

---

786 *Gaßner*, KommJur 2007, 129 (132) pointiert aber treffend: deswegen gibt es keine staatlichen Bäckereien.

787 *Gaßner*, KommJur 2007, 129 (132): z.B. korrigiere Wohngeld einen gestörten Wohnungsmarkt und sei mithin Daseinsvorsorge.

788 *Fehling* in: Schwarze, Daseinsvorsorge im Lichte des Wettbewerbsrechts, 2001, 195 (199).

789 *Longo*, Neue örtliche Energieversorgung als kommunale Aufgabe, 2009, 131.

790 BVerfG vom 21.11.2017 – 2 BvR 2177/16, BVerfGE 147, 185 Rn. 70; st. Rspr. BVerfGE 8, 122 (134); 50, 195 (201; 52, 95 (120); 79, 127 (151 f.); 110, 370 (400);138, 1 (16).

791 *Longo*, Neue örtliche Energieversorgung als kommunale Aufgabe, 2009, 92.

Rechtsstellungsgarantie).[792] Dieser Schutzbereich wird auf unionaler Ebene durch Art. 4 Abs. 2 EUV abgesichert, der die Union gemäß der jüngeren Rechtsprechung des EuGH dazu verpflichtet, die jeweilige nationale Identität des Mitgliedstaats zu achten, die in ihren grundlegenden politischen und verfassungsmäßigen Strukturen einschließlich der lokalen und regionalen Selbstverwaltung zum Ausdruck komme.[793] Art. 4 Abs. 2 EUV erkennt damit die kommunale Selbstverwaltung ausdrücklich als Teil des unionalen Mehrebenensystems an, womit jedenfalls eine etwaige, anfängliche „Kommunalblindheit" der EU beendet wurde.[794]

Entscheidend tritt damit zu den Tatbestandsmerkmalen der Daseinsvorsorge das Kriterium der örtlichen Gemeinschaft hinzu. Hierbei ist insbesondere die räumliche Komponente entscheidend: Es geht um den Schutz solcher Interessen und Bedürfnisse, die in der örtlichen Gemeinschaft wurzeln oder auf sie einen spezifischen Bezug haben, die also den Gemeindeeinwohnern gerade als solchen gemeinsam sind, indem sie das Zusammenwohnen und Zusammenleben der Menschen in der Gemeinde betreffen.[795]

Die bereits dargestellten Anwendungsfälle betreffen den Bereich der leitungsgebundenen Versorgung mit Energie, speziell den Betreib des örtlichen Energieverteilernetzes, der von der herrschenden Meinung in Literatur und Rechtsprechung seit jeher als Ausschnitt dieser kommunalen Daseinsvorsorge gesehen wird.[796] Auch und gerade im Besonderen das Bundesverwaltungsgericht hat die örtliche Verankerung der kommunalen Energieversorgung umfassend

---

792 Klassisch nach *Stern*, Das Staatsrecht der Bundesrepublik Deutschland, Band 1, 1984, 409; vgl. *Mehde* in: Maunz/Dürig, GG Kommentar, 89. EL September 2019, Art. 28 Abs. 2 Rn. 39.

793 EuGH vom 12.06.2014 – C-156/13, CR 2016, 112 – Digibet, Rn. 34; vgl. hierzu *Arendts*, MMR 2014, 554 (556); *Michl*, EuZW 2014, 628 (631); *Stulz-Herrnstadt/Engelmann*, GRUR-Prax 2014, 310 (310); *Janson*, ZfWG 2015, 212 (213 f.).

794 Hierzu *Mehde* in: Maunz/Dürig, GG Kommentar, 89. EL September 2019, Art. 28 Abs. 2 Rn. 8 f.

795 *Tettinger* in: v. Mangoldt/Klein/Starck, 5. Auflage 2005, Art. 28 Rn. 168; weitergehend *Longo*, Neue örtliche Energieversorgung als kommunale Aufgabe, 2009, 155, der auch Bezüge zu anderen räumlichen Zusammenhängen miteinbeziehen will.

796 BVerwG vom 18.05.1995, 7 C 58/94, BVerwGE 98, 273 (275 f.); vgl. auch BGHZ 132, 198 (205); 199, 289 (298) Rn. 31; *Möllnitz*, Die Vergabe von Konzessionsverträgen nach § 46 Abs. 2 EnWG im Spannungsfeld zwischen Wettbewerb und Daseinsvorsorge, 2016, 5 m.w.N.; *Müller* in: Dietlein/Pautsch, BeckOK Kommunalrecht Baden-Württemberg, 8. Edition, Stand: 01.01.2020, Art. 107 Rn. 1.

herausgearbeitet.[797] Die Sicherung der örtlichen Versorgung mit Energie zähle als Grundbefürnis von „nahezu existenzieller Bedeutung für alle Menschen“[798] auch klassisch zum Bereich der kommunalen Daseinsvorsorge.[799] Daneben ließen sich aber auch sog. Siedlungsökologische Anliegen, wie die lokale Luftreinhaltung oder der Schutz des Kleinklimas, darüberhinaus aber auch eine nachhaltige Kommunal- und Regionalentwicklung und Energieautonomie zu den Angelegenheiten der örtlichen Gemeinschaft zählen.[800] Die Gemeinden können und sollen daher durchaus ökologische Grundfragen, wie die Versorgung mit heimisch erneuerbaren Energien, in ihre Aufgabenerfüllung mit einfließen lassen. Auch deswegen zählen die Gemeinden zu den entscheidenden Akteuren etwa bei der Verwirklichung der Energiewende.[801]

bb. Kommunalrecht als Hausgut der Länder, Art. 70 GG

Die gesamte Daseinsvorsorge ist der Grundtypus der öffentlichen Aufgabe und wird sogar als deren Synonym verwendet. Es greifen daher die gleichen Grundsätze, die für das Glücksspielrecht und Rundfunkrecht erarbeitet wurden: Befasst sich der Staat mit einer solchen Aufgabe, wird sie zur „staatlichen Aufgabe“, deren Erfüllung nach Art. 30 GG Sache der Länder ist, soweit das Grundgesetz keine andere Regelung getroffen oder zugelassen hat.[802]

Die Zuständigkeit für das insoweit wichtigste Steuerungselement der kommunalen Daseinsvorsorge, das Kommunalrecht, liegt mithin bei den Ländern.[803] Das Kommunalrecht zählt damit zum „kompetentiellen Hausgut“ der Länder.

797 BVerwG vom 18.05.1995, 7 C 58/94, BVerwGE 98, 273 (275 ff.).

798 *Frotscher/Kramer*, Wirtschaftsverfassungs- und Wirtschaftsverwaltungsrecht, Rn. 505.

799 BVerfG vom 20.03.1984 – 1 BvL 28/82, BVerGE 66, 248 (258); *Dreier* in: Dreier, 3. Auflage 2015, Art. 28 Rn. 147; bereits *Forsthoff*, Rechtsfragen der leistenden Verwaltung, 1959, 28; *Möllnitz*, Die Vergabe von Konzessionsverträgen nach § 46 Abs. 2 EnWG im Spannungsfeld zwischen Wettbewerb und Daseinsvorsorge, 2016, 6 ff.; *Schiller*, Staatliche Gewährleistungsverantwortung und die Sicherstellung von Anschluss und Versorgung im Bereich der Energiewirtschaft, 2011, 82 f.

800 *Longo*, Neue örtliche Energieversorgung als kommunale Aufgabe, 2009, 173.

801 *Reimer* in: Müller/Kahl, Energiewende im Föderalismus, 2015, 70 (94 f.), der dabei die Rolle der Gemeinden als Normsetzer in den Vordergrund zu rücken versucht.

802 BVerfG vom 28.02.1961, 2 BvG 1/60, 2 BvG 2/60, BVerfGE 12, 205 Rn. 138; zur sog. Residualkompetenz *Pietzcker*, HStR IV, 3. Auflage 2008, § 134 Rn. 2 f.; *Reimer* in: Müller/Kahl, Energiewende im Föderalismus, 2015, 70 (71).

803 BVerfG vom 07.10.2014, 2 BvR 1641/11, BVerfGE 137, 108 (164), Rn. 132; jüngst bestätigt durch BVerfG-K vom 22.08.2016, 2 BvR 2953/14; WuW 2016, 535, (535 ff.).

[804]Dieses wird nach der geläufigen Definition als die Summe der Rechtssätze verstanden, die sich mit der Rechtsstellung, der Organisation, den Aufgaben sowie den Handlungsformen der kommunalen Körperschaften befassen, wobei letztere nicht nur die (Städte und) Gemeinden, sondern auch die Landkreise und die Kommunalverbände sowie weitere, das Tätigwerden von Gebietskörperschaften strukturierende und koordinierende Organisationsformen umfassen.[805]

Die Föderalismusreform von 2006 hat diese Kompetenzverteilung dadurch unterstrichen, dass dem Bundesgesetzgeber in Art. 84 Abs. 1 S. 7 GG sowie in Art. 85 Abs. 1 S. 2 GG ausdrücklich das Verbot auferlegt worden ist, den Gemeinden und Gemeindeverbänden durch Gesetz Aufgaben zu übertragen, und dabei ausdrücklich betont wurde, dass eine solche Aufgabenübertragung allein durch Landesgesetz möglich ist.[806] Inhaltlich umfasst die Kompetenz der Länder für das Kommunalrecht u.a. namentlich das Gemeindeverfassungsrecht und die Wählbarkeit zu den kommunalen Vertretungskörperschaften,[807] ebenso das Gemeindewirtschaftsrecht[808] sowie die Sorge für die Gemeindefinanzen.[809]

Zugleich ist der Landesgesetzgeber zuständig, die Grenzen kommunalwirtschaftlicher Betätigung in den Gemeindeordnungen zu regeln.[810] Die Einschränkung kommunaler wirtschaftlicher Betätigung ist dabei stark verfassungsrechtlich determiniert, da Art. 28 Abs. 2 S. 1 GG und die Verfassungen der Länder, etwa Art. 11 Abs. 2 S. 2 BV, den Gemeinden das Recht gewährleisten, alle Angelegenheiten der örtlichen Gemeinschaft im Rahmen der Gesetze in Eigenverantwortung zu regeln.[811] Diese innerstaatlichen Kompetenzverteilungszuschriften erklären die Gemeinden für Angelegenheiten, die in der örtlichen

804 BVerfG vom 20.03.1952, 1 BvR 267/51, BVerfGE 1, 167 (176); in der Folge ebenso BVerfGE 26, 172 (181); 48, 64 (83); 56, 298 (310); 57, 43 (59); 58, 177 (191 f.); 77, 288 (299); *Sannwald* in: Schmidt-Bleibtreu/Hofmann/Hopfauf, GG Kommentar, 11. Auflage 2008, Art. 70 Rn. 21; *Kunig* in: v. Münch/Kunig (Hrsg.), Grundgesetz-Kommentar, Bd. 3, 4./5. Auflage 2003, Art. 70 Rn. 8.

805 *Uhle* in: Maunz/Dürig, GG Kommentar, 6. Auflage 2012, Art. 70 Rn. 104.

806 BT-Drs. 16/813, S. 15; *Uhle* in: Maunz/Dürig, GG Kommentar, 6. Auflage 2012, Art. 70 Rn. 104.

807 BVerfG vom 06.10.1981, 2 BvR 384/81, BVerfGE 58, 177 (191 f.); vgl. auch BVerwG, NVwZ 1993, 378 (379); LKV 1997, 171 (172).

808 SächsVerfGH vom 20.05.2005 – Vf. 34-VIII-04, NVwZ 2005, 1057 ff. (1058).

809 BVerfG vom 10.06.1969, 2 BvR 480/61, BVerfGE 26, 172 (181).

810 *Hill*, BB 1997, 425 (428); *Scharpf*, GewArch 2005, 1 (1).

811 *Scharpf*, GewArch 2005, 1 (1).

Gemeinschaft wurzeln oder zu ihr einen spezifischen Bezug haben,[812] wozu auch die wirtschaftliche Betätigung zählt, für allein zuständig.[813]

cc. Regulierungsrahmen des Landesgesetzgebers

Der Landesgesetzgeber hat daher in den Grenzen des Verfassungsrechts und unter Beachtung der Grundrechte Dritter die Voraussetzungen der Daseinsvorsorge festzulegen.[814] Dabei werden insbesondere der wirtschaftlichen Betätigung der Gemeinden, egal ob notwendig zur Ausführung der Daseinsvorsorge oder zu anderen Zwecken, durch Landesgesetze Grenzen gesetzt. So enthalten insbesondere die Gemeindeordnungen der Länder einerseits Normen zur Zulässigkeit kommunaler wirtschaftlicher Betätigung, andererseits auch zu deren organisatorischer Umsetzung wie der Wahl der Rechtsform der jeweiligen Unternehmung.[815]

Von Relevanz ist insofern die in den Gemeindeordnungen der meisten Länder in Anlehnung an die DGO von 1935 beibehaltene sog. Schrankentrias: Die kommunale wirtschaftliche Betätigung muss durch die Erfüllung eines öffentlichen Zwecks gerechtfertigt sein, darf Bedarf wie Leistungsfähigkeit der Gemeinde nicht übersteigen sowie nicht ebenso gut und wirtschaftlich durch private Wettbewerber erfüllbar sein.[816] Die letzte Schranke, die sog. Subsidiaritätsklausel wird jedoch meist, verfassungsrechtlich unbedenklich,[817] für bestimmte Bereiche der Daseinsvorsorge für unanwendbar erklärt.[818] Daneben begrenzt zumeist ein in den Gemeindeordnungen enthaltenes sog. Örtlichkeitsprinzip den von Art. 28 Abs. 2 S. 1 GG garantierten universalen *Wirkungs*kreis der Gemeinden auf ihr

---

812 BVerfG vom 23.11.1988, 2 BvR 1619/83, 2 BvR 1628/83, BVerfGE 79, 127 (146); ebenso BVerfGE 138, 1 (18); 147, 185 Rn. 77.

813 *Scharpf*, GewArch 2005, 1 (3).

814 *Gaßner*, KommJur 2007, 129 (131); *Scharpf*, GewArch 2005, 1 (9).

815 *Brüning*, NVwZ 2015, 689 (690) mit Blick auf § 101 sowie §§ 102 Abs. 1 bis 4, 103 Abs. 1 und §§ 105, 106, 106 a SchlHGO.

816 *Koppe*, (Re-)Kommunalisierung des Strom- und Gasversorgungsnetzbetriebes, 2017, 67; *Brüning*, NVwZ 2015, 689 (692).

817 BVerwG vom 01.03.1978, 7 B 186/76, BVerwGE 39, 329 (336 f.); *Brüning*, NVwZ 2015, 689 (693): Art. 14 GG als echte Grenze schütze keine Ewerbschancen der privaten Mitbewerber jenseits unerlaubter Monopole vor staatlicher Konkurrenz, Art. 12 GG.

818 *Koppe*, (Re-)Kommunalisierung des Strom- und Gasversorgungsnetzbetriebes, 2017, 72; etwa § 116 Abs. 2 S. 1 GO LSA a.F., nach dem öffentlicher Zweck und Subsidiarität nicht mehr festgestellt werden müssen; hierzu *Fehling* in: Schwarze, Daseinsvorsorge im Lichte des Wettbewerbsrechts, 2001, 195 (198 f.).

Hoheitsgebiet und sichert so die demokratische Legitimation der wirtschaftlichen Tätigkeit.[819] Der *Tätigkeits*kreis der Gemeinde wird hierdurch jedoch nicht begrenzt, so dass Aktivitäten kommunaler Unternehmen jenseits der Gemeindegrenzen und sogar im Ausland erlaubt und mitunter sogar geboten sind.[820]

Zudem kann der zuständige Landesgesetzgeber auch bestimmte Bereiche ausdrücklich zum Gegenstand der Daseinsvorsorge erklären und die kommunale wirtschaftliche Betätigung insoweit legalisieren: So haben z.B. viele Landesgesetzgeber in ihren Gemeindeordnungen die energiewirtschaftliche Betätigung der Gemeinden im Bereich von Strom-, Gas- und Wärmeversorgung privilegiert und damit auch ihre Relevanz für die Daseinsvorsorge unterstrichen.[821] Beispielhaft ist § 107a GO NRW, der die „Zulässigkeit energiewirtschaftlicher Betätigung" speziell regelt und festlegt, dass die wirtschaftliche Betätigung in den Bereichen Strom-, Gas- und Wärmeversorgung einem öffentlichen Zweck dient und zulässig ist, wenn sie nach Art und Umfang in einem angemessenen Verhältnis zur Leistungsfähigkeit der Gemeinde steht.[822] Mitunter wird schon vom „kommunalen Energiewirtschaftsrecht" gesprochen.[823] Im Rahmen derartiger Gesetze besteht aber prinzipiell ein gestaltungspolitischer Freiraum gemeindlicher Eigenentscheidung und somit autonomer Kompetenzbegründung der Gebietskörperschaften.[824]

Auch hinsichtlich des Verfassungsauftrages zum Klimaschutz, Art. 20a GG,[825] waren die Länder stets aktiv und haben bereits seit den 1990er Jahren einige Landesklimaschutzgesetze erlassen.[826]

---

819 *Brüning*, NVwZ 2015, 689 (693).

820 *Wolff*, DÖV 2011, 721 (723); *Brüning*, NVwZ 2015, 689 (694).

821 *Brüning*, NVwZ 2015, 689 (691 f.) mit Verweis auf § 107a Abs. 1 NWGO, § 85 Abs. 1 S. 2 RhPfGO, § 128 Abs. 2 S. 1 LSA KVG, § 101a Abs. 1 S. 1 GO-E oder Art. 87 Abs. 1 Nr. 1 BayGO im Gegensatz zu § 121 Abs. 1a HessGO; in vielen Gemeindeordnungen finden sich zudem sektorale Ausnahmen für die Daseinsvorsorge als solche.

822 *Koppe*, (Re-)Kommunalisierung des Strom- und Gasversorgungsnetzbetriebes, 2017, 66.

823 *Wolff* in: Schneider/Theobald, Recht der Energiewende, 2013, § 5 Rn. 3.

824 *Hill*, BB 1997, 425 (427).

825 *Longo*, Neue örtliche Energieversorgung als öffentliche Aufgabe, 2012, 178 ff.

826 *Reimer* in: Müller/Kahl, Energiewende im Föderalismus, 2015, 70 (90 f.).

dd. *Organisation der Daseinsvorsorge – notwendige wirtschaftliche Betätigung*

Die Daseinsvorsorge obliegt damit den kommunalen Gebietskörperschaften, also den Städten und Gemeinden. Die gemeindliche Daseinsvorsorge wird zusammen mit der Gemeindewirtschaft und der Verwaltung der gemeindlichen öffentlichen Einrichtungen daher auch als „prägendes Wesen der kommunalen Selbstverwaltung" bezeichnet.[827]

Zur Daseinsvorsorge müssen Gemeinden oft wirtschaftlich tätig werden. Diese notwendige wirtschaftliche Betätigung der Gemeinden, also der Betrieb kommunaler Unternehmen ist insofern nur „Modus" der Erledigung öffentlicher Aufgaben und stellt daher als Erscheinungsform der Erfüllung von Verwaltungsaufgaben reine Kompetenzausübung dar.[828]

4. Kompetenzen des Bundes

Daneben beansprucht auch der Bund in den betrachteten Bereichen gestützt auf unterschiedliche Kompetenztitel einen weitgehenden Regelungszugriff.

a. *Rundfunk*

Aufgrund der Doppelnatur des Rundfunks als Kultur- und Wirtschaftsgut, das darüber hinaus auch technische Aspekte berührt, bewegt sich insbesondere die Materie des Rundfunks seit jeher in einem Spannungsverhältnis zwischen verschiedenen Kompetenzzuweisungen an den Bund einerseits und an die Länder andererseits.[829] Aufgrund der immensen wirtschaftlichen Bedeutung des Rundfunks in globalen Medienmärkten, scheinen früher eindeutige Grenzziehungen mehr und mehr brüchig.[830]

So hat das Bundesverfassungsgericht bereits im ersten Rundfunkurteil etwa festgestellt, dass der Bund einige Teilbereiche des Rundfunks – wie etwa urheberrechtliche Fragen, Art. 73 Abs. 1 Nr. 9 GG, oder Aspekte der Verteidigung und des Schutzes der Zivilbevölkerung, Art. 73 Abs. 1 Nr. 1 GG, – regeln

---

827 *Scholz*, DÖV 1976, 441 (442); *Hill*, BB 1997, 425 (427).

828 *Brüning*, NVwZ 2015, 689 (690).

829 *Schwartmann* in: Gersdorf/Paal, BeckOK Informations- und Medienrecht, 18. Edition, Stand: 01.11.2017, Einführung in das Informationsrecht in Nordrhein-Westfalen, Rn. 40.

830 *Martini* in: Gersdorf/Paal, BeckOK Informations- und Medienrecht, 18. Edition, Stand: 01.11.2017, § 1 RStV Rn. 6.

darf.[831] Auch die sendetechnische Seite des Rundfunks fällt unter die in Art. 73 Abs. 1 Nr. 7 GG normierte ausschließliche Bundeskompetenz für die Telekommunikation.[832] Insoweit stehen die Kompetenzmaterien von Bund und Ländern nebeneinander.

Der Bund hat zudem die Kompetenz für den sendetechnischen Bereich des Rundfunks, als Teil des Kompetenztitel des Bundes für das Post- und Fernmeldewesens.[833] Insoweit sind die Rundfunkanstalten und privaten Rundfunkveranstalter nicht Teil, sondern lediglich „Benutzer" der Einrichtungen des Fernmeldewesens.[834] Zum Fernmeldewesen gehören alle Vorgänge des Sendens der Rundfunkdarbietungen; der Begriff beschränkt sich nicht auf die Übertragungswege einschließlich des Leitungsabschlusses, also den unmittelbaren Netzbereich, sondern umfasst auch die Einrichtungen, die die Übertragung ermöglichen.[835] Die Kompetenz aus Art. 73 Nr. 7 GG hat der Bund unter anderem zur Schaffung der „Deutschen Welle" genutzt, die das Ziel verfolgt, nationale Sichtweisen in der Welt zu verbreiten und verständlich zu machen.[836] Begrenzt wird die Kompetenz aber durch die Zuständigkeit der Länder hinsichtlich der Wahl der Übertragungstechnik.[837] Zudem folgt auch aus dem Grundsatz der Bundestreue, dass der Bundesgesetzgeber keine technischen Sachzwänge schafft,

---

831 BVerfG vom 28.02.1961, 2 BvG 1/60, 2 BvG 2/60, BVerfGE 12, 205 (240 f.); *Gersdorf* in: ders./Paal, Informations- und Medienrecht, 15. Ed. 2017, Mediengrundrechte, Art. 70 GG Rn. 7.

832 *Gersdorf* in: ders./Paal, BeckOK Informations- und Medienrecht, 18. Edition, Stand: 01.11.2017, Art. 70 GG Rn. 3.

833 BVerfG vom 28.02.1961, 2 BvG 1/60, 2 BvG 2/60, BVerfGE 12, 205 (226); *Martini* in: Gersdorf/Paal, BeckOK Informations- und Medienrecht, 18. Edition, Stand: 01.11.2017, § 1 RStV Rn. 4.

834 BVerfG vom 28.02.1961, 2 BvG 1/60, 2 BvG 2/60, BVerfGE 12, 205 (226); *Jungheim*, Medienordnung und Wettbewerbsrecht im Zeitalter der Digitalisierung und Globalisierung, 2012, 155.

835 BVerfG vom 12.10.1977, 1 BvR 216/75, BVerfGE 46, 120 (144); vgl. BVerwGE 77, 128 (131).

836 *Martini* in: Gersdorf/Paal, BeckOK Informations- und Medienrecht, 18. Edition, Stand: 01.11.2017, § 1 RStV Rn. 4; *Schwartmann*, Praxishandbuch Medien-, IT- und Urheberrecht, 3. Auflage 2014, 1. Rundfunkfreiheit, Rn. 5 in der Fußnote.

837 BVerfG vom 04.11.1986, 1 BvF 1/84, BVerfGE 73, 118 (123); ebenso BVerfGE 74, 297 (326); vgl. oben B.III.1.b.aa.

die den rundfunkrechtlichen Entscheidungsspielraum der Länder in irgendeiner Form eingrenzen.[838]

b. Glücksspiel

Auch im Glücksspielbereich beansprucht auch der Bund gestützt auf verschiedene Kompetenztitel umfangreiche Regelungsansprüche. Mitunter wird deswegen sogar von einer „dualen Ordnung" der Spielrechtsmaterie gesprochen.[839] Diese Terminologie täuscht jedoch darüber hinweg, dass der Bund im Glücksspielbereich und insbesondere im Bereich der hier interessierenden Lotterien nur noch vereinzelt Zuständigkeit für sich beanspruchen kann.

Zunächst wird teilweise eine Gesetzgebungskompetenz des Bundes im Glücksspielbereich oder für bestimmte Teilbereiche, etwa für die Regulierung der gewerblichen Spielevermittlung im Lotteriewesen, aus dem Recht der Wirtschaft, Art. 74 Abs. 1 Nr. 11 GG, abgeleitet.[840] Nach der Rechtsprechung des Bundesverfassungsgerichts erfasst dieser Kompetenztitel alle Normen, die das wirtschaftliche Leben und die wirtschaftliche Betätigung als solche regeln, insbesondere solche, die sich in irgendeiner Form auf die Erzeugung, Herstellung und Verteilung von Gütern des wirtschaftlichen Bedarfs beziehen.[841] Die Kompetenz wird grundsätzlich, auch unter Berücksichtigung der Verfassungstradition und Kompetenzkontinuität, sehr weit verstanden.[842]

Über den Kompetenztitel zum Recht der Wirtschaft ist der Bund danach im Glücksspielbereich zwar zur Rechtsetzung auf dem Gebiet des gewerblichen (Automaten-)Spielwesens sowie im Pferdewettensektor befugt, da der regulative

---

838 *Brockhoff*, Reichweite und Grenzen der Fusionskontrolle im Rundfunkbereich, 2016, 70.

839 *Wormit*, NVwZ 2017, 281 (281); *Ennuschat* in: Pielow, GewO, 2. Aufl. 2016, § 33h Rn. 1; *Makswit*, ZfWG 2015, 430 (430); *Streinz*, JuS 2016, 568 (568) und *Kirchhof*, ZfWG 2015, 301 (302) sprechen von „geteilten Gesetzgebungskompetenzen".

840 *Kolb*, Die Veranstaltung von Glücksspielen, 2009, 76; *Uwer*, NJW 2006, 3257 (3259); für die gewerbliche Spielevermittlung *Stober*, GewArch 2003, 305 (312 ff.), der zumindest für den Teilbereich der Vermittlung von Einzelspielern einen wirtschaftslenkenden Zweck erkennt, der Art. 74 Abs. 1 Nr. 11 GG zuzuordnen sei, und dann aber den „Kompetenzdualismus" zu Lasten der Länderkompetenz entscheidet.

841 BVerfG vom 28.01.2014, 2 BvR 1561/12, BVerfGE 135, 155 Rn. 101; st. Rspr. vgl. auch BVerfGE 8, 143 (148); 116, 202 (215 f.).

842 BVerfGE 5, 25 (28 f.); 116, 202 (215); hierzu bereits *Kössinger*, Die Durchführung des Europäischen Gemeinschaftsrechts im Bundesstaat, 1988, 50.

Zweck in diesen Sektoren mehr vom Gedanken der Gewerbefreiheit als von der Abwehr glücksspielbezogener Gefahren getragen ist.[843]

Für das Lotterierecht im Speziellen kann aber keine Gesetzgebungskompetenz des Bundes aus dem Recht der Wirtschaft, Art. 74 Abs. 1 Nr. 11 GG, auch und gerade nicht für Nebenaspekte wie das Recht der gewerblichen Spielvermittlung gefolgert werden.[844]

Die klassischen Bereiche des Glücksspielrechts, die als gefahrenvorsorgende Rechtsetzung verstanden werden, sind dem Regelungszugriff des Bundesgesetzgebers über das Recht der Wirtschaft entzogen. Das Bundesverfassungsgericht hat hierzu zunächst in seinem Beschluss zum Betrieb von Spielbanken grundlegend festgestellt, dass mit Zulassung einer Spielbank kein Gebilde des wirtschaftlichen Lebens entstehe und auch ihr Betrieb keine wirtschaftliche Betätigung darstelle, so dass eine Zuordnung zum Recht der Wirtschaft nicht möglich sei.[845]

Der Hintergrund dieser Schlussfolgerung lässt sich aber nicht nur auf Spielbanken beschränken, sondern ist auf das gesamte Glücksspielrecht und auch das Lotterierecht anzuwenden: Ebenso wie die Spielbanken dienen Lottogesellschaften im Kern der „öffentlichen Aufgabe", das illegale Glücksspiel um Geld einzudämmen und dem zu unterdrückenden Spieltrieb des Menschen staatlich überwachte Betätigungsmöglichkeiten zu schaffen.[846] Ähnlich wie die Veranstaltung von Lotterien ist daher auch in vielen Ländern der Betrieb von Spielbanken der öffentlichen Hand vorbehalten.[847] Spielbank- und Lotteriemonopol ähneln sich also sowohl in ihrer gefahrenabwehrrechtlichen Konzeption als auch in der konkreten Organisation des Sektors.

Für den Teilbereich der Spielhallen hat das Bundesverfassungsgericht jüngst zudem festgestellt, dass auch gewerberechtliche Anforderungen an den Betrieb und die Zulassung von Spielhallen der ausschließlichen Gesetzgebungszuständigkeit der Länder unterfallen, nachdem das Recht der Spielhallen durch die

---

843 *Wormit*, NVwZ 2017, 281 (283).

844 Speziell für den Teilbereich der Lotterien BVerwG vom 25.02.1957, I B 121.56, BVerwGE 4, 294; a.A. *Kolb*, Die Veranstaltung von Glücksspielen, 2009, 74 f. und 89.

845 BVerfG vom 18.03.1970, 2 BvO 1/65, BVerfGE 28, 119 Rn. 96 ff.; ebenso BVerwG vom 23.08.1994, 1 C 19/91, NVwZ 1995, 478; vgl. auch *Dietlein*, ZfWG 2008, 12 (16).

846 Hinsichtlich der Übertragung übereinstimmend *Kolb*, Die Veranstaltung von Glücksspielen, 2009, 89; *Ohlmann*, WRP 2001, 672 (674); a.A. *Pieroth/Görisch*, NVwZ 2005, 1225 (1227), da bei der Lotterieteilnahme anders als bei Spielbanken die „anheizende Spielsituation" fehle und mit ihr die unkontrollierte akute Vermögensgefährdung oder langfristige Abhängigkeit; vgl. zur öffentlichen Aufgabe unten B.3.b.dd.

847 *Wormit*, NVwZ 2017, 281 (282).

Föderalismusreform 2006 insgesamt aus der Regelungszuständigkeit des Bundes aufgrund Art. 74 Abs. 1 Nr. 11 GG herausgenommen wurde.[848] Damit hat es sich auch der Rechtsprechung des BVerwG[849] und nahezu aller Oberverwaltungsgerichte angeschlossenen, die bereits seit einigen Jahren einen Regelungszugriff der Länder auf weite Teile des Spielhallenrechts bejaht haben.[850] Auch von den Ländern erlassene Vorschriften zu Abstandsgeboten bei Spielhallen werden nicht von der Zuständigkeit des Bundes für das Bodenrecht nach Art. 74 Abs. 1 Nr. 18 GG oder für das Recht der öffentlichen Fürsorge, Art. 74 Abs. 1 Nr. 7 GG und der auf diese Kompetenznormen gestützten Vorschriften gesperrt.[851]

Diese Entscheidung zeigt, dass die Gesetzgebungskompetenz der Länder nicht auf Fragen (der von der einzelnen Spielhalle ausgehenden Spielsucht-) Gefahrenabwehr beschränkt ist, da anderenfalls die Materie (des Spielhallenrechts) ihres Kerns beraubt würde.[852] Mit der Zuordnung auch gewerblicher Fragen als Annex zur Kompetenz der Länder und nicht zum Recht der Wirtschaft gem. Art. 74 Abs. 1 Nr. 11 GG will das Gericht verhindern, dass die Länderkompetenz und die klare gesetzgeberische Entscheidung in der Föderalismusreform ausgehöhlt wird.

Einen ähnlichen Annex im Lotterierecht stellt das Recht der gewerblichen Spielvermittlung dar. Nach oben Ausgeführtem fällt auch dieser Bereich in den Kompetenzbereich der Länder zur Regelung des Lotteriewesens, da solche Regelungen ebenfalls der ordnungsrechtlichen Sicherstellung einer ordnungsgemäßen und nachvollziehbaren Durchführung des Glücksspiels dienen.[853] Das Bundesverfassungsgericht hat daher bereits kurz nach Verabschiedung des GlüStV 2008

---

848 BVerfG-K vom 07.03.2017, 1 BvR 1694/13, 1 BvR 1314/12, 1 BvR 1630/12, 1 BvR 1694/13, 1 BvR 1874/13, NVwZ 2017, 1111, Rn. 101 f.; zuvor bereits *Hartmann*, EuZW 2014, 814 (819).

849 BVerwG vom 16.12.2016, 8 C 6/15, BVerwGE 157, 127, Rn. 19.

850 vgl. etwa OVG Münster, ZfWG 2016, 225 ff.; OVG des Saarlandes, ZfWG 2016, 264 ff.; OVG Koblenz, ZfWG 2014, 405 ff.; VGH Mannheim, ZfWG 2014, 245 ff.; OVG Bautzen, ZfWG 2014, 111 ff.; OVG Lüneburg, ZfWG 2014, 115 ff; OVG Berlin-Brandenburg, ZfWG 2015, 408 ff.; OVG Hamburg, ZfWG 2015, 369 ff.; VerfGH Bayern, NWwZ 2014, 141; a.A. StGH BW, ZfWG 2014, 299; kritisch zu letztem *Dietlein*, ZfWG 2014, 261 (263 f.).

851 BVerfG-K vom 07.03.2017, 1 BvR 1694/13, 1 BvR 1314/12, 1 BvR 1630/12, 1 BvR 1694/13, 1 BvR 1874/13, NVwZ 2017, 1111, Rn. 114 ff.

852 BVerfG-K vom 07.03.2017, 1 BvR 1694/13, 1 BvR 1314/12, 1 BvR 1630/12, 1 BvR 1694/13, 1 BvR 1874/13, NVwZ 2017, 1111, Rn. 109.

853 A.A. *Stober*, GewArch 2003, 305 (312 ff.); *Pieroth/Görisch*, NVwZ 2005, 1225 (1228).

und der Ausführungsgesetze der Länder entschieden, dass die in letzteren enthaltenen Regelungen zur gewerblichen Spielevermittlung verfassungsrechtlich und daher auch kompetenzrechtlich nicht zu beanstanden sind.[854]

Im Ergebnis kann es aber ohnehin dahinstehen, ob dem Bund ein Kompetenztitel der konkurrierenden Gesetzgebung zusteht: Bis zum heutigen Zeitpunkt hat der Bund von einer etwaigen konkurrierenden Gesetzgebungszuständigkeit nicht in der Weise Gebrauch gemacht, dass den Ländern der Erlass glücksspielrechtlicher Normen verwehrt wäre.[855]

Nach Art. 72 Abs. 1 GG tritt nämlich die Sperrwirkung einer konkurrierenden Gesetzgebungskompetenz des Bundes nur dann ein, wenn ein Bundesgesetz die betroffene Materie ausdrücklich, auch durch absichtsvollen Regelungsverzicht, geregelt hat oder wenn dem Gesetz durch Gesamtwürdigung des betreffenden Normbereichs zu entnehmen ist, dass es eine erschöpfende Regelung einer bestimmten Materie darstellt.[856] Der Bund hat aber im Bereich der Lotterien keine Normen erlassen, die eine Sperrwirkung für das Lotteriemonopol des GlüStV entfalten könnten.

Zudem stellt § 33h Nr. 2 GewO, der die §§ 33c – 33g GewO für die Veranstaltung von Lotterien für nicht anwendbar erklärt, aber eindeutig klar, dass der Bundesgesetzgeber eine Landeskompetenz gerade nicht sperren wollte.[857] Eine Sperrwirkung durch das Wettbewerbsrecht selbst scheidet wegen der allgemeinen Zielsetzung des GWB aus.[858] Regelungen hinsichtlich der Preisfestsetzung oder Normen des TDG weisen zwar einen mittelbaren Bezug zur gewerblichen Spielevermittlung im Lotterieweisen auf, regeln diese aber schon deswegen nicht erschöpfend, da die mit der Spielevermittlung immanente Gefahrenabwehr überhaupt nicht erfasst wird.[859] Es besteht daher keine Sperrwirkung für das Lotterierecht i.S.v. Art. 72 Abs. 1 GG.

---

854 BVerfGE-K vom 2.8.2007 – 1 BvR 1896/99 NVwZ 2007, 1297, Rn. 58 ff.

855 Ausdrücklich BVerfG-K vom 14.10.2008, 1 BvR 928/08, GewArch 2009, 26, Rn. 25; *Kolb*, Die Veranstaltung von Glücksspielen, 2009, 81; a.A. *Stober*, GewArch 2003, 305 (317); *Pieroth/Görisch*, NVwZ 2005, 1225 (1227 ff.).

856 BVerfG vom 11.10.1978 – 2 BvR 1055/76, BVerfGE 49, 343 (358); ebenso BVerfGE 67, 299 (324); 102, 99 (114); *Pieroth/Görisch*, NVwZ 2005, 1225 (1229).

857 *Pieroth/Görisch*, NVwZ 2005, 1225 (1229).

858 A.A. *Uwer*, NJW 2006, 3257 (3259), der sogar, die Gewaltenteilung ausblendend, der Konkretisierung des Wettbewerbsrechts durch BKartA und Europäische Kommission Sperrwirkung für die Ländergesetzgebung zuspricht.

859 A.A. *Pieroth/Görisch*, NVwZ 2005, 1225 (1227 ff.), der aber rein tatsächlich keine Gefahren im Lotteriewesen an sich beobachtet und sich durch die gewerbliche Spielevermittlung eher eine Moderierung des Spielbetriebs und eine Mäßigung der damit

c. *Kommunale Daseinsvorsorge*

Schließlich beansprucht der Bund auch im Bereich der kommunalen Daseinsvorsorge spezifische Regelungskompetenzen.

Dem Bund steht nämlich als Teilausschnitt des Rechts der Wirtschaft gem. Art. 74 Abs. 1 Nr. 11 GG auch die Gesetzgebungskompetenz für das Recht der Energiewirtschaft zu. Daher wird angenommen, dem Bund stünden ganz allgemein auch im Bereich der Energiewende, wo zudem auf den Kompetenztitel zur Luftreinhaltung, Art. 74 Abs. 1 Nr. 24 GG, verwiesen werden kann, zwei breite Kompetenzgrundlagen zur Verfügung.[860]

Auf das Recht der Wirtschaft, Art. 74 Abs. 1 Nr. 11 GG, ist z.B. das Energiewirtschaftsgesetz gestützt, das in Umsetzung der Vorgaben der Energiebinnenmarktrichtlinie mit der Energieversorgung einen Teilbereich der Daseinsvorsorge weitgehend regelt.[861] Daneben wurden gestützt auf den selben Kompetenztitel speziell zur Förderung erneuerbarer Energien sowie der Energieeffizienz eine Reihe von Gesetzen erlassen: EnEG, KWKG, EVPG uvm.[862]

d. *Kartellrecht*

Neben diesen vereinzelt normierten Zuständigkeiten und der Kompetenz für das Recht der Wirtschaft gem. Art. 74 Abs. 1 Nr. 11 GG steht dem Bund auch die Gesetzgebungszuständigkeit für die Verhütung des Missbrauchs wirtschaftlicher Machtstellung zu, Art. 74 Abs. 1 Nr. 16 GG. Wirtschaftliche Macht ist die Überlegenheit des Könnens, Durchsetzens und Herrschens im wirtschaftlichen Bereich aufgrund entsprechender materieller Mittel; Mißbrauch ist ein Gebrauch, der vom normalen, von der Rechtsordnung gebilligten Gebrauch abweicht.[863]

Die Aufsicht über den Umgang mit wirtschaftlicher Macht fällt und fiel stets in den Aufgabenbereich des Bundes. Art. 74 Abs. 1 Nr. 16 GG erlaubt dem Bundesgesetzgeber dabei nicht nur, wie der Wortlaut „Verhütung" nahelegen könnte, generalpräventive Maßnahmen, die geeignet sind, dem potenziellen Missbrauch wirtschaftlicher Macht vorbeugend entgegenzutreten, sondern auch repressive

---

verbundenen Gefahren erwartet; hierzu auch *Stober*, GewArch 2003, 305 (317) mit Blick auf eine Teilregelung durch das TDG.

860 *Reimer* in: Müller/Kahl, Energiewende im Föderalismus, 2015, 70 (75).

861 *Theobald/Werk* in: Danner/Theobald, Energierecht, 93. EL Juni 2017, § 54 Rn. 6.

862 *Reimer* in: Müller/Kahl, Energiewende im Föderalismus, 2015, 70 (75) m.w.B.

863 *Maunz* in: Maunz/Dürig, Grundgesetz-Kommentar, 81. EL September 2017, Art. 74 Rn. 191.

Maßnahmen zur Ex-post-Bekämpfung eines realisierten Missbrauchs wirtschaftlicher Macht.[864]

aa. Das Gesetz gegen Wettbewerbsbeschränkungen

Der Bund hat gestützt auf Art. 74 Abs. 1 Nr. 11 und Nr. 16 GG sein Kartellrecht, das Gesetz gegen Wettbewerbsbeschränkungen (im Folgenden nur „GWB"), erlassen.[865] Mit dessen Inkrafttreten zum 01.01.1958 wurde das zuvor als Besatzungsrecht geregelte Kartellrecht erstmals in einen deutschen Rahmen überführt. In der Begründung des Regierungsentwurfs bezeichnete es die Bundesregierung als „Grundgesetz der Marktwirtschaft" und als die „wirtschaftliche Entsprechung zur Demokratie".[866] Die Verabschiedung des Gesetzes wurde durchaus kontrovers diskutiert, da mit diesem vorsichtigen Bruch mit Kartellverträgen als zu dieser Zeit normalen privatrechtlichen Gesellschaftsverträgen[867] unter anderem auch eine bewusste Schädigung der deutschen eben vielfach in Kartellen „organisierten" Nachkriegsindustrie gesehen wurde.[868] In diesem „Schlachtenlärm" ging beinahe unter, dass noch im selben Jahr die römischen Verträge und mit ihnen die Einführung des nun dominanten EU-Kartellrechts, ratifiziert wurde.[869] Zuvor hatte bereits der Vertrag über die Gründung der Europäischen Gemeinschaft für Kohle und Stahl vom 18. April 1951 preisrechtliche Vorschriften sowie ein Verbot wettbewerbsbeschränkender Vereinbarungen und Vorschriften über eine vorbeugende Fusionskontrolle (Art. 60 f., 65 und 66 EGKS) enthalten.[870]

---

864 *Säcker*, NJW 2012, 1105 (1107); *Breder*, Die Kartellrechtliche Preishöhenmissbrauchskontrolle im Bereich der Trinkwasserversorgung, 2016, 170 f.

865 *Meessen/Kersting* in: Loewenheim/Meessen/Riesenkampff/Kersting/Meyer-Lindemann, Kartellrecht, 3. Auflage 2016, Einführung in das europäische und deutsche Kartellrecht, Rn. 81; *Paal*, GRUR Int. 2017, 481 (482); *Paschke*, AfP 2012, 501 (508); vgl. auch BGH vom 14.03.1990, KVR 4/88, NJW 1990, 2815 (2815).

866 *Mestmäcker*, WuW 2008, 6 (9).

867 *Mestmäcker*, WuW 2017, 302 (302).

868 *Mestmäcker*, WuW 2008, 6 (8).

869 *Mestmäcker*, WuW 2008, 6 (11 f.): Allerdings lag es außerhalb des Vorstellbaren, dass es zu einer europäischen Wettbewerbsordnung kommen könnte, die die deutsche Gesetzgebung überholen oder gar verdrängen würde.

870 *Meessen/Kersting* in: Loewenheim/Meessen/Riesenkampff/Kersting/Meyer-Lindemann, Kartellrecht, 3. Auflage 2016, Einführung in das europäische und deutsche Kartellrecht, Rn. 67.

Nicht nur wegen seines Ursprungs im Besatzungsrecht war die Einführung des deutschen Kartellrechts stark amerikanisch geprägt.[871] Zu betonen ist in diesem Zusammenhang aber, dass das GWB nach nunmehr neun größeren Novellierungen eine vom amerikanischen Recht in wichtigen Punkten abweichende eigenständige ordnungspolitische Prägung erhalten hat, die überwiegend auf die Thesen der Freiburger ordoliberalen Schule von Walter Eucken, Franz Böhm und Leonhard Miksch zurückgeht.[872] Die 1973 eingeführte Fusionskontrolle wird mittlerweile als das wichtigste Instrument zur Sicherung des Wettbewerbs eingeordnet.[873] Seit der Einbeziehung vergaberechtlicher Vorschriften in die am 1. Januar 1999 in Kraft getretene 6. Novelle zum GWB wird in Deutschland auch das Vergaberecht als Teil des Kartellrechts angesehen.[874] Aktuell wird an der 10. GWB-Novelle gearbeitet, die ihren Anlass einerseits in der Vorgabe, die Richtlinie 2019/1/EU bis zum 4. Februar 2021 umzusetzen und andererseits in der politischen Vorgabe des Koalitionsvertrags hat, nochmals in Bezug auf den Ordnungsrahmen für die digitale Wirtschaft nachzulegen.[875]

Traditionell richtet sich das Kartellrecht nicht nur gegen horizontale wettbewerbsbeschränkende Vereinbarungen, die sogenannten Kartelle, sondern auch gegen sonstige wettbewerbsbeschränkende Vereinbarungen und umfasst auch einseitiges wettbewerbsbeschränkendes Verhalten betreffende Regeln, insbesondere das Missbrauchsverbot als Sonderrecht für marktbeherrschende Unternehmen, sowie das Recht der Zusammenschlusskontrolle.[876] Daher erlaubt das GWB die Untersagung von Unternehmenszusammenschlüssen, die zu marktbeherrschenden Stellungen führen, §§ 36 ff. GWB, begründet Ansprüche gegen

871 Hierzu *Mestmäcker*, WuW 2017, 302 (303).

872 *Meessen/Kersting* in: Loewenheim/Meessen/Riesenkampff/Kersting/Meyer-Lindemann, Kartellrecht, 3. Auflage 2016, Einführung in das europäische und deutsche Kartellrecht, Rn. 76.

873 *Möschel* WuW 2004, 622 (622).

874 *Meessen/Kersting* in: Loewenheim/Meessen/Riesenkampff/Kersting/Meyer-Lindemann, Kartellrecht, 3.Auflage 2016, Einführung in das europäische und deutsche Kartellrecht, Rn. 4.

875 Hierzu *Körber*, NZKart 2019, 633 ff.

876 *Meessen/Kersting* in: Loewenheim/Meessen/Riesenkampff/Kersting/Meyer-Lindemann, Kartellrecht, 3. Auflage 2016, Einführung in das europäische und deutsche Kartellrecht, Rn. 4 u. Rn. 25; Grund für den Fokus auf horizontale Kartelle bis zur 7. GWB Novelle war die gesicherte Erkenntnis, dass Unternehmen verschiedener Marktstufen anders als Unternehmen derselben Marktstufe in einem natürlichen Interessengegensatz zueinander stehen.

bereits marktbeherrschende Unternehmen, §§ 19, 20 GWB, und erlaubt es dem Bundeskartellamt, gegen wettbewerbsbeschränkende Kooperationen i.S.v. § 1 GWB vorzugehen.[877]

bb. Allumfassender Regelungszugriff

Die Verhütung des Missbrauchs wirtschaftlicher Macht betrifft grundsätzlich alle Unternehmen.[878]

Wegen dieser abstrakten Erfassung aller wirtschaftlich tätigen Unternehmen erstrecken sich sowohl Art. 74 Abs. 1 Nr. 11 als auch Nr. 16 GG auch auf den Rundfunk.[879] Das Kartellrecht betrachtet alle Medienanbieter isoliert in ihrer Eigenschaft als auf Gewinnerzielung angelegte Unternehmen.[880] Gerade die 1973 eingeführte Fusionskontrolle[881] bringt dabei viele Berührungspunkte mit der publizistischen Konzentrationskontrolle durch die KEK mit sich. Insoweit stehen die Kompetenzen der Länder zur Regelung des publizistischen Wettbewerbs neben der des Bundes zur Regelung des ökonomischen Wettbewerbs. Soweit die technische Seite der Medien betroffen ist, gilt zudem das sektorspezifische Kartellrecht des Telekommunikationsgesetzes (TKG).[882]

Die Zuständigkeit des Bundesgesetzgebers in Art. 74 Abs. 1 Nr. 16 GG zur Bekämpfung eines Missbrauchs wirtschaftlicher Macht umfasst schließlich auch privatisierte Felder der Daseinsvorsorge, auch wenn das Wettbewerbsrecht der Analyse von *Forsthoff* folgend unabhängig von der Erbringung durch den Staat oder Private bereits nicht auf die Daseinsvorsorge anwendbar sein sollte.[883]

Heute scheint es aber eindeutig, dass der Bund die Kompetenz hat, für den Eisenbahn-, Telekommunikations-, Strom- und Gassektor, und darüberhinaus auch für den Wasser- und Abwassersektor Gesetze zu erlassen, die dann aber nicht nur für den privatwirtschaftlichen Sektor, sondern auch für die öffentlich-rechtliche Wirtschaftstätigkeit in diesen Bereichen präventiv missbrauchsabwehrende Prinzipien aufstellen.[884] Auf dieser Grundlage betont der BGH, dass

---

877 *Trafkowski*, K&R 2002, 62 (62).

878 Siehe oben A.IV.4.a.

879 *Gersdorf* in: ders./Paal, Informations- und Medienrecht, 18. Edition, Stand 01.05.2017, Art. 70 GG Rn. 7; *Schwartmann*, Praxishandbuch Medien-, IT- und Urheberrecht, 3. Auflage 2014, 1. Rundfunkfreiheit, Rn. 5 in der Fußnote.

880 *Trafkowski*, K&R 2002, 62 (62).

881 *Möschel* WuW 2004, 622 (622).

882 *Trafkowski*, K&R 2002, 62 (62).

883 *Forsthoff*, Rechtsfragen der leistenden Verwaltung, 1959, 3; *Pielow*, JuS 2006, 692 (692).

884 *Säcker*, NJW 2012, 1105 (1107).

die Gemeindeordnungen nur das „Ob“ der wirtschaftlichen Tätigkeiten der Kommunen regelten, das „Wie“ hingegen maßgeblich vom Wettbewerbsrecht, also durch UWG und GWB terminiert sei.[885]

e. *Exekutivkompetenzen*

Gemäß Art. 83 GG führen die Länder die Bundesgesetze als eigene Angelegenheit aus, soweit dieses Grundgesetz nichts anderes bestimmt oder zuläßt. Die Norm folgt dem in Art. 30 GG niedergelegten Prinzip, dass alle staatlichen Aufgaben von den Ländern erfüllt werden, soweit das Grundgesetz – hauptsächlich in den Art 87 ff. GG – nichts Abweichendes vorsieht.[886]

aa. *Art. 87 Abs. 3 S. 1 GG*

Eine der wichtigsten Ausnahmen vom bereits angesprochenen Exekutivföderalismus[887] ist Art. 87 Abs. 3 S. 1 GG. Danach kann der Bund für Angelegenheiten, für die ihm die Gesetzgebungskompetenz zusteht, selbständige Bundesoberbehörden und neue bundesunmittelbare Körperschaften und Anstalten des öffentlichen Rechtes durch Bundesgesetz errichten. Damit kann der Bund seine Verwaltungstätigkeit auf sämtliche Materien ausdehnen, die einer Gesetzgebung durch den Bund zugänglich sind.[888] Die Norm hat enorme praktische Relevanz: aktuell wurden 72 „obere Bundesbehörden“, 65 Körperschaften, 38 Anstalten und 45 „Stiftungen des öffentlichen Rechts“ nach Art. 87 Abs. 3 S. 1 GG errichtet,[889] unter ihnen das Bundeskartellamt.[890]

---

885 BGH vom 19.06.1986, I ZR 54/84, GRUR 1987, 116 (118); ebenso BGH NJW 1995, 2352 (2354); zustimmend auch *Hill*, BB 1997, 425 (428); *Ipsen* ZHR 170, 422 (439); im Bezug auf die Rundfunkanstalten oben *Deringer*, NJW 1990, 2821 (2822); kritisch *Ehlers*, da Grenzziehung oft nicht möglich: Empfiehlt es sich, das Recht der öffentlichen Unternehmen im Spannungsfeld von öffentlichem Auftrag und Wettbewerb national und gemeinschaftsrechtlich neu zu regeln, 2002, 86.

886 *Kirchhof* in: Maunz/Dürig, Grundgesetz-Kommentar, 88. EL Juni 2019, Art. 83 Rn. 3.

887 Vgl. oben B.II.2.a.

888 *Kössinger*, Die Durchführung des Europäischen Gemeinschaftsrechts im Bundesstaat, 1988, 57.

889 *Ibler* in: Maunz/Dürig, Grundgesetz-Kommentar, 80. EL Juni 2017, Art. 83 Rn. 267; Stand 11/2011.

890 Vgl. http://www.bund.de/DE/Behoerden.

bb. Organisation der Kartellbehörden

Das Bundeskartellamt ist für den Verwaltungsvollzug des Kartellrechts zuständig.[891] Auch wenn die private Rechtsdurchsetzung im Wege von Schadensersatzklagen in Deutschland und Europa immer mehr in den Vordergrund rückt, ist das Kartellrecht (noch) vom Verwaltungsvollzug dominiert.[892] Die Verschlechterung der Wettbewerbsfähigkeit industrieller Abnehmer im Inland und die Erhöhung des Lebenshaltungsindex, die durch wettbewerbsbeschränkende Handlungen verursacht werden können, sind öffentliche Interessen, die es nahelegen, den Vollzug der gegen private Wettbewerbsbeschränkungen gerichteten Gesetze zumindest auch Verwaltungsbehörden anzuvertrauen.[893]

Das Bundeskartellamt verfügt hierzu über eine Vielzahl an Befugnissen, die jüngst im Rahmen der 9. GWB Novelle sogar noch erheblich erweitert wurden.[894] Es kann insbesondere Unternehmen verpflichten, Verletzungshandlungen abzustellen, §§ 32 ff. GWB. Eine Abstellungsverfügung beinhaltet in der Regel die Untersagung des verbotenen Verhaltens. Soweit die Verbotsnorm durch Unterlassen verletzt wurde, kann als Abstellung auch ein positives Handeln (Belieferung, Gewährung von Netzzugang usw.) angeordnet werden.[895] Zudem können seit Inkrafttreten der 7. GWB-Novelle am 1. Juli 2005 wegen vorsätzlicher oder fahrlässiger Nichtbeachtung von Verboten und Einzelentscheidungen des europäischen und des deutschen Rechts nach § 81 Abs. 4 GWB Bußgeldsanktionen verhängt werden. Als zusätzliche Verwaltungssanktion sieht § 34 GWB wegen Verletzung europäischen und deutschen Kartellrechts eine Abschöpfung des wirtschaftlichen Vorteils durch die Kartellbehörde vor.[896]

---

891 *Maunz* in: Maunz/Dürig, Grundgesetz-Kommentar, 81. EL September 2017, Art. 74 Rn. 192.

892 *Podszun*, ZWeR 2012, 48 (67).

893 *Meessen/Kersting* in: Loewenheim/Meessen/Riesenkampff/Kersting/Meyer-Lindemann, Kartellrecht, 3. Auflage 2016, Einführung in das europäische und deutsche Kartellrecht, Rn. 35.

894 Zum Wandel des BKartA zu einer Marktordnungsbehörde *Podszun*, WuW 2017, 266 (266).

895 *Meessen/Kersting* in: Loewenheim/Meessen/Riesenkampff/Kersting/Meyer-Lindemann, Kartellrecht, 3. Auflage 2016, Einführung in das europäische und deutsche Kartellrecht, Rn. 37.

896 *Meessen/Kersting* in: Loewenheim/Meessen/Riesenkampff/Kersting/Meyer-Lindemann, Kartellrecht, 3. Auflage 2016, Einführung in das europäische und deutsche Kartellrecht, Rn. 40.

Nach § 57 GWB stehen den deutschen Kartellbehörden im Verwaltungsverfahren die meisten Beweismittel des Zivilprozessrechts zur Verfügung. Darüber hinaus können sie nach § 59 GWB durch Beschluss Auskunftsverlangen an Unternehmen und Unternehmensvereinigungen richten sowie aufgrund gerichtlicher Anordnung Durchsuchungen durchführen.[897]

cc. Grenze der Verwaltungskompetenzen

Die aus Art. 87 Abs. 3 S. 1 GG folgende Verwaltungskompetenz des Bundeskartellamts ist jedoch auf Angelegenheiten, für die der Bund die Gesetzgebungskompetenz hat, und somit bei Gegenständen der konkurrierenden Gesetzgebung auch durch die Erforderlichkeitsklausel des Art. 72 Abs. 2 GG begrenzt.[898] Die Gesetzgebungskompetenzen bilden mit den Worten des Bundesverfassungsgerichts seit dem 1. Rundfunkurteil die „äußerste Grenze" für die Verwaltungskompetenzen des Bundes.[899] Der Ausschluss derartiger verwaltungsrechtlicher „Fremdkörper"[900] ist notwendig, da der Bund anderenfalls über die Schaffung weiterer Verwaltungskompetenzen im Widerspruch zur bundesstaatlichen Kompetenzverteilung die in Art. 30 GG vorgesehene Regelkompetenz der Länder aushöhlen könnte.[901]

Da der Bund für den ordnungsrechtlichen Kern des Rundfunk- und Lotterierechts sowie im Bereich der kommunalen Daseinsvorsorge, wie gesehen, eben keine Gesetzgebungskompetenz hat, darf das nach Art. 87 Abs. 3 S. 1 GG eingerichtete Bundeskartellamt hier nicht ausführend tätig werden.

Ob das Bundeskartellamt darüber hinaus Handlungsbefugnisse auf die vom Bundesverfassungsgericht aus Art. 62 ff. GG abgeleitete, ungeschriebene Exekutivkompetenz des Bundes für reines Informationshandeln stützen kann, erscheint schon deshalb fraglich, da Bedenken gegen diese Durchbrechung der

---

897 *Meessen/Kersting* in: Loewenheim/Meessen/Riesenkampff/Kersting/Meyer-Lindemann, Kartellrecht, 3. Auflage 2016, Einführung in das europäische und deutsche Kartellrecht, Rn. 46.

898 *Ibler* in: Maunz/Dürig, Grundgesetz-Kommentar, 89. EL Oktober 2019, Art. 87 Rn. 232; *Sachs* in: ders., GG, 8. Auflage 2018, Art. 87 Rn. 60; *Suerbaum* in: Epping/Hillgruber, BeckOK GG, 42. Edition, Stand: 01.12.2019, Art. 87 Rn. 30.

899 BVerfG vom 28.02.1961, 2 BvG 1/60, 2 BvG 2/60, BVerfGE 12, 205 Ls. 5; vgl. auch BGH vom 14.03.1990, KVR 4/88, NJW 1990, 2815 (2816); *Kössinger*, Die Durchführung des Europäischen Gemeinschaftsrechts im Bundesstaat, 1988, 56.

900 *Sachs* in: ders., GG, 8. Auflage 2018, Art. 87 Rn. 61.

901 *Ibler* in: Maunz/Dürig, Grundgesetz-Kommentar, 89. EL Oktober 2019, Art. 87 Rn. 233.

bundesstaatlichen Kompetenzordnung bestehen.[902] Die betrachteten Tätigkeiten des Kartellamtes könnten aber ohnehin nicht auf diese Kompetenz gestützt werden, da alle Untersagungsverfügungen eindeutig Regelungscharakter haben.[903]

III. Verhältnis der Kompetenzen

Damit ist noch nicht geklärt, wie sich die dargestellten Kompetenzen, namentlich die Lotterie- und Rundfunkhoheit der Länder sowie das Kommunalrecht als deren „Hausgut" und die Kompetenz zum Recht der Wirtschaft sowie zur Verhütung des Missbrauchs wirtschaftlicher Machtstellung des Bundes, zueinander verhalten. Im Rundfunkbereich wurde bereits gezeigt, wie etwa die Dichotomie von ökonomischer und publizistischer Konzentrationskontrolle zu Abgrenzungsschwierigkeiten der Kompetenzbereiche führt.[904]

1. Doppelzuständigkeiten

Dabei gibt es nach der Rechtsprechung des Bundesverfassungsgerichts grundsätzlich keine Doppelzuständigkeiten.[905] Denn die Kompetenzordnung ist in dem Sinn abschließend, dass für jede rechtlich verbindliche Entscheidung auch (nur) eine Zuständigkeit besteht, also ausschließlich entweder der Bund oder die Länder zuständig sind.[906] Kompetenzüberschneidungen in dem Sinne, dass Bund wie Länder für denselben Kompetenzbereich auch nur teilweise gleichermaßen zuständig sind, lassen sich daher mit dem Grundsatz lückenloser und strikter Kompetenzverteilung nicht vereinbaren.[907] Die Materien selbst müssen daher ungeachtet aller praktischen Schwierigkeiten überschneidungsfrei

---

902 *Huber*, Klare Verantwortungsteilungs zwischen Bund, Ländern und Kommunen?, 2004, 23, kritisiert die Rechtsprechung hierzu als „Systembruch im grundgesetzlichen Kompetenzverteilungssystem".

903 BVerfG vom 26.06.2002, 1 BvR 558/91, BVerfGE 105, 252 – Glykolwarnung; ob das Bundeskartellamt überhaupt zur Wahrnehmung der „gesamtstaatlichen Verantwortung" durch Art. 62 ff. GG legitimiert werden kann, kann dahinstehen, da Untersagungsverfügungen eindeutig Regelungscharakter haben; hierzu *Pietzcker*, HStR IV, 3. Auflage 2008, § 134 Rn. 17 ff.

904 *Paal*, ZWeR 2016, 179 (188).

905 BVerfGE 67, 299 (321); 104, 249 (267); 106, (114); *Hellermann* in: Epping/Hillgruber, Beck OK GG, 42. Edition, Stand: 01.12.2019, Art. 30 Rn. 22.

906 Vgl. hierzu *Pietzcker*, HStR IV, 3. Auflage 2008, § 134 Rn. 32; *Rengeling*, FS Kirchhof, 2013, § 8 Kompetenzen, Rn. 7.

907 *Erbguth/Schubert* in: Sachs, GG, 8. Auflage 2018, Art. 30 Rn. 17.

abgegrenzt werden, so dass es nicht zu einer echten Doppelkompetenz kommt. Das gilt auch für Verwaltungsentscheidungen.[908]

Die Kompetenzverteilungsvorschriften der Art. 30, 70, 83 ff. GG erfordern daher eine eindeutige Zuordnung, die unter Beachtung der historischen Aspekte und des Schwerpunkts von Zielrichtung und Auswirkung der Kompetenznorm vorgenommen werden muss.[909] Insoweit ist das Bundesverfassungsgericht alles andere als „harmlos-neutral" und zu keinem „goldenen Mittelweg" gewillt.[910]

a. Kompetenzqualifikation – Kompetenzausübung

Dieser Anordnung nach klarer Abgrenzung wird nicht immer entsprochen. Stattdessen wird schon lange für eine Anerkennung von Doppelkompetenzen und für eine weitgehend einzelfallbezogene Lösung von Kompetenzkonflikten plädiert.[911]

Hierzu zählt auch der Versuch, insoweit zwei Ebenen von Kompetenzen auseinander zu halten und die strikte Kompetenzabgrenzung und damit auch das Verbot von Doppelkompetenzen nur auf der Ebene der Kompetenz*qualifikation* anzuwenden, nicht jedoch auf der Ebene der Kompetenz*ausübung*.[912]

Auf diese Weise könne ein sachgerechter Ausgleich der beteiligten Interessen in Fällen erlangt werden, in denen sich Normen verschiedener Gesetzgebungskörperschaften mit grundsätzlich verschiedenen Regelungszielen und jeweils eigenständigen Kompetenzgrundlagen bei ihren „praktischen Auswirkungen", nämlich der Verwirklichung ihrer Rechtsfolgen, behindern. Selbst wenn sich ein bestimmter Regelungsgegenstand nur einem Kompetenzträger zuordnen lasse, könne derselbe Gegenstand nämlich von Normen mit unterschiedlichen Regelungszielen und infolgedessen mit eigenständigen Kompetenzgrundlagen erfasst sein.[913]

---

908 BVerfG vom 19.02.2002, 2 BvG 2/00, BVerfGE 104, 249 (267).

909 BVerfG vom 28.11.1973, 2 BvL 42/71, BVerfGE 36, 193 (202 f.); ebenso BVerfGE 61, 149 (204); *Pietzcker*, HStR IV, 3. Auflage 2008, § 134 Rn. 51.

910 *Stock*, AfP 1989, 627 (627).

911 Vgl. etwa *Pestalozza*, DÖV 1972, 189 f.; *Wolfrum*, DÖV 1982, 676; *Brohm* DÖV 1983, 528.

912 *Jarass*, Kartellrecht und Landesrundfunkrecht, 1991, 39 ff., der weiter auch die Begriffe Kompetenzkonkurrenz und Kompetenzkollision als taugliche Unterscheidung verwendet; zustimmend *Gersdorf* in: ders./Paal, Informations- und Medienrecht, 15. Ed. 2017, Mediengrundrechte, Art. 70 GG Rn. 7; in diese Richtung auch *Brohm*, NJW 1994, 281 (285); *Rösler*, WuW 2009, 1014 (1023).

913 *Gersdorf* in: ders./Paal, Informations- und Medienrecht, 15. Ed. 2017, Mediengrundrechte, Art. 70 GG Rn. 7.

Der Konflikt müsse dann aber nicht auf Stufe der Kompetenz*qualifikation*, sondern durch Anwendung des Grundsatzes des bundestreuen Verhaltens auf der Ebene der Kompetenz*ausübung* und damit letztlich auf der Ebene des einfachen Rechts anhand des konkreten Konflikts und nicht abstrakt für alle Konflikte gelöst werden.[914] Dort müssten die hinter den jeweiligen Kompetenzgrundlagen stehenden Regelungsziele durch wechselseitige Begrenzung zu einem gerechten Ausgleich gebracht und auch der dem jeweiligen Gesetzgeber aufgegebene Verfassungsauftrag berücksichtigt werden.[915] Gelingt ein entsprechender Ausgleich nicht, stünde der Rückgriff auf Art. 31 GG zur Verfügung.[916]

Als Vorteil dieser Unterscheidung werden Fallkonstellationen genannt, in denen zwar die Länder die maßgebliche Regelungskompetenz hätten, von dieser aber (in Teilbereichen) keinen Gebrauch gemacht hätten: Würde man in diesen Fällen das Verbot der Doppelzuständigkeit, das sich auf der Ebene der Kompetenzqualifikation aufdrängt, strikt handhaben, wäre dem Bund ein Regelungszugriff stets untersagt. Das würde in vielen Fällen aber zu einem Regelungsausfall führen, obwohl die Kompetenz*ausübung* durch den Bund durchaus verfassungsgemäß sein könnte.[917]

b. Bewertung

Diese Ansicht, die sich sowohl terminologisch als auch dogmatisch an die Kompetenzabgrenzung auf Unionsebene anlehnt,[918] verkennt aber, dass Art. 30 GG – verfassungsgerichtlich bestätigt – auch für Exekutivkompetenzen gilt. Die „praktische Auswirkung“[919] einer verfassungskonform erlassenen Norm ist aber nichts Anderes als deren Vollzug. Auf die in diesem Zusammenhang verwendete Terminologie bezogen, gilt die bundesstaatliche Kompetenzverteilung und ihre stricke Abgrenzung daher nicht nur für die Kompetenzqualifikation, sondern gerade auch für die Kompetenzausübung.

Zwar kennt auch das Grundgesetz Kompetenzausübungsgrenzen, etwa das aus Art. 20 Abs. 1 GG abgeleitete Gebot des bundesfreundlichen Verhaltens oder die Ingerenzen des Bundes gem. Art 84, 85 GG.[920] Art. 31 GG zählt aber gerade nicht dazu.

---

914 *Jarass*, Kartellrecht und Landesrundfunkrecht, 1991, 40.
915 *Jarass*, Kartellrecht und Landesrundfunkrecht, 1991, 51 f., etwa der Rundfunkauftrag.
916 *Jarass*, Kartellrecht und Landesrundfunkrecht, 1991, 41.
917 *Jarass*, Kartellrecht und Landesrundfunkrecht, 1991, 40 und 44.
918 Vgl. unten C.I.1.2.
919 *Jarass*, Kartellrecht und Landesrundfunkrecht, 1991, 40.
920 *Isensee*, HStR VI, 3. Auflage 2008, § 133 Rn. 20.

Die Norm auf der Ebene der Kompetenzausübung wieder zur Anwendung zu bringen, würde klar dem zuvor erarbeiteten Grundsatz widersprechen, wonach eine Kollision i.S. dieser Norm nur bei einer ihrerseits kompetenzgerechten Normsetzung oder -ausübung bestehen kann.[921] Hat der Bund aber für eine Materie keine Befugnis, also keine Zuständigkeit auf Ebene der Kompetenzqualifikation, muss er sich gerade auch bei der Ausübung dieser Kompetenz zurückhalten und darf nicht auf Art. 31 GG zurückgreifen. Die Frage, ob die Länder einen (Teil-)Bereich einer Kompetenz geregelt haben, wird nur im Rahmen von Art. 72 Abs. 2 GG relevant. Keinesfalls aber hat der Bund eine Reserve-Reservekompetenz falls der Landesgesetzgeber auf die Regulierung eines Bereichs verzichtet oder auch nur sein Regelungsdesign nicht nachhaltig durchsetzt.[922]

Zudem könnte der Bund danach tatsächlich Landeskompetenz unterstellte Lebensbereiche Bundesrecht wie dem Kartellrecht unterwerfen, solange er diese Bereiche nicht zu sehr zurückdrängt, sie nicht in ihren „Grundfesten erschüttert".[923] Entscheidend bleibt aber, dass die eigentliche strikte Kompetenzabgrenzung nicht zu einer allgemeinen Güterabwägung[924] verkommen darf, da nur eine klare und rechtssichere Abgrenzung der Zuständigkeiten von Bund und Ländern dem Sinn der Kompetenzverwaltung als Mittel demokratischer Verantwortungszuordnung gerecht wird.[925]

2. Irrelevanz von Grundrechtsschranken

Für die Kompetenzabgrenzung von vornherein unbeachtlich sind die im Raum stehenden Grundrechte und Grundrechtsschranken. Mitunter wird vertreten, die landesrechtlichen Regelungen würden nur das „Ob" wirtschaftlicher Betätigung der öffentlichen Hand in einem Bereich festlegen, während das „Wie" auch

---

921 Vgl. oben *Pietzcker*, HStR IV, 3. Auflage 2008, § 134 Rn. 47.

922 *Säcker*, NJW 2012, 1105 (1109): keine Kompetenz-Kompetenz des Bundes bei mangelndem landesrechtlichen Enforcement.

923 *Wolf*, WuW 2013, 246 (247) mit Verweis u.a. auf BGH vom 14.03.1990, KVR 4/88, WuW/E BGH 2627 – Sportübertragungen oder KG Berlin vom 26.06.1991, Kart 23/89, WuW/E OLG 4811, (4820 f.) – Radio NRW.

924 In diese Richtung aber *Gersdorf* in: ders./Paal, BeckOK Informations- und Medienrecht, 18. Edition, Stand 01.05.2017, Art. 70 GG Rn. 7, der bei derartigen Kompetenzkonflikten die hinter den Kompetenzgrundlagen stehenden Schutzgüter durch eine wechselseitige Begrenzung zum Ausgleich bringen will.

925 *Pieroth* in: Jarass/ders., GG Kommentar, 14. Aufl. 2016, Art. 30 Rn. 1.

im Bereich des Rundfunks durch allgemeine Gesetze, wie das GWB, geregelt werden könne.[926] Auch das Bundeskartellamt geht davon aus, dass GWB sei ein allgemeines Gesetz i.S.v. Art. 5 Abs. 2 GG.[927]

Die Kompetenzverteilung zwischen Bund und Ländern wird im Grundgesetz jedoch allein durch die Art. 30, 70 ff. GG vorgenommen, während die Grundrechtschranken allein die Rechte von Staat und Bürgern abgrenzen. Es ist daher bereits im Ansatz fragwürdig, Schrankenvorbehalte zur Kompetenzabgrenzung heranzuziehen.[928]

3. Abgrenzung nach dem Schwerpunkt des objektiven Regelungsgegenstandes

Gleichzeitig leuchtet es ein, dass allein der Umstand, daß die Gestaltung bestimmter Bereiche den Ländern zugewiesen ist, nicht bedeutet, dass Verfügungen der Kartellbehörden auf der Grundlage des Gesetzes gegen Wettbewerbsbeschränkungen in diesem Bereich von vornherein ausgeschlossen sind.[929] Würde jeder wirtschaftliche Bereich, dessen Regelung den Ländern zugewiesen ist, jegliche Berührungen mit dem GWB sperren, wäre die bundesweit einheitliche Durchsetzung des Kartellrechts angesichts der Vielzahl landesrechtlicher Ausnahmebereiche erheblich beeinträchtigt. Die dem Bund zugewiesenen Gesetzgebungskompetenzen enden daher auch nach Auffassung des Bundesverfassungsgerichts nicht ohne Weiteres dort, wo Institutionen, Güter oder Akteure betroffen sind, die im Wesentlichen Landesgesetze auszuführen haben.[930]

Demgemäß war es beispielsweise nicht zu beanstanden, dass der Bund auf der Grundlage seiner Gesetzgebungskompetenz für das Recht der Wirtschaft Religionsgesellschaften in eine Abgabepflicht einbezogen,[931] beamtenrechtliche Regelungskompetenzen auch für Ämter im Schulwesen genutzt,[932] auf der Grundlage der Gesetzgebungskompetenz für die öffentliche Fürsorge (Art. 74 Abs. 1 Nr. 7 GG) gesetzliche Regelungen gegen die Verbreitung jugendgefährdender Schriften getroffen,[933] die warenverkehrsbezogene Gesetzgebungskompetenz aus

---

926 *Deringer*, NJW 1990, 2821 (2822); ähnlich *Wolf*, WuW 2013, 246 (249 f.).
927 BKartA vom 18.07.1989, B 6 - 743100 - U - 71/88, ZUM 1989, 479.
928 *Jarass*, Kartellrecht und Landesrundfunkrecht, 1991, 44.
929 BGH vom 14.03.1990, KVR 4/88, NJW 1990, 2815 (2816).
930 BVerfG vom 28.01.2014, 2 BvR 1561/12, BVerfGE 135, 155 Rn. 105.
931 BVerfGE 55, 274 (309).
932 BVerfGE 70, 251 (263 f.).
933 BVerfGE 31, 113 (117).

Art. 73 Abs. 1 Nr. 5 GG für ein bestimmte Filme betreffendes Verbringungsverbot[934] und die Strafrechtskompetenz aus Art. 74 Nr. 1 GG aF für ein Verbot der öffentlichen Vorführung pornographischer Filme gegen Entgelt herangezogen,[935] die Gesetzgebungskompetenz aus Art. 105 Abs. 2, Art. 106 Abs. 3 GG für umsatzsteuerliche Begünstigungen verschiedener Kulturgüter und -dienstleistungen in Anspruch genommen[936] und auf der Grundlage des Kompetenztitels „Sozialversicherungsrecht" (Art. 74 Abs. 1 Nr. 12 GG) das Künstlersozialversicherungsgesetz erlassen hat.[937]

Auf die Exekutivkompetenzen gemünzt, müssen Bundesbehörden daher, auch aufgrund bundesgesetzlicher Vorschriften, auch Maßnahmen treffen können, die sich in Bereichen mit Länderkompetenz auswirken.[938]

Entscheidend aber darf der Bund diese Betroffenheit durch den Erlass von Gesetzen oder die Auswirkung durch Verwaltungshandeln nur „mittelbar" herbeiführen.[939] So ist es verfassungsrechtlich nicht zu beanstanden, wenn landesrechtlich determinierte Akteure, etwa die Gemeinden, Adressaten von Verwaltungsakten gestützt auf Bundesrecht sind, solange in der jeweiligen Rechtsgrundlage die Rechtsverhältnisse zwischen den Kommunen und dem Bund oder Dritten nicht geregelt sind, sondern lediglich „reflexartig" berührt werden.[940]

Hinsichtlich der Verfügungen der Kartellbehörden erkennt der BGH daher im Grundsatz zurecht, dass Auswirkungen in dem der ausschließlichen Länderzuständigkeit unterliegenden Bereich als Nebenfolge zulässig sind, solange und soweit sie „ihrem Wesen nach" auf die Verhütung des Mißbrauchs wirtschaftlicher Machtstellung gerichtet sind.[941] Damit folgt der BGH teilweise der Terminologie des Bundesverfassungsgerichts, das bei Kompetenzabgrenzungen auf die „wesensmäßige Zugehörigkeit" der Materie abstellt.[942] Wie das Wesen

---

934 BVerfGE 33, 52 (60 ff.).

935 BVerfGE 47, 109 (110).

936 BVerfGE 36, 321 (322 ff.)

937 BVerfGE 75, 108 (146).

938 BGH vom 14.03.1990, KVR 4/88, NJW 1990, 2815 (2816); *Jarass*, Kartellrecht und Landesrundfunkrecht, 1991, 29.

939 *Maunz* in: Maunz/Dürig, Grundgesetz-Kommentar, 81. EL September 2017, Art. 74 Rn. 193, etwa im Hinblick auf die publizistische Vielfalt als Regelungsgegenstand mit Länderzuständigkeit.

940 BVerfG vom 19.09.2018, BVerfGE Band 150, 1 Rn. 187.

941 BGH vom 14.03.1990, KVR 4/88, NJW 1990, 2815 (2816).

942 BVerfG vom 04.06.1957 – 2 BvL 17/56, BVerfGE 7, 29 (40); in der Folge BVerfGE 36, 193 (293); 36, 314 (319); 48, 367 (373).

einer Materie zu bestimmen ist, bleibt allerdings unklar.[943] Ähnliche Schwierigkeiten bereitet es daher auch, das Wesen von kartellrechtlichen Verfügungen festzustellen.

Deutlich rechtssicherer und justiziabler hat das Bundesverfassungsgericht hinsichtlich der Bundeskompetenz für das Recht der Wirtschaft jüngst entschieden, dass die weitreichende Gesetzgebungskompetenz des Bundes nicht schon dann entfällt, wenn der Gesetzgeber mit wirtschaftsbezogenen Regelungen auch kulturelle Zwecke verfolgt. Dies sei unschädlich, solange

> *der maßgebliche objektive Regelungsgegenstand und -gehalt in seinem Gesamtzusammenhang ein im Schwerpunkt wirtschaftsrechtlicher ist.*[944]

Diese Terminologie bietet auch für die vorliegende Abgrenzung einen klaren Maßstab. Für die Kartellbehörden bedeutet dies, dass ihre Verfügungen daher im Schwerpunkt auf die Verhütung wirtschaftlicher Machtstellung gerichtet sein müssen. Regeln die Kartellbehörden jedoch im Schwerpunkt landesrechtliche Sachverhalte, überschreiten sie folgerichtig den verfassungsrechtlich gesetzten Kompetenzrahmen.

4. Keine unbegrenzte „Mitregelung“ landesrechtlicher Sachverhalte

Von dieser klaren Abgrenzungsmethodik weicht im Übrigen auch die Entscheidung des Bundesverfassungsgerichts zur Pressefusionskontrolle, in dem das Gericht die Kompetenz des Bundes gem. Art. 74 Abs. 1 Nr. 11 und Nr. 16 GG zur Regelung der Pressefusionskontrolle im GWB bestätigt hat,[945] nicht ab.

Trotzdem wird dieser Nichtzulassungsbeschluss oft als Beleg für eine weitgehende Befugnis des Bundes aus Art. 74 Abs. 1 Nr. 16 GG angeführt, auch Gegenstände „mitzuregeln“, die eigentlich im Aufgabenbereich der Länder liegen,[946] also auch die Lebensbereiche den allgemeinen Regeln zur Verhütung des Missbrauchs wirtschaftlicher Macht zu unterwerfen, für die der Bund an sich gerade keine Kompetenz hat.[947] Gestützt auf diese These wird seit Längerem

---

943 *Jarass*, Kartellrecht und Landesrundfunkrecht, 1991, 23.

944 BVerfG vom 28.01.2014, 2 BvR 1561/12, BVerfGE 135, 155 Rn. 102.; vgl. auch BVerfGE 97, 228 (251); 116, 202 (216); 121, 30 (47).

945 BVerfG-K vom 29.08.1983, 1 BvR 516/82, NJW 1986, 1743 – Pressefusionskontrolle.

946 Vgl. etwa *Paal*, GRUR Int. 2017, 481 (482); *Gersdorf*, ZWeR 2016, 113 (133).

947 BGH vom 14.03.1990, KVR 4/88, NJW 1990, 2815 (2816); KG Berlin vom 26.06.1991, Kart 23/89, AG 1992, 360; KG Berlin vom 11.12.1996, Kart 1/96, WuW/E 1997, 633 (645).

eine scheinbar grenzenlose Anwendung des Kartellrechts auf landesrechtliche Sachverhalte, wie im Folgenden betrachtet werden soll, auch verfassungsrechtlich gerechtfertigt. Als einziges Korrektiv wird dabei diskutiert, die Anwendung des Kartellrechts dürfe das landesrechtliche Regime lediglich nicht „in seinen Grundfesten erschüttern".[948]

Die Auffassung basiert jedoch auf einer falschen Interpretation des Nichtzulassungsschlusses. Statt von der verfassungsrechtlichen Legalisierung einer „Mitregelung" landesrechtlicher Sachverhalte ging das Gericht davon aus, dass die Pressefusionskontrolle wegen der geringen meinungsbildenden Relevanz des Pressemarktes nicht Gegenstand der Kulturhoheit der Länder, Art. 70 GG, sei. Gegenstand des Verfahrens war also bereits nicht die publizistische Vielfalt, so dass Länderkompetenzen von vornherein nicht berührt waren.[949]

a. *Übertragbarkeit auf Rundfunkbereich?*

Für den Bereich der Presse wird aber seit dieser Entscheidung ein weitgehender Regelungszugriff des Bundes aus dessen „Kartellkompetenz", Art. 74 Abs. 1 Nr. 16 GG, angenommen.[950] Selbst nach Streichung der Rahmenkompetenz des Bundes in Art. 75 Abs. 1 S. 1 Nr. 2 GG im Zuge der Föderalismusreform 2006, kann der Bund zwar nicht direkt die publizistische Vielfalt im Pressesektor, wohl aber den ökomischen Wettbewerb regeln, der für die publizistische Vielfalt in diesem Bereich entscheidend ist.[951]

Da Art. 5 Abs. 1 S. 2 GG Presse- und Rundfunkfreiheit „in einem Atemzug" nennt und beide Institutionen gleichermaßen zur Aufgabe haben, die Vielfalt der gesellschaftlichen Meinungen wiederzugeben und am demokratischen

---

948 *Wolf*, WuW 2013, 246 (247) mit Verweis u.a. auf BGH vom 14.03.1990, KVR 4/88, WuW/E BGH 2627 – Sportübertragungen oder KG Berlin vom 26.06.1991, Kart 23/ 89, WuW/E OLG 4811 (4820 f.) – Radio NRW.

949 *Paal*, GRUR Int. 2017, 481 (483); *Paal*, ZWeR 2016, 179 (188); *Paschke*, AfP 2012, 501 (508).

950 Etwa *Gersdorf* in: ders./Paal, Informations- und Medienrecht, 18. Edition, Stand 01.05.2017, Art. 74 Rn. 3; *Paal*, ZWeR 2016, 179 (187): Art. 74 Abs. 1 Nr. 11 und 16 GG seien eine „hinreichend belastbare Kompetenzgrundlage für eine presserelevante wirtschaftsrechtliche Regelung im GWB"; a.A. *Lerche*, JZ 1972, 468; *Püttner*, NJW 1975, 813.

951 *Paschke*, AfP 2012, 501 (508 f.); *Möschel*, WuW 2004, 622 (632), der zutreffend darauf hinweist, dass die Regelung des ökonomischen Wettbewerbs den publizistischen Wettbewerb immer indirekt mitregelt.

Meinungsbildungsprozess teilzunehmen,[952] stellt sich die Frage, ob jedenfalls die gesamte Rundfunkfusionskontrolle, einschließlich der publizistischen Konzentrationskontrolle, ähnlich wie die Pressefusionskontrolle aus den Kompetenzen der Länder auszuklammern und einer alleinigen Regelung durch den Bund und das Bundeskartellamt zuzuführen ist.[953] Anders als der Pressesektor, für den das Bundesverfassungsgericht mit seiner Entscheidung die grundsätzliche Funktionsgeeignetheit des Wettbewerbsrechts und damit die Kompetenz des Bundes bestätigt hat, kann der Rundfunkbereich jedoch nach ständiger Rechtsprechung des Bundesverfassungsgerichts gerade nicht allein der Ordnung durch wettbewerbliche Marktkräfte überlassenen werden.[954] Denn obwohl Rundfunk- und Pressefreiheit hinsichtlich ihres Gewährleistungsgehalts keinen wesensmäßigen Unterschied aufweisen,[955] unterscheiden sich die Freiheiten grundlegend hinsichtlich des Regelungsbedürfnisses durch den Landesgesetzgeber.

Die Pressefreiheit ist erwerbswirtschaftlich konzipiert, wird entsprechend betätigt und unterliegt daher auch einer primär ökonomischen, außenpluralistischen Marktsteuerung.[956] Das Bundesverfassungsgericht versteht die Pressefreiheit als klassisches Abwehrrecht gegen den Staat und leitet aus ihrer Bedeutung für die Meinungsbildung hohe Anforderungen an die Rechtfertigung staatlicher Eingriffe ab.[957]

Das außenpluralistische Ordnungsmodell im Pressebereich führte das Gericht bereits im ersten Rundfunkurteil auf eine relativ große Anzahl von selbstständigen und nach ihrer Tendenz, politischer Färbung und weltanschaulicher Grundhaltung miteinander konkurrierenden Presseerzeugnissen zurück.[958] Meinungsvielfalt auf den Pressemärkten wird also durch eine Vielzahl (wirtschaftlich konkurrierender) Wettbewerber sichergestellt.[959] Dem liegt

---

952 *Körber*, ZWeR 2009, 315 (319).

953 In diese Richtung *Trafkowski*, K&R 2002, 62 (66); *Paal*, ZWeR 2012, 380, 386 (391): „Vielfalt durch Vielzahl"; vgl. auch *ders.*, GRUR Int. 2017, 481 (482); *Brockhoff*, Reichweite und Grenzen der Fusionskontrolle im Rundfunkbereich, 2016, 349 ff., insbesondere 367.

954 *Paal*, AfP 2014, 389 (394).

955 *Flechsig*, CR 1999, 327 (328).

956 *Stock*, AfP 1989, 627 (628); *Flechsig*, CR 1999, 327 (329).

957 BVerfG vom 06.11.1979, 1 BvR 81/76, BVerfGE 52, 283 (296); *Körber* ZWeR 2009, 315 (320).

958 BVerfG vom 28.02.1961, 2 BvG 1/60, 2 BvG 2/60, BVerfGE 12, 205.

959 *Rösler*, WuW 2009, 1014 (1017): im Pressewesen kommt es im besonderen Maße auf die Vielfalt des Angebots auch im regionalen und lokalen Bereich an.

die Erwartung zugrunde, dass wirtschaftlich selbstständige Verlage eine eigenständige Verlags- und Redaktionspolitik betreiben und auf diesem Wege die Meinungsvielfalt sicherstellen werden.[960] Da die Vielzahl der Anbieter somit sehr wohl durch das GWB geregelt werden kann bzw. nicht spezifisch durch die Länder geregelt werden muss, ist es sinnvoll, die Kompetenz insoweit dem Bund zuzuerkennen.

Im Rundfunkbereich ist hingegen eine Vielzahl der Anbieter weder notwendige noch ausreichende Bedingung für die Gewährleistung von Meinungsvielfalt.[961] Die Rundfunkfreiheit, in ihrem Kern als Programmfreiheit,[962] versteht das Bundesverfassungsgericht vielmehr, wie bereits dargestellt, als „dienende Freiheit" und sieht daher die Länder in der Pflicht, eine positive Rundfunkordnung zu etablieren, welche sicherstellt, dass der Rundfunk die Vielfalt der Themen und Meinungen aufnimmt und wiedergibt, die in der Gesellschaft eine Rolle spielen.[963]

Mit dieser „Schutzpflicht"[964] korrespondiert das binnenpluralistische Integrationsmodell im Sinne von „Rundfunk für alle".[965] Nach diesem Modell enthält der öffentlich-rechtliche Rundfunk alle Meinungen und Programmgegenstände schon in sich selbst.[966] Während für die Presse daher ein weitreichendes Regulierungsverbot besteht, gilt für den Rundfunk ein ebenso weitreichendes Regulierungsgebot hinsichtlich des publizistischen Wettbewerbs.[967] Das hatte ursprünglich mit der Frequenzknappheit im Rundfunk zu tun, die einen mit dem Pressewesen vergleichbaren Außenpluralismus von vornherein verhinderte.[968]

Auch nach dem Wegfall der Frequenzknappheit im Zuge der Digitalisierung hat das Bundesverfassungsgericht an seiner Rechtsprechung festgehalten, dass der Rundfunk nicht dem „freien Spiel der Wettbewerbskräfte überlassen" werden könne und eine außenpluralistische Ordnung durch ein entsprechendes

960 *Möschel*, WuW 2004, 622 (624).

961 *Paal*, GRUR Int. 2017 481 (482); a.A. *Monopolkommission*, Hauptgutachten 16, Rn. 772.

962 Vgl. *Flechsig*, CR 1999, 327 (329).

963 BVerfG vom 22.02.1994, 1 BvL 30/88, BVerfGE 90, 60 (88); *Dörr/Deicke*, ZUM 2015, 89 (91); *Flechsig*, CR 1999, 327 (330); *Körber*, ZWeR 2009, 315 (320) zur daraus (auch) für die privaten Rundfunkanstalten geltenden Pflicht, „Dienen vor Verdienen".

964 *Hesse*, BayVBl. 1997, 132 (134).

965 *Stock*, AfP 1989, 627 (628).

966 *Stock* in: Hoffmann-Riem, Rundfunk im Wettbewerbsrecht, 1988, 35 (40).

967 *Körber*, ZWeR 2009, 315 (320).

968 Hierzu bereits BVerfG vom 28.02.1961, 2 BvG 1/60, 2 BvG 2/60, BVerfGE 12, 205 (261).

marktwirtschaftliches Modell daher ausscheide.[969] Begründet wird dies nun mit der Gefahr einer Konzentration von Meinungsmacht und ihres Missbrauchs zur einseitigen Einflussnahme.[970]

In seinem Niedersachsen Urteil hat das Bundesverfassungsgericht zwar bestätigt, dass der Landesrundfunkgesetzgeber kartellrechtliche Hilfsdienste für eigene Zwecke aktivieren kann.[971] Gleichzeitig bleibt es bei dessen Regelungskompetenz und -pflicht hinsichtlich aller Gefahren für die Meinungsvielfalt, auch hinsichtlich des Entstehens multimedialer Meinungsmacht.[972]

Die Landesmediengesetze enthielten daher bereits frühzeitig Regelungen hinsichtlich der Beteiligung der öffentlich-rechtlichen Rundfunkanstalten an Tochterunternehmen oder an Gemeinschaftsunternehmen.[973] Zudem wurde vor diesem Hintergrund das sog. Medienkonzentrationsrecht konzipiert.[974]

Regelungsgrund des Medienkonzentrationsrechts ist die Verpflichtung der Länder zur Gewährleistung der Meinungsvielfalt. Diese Aufgabe wie bei der Presse einer Rundfunkkonzentrationskontrolle des Bundes zu überantworten, würde der klaren Ansicht des Bundesverfassungsgerichts widersprechen, wonach der Markt zu Gewährleistung der Meinungsvielfalt im Rundfunk gerade nicht fähig ist.

Derselbe Regelungsgegenstand, Art. 5 Abs. 1 GG,[975] führt also zu unterschiedlicher Regulierungsnotwendigkeit und damit auch zu einem unterschiedlichen Kompetenzrahmen. Anders als im Recht der Presse, ist der Landesgesetzgeber im Rundfunk zur beschriebenen sektorspezifischen Regulierung verpflichtet.[976] Ein der Pressefusionskontrolle ähnliches Ausklammern der gesamten Rundfunkfusionskontrolle, also auch deren publizistischer Aspekte, aus dem

---

969 BVerfG vom 11.9.2007, 1 BvR 2270/05, 1 BvR 809/06, 1 BvR 830/06, BVerfGE 119, 181 Rn. 115; ebenso BVerfGE 90, 60, 87; 57, 295, 323.

970 BVerfG vom 16.06.1981, 1 BvL 89/78, BVerfGE 57, 295 (323); *Körber*, ZWeR 2009, 315 (320) meint, das Gericht habe insoweit seine Begründung sogar „ausgetauscht".

971 BVerfG vom 04.11.1986, 1 BvF 1/84, BVerfGE 73, 118; *Stock*, AfP 1989 627 (630): im „Vorbeigehen gutgeheißen".

972 BVerfG vom 04.11.1986, 1 BvF 1/84, BVerfGE 73, 118 (127).

973 *Jarass*, Kartellrecht und Landesrundfunkrecht, 1991, 22 f. mit Verweis unter anderem auf die Arbeitsgemeinschaft der Rundfunkanstalten Deutschlands (ARD), gegen die trotz kartellähnlicher Elemente keine entsprechenden Einwände erhoben würden.

974 *Dörr*, ZWeR 2004, 159 (187).

975 *Stock*, AfP 1989, 627 (631).

976 Siehe oben III.1.a.aa.; zu den „zurückhaltenden" Regelungen im Bereich der Presse, *Körber*, ZWeR 2009, 315 (321).

Kompetenzbereich der Länder kommt daher nicht in Betracht. Vielmehr kann der Bundesgesetzgeber aufgrund seiner aus Art. 74 Abs. 1 Nr. 11 und Nr. 16 GG folgenden Kompetenzen in diesem Bereich weiterhin keine Regelungen erlassen, die im Schwerpunkt unmittelbar publizistische Zwecke verfolgen.[977]

b. Sonderfall privater Rundfunk

Auch die publizistische Konzentrationskontrolle privater Rundfunksender liegt in der Kompetenz der Länder.

Zwar handelt es sich bei den privaten Rundfunkveranstaltern unstreitig um wirtschaftliche Unternehmen, so dass eine Fusion von privaten Rundfunkveranstaltern ebenso in den Regelungsbereich des Kartellrechtes fällt wie die Fusion anderer Wirtschaftsunternehmen und damit auch Teil der Gesetzgebungs- und Verwaltungszuständigkeit des Bundes ist. Gerade wegen der erwerbswirtschaftlichen Konzeption dieses Sektors könnte man zudem wie im Pressebereich annehmen, dass hier die Kontrolle ökonomischer Macht auch zur Gewährleistung der Meinungsvielfalt ausreichend ist.[978]

Allerdings kann auch der private Rundfunksektor nicht dem „freien Spiel der Kräfte" überlassen werden.[979] Denn auch die zweite Säule des dualen Rundfunksystems betrifft die Anforderungen an die Sicherung der Meinungsvielfalt.[980] Der Privatrundfunk ist also ebenfalls der „dienenden Funktion" der Rundfunkfreiheit untergeordnet.[981] Denn allein ein ausgewogenes und vielfältiges Angebot der öffentlich-rechtlichen Anstalten genügt nicht, um die angesprochenen privaten Defizite auszugleichen. Die Vielfalt der Meinungen muss daher auch im privaten Bereich durch den Rundfunkgesetzgeber, also durch die Länder gesichert werden.[982] So dürfen sich auch Gesetze, die den Privatrundfunk betreffen, an dem für den öffentlichen-Rundfunk geltenden Integrationsmodell orientieren und deutliche konzeptionelle Distanz zu einem presseähnlichen Marktmodell aufweisen.[983] Erst wenn gesichert ist, dass die Außenpluralität unter den

---

977 *Sprenger*, Optionen zur Regulierung des publizistischen Wettbewerbs, 2013, 86.

978 *Stock* in: Hoffmann-Riem, Rundfunk im Wettbewerb, 1988, 35: Koordinierungsrundfunk hat presseähnliche Merkmale, Auffüllung durch kartellrechtliche Regelungen sei sinnvoll.

979 *Dörr/Deicke*, ZUM 2015, 89 (92).

980 *Huber*, Die Verwaltung 2007, 1 (2).

981 *Huber*, BayVbl. 2004, 609 (612).

982 *Dörr/Herr*, K&R 2004, 424 (427).

983 *Stock*, NJW 1987, 217 (223), der jedoch kritisiert, dass das Gleichwertigkeitsgebot im 4. Rundfunkurteil aufgegeben wurde.

Privaten das selbe „Gesamtprogramm" aufweist, wie es durch eine binnenplurale Ordnung gewährleistet werden soll, kann auf Letztere verzichtet werden.[984]

Die Beschränkung wirtschaftlicher Macht ist zwar eine notwendige, aber keine hinreichende Bedingung, um die von der Verfassung geforderte Meinungsvielfalt im Bereich des privaten Rundfunks zu sichern und kann daher das Kartellrecht die Meinungsvielfalt auch im privaten Rundfunk nur unvollkommen regeln.[985] Allerdings normieren verschiedene Mediengesetze bestimmte Vermutungen für eine die publizistische Vielfalt ausreichend sicherstellende Außenpluralität. So sieht etwa § 14 des Thüringer Rundfunkgesetzes (TRG) bereits bei drei empfangbaren Rundfunksendern das außenpluralistische Modell, wie bei der Presse, als ausreichend an.[986] Mit einer Ausnahme: Die medienspezifische Konzentrationskontrolle bleibt auch dann bestehen.[987]

5. Kompetenzrechtliche Überlagerung durch unionales Kartellrecht?

Wie bereits zu Beginn der Arbeit dargestellt, wird mitunter vertreten, die Anwendung des Kartellrechts kompetenzrechtlich durch den Vorrang europäischen (Kartell-) Rechts zu rechtfertigen. *Emmerich* meint sogar, dies gelte selbst bei Fragen der grundgesetzlichen Kompetenzverteilung; die Länder und ihre „Vertreter in der Wissenschaft" würden dem zu Unrecht entgegenhalten, die Union sei insoweit unzuständig.[988] Ähnlich formuliert *Uwer*, die Länder seien nur noch insoweit zuständig, wie ihnen das durch das Bundeskartellamt und die Europäische Kommission konkretisierte Wettbewerbsrecht legislatorischen Spielraum belasse.[989]

Der Anwendungsvorrang des Unionsrechts ist das scheinbar schärfste Schwert eines weiten kartellrechtlichen Anwendungsregimes: Denn der Vorrang vor nationalem Recht gilt grundsätzlich auch mit Blick auf entgegenstehendes nationales Verfassungsrech[990] und führt bei einer

984 *Huber*, FS „10 Jahre TLM", 2001, 185 (188).
985 *Dörr/Herr*, K&R 2004, 424 (428).
986 *Huber*, FS „10 Jahre TLM", 2001, 185 (190).
987 *Huber*, ebenda.
988 *Emmerich*, AfP 1989 433 (437).
989 *Uwer*, NJW 2006, 3257 (3259).
990 BVerfG vom 19.07.2011 – 1 BvR 1916/09, BVerfGE 129, 78 (100); ebenso BVerfGE 143, 123, Rn. 119; vgl. auch *Grossfeld*, AG 1992, 336 (338 f.).

Kollision in aller Regel zur Unanwendbarkeit des nationalen Rechts im konkreten Fall.[991]

Allerdings hat das Bundesverfassungsgericht jüngst mit bestechender Klarheit festgestellt: „die Verteilung der Gesetzgebungskompetenzen wird (nicht) vom Unionsrecht (…) regiert".[992]

a. Grenzen des unionalen Anwendungsvorrangs

Diese Feststellung steht in scheinbar diametralem Widerspruch zum bereits beschriebenen Verständnis eines allumfassenden Vorrangs des Unionsrechts. Bereits in der Rechtssache Costa/E.N.E.L., in der der EuGH das europarechtliche Fundament für die These des Anwendungsvorrangs legte, wurde der Anwendungsvorrang des Unionsrechts selbst vor verfassungsrechtlichen nationalen Rechtsvorschriften betont.[993] Den Mitgliedstaaten sei es wegen Art. 4 Abs. 3 EUV und Art. 18 AEUV (zur Zeit der Entscheidung Art. 5 Abs. 2, Art. 7 EWGV a.F.) unmöglich, gegen eine von ihnen auf der Grundlage der Gegenseitigkeit angenommene Rechtsordnung nachträglich einseitige Maßnahmen ins Feld zu führen.[994]

Das Bundesverfassungsgericht hat den Anwendungsvorrang des Unionsrechts zwar nie in Abrede gestellt, dabei aber stets die Existenz von Durchbrechungen und Vorbehalten des nationalen Rechts betont.[995] Denn aus der Sicht des Gerichts besteht der Anwendungsvorrang nur kraft und im Rahmen der fortbestehenden verfassungsrechtlichen Ermächtigung des Art. 23 Abs. 1 GG i.V. mit dem nationalen Zustimmungsgesetz zu den europäischen Verträgen.[996]

Art. 23 GG, mitunter als „Europaartikel" bezeichnet, bildet seit seiner Einfügung in das Grundgesetz die verfassungsrechtliche Basis der EU-Mitgliedschaft Deutschlands.[997] Auf der Grundlage von Art. 23 Abs. 1 GG kann der

991 BVerfG vom 06.07.2010, 2 BvR 2661/06, BVerfGE 126, 286 (301); in der Folge ebenso BVerfGE 143, 123, Rn. 119; BVerfG vom 15.12.2015, 2 BvR 2735/14, BVerfGE 140, 317 Rn. 38; BVerfG-K vom 4.12.2015, 2 BvR 282/13, 2 BvQ 56/12, juris, Rn. 15, 19.

992 BVerfG vom 28.01.2014, 2 BvR 1561/12, BVerfGE 135, 155 Rn. 111.

993 *Ludwigs/Sikora*, EWS 2016, 121 (122).

994 EuGH vom 15.07.1964, 6/64, Slg. 1964, 1251 (1269).

995 BVerfG vom 05.05.2020 – 2 BvR 859/15, 2 BvR 980/16, 2 BvR 2006/15, 2 BvR 1651/15, NJW 2020, 1647, Rn. 98 ff.; vgl. auch *Ludwigs/Sikora*, EWS 2016, 121 (122).

996 BVerfG vom 04.11.1986, 1 BvF 1/84, BVerfGE 73, 339 (375 f.); ebenso BVerfGE 89, 155 (190); 123, 267 (348 ff.); 126, 286 (302); 129, 78 (99); 134, 366 (384) Rn. 26; 143, 123, Rn. 120; BVerfG vom 15.12.2015, 2 BvR 2735/14, BVerfGE 140, 317 Rn. 40.

997 *Ludwigs/Sikora*, EWS 2016, 121 (122).

Integrationsgesetzgeber nicht nur Organe, Einrichtungen und sonstige Stellen der Europäischen Union, soweit sie in Deutschland öffentliche Gewalt ausüben, von einer umfassenden Bindung an die Gewährleistungen des Grundgesetzes freistellen, sondern auch deutsche Stellen, die Recht der Europäischen Union durchführen.[998] Auf der anderen Seite zieht Art. 23 Abs. 1 S. 3 i.V.m. Art. 79 Abs. 3 GG eine absolute Grenze hinsichtlich Deutschlands Integration in die supranationale Organisation: hiernach ist die Verfassungsidentität, mithin der Kern des Grundgesetzes, dem Anwendungsvorrang des Unionsrechts entzogen.[999] Aus Perspektive des Bundesverfassungsgerichts ergeben sich hierdurch insbesondere drei nationale Kontrollvorbehalte: die Grundrechtskontrolle, die Kompetenzkontrolle sowie die Identitätskontrolle.[1000]

aa. Grundrechtsvorbehalt

Der erste Vorbehalt wurde im Solange I-Beschlus[1001] des Bundesverfassungsgerichts entwickelt, um wegen der Freistellung der Staatsgewalt an die Bindung nationaler Grundrechte bei der Durchführung von Unionsrecht einen absinkenden Grundrechtsschutzstandard aufzufangen, der sich aus dem (noch) nicht adäquat entwickelten Grundrechtskatalog auf Gemeinschaftsebene ergab.[1002] Das tatsächliche Eingriffspotential des Grundrechtsvorbehalts wurde aber bereits im Solange II-Beschlus[1003] relativiert und im Bananenmarktordnung-Beschluss schließlich auf das Vorliegen sehr enger Voraussetzungen begrenzt.[1004]

Neben dem Grundrechtsvorbehalt hat das Bundesverfassungsgericht aber zwei weitere, eigenständig[1005] Vorbehalte formuliert, deren Aktualität nach wie vor ungebrochen ist:[1006] den Kompetenz- sowie den Identitätsvorbehalt.

998 *Streinz*, Bundesverfassungsgerichtlicher Grundrechtsschutz und Europäisches Gemeinschaftsrecht, 1989, 247 ff.

999 *Ludwigs/Sikora*, EWS 2016, 215 (221).

1000 *Ludwigs/Sikora*, EWS 2016, 121 (123).

1001 BVerfG vom 03.12.1969, 1 BvR 624/56, BVerfGE 27, 271 (285).

1002 *Ludwigs/Sikora*, EWS 2016, 121 (123).

1003 BVerfG vom 04.11.1986, 1 BvF 1/84, BVerfGE 73, 339 (387).

1004 BVerfG vom 07.06.2000, 2 BvL 1/97, BVerfGE 102, 147; hierzu *Ludwigs/Sikora*, EWS 2016, 121 (124).

1005 *Ludwigs/Sikora*, EWS 2016, 215 (219).

1006 Vgl. etwa BVerfG vom 21.6.2016, 2 BvR 2783/13, juris, u.a.; hierzu *Ruffert*, JuS 2016, 756 (757).

bb. Kompetenzvorbehalt

Die Europäische Union ist kein Staat, sondern ein Staaten-, Verfassungs-, Verwaltungs- und Rechtsprechungsverbund, der seine Grundlagen in völkerrechtlichen Verträgen der Mitgliedstaaten findet. Daher verfügt die Union über keine Kompetenz-Kompetenz.[1007] Vielmehr entscheiden die Mitgliedstaaten als Herren der Verträge durch nationale Geltungsanordnungen darüber, ob und inwieweit das Unionsrecht im jeweiligen Mitgliedstaat Geltung und Vorrang beanspruchen kann.[1008]

Das Bundesverfassungsgericht betont insoweit, dass der in Art. 38 Abs. 1 S. 1 GG in Verbindung mit Art. 20 Abs. 1 und Abs. 2 und Art. 79 Abs. 3 GG verankerte Anspruch auf demokratische Selbstbestimmung ausweislich von Art. 23 Abs. 1 S. 1 und S. 3 GG zwar grundsätzlich auch in Ansehung der europäischen Integration gilt.[1009] Die demokratische Legitimation der in Deutschland ausgeübten öffentlichen Gewalt durch das Staatsvolk gehöre als wesentlicher Inhalt des Grundsatzes der Volkssouveränität zu der durch Art. 79 Abs. 3 GG geschützten und nach Art. 23 Abs. 1 S. 3 in Verbindung mit Art. 79 Abs. 3 GG auch integrationsfesten Verfassungsidentität des Grundgesetze[1010] Das Grundgesetz ermächtige die deutschen Staatsorgane daher nicht, Hoheitsrechte auf die Europäische Union derart zu übertragen, dass aus ihrer Ausübung heraus eigenständig weitere Zuständigkeiten für die Europäische Union begründet werden können; stattdessen untersage es sogar die Übertragung der Kompetenz-Kompetenz.[1011]

EU-Rechtsakte, die keine Grundlage in einer vertraglichen Ermächtigungsgrundlage finden, können daher nach Auffassung des Bundesverfassungsgerichts auch nicht vom Rechtsanwendungsbefehl des nationalen Zustimmungsgesetzes gedeckt sein.[1012] Die Feststellung der Unanwendbarkeit derartiger Rechtsakte, die zuvor allerdings vom EuGH auf ihre Übereinstimmung mit der

---

1007 *Ludwigs/Sikora*, EWS 2016, 121 (126).

1008 BVerfG vom 08.04.1987, 2 BvR 687/85, BVerfGE 75, 223 (242); ebenso BVerfGE 89, 155 (190); 123, 267 (348 f. und 381 ff.); 126, 286 (302 f.); 134, 366 (384 Rn. 26); 143, 123, Rn. 140; *Ruffert*, JuS 2016, 756 (758).

1009 BVerfG vom 05.05.2020 – 2 BvR 859/15, 2 BvR 980/16, 2 BvR 2006/15, 2 BvR;1651/15, NJW 2020, 1647, Rn. 101.

1010 BVerfGE 89, 155 (182); 123, 267 (330); 129, 124 (169); 142, 123 (191) Rn. 127; BVerfG vom 30.07.2019 – 2 BvR 1685/14, 2 BvR 2631/14 –, Rn. 119.

1011 BVerfG vom 05.05.2020 – 2 BvR 859/15, 2 BvR 980/16, 2 BvR 2006/15, 2 BvR 1651/15, NJW 2020, 1647, Rn. 101 f.; BVerfGE 89, 155 (187 f., 192, 199); 123, 267 (349).

1012 BVerfG vom 12.10.1993, 2 BvR 2134/92, 2 BvR 2159/92, BVerfGE 89, 155 (188); ebenso BVerfGE 123, 267 (349 ff.).

primärrechtlichen Ermächtigung überprüft werden,[1013] behält sich das Gericht als „Ultra-vires Kontrolle“ vor, dessen Voraussetzungen mittlerweile geklärt seien:[1014] Ersichtlich sei ein Verstoß gegen das Prinzip der begrenzten Einzelermächtigung nur dann, wenn die Organe, Einrichtungen und sonstigen Stellen der Europäischen Union die Grenzen ihrer Kompetenzen in einer das Prinzip der begrenzten Einzelermächtigung spezifisch verletzenden Art überschritten haben (Art. 23 Abs. 1 GG), der Kompetenzverstoß mit anderen Worten hinreichend qualifiziert ist. Das setze voraus, dass das kompetenzwidrige Handeln der Unionsgewalt offensichtlich ist und innerhalb des Kompetenzgefüges zu einer strukturell bedeutsamen Verschiebung zulasten mitgliedstaatlicher Kompetenzen führt.[1015] Eine strukturell bedeutsame Verschiebung zulasten mitgliedstaatlicher Kompetenzen liege vor, wenn die Kompetenzüberschreitung im Hinblick auf das Prinzip der begrenzten Einzelermächtigung und die rechtsstaatliche Gesetzesbindung erheblich ins Gewicht falle.[1016] Davon sei auszugehen, wenn die Inanspruchnahme der Kompetenz durch das Organ, die Einrichtung oder sonstige Stelle der Europäischen Union eine Vertragsänderung nach Art. 48 EUV oder die Inanspruchnahme einer Evolutivklausel erfordere, für Deutschland also ein Tätigwerden des Gesetzgebers, sei es nach Art. 23 Abs. 1 Satz 2 GG, sei es nach Maßgabe des Integrationsverantwortungsgesetzes.[1017]

Der EuGH hat sich nach Erlass des ersten Ultra-Vires Urteils des Bundesverfassungsgerichts öffentlich zwar wenig erfreut gezeigt,[1018] zuvor aber einen solchen nationalen Kompetenzvorbehalt bereits grundlegend anerkannt.[1019]

1013 BVerfG vom 05.05.2020 – 2 BvR 859/15, 2 BvR 980/16, 2 BvR 2006/15, 2 BvR 1651/15, NJW 2020, 1647, Rn. 111 f.

1014 BVerfG vom 05.05.2020 – 2 BvR 859/15, 2 BvR 980/16, 2 BvR 2006/15, 2 BvR 1651/15, NJW 2020, 1647, Rn. 110 mit Verweis auf BVerfGE 126, 286 (302 ff.); 134, 366 (382 ff. Rn. 22 ff.); 142, 123 (198 ff. Rn. 143 ff.); BVerfG, Urteil des Zweiten Senats vom 30. Juli 2019 – 2 BvR 1685/14, 2 BvR 2631/14 –, Rn. 140 ff.

1015 BVerfG vom 05.05.2020 – 2 BvR 859/15, 2 BvR 980/16, 2 BvR 2006/15, 2 BvR 1651/15, NJW 2020, 1647, Rn. 110.

1016 BVerfGE 126, 286 (304).

1017 BVerfG vom 05.05.2020 – 2 BvR 859/15, 2 BvR 980/16, 2 BvR 2006/15, 2 BvR 1651/15, NJW 2020, 1647, Rn. 110 mit Verweis auf BVerfGE 89, 155 (210); 142, 123 (201 f. Rn. 151); BVerfG vom 30. Juli 2019 – 2 BvR 1685/14, 2 BvR 2631/14 –, Rn. 153.

1018 Vgl. https://www.lto.de/recht/nachrichten/n/eugh-mitteilung-urteil-bverfg-ezb-bindungsgwirkung-unionsrecht/ (zuletzt abgerufen: 20.01.2021).

1019 Vgl. EuGH vom 16.06.2015, C-62/14, EuZW 2015, 599 – Gauweiler.

cc. Identitätsvorbehalt

Im Lissabon Urteil[1020] wurden Kompetenz- und Grundrechtskontrolle noch um die sog. Identitätskontrolle ergänzt. Danach findet der Vorrang des Europarechts auch in der nationalen Verfassungsidentität, insbesondere am änderungsfesten Demokratieprinzip, das über Art. 23 Abs. 1 S. 3 i.V.m. Art 79 Abs. 3 GG auch den Integrationsgesetzgeber bindet, seine Grenzen.[1021] Als besonders sensibel für die demokratische Selbstbestimmung und daher als im Kern integrationsfest hat das Bundesverfassungsgericht fünf Sachbereiche identifiziert: das materielle und formelle Strafrecht, das polizeiliche und militärische Gewaltmonopol, das Budgetrecht, das Sozialstaatsprinzip sowie kulturell besonders bedeutsame Entscheidungen.[1022]

b. Anerkennung der Vorbehalte durch den EuGH

Auch der EuGH erkennt gerade in seiner jüngeren Rechtsprechung weitgehende Identitätsvorbehalte der Mitgliedstaaten an. Dazu zählt der Gerichtshof z.B. den Grundsatz der Gesetzmäßigkeit im Zusammenhang mit Straftaten und Strafen.[1023]

Wie bereits dargelegt, hat der EuGH in der Rechtssache *Digibet* klargestellt, dass die Union gem. Art. 4 Abs. 2 EUV dazu verpflichtet sei, die jeweilige nationale Identität des Mitgliedstaats zu achten, die in ihren grundlegenden politischen und verfassungsmäßigen Strukturen einschließlich der lokalen und regionalen Selbstverwaltung zum Ausdruck komme.[1024] Damit betonte der Gerichtshof, dass er die Verteilung der Zuständigkeiten zwischen Bund und Ländern europarechtlich nicht in Frage stellen wolle und könne.[1025]

1020 BVerfG vom 30.06.2009, 2 BvE 2/08 u.a., BVerfGE 123, 267.

1021 Vgl. auch BVerfG vom 07.09.2011, 2 BvR 1485/10, BVerfGE 129, 124 (180 f.).

1022 BVerfG vom 30.06.2009, 2 BvE 2/08 u.a., BVerfGE 123, 267 (357 f.); die Kritik hierzu bei *Ludwigs/Sikora*, EWS 2016, 121 (129 Fn. 120).

1023 EuGH vom 5.12.2017, C-42/17, NJW 2018, 217.

1024 EuGH vom 12.06.2014 – C-156/13, CR 2016, 112 – Digibet, Rn. 34; vgl. hierzu *Arendts*, MMR 2014, 554 (556); *Michl*, EuZW 2014, 628 (631); *Stulz-Herrnstadt/Engelmann*, GRUR-Prax 2014, 310 (310); *Janson*, ZfWG 2015, 212 (213 f.).

1025 *Hertwig*, NZBau 2016, 152 (153): Der EuGH unterscheidet insoweit zwischen der vertikalen Koordinierung von Bund und Ländern, die einer Überprüfung zugänglich sei, und dem horizontalen Verhältnis im föderalen Mitgliedstaat, für die eben dies nicht gelte.

Diese ausnahmsweise Durchbrechung des effet-utile-Grundsatzes ist mutmaßlich auf die Ausführungen des BGH im zugehörigen Vorlagebeschlusses zurückzuführen, „dass in einer bundesstaatlichen Verfassung ein Bundesland weder vom Bund noch von den anderen Bundesländern gezwungen werden kann, eine bestimmte Regelung in einem der Kompetenz der Länder unterliegenden Bereich zu treffen".[1026]

Bereits zuvor hatte das BVerwG richtigerweise betont, dass eine Gesamtkohärenz in einem föderalen Mitgliedstaat „kaum zu leisten" sei.[1027] Hätte der EuGH nämlich Inkohärenz aufgrund unterschiedlicher Landesregulierungen angenommen, hätte eine solche nur durch einen Staatsvertrag, der die politischen Vorstellungen der einzelnen Länder ignoriert, erreicht werden können und damit im Ergebnis die Gesetzgebungsautonomie der Länder abgeschafft.[1028]

Durch Anerkennung der föderalen Besonderheiten Deutschlands durch den EuGH werden erstmals die Auswirkungen des Art. 4 Abs. 2 EUV auf föderale Systeme konturiert: Die Union nimmt auf die föderale Struktur eines Mitgliedstaates Rücksicht.[1029] Diese Sensibilität gegenüber der bundesstaatlichen Ordnung haben EuGH und auch Generalanwalt Mengozzi unlängst erneut betont.[1030]

Art. 4 Abs. 2 EUV kodifiziert damit den völkerrechtlichen Grundsatz der Unbeachtlichkeit der inneren Staatsordnung: Aus Art. 2 Ziff. 1 UN-Charta folgt die Befugnis aller Staaten, ihre inneren Angelegenheiten vorbehaltlich etwaiger Sonderverpflichtungen völkerrechtlichen Charakters ohne äußere Einmischung zu regeln.[1031] Als Kehrseite kann ein Staat seine innere Ordnung nicht als Hindernis für die Erfüllung seiner völkerrechtlichen Pflichten geltend machen, es sei denn, er hat sie unter den Vorbehalt seiner bundesstaatlichen Verfassung

1026 BGH vom 24.01.2013, I ZR 171/10, GRUR 2013, 527, Rn. 26.

1027 BVerwG vom 20.06.2013, 8 C 10/12, NVwZ-RR 2014, 181, Rn. 55; hierzu *Hartmann*, EuZW 2014, 814 (817).

1028 *Michl*, EuZW 2014, 628 (631): die Gesetzgebungskompetenzen bestünden nur noch auf dem Papier; a.A. wohl *Hartmann*, EuZW 2014, 814 (818), der ein weitgehendes Koordinierungsgebot als verfassungsgemäß, insbesondere nicht im Widerspruch zur Verfassungsidentität des Grundgesetzes, einstuft.

1029 *Michl*, EuZW 2014, 628 (631); *Stulz-Herrnstadt/Engelmann*, GRUR-Prax 2014, 310 (310); *Janson*, ZfWG 2015, 212 (215).

1030 *Hertwig*, NZBau 2016, 152 (154) mit Verweis auf EuGH vom 17.11.2015, C-115/14, NVwZ 2016, 212 und Schlussanträge GA Mengozzi vom 9.9.2015, C-115/14, BeckRS 2015, 81101.

1031 Vgl. bereits *Kössinger*, Die Durchführung des Europäischen Gemeinschaftsrechts im Bundesstaat, 1988, 31.

gestellt.[1032] In seinem Urteil zum Automatenspielbereich hat der EuGH somit lediglich diese völkerrechtlichen Grundsätze übertragen: Die europäischen Verträge enthalten keine Bundesstaatsklausel,[1033] weshalb sich die Mitgliedstaaten auch nicht auf die föderale Ordnung als Hindernis der Vertragserfüllung berufen können. Insoweit ist die Union sprichwörtlich „landesblind" ausgestaltet.[1034] Gleichzeitig bleibt es allein Sache des Mitgliedstaates, seine innere Ordnung festzulegen.

Die Mitgliedstaaten und die in Deutschland zuständigen Länder können daher aus der gesamten Bandbreite möglicher Regulierungsmethoden und -modalitäten schöpfen und daher auch Teilsektoren monopolisieren, konzessionieren oder mit einem Totalverbot belegen.[1035]

c. *Zuständigkeit der Union*

Der Anwendungsvorrang reicht im Übrigen jedoch ohnehin nur soweit, wie das Grundgesetz und das Zustimmungsgesetz die Übertragung von Hoheitsrechten, also von Kompetenzen, erlauben oder vorsehen. Enthalten aber weder die europäischen Verträge noch (in logischer Folge) das nationale Zustimmungsgesetz eine Kompetenzzuweisung an die Union, scheidet ein Anwendungsvorrang bereits begrifflich aus.

Daher soll zunächst überprüft werden, ob die Union für vorliegende Konstellationen überhaupt zuständig ist.

aa. *Grundsätze der Unionalen Kompetenzverteilung*

Hierfür maßgeblich ist die primärrechtlich verankerte Kompetenzverteilung in EUV und AEUV. Im EUV sind zunächst sog. Kompetenzausübungsschranken kodifiziert, insbesondere das Prinzip der begrenzten Einzelermächtigung, Art. 5 Abs. 1 S. 1, Abs. 2 S. 1 EUV,[1036] sowie der

---

1032 *Kössinger*, Die Durchführung des Europäischen Gemeinschaftsrechts im Bundesstaat, 1988, 32: die völkerrechtliche Verpflichtung kann dann sogar zur Verfassungsänderung zwingen.

1033 *Kössinger*, Die Durchführung des Europäischen Gemeinschaftsrechts im Bundesstaat, 1988, 34.

1034 *Huber*, Klare Verantwortungsteilungs zwischen Bund, Ländern und Kommunen?, 2004, 16.

1035 *Wormit*, NVwZ 2017, 281 (285).

1036 BVerfGE vom 08.04.1987, 2 BvR 687/85, BVerfGE 75, 223 (242); ebenso BVerfGE 89, 155 (187 f., 192, 199); 123, 267 (349); vgl. auch BVerfGE 58, 1 (37); 68, 1 (102);

Subsidiaritäts- und Verhältnismäßigkeitsgrundsatz Art. 5 Abs. 1 S. 2, Abs. 3, 4 EUV.[1037]

Der Grundsatz der begrenzten Einzelermächtigung, Art. 5 Abs. 2 S. 1 EUV, bildet den gedanklichen Ausgangspunkt jeder kompetenzrechtlichen Betrachtung der Europäischen Union.[1038] Er legt fest, dass die Rechtsetzungsorgane der Union einer ausdrücklichen und speziellen Kompetenzzuweisung sowohl hinsichtlich der Verbands- als auch hinsichtlich der Organkompetenz in den Verträgen bedürfen.[1039] Damit begründet die Norm ein Regel-Ausnahme-Verhältnis zu Gunsten der Mitgliedstaaten: deren Zuständigkeit ist der Regelfall, die Ermächtigung der Gemeinschaft die begründungspflichtige Ausnahme.[1040]

Ein Tätigwerden der Gemeinschaft ist somit nur aufgrund einer spezifischen Ermächtigungsgrundlage möglich; im Umkehrschluss folgt hieraus, dass außerhalb der primärrechtlich begründeten Befugnisse eine Handlungsgemeinschaft der Union und ihrer Organe nicht besteht.[1041] Zudem wurde bereits ausgeführt, dass den Unionsorganen keine Kompetenz-Kompetenz, also das Recht zur Schaffung neuer Befugnisse, eingeräumt worden ist.[1042] Auch Sekundärrecht kann daher keine Kompetenzen der Union begründen.[1043]

Das Prinzip der begrenzten Einzelermächtigung dient dabei in erster Linie der Vorhersehbarkeit des Gemeinschaftshandelns zugunsten der Wahrung mitgliedstaatlicher Souveränität und individueller Rechtspositionen.[1044] Zugleich

---

77, 170 (231); 104, 151 (195); 118, 244 (260); 126, 286 (302); 134, 366 (384 Rn. 26); 143, (123 Rn. 144).

1037 Vgl. *Calliess* in: ders./Ruffert, EUV/AEUV, 5. Auflage 2016, Art. 5 EUV Rn. 2; *Streinz* in: ders., EUV/AEUV, 2. Auflage 2012, Art. 5 EUV Rn. 3; *Rengeling*, FS Kirchof, 2013, § 8 Kompetenzen, Rn. 44.

1038 *Krönke*, Die Verfahrensautonomie der Mitgliedstaaten der Europäischen Union, 2013, 39 f.

1039 *Streinz* in: ders., EUV/AEUV, 2. Auflage 2012, Art. 5 EUV Rn. 8 f.

1040 *Jürgens*, Die Kompetenzabgrenzung zwischen der Europäischen Union und den Mitgliedstaaten, 2010, 77.

1041 *Jürgens*, Die Kompetenzabgrenzung zwischen der Europäischen Union und den Mitgliedstaaten, 2010, 75.

1042 *Krönke*, Die Verfahrensautonomie der Mitgliedstaaten der Europäischen Union, 2013, 40.

1043 *Jarass*, AöR 121, 173 (174); *Krönke*, Die Verfahrensautonomie der Mitgliedstaaten der Europäischen Union, 2013, 40; *Jürgens*, Die Kompetenzabgrenzung zwischen der Europäischen Union und den Mitgliedstaaten, 2010, 75.

1044 *Jürgens*, Die Kompetenzabgrenzung zwischen der Europäischen Union und den Mitgliedstaaten, 2010, 76.

nimmt es damit mitgliedstaatliche Verfassungsprinzipien auf.[1045] Es ist die maßgebliche Rechtfertigung für den Einschnitt in das demokratische Legitimationsniveau der durch die Europäische Union ausgeübten öffentlichen Gewalt, der in Deutschland nicht nur objektive Grundprinzipien der Verfassung (Art. 20 Abs. 1 und Abs. 2 GG) berührt, sondern auch das Wahlrecht der Bürger und ihren „Anspruch auf Demokratie“ (Art. 38 Abs. 1 Satz 1 GG). Die Wahrung der kompetenziellen Grundlagen der Europäischen Union hat daher entscheidende Bedeutung für die Gewährleistung des demokratischen Prinzips des Grundgesetzes.[1046]

In engem systematischen Zusammenhang mit dem Prinzip der begrenzten Einzelermächtigung steht das Subsidiaritätsprinzip, Art. 5 Abs. 1 S. 2, Abs. 3 EUV: während ersteres die Gemeinschaft und ihre Organe hinsichtlich des Vorhandenseins einer Ermächtigungsgrundlage bindet, regelt letzteres die materielle Reichweite einer bestehenden Zuständigkeit.[1047] Hiernach müsste das von der Gemeinschaft verfolgte Ziel kumulativ nicht ausreichend durch die Mitgliedstaaten (Effizienztest) und besser durch die Gemeinschaft (Mehrwerttest) erreichbar sein.

Schließlich bestimmt der seit langem gemeinschaftsrechtlich etabliert[1048] und durch den Vertrag von Lissabon erstmals normierte Rechtsgrundsatz der Verhältnismäßigkeit, Art. 5 Abs. 1 S. 2, Abs. 4 EUV, dass Maßnahmen der Gemeinschaft nicht über das für die Erreichung der Vertragsziele erforderliche Maß hinausgehen sollen. Das Prinzip verpflichtet die Gemeinschaft in allen Kompetenzbereichen dazu, ihre Zuständigkeiten so wahrzunehmen, dass die mitgliedstaatliche Souveränität bestmöglich gewahrt wird.[1049]

Diese Grundprinzipien und dabei insbesondere das Prinzip der begrenzten Einzelermächtigung knüpfen damit an die im EUV und zuvorderst an die im AEUV festgelegten Kompetenzen an.[1050] Hier sind die Ausnahmen zur Regel,

---

1045 BVerfG vom 30.06.2009, 2 BvE 2/08 u.a., BVerfGE 123, 267 (350); vom 13.10.2016, 2 BvE 2/15, BVerfGE 143, 123 Rn. 185.

1046 BVerfG vom 13.10.2016, 2 BvE 2/15, BVerfGE 143, 123 Rn. 185.

1047 *Jürgens*, Die Kompetenzabgrenzung zwischen der Europäischen Union und den Mitgliedstaaten, 2010, 78.

1048 Vgl. etwa EuGH vom 19.06.1980, 41/79, Slg. 1980, 1979 Rn. 21 – Testa/Bundesanstalt für Arbeit.

1049 *Jürgens*, Die Kompetenzabgrenzung zwischen der Europäischen Union und den Mitgliedstaaten, 2010, 81.

1050 *Streinz* in: ders., EUV/AEUV, 2. Auflage 2012, Art. 5 EUV Rn. 12.

dass die Mitgliedstaaten zuständig sind, normiert.[1051] Grundsätzlich gibt sich die Kompetenzordnung seit dem Vertrag von Lissabon den Anschein einer klaren, föderal anmutenden Ordnung.[1052]

Art. 2 AEUV definiert abstrakte Kompetenzkategorien, denen in den Art. 3, 4 und 6 AEUV bestimmte Sachbereiche zugeordnet werden.[1053] Diese Kompetenzkataloge suggerieren eine Typologie, nach der sich die Beziehung der Union und der Mitgliedstaaten klar definieren und kategorisieren lassen.[1054]

Allerdings dienen alle in den Art. 3 ff. AEUV nomierten Kompetenzen lediglich als Interpretationshilfen; eine konstitutive Wirkung und eine unmittelbare Auswirkung auf den Handlungsspielraum der Mitgliedstaaten zeigt der Kompetenzkatalog, außer bei ausschließlichen Unionzuständigkeiten, jedoch nicht.[1055]

Auch ist die Kompetenzverteilung nicht „strikt" gegenständlich wie die des Grundgesetzes, sondern von einer strukturellen Offenheit geprägt;[1056] die einzelnen Befugnisnormen in den europäischen Verträgen sind nicht nur auf einen bestimmten Sachbereich begrenzt, sondern an einer Zielbestimmung, etwa am Ziel der Errichtung und der Sicherung des Funktionierens des Binnenmarktes, Art. 114 Abs. 1 S. 2 AEUV, ausgerichtet.[1057] Diese final-funktionale Ausrichtung wird als Grundproblem der unionalen Kompetenzordnung und auch als Triebfeder gerade für die Aushöhlung ihrer Grundprinzipien gesehen.[1058] Dabei wird eine klare Zuständigkeitsverteilung zwischen Mitgliedstaaten und Gemeinschaft nicht lediglich verwässert. Vielmehr können unionsrechtliche Regelungen (Teil-)Bereiche erfassen, die innerstaatlich den Ländern zugewiesen wären und damit bundesstaatliche Kompetenzverteilungen als solche gestört werden.[1059] Auch

---

1051 Zum Regel-Ausnahme-Verhältnis *Jürgens*, Die Kompetenzabgrenzung zwischen der Europäischen Union und den Mitgliedstaaten, 2010, 77.

1052 *Klamert*, EuZW 2017, 131 (131); zum Anschein des Bestehens eines föderalen Rücksichtsnahmegebots *Jürgens*, Die Kompetenzabgrenzung zwischen der Europäischen Union und den Mitgliedstaaten, 2010, 143.

1053 *Calliess* in: ders./Ruffert, EUV/AEUV, 5. Auflage 2016, Art. 5 EUV Rn. 2.

1054 *Klamert*, EuZW 2017, 131 (131).

1055 *Calliess* in: ders./Ruffert, EUV/AEUV, 5. Auflage 2016, Art. 5 EUV Rn. 3.

1056 Vgl. oben insbesondere B.I.3.

1057 *Krönke*, Die Verfahrensautonomie der Mitgliedstaaten der Europäischen Union, 2013, 42.

1058 Mit dem Blick auf das Prinzip der begrenzten Einzelermächtigung *Jürgens*, Die Kompetenzabgrenzung zwischen der Europäischen Union und den Mitgliedstaaten, 2010, 146.

1059 *Kössinger*, Die Durchführung des Europäischen Gemeinschaftsrechts im Bundesstaat, 1988, 24 f.

der EuGH judiziert entsprechend dieser finalen Kompetenzzuweisung durch das Primärrecht und stellt in seiner gefestigten Rechtsprechung bei der Abgrenzung von Zuständigkeiten zwischen der Europäischen Union und den Mitgliedstaaten im Allgemeinen auf die Ziele der fraglichen Maßnahme ab.[1060] Dabei wird die strukturelle Offenheit der Kompetenznormen durch eine extensive, am effet-utile-Grundsatz und der dynamischen Natur der Unionsrechtsordnung insgesamt ausgerichtete Auslegung der Handlungsermächtigungen sogar noch verstärkt und der Grundsatz der begrenzten Einzelermächtigung zumindest relativiert.[1061] Mitunter wird auch von einer die Souveränität der Mitgliedstaaten verletzenden, bewussten Missachtung des Prinzips des Grundsatzes der Subsidiarität gesprochen.[1062] Daher hält der Gerichtshof lediglich mittelbare Auswirkungen einer Maßnahme auf andere Bereiche bei der Kompetenzabgrenzung nicht für ausschlaggebend.[1063]

Da der Gerichtshof den Organen der Europäischen Union bei der Wahrnehmung ihrer Aufgaben stets einen weiten Einschätzungs- und Ermessensspielraum zuerkennt und nur die Einhaltung äußerster Grenzen („offensichtlicher Irrtum", „Ermessensmissbrauch", „Grenzen des Ermessensspielraums") überprüft,[1064] hat er auf der Ebene der Kompetenzausübung den Verhältnismäßigkeitsgrundsatz, Art. 5 Abs. 1 S. 2, Abs. 4 EUV, als begrenzendes Korrektiv etabliert.[1065]

1060 EuGH vom 17.03.1993, C-155/91, Slg. 1993, I-939, Rn. 20; vom 23.02.1999, C-42/97, Slg. 1999, I-869, Rn. 36, 38; vgl. hierzu BVerfG vom 13.10.2016, 2 BvE 2/15, BVerfGE 143, 123 Rn. 178.

1061 *Krönke*, Die Verfahrensautonomie der Mitgliedstaaten der Europäischen Union, 2013, 42.

1062 *Jürgens*, Die Kompetenzabgrenzung zwischen der Europäischen Union und den Mitgliedstaaten, 2010, 143 f.

1063 EuGH vom 17.03.1993, C-155/91, Slg. 1993, I-939, Rn. 18 ff.; vom 23.02.1999, C-42/97, Slg. 1999, I-869, Rn. 39 ff.; vom 27.11.2012, C-370/12, NJW 2013, 29, Rn. 56; vgl. hierzu BVerfG vom 13.10.2016, 2 BvE 2/15, BVerfGE 143, 123 Rn. 178.

1064 EuGH vom 25.05.1978, 136/77, Slg. 1978, 1245 – Racke, Rn. 4; vom 29.10.1980, 138/79, Slg. 1980, 3333 – Roquette Frères/Rat, Rn. 25; vom 25.10.1977, 26/76, Slg. 1977, 1875 – Metro/Kommission, Rn. 50; vom 17.12.1981, C-151/80, Slg. 1981, 3161 – De Hoe/Kommission, Rn. 9; vom 22.04.1999, C-161/97 P, Slg. 1999, I-2057 – Kernkraftwerke Lippe-Ems/Kommission, Rn. 97; vom 11.02.2010, C-373/08, Slg. 2010, I-951 – Hoesch Metals and Alloys, Rn. 61 f.; vgl. hierzu BVerfG vom 13.10.2016, 2 BvE 2/15, BVerfGE 143, 123 Rn. 179.

1065 EuGH vom 20.02.1979, 122/78, Slg. 1979, 677 – Buitoni, Rn. 16/18; vom 17.05.1984, 15/83, Slg. 1984, 2171 – Denkavit Nederland, Rn. 25 ff.; vom 13.11.1990, C-331/88,

bb. *Konkrete Kompetenzverteilung im AEUV hinsichtlich der behandelten Anwendungsfälle*

Bei den vorliegenden Anwendungsfällen scheinen folgende Kompetenzgrundlagen mit den behandelten Materien in Zusammenhang zu stehen.

(1) *Kompetenz für den Binnenmarkt*

Zum Regelfall der in den Art. 3 ff. AEUV erfassten Kompetenzkategorien, den geteilten Zuständigkeiten von Union und Mitgliedstaaten, gehört gem. Art. 4 Abs. 2 lit. b AEUV die Kompetenz für den Binnenmarkt.[1066] Die weit gefasste Binnenmarktkompetenz bereitet durchaus Abgrenzungsprobleme, nachdem etwa auch Aspekte des Gesundheitsschutzes umfasst sind, Art. 114 Abs. 3 AEUV, aber gleichzeitig Harmonisierungsverbote nicht umgangen werden dürfen.[1067] Für diese Kompetenz gilt, wie für alle nicht in Art. 3 AEUV genannten und damit nicht „ausschließlichen“ Kompetenzen der Union, zudem der Grundsatz der Subsidiarität.[1068]

Dennoch ist gerade die Binnenmarktkompetenz zum Hebel geworden, im Zuge des stetigen Integrationsprozesses die Grenzen der Zuständigkeiten zu Lasten der Mitgliedstaaten zu verschieben.[1069]

(2) *Kompetenz zur Festlegung der für das Funktionieren des Binnenmarkts erforderlichen Wettbewerbsregeln*

Umfassende Kompetenzen hat die Union demgegenüber für den Bereich des Wettbewerbs- und insbesondere des Kartellrechts.

Die in Art. 3 Abs. 3 S. 1 EUV verankerte Errichtung eines Binnenmarktes setzt notwendigerweise über die Beseitigung staatlicher und privater Handelshemmnisse hinausgehend gemäß Art. 51 EUV i.V.m. dem Protokoll (Nr. 27) über den Binnenmarkt und den Wettbewerb (ex Art. 3 Abs. 1g EG) auch ein

---

Slg. 1990, I-4023 – FEDESA, Rn. 13; vom 05.10.1994, C-133, 300, 362/93, Slg. 1994, I-4863 – Crispoltoni, Rn. 41; vom 08.06.2010, C-58/08, Slg. 2010, I-4999 – Vodafone, Rn. 51 ff.; vom 12.05.2011, C-176/09, Slg. 2011, I-3727, Rn. 61 ff.; vom 18.06.2015, C-508/13, BeckEuRS 2015, 478413, Rn. 28 ff.; *Trstenjak/Beysen*, EuR 2012, 265 (266); vgl. hierzu BVerfG vom 13.10.2016, 2 BvE 2/15, BVerfGE 143, 123 Rn. 179.

1066 *Streinz* in: ders., EUV/AEUV, 2. Auflage 2012, Art. 4 AEUV Rn. 2 ff.

1067 *Streinz* in: ders., EUV/AEUV, 2. Auflage 2012, Art. 4 AEUV Rn. 4.

1068 *Streinz* in: ders., EUV/AEUV, 2. Auflage 2012, Art. 5 EUV Rn. 21.

1069 *Jürgens*, Die Kompetenzabgrenzung zwischen der Europäischen Union und den Mitgliedstaaten, 2010, 144.

„System […], das den Wettbewerb vor Verfälschungen schützt", voraus.[1070] Daher ist der Union auch die ausschließliche Zuständigkeit zur Festlegung der für das Funktionieren des Binnenmarkts erforderlichen Wettbewerbsregeln in Art. 3 Abs. 1 Buchst. b AEUV eingeräumt worden.[1071]

So war Grundlage der Erweiterung des materiellen Kartellrechts durch die FKVO 1990 war die heute in Art. 352 AEUV (ex Art. 308 EG) enthaltene subsidiäre Ermächtigung zum Erlass von zur Verwirklichung der Ziele des Binnenmarktes geeigneten Vorschriften.[1072]

Daneben hat die Union einzelne Ausgestaltungskompetenzen, um den Anwendungsbereich von primärrechtlich verankerten Verbotsnormen wie dem Kartellverbot zu konkretisieren: Art. 103 AEUV ermächtigt etwa den Rat auf Vorschlag der Kommission und nach Anhörung des Europäischen Parlaments dazu, die zweckdienlichen Verordnungen oder Richtlinien zur „Verwirklichung" der in Art. 101 und 102 AEUV niedergelegten Grundsätze zu beschließen; Art. 105 Abs. 3 AEUV ermächtigt die Kommission unmittelbar zum Erlass von Freistellungsverordnungen; im Beihilfenbereich ermächtigt sie Art. 109 AEUV, die „Bedingungen für die Anwendung des Art. 108 Abs. 3 sowie diejenigen Arten von Beihilfen fest(zu)legen, die von diesem Verfahren ausgenommen sind".[1073]

(3) Einwirkung der Grundfreiheiten

Auch die Grundfreiheiten, Art. 34, 45, 49, 56, 63 AEUV, sind hingegen wie Kartell- und Beihilfenverbot primärrechtliche Verbotsnormen, die in den nationalen Rechtsordnungen unmittelbar als Verbot gegenüber den Mitgliedstaaten und als individuelles Recht des Marktteilnehmers wirken und somit von den nationalen Gerichten und Behörden angewendet bzw. gewahrt werden müssen.[1074] Im

---

1070 *Meessen/Kersting* in: Loewenheim/Meessen/Riesenkampff/Kersting/Meyer-Lindemann, Kartellrecht, 3. Auflage 2016, Einführung in das europäische und deutsche Kartellrecht, Rn. 68.

1071 Vgl. zu den Irritationen bei der Verortung dieser Kompetenz *Klamert*, EuZW 2017, 131 (131).

1072 *Meessen/Kersting* in: Loewenheim/Meessen/Riesenkampff/Kersting/Meyer-Lindemann, Kartellrecht, 3. Auflage 2016, Einführung in das europäische und deutsche Kartellrecht, Rn. 69.

1073 Ausführlich *Klamert*, EuZW 2017, 131 (132 f.).

1074 *Leible/T. Streinz* in: Grabitz/Hilf/Nettesheim, Das Recht der Europäischen Union, 62. EL Juli 2017, Art. 34 Rn. 20; *Müller-Graff* in: von der Groeben/Schwarze/Hatje, Europäisches Unionsrecht, 7. Auflage 2015, Art. 34 Rn. 314; *Klamert*, EuZW 2017, 131 (132); *Ehlers*, Gutachten E für den 64. Deutschen Juristentag, 2002, 37, Empfiehlt

Verhältnis zu den Wettbewerbsregeln haben sie komplementären Charakter.[1075] Im Rahmen eines nationalen Gerichtsverfahrens können Fragen zur Auslegung und Anwendung der Grundfreiheiten im Wege des Vorabentscheidungsverfahrens nach Art. 267 AEUV dem EuGH unterbreitet werden; alternativ kann eine Verletzung der Warenverkehrsfreiheit im Wege eines Vertragsverletzungsverfahrens geltend gemacht werden, was durch eine Beschwerde an die Kommission über Art. 258 AEUV in Gang gesetzt wird.[1076]

Auch hinsichtlich der Grundfreiheiten räumen die Verträge der Union Ausgestaltungskompetenzen ein: Die Dienstleistungs-Richtlini[1077] etwa wurde auf Art. 53 Abs. 1 AEUV gestützt.[1078]

d. *Unionsrechtliche Determination der betrachteten Bereiche*

Betrachtet man hiernach die in dieser Arbeit beleuchteten Anwendungsfälle, fällt auf, dass jenseits der primärrechtlichen Einwirkung der Grundfreiheiten alle Bereiche nicht oder nur wenig unionsrechtlich geprägt sind.

Der Rundfunkbereich ist wegen der Kulturhoheit der Mitgliedstaaten weitgehend in deren Regelungshoheit verblieben (aa.). Das Lotteriemonopol als Teilausschnitt des deutschen Glücksspielrechts war zwar bereits Gegenstand umfangreicher europäischer Rechtsprechung, ist jedoch sekundärrechtlich trotz seiner Einordnung als Dienstleistung weiterhin vollkommen underterminiert (bb.). Zwar wurden große Teile der kommunalen Daseinsvorsorge durch Sekundärrechtsakte dem Markt geöffnet; der Bereich der kommunalen Energieversorgung ist aber nach wie vor nur primärrechtlich determiniert (cc.).

Daher stellt sich in sämtlichen Einzelfällen nicht die Frage des unionsrechtlichen Anwendungsvorrangs. Das europäische Kartellrecht wirkt allenfalls „diagonal“ (dd.).

---

es sich, das Recht der öffentlichen Unternehmen im Spannungsfeld von öffentlichem Auftrag und Wettbewerb national und gemeinschaftsrechtlich neu zu regeln?

1075 *Roth*, FS Bechtold, 2006, 393 (407); *Sauer*, Das Recht der Vergabe von Strom- und Gas-Konzessionsverträgen im EnWG, 2012, 279: beide Normbereiche sind nebeneinander anzuwenden.

1076 *Schröder* in: Streinz, EUV/AEUV, 2. Auflage 2012, Art. 34 Rn. 76.

1077 RL 2006/123/EG, Abl. 2004 L 158, 77.

1078 *Klamert*, EuZW 2017, 131 (132), der eher Art. 50 AEUV als Ermächtungsgrundlage einschlägig gesehen hätte.

aa. Unionsrechtliche Determination des Rundfunkrechts

Zwar wurde die These, dass ein Anwendungsvorrang des europäischen Rechts selbst vor den Wertungen der bundesstaatlichen Kompetenzordnung besteht, in Bezug auf den Rundfunk aufgestellt.[1079] Jedenfalls kann ein Anwendungsvorrang aber bereits begrifflich nur bei einschlägigem, europäischem Recht bestehen. Auch die stets anwendbaren Grundfreiheiten können die Wertungen des nationalen Verfassungsgebers, die in der bundesstaatlichen Kompetenzverteilung zum Ausdruck kommen, wie bereits dargelegt, sonst nicht – auch nicht teilweise – aufheben.

(1) Kein unionsrechtlicher Anwendungsvorrang im Rundfunkrecht

Der Anwendungsvorrang des Unionsrechts findet seine Grenzen im jeweiligen nationalen Zustimmungsgesetz zum AEUV und damit in der im Mitgliedsland niedergelegten Kompetenzordnung. Fraglich ist daher zunächst, ob das europäische Primärrecht der Union Regelungskompetenzen im Bereich des Rundfunks einräumt und erst in zweiter Linie, ob diese in dem Fall auch genutzt wurden.

Emmerich meint zwar, der Anwendungsbereich der europäischen Verträge auf alle Bereiche der Wirtschaft und damit auch den Rundfunk sei nicht von der Hand zu weisen.[1080] Die europäischen Organe haben auch stets selbstbewusst Regelungsansprüche im Bereich des Rundfunks angemeldet. Beispiele hierfür sind die sog. Fernseh-Richtlini[1081] oder das Grundsatzpapier „Rundfunk- und Urheberrecht im Binnenmarkt“ vom November 1990.[1082]

Zwar ist die Rundfunkhoheit im Speziellen und die Kulturhoheit im Allgemeinen daher tatsächlich zunehmend unionsrechtlich überlagert.[1083] So begründet Art. 167 AEUV nun eine eigene kulturpolitische Legitimation i.S. einer unionalen Kulturkompetenz. Diese tritt aber neben die der Mitgliedstaaten und lässt diese im Grundsatz unberührt.[1084] Da der Kulturbereich aber

1079 *Emmerich*, AfP 1989 433 (437).

1080 *Emmerich*, AfP 1989 433 (437).

1081 Richtlinie des Europäischen Rats „zur Koordinierung bestimmter Rechts- und Verwaltungsvorschriften der Mitgliedstaaten“ vom 3.10.1989, 89/552/EWG, Abl. 1989 L 298, 23; geändert durch die Richtlinie 97/36/EG, ABl. 1997 L 202, 60;

1082 *Grossfeld*, AG 1992, 336 (337).

1083 *Huber*, Klare Verantwortungsteilungs zwischen Bund, Ländern und Kommunen?, 2004, 16.

1084 *Rees/Ukrow* in: Grabitz/Hilf/Nettesheim, Das Recht der Europäischen Union, 62. EL Juli 2017, Art. 167 Rn. 32; *Sprenger*, Optionen zur Regulierung des publizistischen Wettbewerbs, 2013, 84.

nicht in die ausschließliche Zuständigkeit der Union fällt, kann sie nach dem Subsidiaritätsprinzip als Kompetenzausübungsschranke nur dann nach Art. 167 AEUV tätig werden, wenn und soweit die Ziele der Maßnahmen auf der Ebene der Mitgliedstaaten nicht ausreichend erreicht werden können und daher wegen ihres Umfangs oder wegen ihrer Wirkung besser auf Unionsebene erreicht werden können.[1085] Neben diesen bereits beschriebenen Kompetenzgrundsätzen spielt auch das dargelegte Gebot der Achtung der nationalen Identität, Art. 4 Abs. 2 AEUV, eine entscheidende Rolle. Das Gebot erfährt nämlich für den Bereich des öffentlich-rechtlichen Rundfunks eine spezifische primärrechtliche Ausprägung in dem bereits dem EG-Vertrag und nun EUV/AEUV beigefügten Protokoll über den öffentlich-rechtlichen Rundfunk in den Mitgliedstaaten. Dort ist fixiert, „dass der öffentlich-rechtliche Rundfunk in den Mitgliedstaaten unmittelbar mit den demokratischen, sozialen und kulturellen Bedürfnissen jeder Gesellschaft sowie mit dem Erfordernis verknüpft ist, den Pluralismus in den Medien zu wahren“. Hierzu wird als „auslegende Bestimmung“ ergänzt, dass die Bestimmungen des Vertrages nicht die Befugnis der Mitgliedstaaten berühre, den öffentlich-rechtlichen Rundfunk zu finanzieren.[1086] Der EuGH hat das Zurücktreten der unionalen gegenüber der vorrangigen Kompetenz der Mitgliedstaaten im Sinne eines auf kultur- und gesellschaftspolitische Motiven gestützten Ordnungsrahmens für Massenkommunikationsmittel weitgehend anerkannt.[1087]

Die Grenze der unionalen Kompetenz für den Rundfunkbereich kann aber letztlich dahinstehen: Denn sämtliche Bereiche, in denen die Zulässigkeit der kartellrechtlichen Anwendung kompetenzrechtlich geprüft wurde, namentlich der Bereich der Programmbeschaffung, der Sicherung der publizistischen Vielfalt sowie der Regelung der Einspeiseentgelter, wurden bisher von einer Harmonisierung ausgenommen.

So schafft das aktuellste unionale Regelwerk mit Rundfunkbezug, die Richtlinie für audiovisuelle Mediendienste,[1088] keine vollständige Harmonisierung der Bestimmungen in den von ihr erfassten Bereichen, sondern sieht lediglich

---

1085 *Rees/Ukrow* in: Grabitz/Hilf/Nettesheim, Das Recht der Europäischen Union, 62. EL Juli 2017, Art. 167 Rn. 37.

1086 *Rees/Ukrow* in: Grabitz/Hilf/Nettesheim, Das Recht der Europäischen Union, 62. EL Juli 2017, Art. 167 Rn. 34.

1087 Vgl. EuGH vom 10.01.1985, 229/83, Slg. 1985, 1, 33 – Leclerc/Au blé vert; hierzu *Rees/Ukrow* in: Grabitz/Hilf/Nettesheim, Das Recht der Europäischen Union, 62. EL Juli 2017, Art. 167 Rn. 227.

1088 Richtlinie 2010/13/EU, ABl. 2010 L 95, 1, berichtigt L 263, 15.

Mindestnormen vor, denen audiovisuelle Mediendienste entsprechen müssen, die ihren Ursprung in der EU haben und dazu bestimmt sind, dort empfangen zu werden.

Aus dem nicht abschließenden Charakter der Richtlinie hinsichtlich der Bereiche öffentliche Ordnung, gute Sitten und öffentliche Sicherheit folgt, dass es den Mitgliedstaaten weiterhin freisteht, auf die Tätigkeit von Anbietern audiovisueller Mediendienste in ihrem Hoheitsgebiet ihre allgemein für diese Bereiche geltenden Vorschriften anzuwenden, sofern diese nicht die Weiterverbreitung von solchen Diensten in das Hoheitsgebiet eines anderen Mitgliedstaats behindern und soweit sie keine vorherige Kontrolle dieser Angebote einführen.[1089]

Im Einklang mit dieser Logik betont die Richtlinie dann sogar die fortgesetzte Zuständigkeit der Mitgliedstaaten, für die Weiterverbreitung von Fernsehprogrammen nach Art. 3 Abs. 2 der RL bzw. von Abrufdiensten nach Art. 3 Abs. 4 der RL besondere inhaltliche, nicht zuletzt dem Jugendschutz und dem Schutz der Menschenwürde gewidmete, sowie verfahrensmäßige Voraussetzungen aufzustellen oder gem. Art. 4 Abs. 1 der RL Mediendiensteanbieter, die ihrer Rechtshoheit unterworfen sind, zu verpflichten, strengeren oder ausführlicheren Bestimmungen in den von dieser RL koordinierten Bereichen nachzukommen, sofern diese Vorschriften im Einklang mit dem Unionsrecht stehen.[1090]

(2) Keine unionale Regelung zur Pluralismussicherung

Insbesondere die Sicherung der publizistischen Vielfalt als zentrale Aufgabe der Rundfunkkompetenz liegt weiterhin bei den Mitgliedstaaten.[1091] Denn auch dieser Teilbereich des Rundfunks ist als Kern der Kulturhoheit nämlich stets in der Zuständigkeit der Mitgliedstaaten verblieben.[1092] Selbst ein Vorstoss der Kommission durch das im Dezember 1992 veröffentlichte Grünbuch „Pluralismus und Medienkonzentration im Binnenmarkt",[1093] womit die Notwendigkeit einer Gemeinschaftsaktion in Anbetracht der divergierenden Regelungen

---

1089 *Rees/Ukrow* in: Grabitz/Hilf/Nettesheim, Das Recht der Europäischen Union, 62. EL Juli 2017, Art. 167 Rn. 217.

1090 *Rees/Ukrow* in: Grabitz/Hilf/Nettesheim, Das Recht der Europäischen Union, 62. EL Juli 2017, Art. 167 Rn. 217: sog. Zulässigkeit der Inländerdiskriminierung.

1091 *Grossfeld*, AG 1992, 336 (340); *Ossenbühl*, Rundfunk zwischen nationalem Verfassungsrecht und Europäischem Gemeinschaftsrecht, 1986, 55 f.; *Sprenger*, Optionen zur Regulierung des publizistischen Wettbewerbs, 2013, 84.

1092 *Flechsig*, CR 1999, 327 (331); ebenso Rees/Ukrow in: Grabitz/Hilf/Nettesheim, Das Recht der Europäischen Union, 62. EL Juli 2017, Art. 167 Rn. 232.

1093 KOM(92) 480 endg.

der Mitgliedstaaten zum Medieneigentum und den damit verbundenen Wettbewerbsbeschränkungen oder -verzerrungen bis hin zu einer Gefährdung des freien Dienstleistungsverkehrs und der Niederlassungsfreiheit von Medienunternehmen bewertet werden sollte, hat trotz anfänglicher Unterstützung im Europäischen Parlament nie zu legislativen Ergebnissen geführt.

Letztlich waren die kompetenziellen Bedenken selbst gegen eine Empfehlung der Kommission in diesem Bereich zu groß.[1094]

(3) Keine unionale Regelung der Programmbeschaffung

Ebenfalls nicht harmonisiert ist der Bereich der Programmbeschaffung. Schon in den Erwägungsgründen der Fernseh-Richtlinie wurde betont, dass „die Zuständigkeit der Mitgliedstaaten und ihre Untergliederung für die Organisation, die Finanzierung der Sendungen sowie die Programminhalte" nicht berührt werde und „eigenständige kulturelle Entwicklungen in den Mitgliedstaaten wie die Bewahrung der kulturellen Vielfalt in der Gemeinschaft" deshalb wie bisher möglich blieben.[1095]

Konsequenterweise nimmt auch die Dienstleistungskoordinierungsrichtlinie nicht nur Aufträge über Sendeleistungen, sondern auch solche über Kauf, Entwicklung, Produktion von Programmen durch Rundfunk- und Fernsehanstalten von der Anwendung des unionalen Vergaberechts aus.[1096] Die Union erkennt also, dass ihre Ausgestaltungskompetenz sogar hinsichtlich des Beihilfenverbot[1097] in weiten Teilen des Rundfunks nicht besteht.

Der unionale Gesetzgeber kann also weder über Art. 167 AEUV, noch über seine Kompetenz zur Regelung von Wirtschafts- oder Wettbewerbsfragen diese Teile des Rundfunks zum Gegenstand seiner Rechtssetzung machen.[1098]

(4) Keine unionale Regelung der Einspeiseentgelter

Die am 27.09.1993 erlassene Richtlinie zur Koordinierung bestimmter urheber- und leistungsschutzrechtlicher Vorschriften betreffend Satellitenrundfunk und Kabelweiterverbreitun[1099] schließt zwar die Lücke, die die Fernseh-Richtlinie

---

1094 *Rees/Ukrow* in: Grabitz/Hilf/Nettesheim, Das Recht der Europäischen Union, 62. EL Juli 2017, Art. 167 Rn. 232.

1095 EG Nr. 13 89/552/EWG; hierzu *Grossfeld*, AG 1992, 336, 341

1096 Art. 1 lit a) IV) Richtlinie 92/50/EWG, Abl. EG 1992 L 209, 1; hierzu *Dreher*, ZUM 2005, 265 (265).

1097 Vgl. *Klamert*, EuZW 2017, 131 (132 f.).

1098 *Flechsig*, CR 1999, 327 (330).

1099 RL 93/83/EWG, Abl. 1993 L 248, 15.

bezüglich des Urheberrechts ließ, und verfolgt das Ziel, für den Satellitenrundfunk und die Weiterverbreitung von Rundfunkprogrammen in ausländischen Kabelnetzen urheberrechtliche Vorschriften zu koordinieren.[1100] Die Frage der Einspeiseentgelter blendet sie jedoch aus.

(5) Zwischenergebnis

In Ermangelung einer Harmonisierung des Rundfunkrechts in den dargelegten Bereichen ist es damit weiter allein Sache der Mitgliedstaaten zu entscheiden, wie sie ihre Rundfunkordnungen ausgestalten.[1101] Zu einem Anwendungsvorrang des Unionsrechts kann es jedenfalls in allen behandelten Anwendungsfällen mangels bestehender unionaler Rechtsvorschriften bereits begrifflich nicht kommen.

Der nicht harmonisierte und folglich durch den nationalen Rundfunkgesetzgeber reglementierte Bereich muss sich daher allein an den Grundfreiheiten und anderen unionalen Grundprinzipien messen lassen. Gerade die Dienstleistungsfreiheit gilt auch und gerade für den grenzüberschreitenden Rundfunk.[1102] Der EuGH hat in seiner Rechtsprechung dabei wiederholt betont, dass die Aufrechterhaltung des Pluralismus und der Unabhängigkeit der Informationsmedien ein im Allgemeininteresse liegendes Ziel darstellt, das Einschränkungen der Grundfreiheiten rechtfertigt, sofern diese ihrerseits dem Verhältnismäßigkeitsgrundsatz genügen.[1103]

Darüber hinaus wäre jedoch die Frage, ob das Rundfunkregime diesen Anforderungen gerecht wird, erneut für die vorliegende Arbeit ohne Belang. Von der unionsrechtlichen Determination ist nämlich in jedem Fall der hier interessierende Bereich der nationalen, bundesstaatlichen Kompetenzverteilung ausgenommen.

Denn bei der Gestaltung der Rundfunkordnung durch die Mitgliedstaaten ist die Union wie gesehen gem. Art. 4 Abs. 2 EUV verpflichtet, die jeweilige nationale Identität des Mitgliedstaats zu achten, die in ihren grundlegenden

---

1100 *Rees/Ukrow* in: Grabitz/Hilf/Nettesheim, Das Recht der Europäischen Union, 62. EL Juli 2017, Art. 167 Rn. 229.

1101 EuGH vom 22.01.2015, C-463/13, NVwZ 2015, 506 – Stanley International Betting, Rn. 44; ebenso EuGH C-582/2011 – Dickinger und Ömer, Rn. 99.

1102 *Grossfeld*, AG 1992, 336 (340).

1103 EuGH vom 26.06.1997, C-368/95, Slg. 1997, I-3689 – Familiapress, Rn. 18; vom 13.12.2007, C-250/06, Slg. 2007, I-11135– United Pan-Europe Communications Belgium u.a., Rn. 41 f.; vom 16.12.2008, C-213/07, Slg. 2008, I-9999 – Michaniki, Rn. 59.

politischen und verfassungsmäßigen Strukturen einschließlich der lokalen und regionalen Selbstverwaltung zum Ausdruck kommt. Daher kann auch die Verteilung der Zuständigkeiten zwischen Bund und Ländern europarechtlich nicht in Frage gestellt werden.[1104]

bb. Unionsrechtliche Determination des Glücksspielsektors

Im Glücksspielbereich insgesamt, aber auch im Lotterierecht im Speziellen, scheidet ein unionsrechtlicher Anwendungsvorrang bereits deshalb aus, weil dieser Bereich nicht harmonisiert ist.[1105] Sekundärrechtsakte auf diesem Gebiet gibt es nicht.[1106] An sich einschlägige Richtlinien, etwa die bereits im Zusammenhang mit der Ausgestaltung der Grundfreiheiten erwähnte Dienstleistungs-Richtlinie, enthalten zudem ausdrückliche Ausnahmetatbestände.[1107]

In Ermangelung einer Harmonisierung des Glücksspielrechts ist es dann Sache der Mitgliedstaaten, zu entscheiden, ob es im Zusammenhang mit den von ihnen verfolgten Zielen erforderlich ist, Spiel- und Wetttätigkeiten vollständig oder teilweise zu verbieten oder diese nur zu beschränken.[1108] Dabei kommt den Mitgliedstaaten ein weites Regulierungsermessen zu.[1109]

Der Glücksspielbereich wird daher durch europäisches Recht nur insoweit überlagert, dass die Grundfreiheiten und der Grundsatz der Gleichbehandlung beachtet werden müssen.[1110] Auch das Unionskartellrecht, Art. 101 ff. AEUV, bindet die Mitgliedstaaten wegen des unionsrechtlichen Loyalitätsgebots, Art. 4 Abs. 3 EUV, mittelbar keine Maßnahmen zu treffen, die die effektive Durchsetzung der Wettbewerbsvorschriften behindern.[1111] Denn nur so

---

1104 EuGH vom 12.06.2014 – C-156/13, CR 2016, 112 – Digibet, Rn. 34.

1105 *Hertwig*, NZBau 2016, 152 (152).

1106 *Wormit*, NVwZ 2017, 281 (284); *Streinz*, JuS 2016, 568 (568).

1107 *Streinz*, JuS 2016, 568 (568).

1108 EuGH vom 22.01.2015, C-463/13, NVwZ 2015, 506 – Stanley International Betting, Rn. 44; ebenso EuGH C-582/11 – Dickinger und Ömer, Rn. 99.

1109 *Hertwig*, NZBau 2016, 152 (152).

1110 *Hertwig*, NZBau 2016, 152 (152); BVerwG vom 20.06.2013, 8 C 10/12, NVwZ-RR 2014, 181 Rn. 52; ob unionale Grundrechte im nicht harmonisierten Bereich. beachtet werden müssen, ist durchaus umstritten, vgl. hierzu *Ludwigs/Sikora*, EWS 2016, 121 (124 ff.).

1111 *Grave/Nyberg* in: Loewenheim/Meessen/Riesenkampff/Kersting/Meyer-Lindemann, Kartellrecht, 3. Auflage 2016, Art. 101 Abs. 1 Rn. 78.

können die Wettbewerbsvorschriften ihre integrationspolitische Zusatzfunktion erfüllen.[1112]

Die mit der deutschen Regulierung verbundenen Einschränkungen etwaiger Grundfreiheiten hat der EuGH aber regelmäßig durch zwingende Gründe des Allgemeininteresses, konkret die beiden Generalziele Spielsucht- und Kriminalitätsbekämpfung, für zulässig erachtet.[1113] Angesichts des „besonderen Charakters der Regelung der Glücksspiele", in denen beträchtliche sittliche, religiöse und kulturelle Unterschiede zwischen den Mitgliedstaaten bestünden, könnten es selbst Erwägungen administrativer Art rechtfertigen, von den Vorschriften des Unionsrechts abzuweichen.[1114]

Die mit der Glücksspielregulierung verbundenen Beschränkungen der Grundfreiheiten scheinen aber immer nur dann gerechtfertigt, wenn der Mitgliedstaat insgesamt eine kohärente Glücksspielpolitik betreibt und sämtliche Glücksspielformen systematisch regelt.[1115] Die Glücksspielregulierung müsste also tatsächlich und rechtlich geeignet sein, die Verwirklichung des legitimen Ziels in dem Sinne zu gewährleisten, dass es zu dessen Verwirklichung beiträgt.[1116] Kurz: Das Kohärenzgebot beschränkt das (beschriebene) mitgliedstaatliche Ermessen.[1117] Hinsichtlich der Kohärenz des deutschen Glücksspielregimes gab es zwar immer wieder Bedenken des Gerichtshofs. Insbesondere die Politik der Angebotsausweitung im Bereich der Automatenspiele widerspräche den Restriktionen im Sportwettenbereich, der erheblich weniger Suchtpotential aufwies.[1118] Und der EuGH sah es – ähnlich wie schon das Bundesverfassungsgericht 2006 – kritisch, wenn privaten Marktteilnehmern der Marktzutritt versperrt, gleichzeitig aber

1112 *Meessen/Kersting* in: Loewenheim/Meessen/Riesenkampff/Kersting/Meyer-Lindemann, Kartellrecht, 3. Auflage 2016, Einführung in das europäische und deutsche Kartellrecht, Rn. 20 f.

1113 EuGH vom 24.03.1994, C-275/92, NJW 1994, 2013 – Schindler, Rn. 31; vom 06.11.2003, C-243/01, NJW 2004, 139 – Gambelli, Rn. 51; vom 09.09.2010, C-64/08, EuZW 2010, 821 – Engelmann, Rn. 28; hierzu *Wormit*, NVwZ 2017, 281 (285); *Arendts*, MMR 2014, 554 (557); *Hartmann*, EuZW 2014, 814 (815).

1114 *Hertwig*, NZBau 2016, 152 (154) mit Verweis auf EuGH vom 22.01.2015, C-463/13, NVwZ 2015, 506 – Stanley International Betting.

1115 *Arendts*, MMR 2014, 554 (556).

1116 *Hartmann*, EuZW 2014, 814 (815).

1117 *Hartmann*, EuZW 2014, 814 (818).

1118 EuGH vom 08.09.2010, C-46/08, Slg. I 2010, 8175 – Carmen Media; *Hertwig*, NZBau 2016, 152 (153).

eine expansive Angebots- und insbesondere Werbepolitik der staatlichen Anbieter betrieben werde.[1119]

Die konkrete Unionsrechtskonformität des Lotteriemonopols zur Zeit der betrachteten Anwendungsfälle ist aber weder Gegenstand der Arbeit noch für dessen Ergebnis von Belang. An dieser Stelle soll lediglich überprüft werden, ob die dargelegten Kompetenzverstöße unionsrechtlich „gerechtfertigt" werden können, das Unionsrecht also die bundesstaatliche Kompetenzverteilung zu Gunsten des Bundes als Kartellrechtsanwender beeinflusst. Das ist aber gerade nicht der Fall.

Der EuGH sieht nämlich die bundesstaatliche Kompetenzverteilung ausdrücklich der Kohärenzprüfung (lat. *cohaerentia*: Zusammenhang) bzw. der Überlagerung durch die Grundfreiheiten entzogen. Nachdem er im Urteil zur Inkohärenz im Automatenspielbereich betont hatte, die insoweit bestehende Kompetenz des Bundes und die in den übrigen Bereichen bestehende Kompetenz der Länder würde einen Mitgliedstaat nicht davon entbinden, den Grundfreiheiten und dem Grundsatz der Gleichberechtigung gerecht zu werden,[1120] waren insoweit durchaus Zweifel aufgekommen.[1121]

Wie bereits dargelegt, hat der EuGH jedoch in der Rechtssache *Digibet* klargestellt, dass die Union gem. Art. 4 Abs. 2 EUV dazu verpflichtet ist, die jeweilige nationale Identität des Mitgliedstaats zu achten, die in ihren grundlegenden politischen und verfassungsmäßigen Strukturen einschließlich der lokalen und regionalen Selbstverwaltung zum Ausdruck komme.[1122]

cc. Unionsrechtliche Determination der Kommunalen Daseinsvorsorge

Aus ähnlichen Gründen kann auch im Bereich der kommunalen Daseinsvorsorge der kompetenzrechtliche Befund nicht durch einen Hinweis auf den Vorrang von Unionsrecht in Frage gestellt werden.

1119 EuGH vom 16.02.2012, C-72/10, C-77/10, EuZW 2012, 275 Rn. 62.

1120 EuGH vom 08.09.2010, C-46/08, Slg. I 2010, 8175 – Carmen Media.

1121 *Hertwig*, NZBau 2016, 152, 153; *Hartmann*, EuZW 2014, 814 (816) m.w.N.

1122 EuGH vom 12.06.2014 – C-156/13, CR 2016, 112 – Digibet, Rn. 34; vgl. hierzu *Arendts*, MMR 2014, 554 (556); *Michl*, EuZW 2014, 628 (631); *Stulz-Herrnstadt/ Engelmann*, GRUR-Prax 2014, 310 (310); *Janson*, ZfWG 2015, 212 (213 f.).

(1) *Kein unionsrechtlicher Anwendungsvorrang im Bereich der kommunalen Daseinsvorsorge*

Ob die Union eine Kompetenz zur Regelung der kommunalen Daseinsvorsorge hat, ist durchaus umstritten. Wie bereits thematisiert, wurden seit Beginn der 1990er Jahre weite Bereiche der Daseinsvorsorge durch sekundärrechtliche Liberalisierungsmaßnahmen für den Wettbewerb geöffnet, unter anderem die hier interessierende Energie- und Wasserversorgung, die zu den elementaren Aufgaben der kommunalen Daseinsvorsorge zählt.[1123] Im Zuge der Energierechtsreform von 1998 etwa sind kartellrechtliche Bereichsausnahmen für die Elektrizitäts- und Gasversorgung beseitigt und mithin dem privatwirtschaftlichen Wettbewerb geöffnet worden.[1124] Damit wurden aber nicht gleichzeitig die kommunale Daseinsvorsorge an sich oder ihr Spektrum und ihre Reichweite, sondern nur die privatwirtschaftlichen Sektoren in diesem Bereich unionsrechtlich determiniert.

Die Frage nach der Kompetenzverteilung in diesem Bereich wird seitdem genauso intensiv diskutiert wie die bereits dargestellte Debatte um die Rolle des Staates bei der Zurverfügungstellung derartiger Leistungen. Kompetenzrechtlich wurde sich hierbei meist auf die Binnenmarktkompetenz berufen, nachdem Daseinsvorsorgeleistungen einen erheblichen Wirtschaftssektor im Binnenmarkt darstellen.[1125]

Die Regelung der kommunalen Selbstverwaltung sollte von der Binnenmarktkompetenz aber keineswegs erfasst sein. Bereits im Vorfeld des Verfassungskonvents formulierten die Staats- und Regierungschefs „Garantien", dass an ihren Zuständigkeiten im Bereich der Daseinsvorsorge nicht gerührt werde.[1126]

Art. 14 S. 1 AEUV verankert nun die Daseinsvorsorge primärrechtlich als sog. Unionsstrukturprinzip, ist aber keine Kompetenznorm.[1127] Stattdessen verdeutlicht die Norm die Selbstverständlichkeit, dass die Union auch im Rahmen der privaten Daseinsvorsorge die Aufgabe hat, den Wettbewerbsrahmen

---

1123 *Schmahl*, GewArch Beilage WiVerw Nr. 02/2011, 96 (98 f.).

1124 *Breuer*, NVwZ 2009, 1249 (1250).

1125 *Wuermeling*, GewArch Beilage WiVerw Nr. 04/2008, 247 (247), der den Anteil der Daseinsvorsorge am Bruttoinlandprodukt der Union 2008 auf 7 % schätzt.

1126 Schlussfolgerungen des Vorsitzes, Europäischer Rat am 14./15.12.2001; hierzu *Wuermeling*, GewArch Beilage WiVerw Nr. 04/2008, 247 (249).

1127 *Schmahl*, GewArch Beilage WiVerw Nr. 02/2011, 96 (103); a.A. *Wuermeling*, GewArch Beilage WiVerw Nr. 04/2008, 247 (249), der aber die Vorsicht der Union betont, mit der diese Kompetenz zu nutzen sei.

abzustecken. Eine echte, inhaltliche Regelungsbefugnis, etwa einen Rahmen abzustecken, der als „allgemeiner Qualitätsrahmen" für Sozialdienstleistungen anzusehen wäre, sollte aber ausdrücklich Recht der Mitgliedstaaten verbleiben.[1128] Pointiert hebt der Bundesrat hierzu hervor, Dienstleistungen von allgemeinem wirtschaftlichen Interesse könnten nicht unter Binnenmarktgesichtspunkten betrachtet, sondern der Binnenmarkt unter sozialen Gesichtspunkten ausgestaltet werden, und bekräftigt damit seinen eigenen Anspruch auf Regelungszuständigkeit gegenüber einer Allzuständigkeit der Union aus dem Blickwinkel der Binnenmarktkompetenz.[1129]

Art. 14 S. 2 AEUV enthält zwar eine ausdrückliche Ermächtigung zum Erlass von Verordnungen auf dem Gebiet von Diensten im allgemeinen wirtschaftlichen Interesse. Diese Norm ist jedoch im Kontext mit den Prinzipien der Subsidiarität, Art. 2 Abs. 2 AEUV, und dem Prinzip der Verhältnismäßigkeit, Art 5 Abs. 1, Abs. 3 und Abs. 4 EUV, zu sehen, die einer unionalen Handlungsbefugnis weitgehend entgegenstehen.[1130] Daher verbleiben den Mitgliedstaaten weiterhin die maßgeblichen Handlungs- und Konkretisierungsspielräume, die nationale Daseinsvorsorgetradition fortzusetzen und auszufüllen.[1131] Auch Protokoll Nr. 9 gesteht den nationalen, regionalen und lokalen Behörden einen weiten Ermessenspielraum zu und will die Unterschiede bei den Bedürfnissen und Präferenzen der Nutzer, die aus unterschiedlichen geographischen, sozialen und kulturellen Gegebenheiten folgen können, berücksichtigen. Das Protokoll betont damit eine Zuständigkeit der Mitgliedstaaten und insbesondere der regionalen und lokalen Behörden; vor diesem Hintergrund kann ein allgemeiner Geltungsanspruch der unionalen Vorschriften für diesen Bereich, deren Schwerpunkt ohnehin wettbewerblich ist, nicht mehr angenommen werden.[1132]

Mangels Harmonisierung, für die die Union ohnehin keine Kompetenz gehabt hätte, scheidet somit erneut ein Anwendungsvorrang des Unionsrechts aus.

(2) Einwirkungsbereich und -grenzen des Primärrechts

Daher haben die Mitgliedstaaten auch bei der Erbringung der Daseinsvorsorge erneut (nur) die Grundfreiheiten und ihre Konkretisierung in der

---

1128 Vgl. Bericht der Bundesregierung an den Bundestag vom 12.12.2007; hierzu *Wuermeling*, GewArch Beilage WiVerw Nr. 04/2008, 247 (250).

1129 Beschluss des Bundesrates vom 15.02.2008, Nr. 865/07, Nr. 42.

1130 *Schmahl*, GewArch Beilage WiVerw Nr. 02/2011, 96 (103).

1131 *Schmahl*, GewArch Beilage WiVerw Nr. 02/2011, 96 (111).

1132 *Wuermeling*, GewArch Beilage WiVerw Nr. 04/2008, 247 (251).

Rechtsprechung des EuGH zu beachten.[1133] In den hier interessierenden, nicht harmonisierten Bereichen erkennt die Rechtsprechung bei Dienstleistungen im allgemeinen wirtschaftlichen Interesse i.S.v. Art. 106 Abs. 2 AEUV einen weiten mitgliedstaatlichen Ermessenspielraum in Bezug auf die Marktstruktur, Organisations- und Finanzierungsformen an.[1134] Zudem macht das Unionsrecht keine Vorgaben, wie mit natürlichen Monopolen wie den Energieversorgungsnetzen zu verfahren ist.[1135] Der Schutz der kommunalen Selbstverwaltung spiegelt sich wiederum unionsrechtlich in Art. 4 Abs. 2 S. 1 EUV, der es zusammen mit dem Protokoll Nr. 26 zum EU- und AEUV den Kommunen überlässt zu entscheiden, ob sie ein freies Wirken der Kräfte des Marktes oder eine Monopolisierung für zweckmäßig und geboten halten.[1136] Die Rekommunalisierung des örtlichen Netzbetriebs, solange sie die Voraussetzungen des Inhouse-Geschäfts erfüllt, bleibt daher unionsrechtlich zulässig.[1137]

In diesem Rahmen gelten die bereits angesprochenen, in der Rechtssache *Digibet* vom EuGH entwickelten Grundsätze, dass die Union gem. Art. 4 Abs. 2 EUV dazu verpflichtet ist, die jeweilige nationale Identität des Mitgliedstaats zu achten, die in ihren grundlegenden politischen und verfassungsmäßigen Strukturen einschließlich der lokalen und regionalen Selbstverwaltung zum Ausdruck kommt, weshalb die Verteilung der Zuständigkeiten zwischen Bund und Ländern europarechtlich nicht in Frage gestellt werden kann.[1138]

Hierbei geht die kompetenzrechtliche Sonderstellung der Gemeinden, die die von Art. 4 Abs. 2 EUV ausdrücklich genannte lokale Selbstverwaltung nach sich zieht, auf einen zunächst in Art. I-5 Abs. 1 VVE und als „Christophersen-Klausel" bezeichneten Vorschlag im Rahmen der Beratungen des Verfassungskonvents zurück, der darauf abzielte, durch eine Präzisierung des Begriffs der nationalen Identität zu verdeutlichen, dass die Union bestimmte Befugnisse der

1133 *Schwarze* in: ders., Daseinsvorsorge im Lichte des Wettbewerbsrechts, 2001, 9 (15).

1134 EuGH vom 29.04.2010, C-160/08, Slg. I 2010, 3759 – Öffentliche Rettungsdienste, Rn. 127 f.; vom 24.07.2003, Rs. C-280/00, Slg. 2003 I-7747 – Altmark Trans; *Markopoulos*, KommJur 2012, 330 (332 f.).

1135 *Sauer*, Das Recht der Vergabe von Strom- und Gas-Konzessionsverträgen im EnWG, 2012, 120.

1136 *Markopoulos*, KommJur 2012, 330 (336); *Byoak/Graef/Faasch*, NZBau 2012, 556 (556).

1137 *Sauer*, Das Recht der Vergabe von Strom- und Gas-Konzessionsverträgen im EnWG, 2012, 277 f.

1138 EuGH vom 12.06.2014 – C-156/13, CR 2016, 112 – Digibet, Rn. 34; *Hertwig*, NZBau 2016, 152 (153), vgl hierzu auch zuvor C I 1 d.

Mitgliedstaaten zu achten habe; genannt wurden neben vielem andere[1139] auch die politische und verfassungsrechtliche Struktur samt regionaler und kommunaler Selbstverwaltung. Selbst diese zunächst vorgeschlagene Auflistung wesentlicher Aufgabenbereiche der Mitgliedstaaten als Teil nationaler Identität konnte sich jedoch nicht durchsetzen, da die Befürchtung bestand, dies könne künftig als Beschränkung der Zuständigkeit der Mitgliedstaaten wirken.[1140] Dass Art. 4 Abs. 2 EUV dennoch die regionale und lokale Selbstverwaltung ausdrücklich zu den grundlegenden verfassungsmäßigen Strukturen der Mitgliedstaaten zählt, zeugt von deren überragender Bedeutung für die nationale Identität der Mitgliedstaaten.

Vom Schutzbereich ist für Deutschland aber jedenfalls die Bundesstaatlichkeit sowie die kommunale Selbstverwaltung umfasst.[1141] Eben diese beiden Prinzipien stehen vorliegend im Zentrum der Erwägungen. Das Unionsrecht muss insoweit die nationalen Grundsätze achten und kann daher die oben dargelegte bundesstaatliche Kompetenzverteilung nicht in Frage stellen.

e. Sonderfall „diagonale Kollision"

Eine Besonderheit bietet allein der zweite Anwendungsfall im Lotterierecht, da hier der kartellrechtswidrige Sachverhalt nicht nur am GWB, sondern ebenfalls direkt am europäischen Kartellrecht gemessen wurde.[1142]

aa. Parallele/Alternative Anwendung von deutschem und unionalem Kartellrecht

Zunächst ist die parallele Anwendung von deutschem und unionalem Kartellrecht durch das Bundeskartellamt auch aus europarechtlicher Perspektive nicht zu beanstanden.

1139 Staatsbürgerschaft, Hoheitsgebiet, rechtlicher Status der Kirchen und Glaubensgemeinschaften, Landesverteidigung und Organisation der Streitkräfte, Wahl der Sprachen, Politik der Einkommensverteilung, Erhebung und Einzug der direkten Steuern, System der Sozialleistungen, Bildungswesen, öffentliches Gesundheitswesen, Erhaltung und Entwicklung des Kulturgutes und Wehrpflicht bzw. Ersatzdienst.

1140 *von Bogdandy/Schill* in: Grabitz/Hilf/Nettesheim, Das Recht der Europäischen Union, 62. EL Juli 2017, Art. 4 Rn. 3.

1141 *von Bogdandy/Schill* in: Grabitz/Hilf/Nettesheim, Das Recht der Europäischen Union, 62. EL Juli 2017, Art. 4 Rn. 17.

1142 BKartA vom 23.08.2006, B 10 – 148/05, WuW/E DE-V 1251, (1251 ff.) – Deutscher Lotto- und Totoblock, Rn. 72 ff.

Materiell-rechtlich sind europäisches und nationales Kartellrecht parallel anwendbar.[1143] Art. 3 Abs. 1 der VO 1/2003 bestimmt, dass die Mitgliedstaaten „auch" das europäische Kartellrecht anwenden sollen, wenn der zwischenstaatliche Handel beeinträchtigt ist. Allerdings stellt Art. 3 Abs. 2, 3 VO 1/2003 ebenso klar, dass es bei Kollisionsfällen zwischen europäischem und nationalem Kartellrecht beim Anwendungsvorrang des Unionsrechts bleibt: so darf eine nationale Vorschrift nicht erlauben, was nach Art. 101 AEUV verboten ist, und auch nicht verbieten, was nach Art. 101 AEUV erlaubt ist.[1144]

Bei der Fusionskontrolle gilt demgegenüber zwar der Grundsatz der alternativen Anwendbarkeit von europäischem und deutschem Kartellrecht. Nach Art. 21 Abs. 3 FKVO ist den Mitgliedstaaten aber die Anwendung ihres Kartellrechts auf Zusammenschlüsse von unionsweiter Bedeutung untersagt. Entsprechend sieht § 35 Abs. 3 GWB die Anwendbarkeit des deutschen Rechts der Zusammenschlusskontrolle nur dann vor, wenn die Kommission keine ausschließliche Zuständigkeit nach der FKVO in ihrer jeweiligen Fassung besitzt.[1145]

bb. Parallelität beim Verwaltungsvollzug

Grundsätzlich ist der Vollzug von Unionsrecht Sache der Mitgliedstaaten, die insoweit ihr eigenes Verwaltungsverfahrensrecht anwenden.[1146] Die bereits dargestellte Kompetenzverteilung, insbesondere die Art. 2 bis 6 AEUV, hat zwar nur die Rechtsetzungskompetenzen im Blick, ermächtigt damit aber teilweise die Union, über den Vollzug und die Kontrolle der damit geschaffenen Regeln zu disponieren.[1147] Die Kompetenzordnung des AEUV ist dabei keineswegs

1143 *Meessen/Kersting* in: Loewenheim/Meessen/Riesenkampff/Kersting/Meyer-Lindemann, Kartellrecht, 3. Auflage 2016, Einführung in das europäische und deutsche Kartellrecht, Rn. 52 f.

1144 *Grave/Nyberg* in: Loewenheim/Meessen/Riesenkampff/Kersting/Meyer-Lindemann, Kartellrecht, 3. Auflage 2016, Art. 101 Abs. 1 AEUV Rn. 52 f.

1145 *Meessen/Kersting* in: Loewenheim/Meessen/Riesenkampff/Kersting/Meyer-Lindemann, Kartellrecht, 3. Auflage 2016, Einführung in das europäische und deutsche Kartellrecht, Rn. 93.

1146 *Krönke*, Die Verfahrensautonomie der Mitgliedstaaten der Europäischen Union, 2013, 48; *Meessen/Kersting* in: Loewenheim/Meessen/Riesenkampff/Kersting/Meyer-Lindemann, Kartellrecht, 3. Auflage 2016, Einführung in das europäische und deutsche Kartellrecht, Rn. 96.

1147 *Klamert*, EuZW 2017, 131 (133); differenzierter *Krönke*, Die Verfahrensautonomie der Mitgliedstaaten der Europäischen Union, 2013, 48, der insoweit nur punktuelle Vollzugskompetenzen sieht.

dahin zu verstehen, dass der Union dort keine der erforderlichen Befugnisse zur Durchführung des Unionsrechts zugewiesen wurden.[1148] Allerdings wird ganz überwiegend angenommen, dass die Vollzugskompetenzen der Union gegenüber ihren Rechtsetzungskompetenzen deutlich begrenzt seien.[1149] Zudem unterliegen auch die Vollzugskompetenzen den Vorgaben der Verhältnismäßigkeit und der Subsidiarität.[1150]

Für den Bereich des europäischen Kartellrechts wurde der Grundsatz der Zuständigkeit der Mitgliedstaaten bereits mit Inkrafttreten der Verordnung 17/62 am 1. Januar 1963 insofern durchbrochen, als die Kommission ermächtigt wurde, mit unmittelbarer Wirkung Einzelfallentscheidungen für und gegen Unternehmen zu erlassen.[1151] Diese Zentralisierung wurde durch Art. 5 VO 1/2003, nach dem die Kartellbehörden der Mitgliedstaaten für die Anwendung der Art. 101 und 102 AEUV zuständig sind, wieder aufgehoben. Die Kommission bleibt jedoch nach einer Reihe von Einzelvorschriften der VO 1/2003 (Art. 7–10, 18–21, 23 und 24) ermächtigt, alle denkbaren verfahrensleitenden und -beendenden Entscheidungen selbst zu treffen und hat auch ein zeitlich nicht befristetes Selbsteintrittsrecht nach Art. 11 Abs. 6 VO 1/2003.[1152]

Trotz der ausschließlichen Kompetenz zur Festlegung der für das Funktionieren des Binnenmarkts erforderlichen Wettbewerbsregeln in Art. 3 Abs. 1 Buchst. b AEUV lässt sich der Vollzug der Wettbewerbsregeln daher nicht dem klassischen Verständnis der Ausschließlichkeit zuordnen: Vielmehr steht auch im Bereich des Vollzugs des Wettbewerbsrechts die Zuständigkeit der nationalen Behörden neben der Zuständigkeit der Kommission. Neben der parallelen Anwendung von nationalem und unionalem Wettbewerbsrecht entsteht also

---

1148 *Krönke*, Die Verfahrensautonomie der Mitgliedstaaten der Europäischen Union, 2013, 37 f.

1149 *Schweitzer*, Die Verwaltung 17, 137 (139 f.); *Schreiber*, Verwaltungskompetenzen der Europäischen Gemeinschaft, 1997, 185; *von Danwitz*, Europäisches Verwaltungsrecht, 2008, 307 f.; *Streinz*; Europarecht, 2012, § 7 Rn. 575; *Krönke*, Die Verfahrensautonomie der Mitgliedstaaten der Europäischen Union, 2013, 45 m.w.N.

1150 *Klamert*, EuZW 2017, 131 (134).

1151 *Meessen/Kersting* in: Loewenheim/Meessen/Riesenkampff/Kersting/Meyer-Lindemann, Kartellrecht, 3. Auflage 2016, Einführung in das europäische und deutsche Kartellrecht, Rn. 96.

1152 *Meessen/Kersting* in: Loewenheim/Meessen/Riesenkampff/Kersting/Meyer-Lindemann, Kartellrecht, 3. Auflage 2016, Einführung in das europäische und deutsche Kartellrecht, Rn. 97.

eine zweite „Parallelität" beim Verwaltungsvollzug.[1153] Der Schwerpunkt des direkten Vollzugs liegt allerdings bei der Kommission.[1154]

Die Streuung der Zuständigkeiten wird dadurch handhabbar, dass sich Kommission und mitgliedstaatliche Kartellbehörden im „Europäischen Wettbewerbsnetz" gegenseitig informieren (vgl. § 50a GWB) und nach Art. 11 Abs. 4 VO 1/2003 von Fall zu Fall entscheiden, welche mitgliedstaatliche Behörde oder ob die Kommission selbst tätig wird.[1155]

Wenn zuständig, ist die Bundesrepublik Deutschland wie alle Mitgliedstaaten auch zum Vollzug des Unionsrechts verpflichtet.[1156] Dabei muss auch die innerstaatliche Kompetenzverteilung und -organisation zwischen Legislative, Exekutive und Judikative so strukturiert sein, dass dem europäischen Recht i.S.d. „effet utile" zur vollen praktischen Wirksamkeit verholfen wird.[1157]

Beim mittelbaren mitgliedstaatlichen Vollzug findet die allgemeine Kompetenzverteilung für den Verwaltungsvollzug, Art. 30, 83 ff. GG,[1158] direkte Anwendung, während der unmittelbare mitgliedstaatliche Vollzug im Grundgesetz nicht geregelt ist.[1159] Mit der Verpflichtung Deutschlands zur Gründung und Fortentwicklung der Europäischen Union enthält Art. 23 Abs. 1 GG zugleich ein Wirksamkeits- und Durchsetzungsversprechen für das Unionsrecht.[1160] Mit der Übertragung von Hoheitsrechten auf die Union hat sich jedoch keine Verschiebung der Zuständigkeiten bei der innerstaatlichen Durchführung ergeben: Die (Ausführungs-)Gesetzgebung richtet sich mithin nach den Art. 70 ff. GG, der hier interessierende Verwaltungsvollzug nach Art. 30, 83 ff. GG.[1161]

1153 *Klamert*, EuZW 2017, 131 (132).

1154 *Kössinger*, Die Durchführung des Europäischen Gemeinschaftsrechts im Bundesstaat, 1988, 58.

1155 *Meessen/Kersting* in: Loewenheim/Meessen/Riesenkampff/Kersting/Meyer-Lindemann, Kartellrecht, 3. Auflage 2016, Einführung in das europäische und deutsche Kartellrecht, Rn. 97.

1156 Grundlegend *Krönke*, Die Verfahrensautonomie der Mitgliedstaaten der Europäischen Union, 2013, 28 ff.

1157 *Streinz*, HStR X, 3. Aufl. 2012, § 218 Rn. 62.

1158 *Huber*, Klare Verantwortungsteilungs zwischen Bund, Ländern und Kommunen?, 2004, 27 f.

1159 *Streinz*, HStR X, 3. Aufl. 2012, § 218 Rn. 70 f.; grundlegend *Kössinger*, Die Durchführung des Europäischen Gemeinschaftsrechts im Bundesstaat, 1988, 39 ff.

1160 BVerfG vom 06.07.2010, 2 BvR 2661/06, BVerfGE 126, 286 (302); in der Folge ebenso BVerfGE 142, 123 Rn. 117.

1161 *Kössinger*, Die Durchführung des Europäischen Gemeinschaftsrechts im Bundesstaat, 1988, 46.

Wegen dieses Zusammenspiels von nationalem Verfahrensrecht mit unionalem Kartellrecht wird daher für den Bereich des Wettbewerbsrechts auch von einem „Ineinanderwirken“ beider Rechtsordnungen gesprochen.[1162] Die Anwendung des unionalen Kartellrechts und ihr Vollzug durch das Bundeskartellamt ist daher auch unionsrechtlich nicht zu beanstanden.

cc. *Auflösung bei „diagonalen Kollisionen“*

Allerdings kann die Anwendung des unionalen Kartellrechts ebenso wie die Anwendung des GWB die bundesstaatliche Kompetenzordnung stören. Eine Kompetenzverletzung kann dann aber ebensowenig mit dem Verweis auf den Anwendungsvorrang des Unionsrechts beiseite gewischt werden.

Denn bei genauer Betrachtung liegt bereits kein Fall des Anwendungsvorrangs des Unionsrechts vor, da dieser nur bei „vertikalen“ Kollisionen, also etwa dem Widerspruch zwischen deutschem und europäischem Kartellrecht oder deutschem und europäischem Lotterierecht gilt.[1163] Ein Widerspruch zwischen Unionskartellrecht und deutschem GWB scheidet aber vorliegend aus, da beide Normen zu dem gleichen Ergebnis kommen („Kartellrechtswidrigkeit der Anweisung des Rechtsausschusses“).

Vorliegend widersprechen sich vielmehr europäisches Kartellrecht und nationales Lotterierecht.[1164] Steht aber eine nationale, nicht wettbewerbsbezogene Vorschrift im Widerspruch zum unionalen Kartellrecht, ist dies keine Frage des Anwendungsvorrangs.[1165] Statt einer „vertikalen“ Kollision lässt sich diese Konstellation besser als sog. „diagonale“ Kollision beschreiben.[1166]

Derartige Kollisionen sind nach *Ladeur* im Rekurs auf das Prinzip der praktischen Konkordanz, also durch einen Ausgleich der im Raum stehenden Rechtsgüter zu lösen.[1167] Dabei muss aber nicht nur das ordnungsrechtliche Interesse

---

1162 *Meessen/Kersting* in: Loewenheim/Meessen/Riesenkampff/Kersting/Meyer-Lindemann, Kartellrecht, 3. Auflage 2016, Einführung in das europäische und deutsche Kartellrecht, Rn. 87.

1163 *Ladeur*, WuW 2000, 965 (967).

1164 Ein Widerspruch zwischen unionalem und deutschem Lotterierechts scheitert, wie in C.I.3.a.aa.dargestellt, ebenso wie in den betrachteten Bereichen des Rundfunkrechts oder der kommunalen Daseinsvorsorge bereits am Fehlen kompetenzrechtlich zulässigen und einschlägigen europäischen Rechts.

1165 *Grave/Nyberg* in: Loewenheim/Meessen/Riesenkampff/Kersting/Meyer-Lindemann, Kartellrecht, 3. Auflage 2016, Art. 101 Abs. 1 AEUV Rn. 59.

1166 *Ladeur*, WuW 2000, 965 (967).

1167 *Ladeur*, WuW 2000, 965 (971).

des Mitgliedstaates, sondern auch der insoweit primärrechtlich eingeräumte Beurteilungsspielraum der Mitgliedstaaten beachtet werden.[1168] Danach kann im vorliegenden Fall des Lotterierechts das Unionsrecht keinen Vorrang beanspruchen, da das gefahrenabwehrrechtliche und damit ordnungspolitische Interesse des Mitgliedstaates und auch der diesem eingeräumte gesetzgeberische Gestaltungsspielraum das Interesse am einheitlichen Geltungsanspruch des Unionsrechts überwiegt.

Auch wenn sich in den Bereichen des Rundfunkrechts und der kommunalen Daseinsvorsorge in Ermangelung der Zwischenstaatlichkeit der Anwendungsfälle keine derartige „diagonale" Kollision ergeben hat, könnte das sich aus dem Lotterierecht ergebende Ergebnis übertragen werden.

Auch im Rundfunkrecht überwiegt das Interesse des nationalen Gesetzgebers. Dabei fällt auf, dass Art. 167 AEUV ausdrücklich die Unionsorgane verpflichtet, Rücksicht auf die kulturellen Rechtsmaterien zu nehmen, soweit sie in der mitgliedstaatlichen Ordnung geregelt sind. Zudem muss neben der positiven Ordnung durch den Rundfunkgesetzgeber der insoweit eingeräumte Beurteilungsspielraum der Mitgliedstaaten beachtet werden.[1169]

Für den Bereich der kommunalen Daseinsvorsorge gilt Entsprechendes, da auch hier die europäischen Verträge und konkret Protokoll Nr. 9 den nationalen, regionalen und lokalen Behörden einen weiten Ermessenspielraum zugestehen und die Unterschiede bei den Bedürfnissen und Präferenzen der Nutzer, die aus unterschiedlichen geographischen, sozialen und kulturellen Gegebenheiten folgen können, berücksichtigen will. So kann bereits vor diesem Hintergrund ein allgemeiner Geltungsanspruch der unionalen Wettbewerbsvorschriften für diesen Bereich nicht mehr angenommen werden.[1170]

f. Zwischenergebnis: kein Einfluss des Europarechts

Zusammenfassend lässt sich daher feststellen, dass die vorgefundene Kompetenzabgrenzung nicht durch eine Überlagerung mit europäischem Recht egalisiert wird.

Ein Anwendungsvorrang europäischen Rechts scheidet den meisten Fällen bereits begrifflich aus, da die betroffenen Bereiche im Einklang mit der unionalen Kompetenzordnung weitgehend nicht harmonisiert wurden und daher schlicht kein Unionsrecht existiert, welches Anwendungsvorrang beanspruchen kann.

1168 *Ladeur*, ebenda.
1169 *Ladeur*, ebenda.
1170 *Wuermeling*, GewArch Beilage WiVerw Nr. 04/2008, 247 (251).

Soweit der hiernach verbleibende, nationale gesetzgeberische Gestaltungsspielraum durch die Länder ausgefüllt wurde, müssen sich die Regulierungsregime freilich an den Grundfreiheiten als allumfassend geltendes Unionsrecht orientieren. Von dieser unionsrechtlichen Determination ist aber die hier interessierende Frage der bundesstaatlichen Kompetenzverteilung klar ausgenommen. Diese muss die Union wegen ihrer Verpflichtung gem. Art. 4 Abs. 2 EUV, die jeweilige nationale Identität des Mitgliedstaats in ihren grundlegenden politischen und verfassungsmäßigen Strukturen zu achten, respektieren. Soweit es ausnahmsweise zu „diagonalen" Konflikten unionaler und nationaler Gesetzesmaterien kommt, müssen diese unter entsprechender Anwendung des Grundsatzes praktischer Konkordanz gelöst werden. Für die vorliegenden Anwendungsfälle überwiegt schon wegen der primärrechtlichen Kompetenzverteilung eindeutig das Interesse des nationalen (Landes-)Gesetzgebers.

6. Ergebnis Kompetenzabgrenzung

Die staatsvertragliche und einfachgesetzliche Ausgestaltung und Gewährleistung der betrachteten Bereiche obliegt überwiegend den Ländern. Soweit es bei diesem Nebeneinander der dargestellten Kompetenzmaterien zu Überschneidungen kommt, muss bei der Einordnung einer gesetzgeberischen oder verwaltungsrechtlichen Maßnahme auf deren Schwerpunkt abgestellt werden.

Zwar darf diese „strikte" Kompetenzabgrenzung die tatsächliche Entwicklung des Rundfunks, etwa die zunehmende Konvergenz und Kommerzialisierung der Medien, und die damit einhergehende Vermischung mit wirtschaftsbezogenen Kompetenzmaterien des Bundes nicht aus dem Blick lassen. Globalisierung und technischer Umbruch führen jedoch bei Weitem nicht zu derartigen Umwälzungen, dass die Aufgabe des Rundfunks aus der Kulturhoheit der Länder ausgeklammert und stattdessen als originäre Wirtschaftsregulierung verstanden werden kann.[1171] Die Rundfunkhoheit in allen beschriebenen Ausprägungen muss der Bund also auch weiterhin respektieren. Kartellrechtliche Verfügungen, die im Schwerpunkt rundfunkrechtliche Zielsetzungen verfolgen, verletzen daher die bundesstaatliche Kompetenzordnung.

Daneben darf der Bund – extrem vereinfacht – kein Glücksspiel veranstalten. Entscheidender, er darf den der Veranstaltung zu Grunde liegenden ordnungsrechtlichen Auftrag nicht an Stelle der Länder erfüllen. Kartellrechtliche

1171 *Martini* in: Gersdorf/Paal, BeckOK Informations- und Medienrecht, 18. Edition, Stand: 01.11.2017, § 1 RStV Rn. 8.

Verfügungen, die im Schwerpunkt ordnungsrechtliche Zielsetzungen haben, verletzen demgemäß die bundesstaatliche Kompetenzordnung. Der Bund darf durch kartellrechtliche Verfügungen im Schwerpunkt keine Gefahrenabwehr betreiben.

Gleiches gilt schließlich auch für kartellrechtliche Verfügungen, die schwerpunktmäßig in das „kompetentielle Hausgut" der Länder, das Kommunalrecht, eingreifen und dessen Regelungsziele umsetzen. Auch insoweit darf der Bund nur bei klar und ausschließlich wirtschaftlichem Bezug Regelungen erlassen und dabei keinesfalls unbegrenzt Gegenstände „mitregeln", die eigentlich im Aufgabenbereich der Länder liegen.

Diese Kompetenzabgrenzung wird bereits in Ermangelung einer Harmonisierung der betrachteten Bereiche nicht vom Unionsrecht „regiert". Zudem ist die Union nach der Rechtsprechung des EuGH verpflichtet, die bundesstaatliche Kompetenzverteilung zu respektieren.

C. Kompetenzverletzung

Vor dem Hintergrund dieser Kompetenzverteilung sollen die im ersten Abschnitt (A.) dargestellten Anwendungsfälle nunmehr auf ihre verfassungsrechtliche Zulässigkeit hin überprüft werden.

I. Rundfunkrecht

An dieser Stelle sei zunächst an die Ergebnisse der Kompetenzabgrenzung im Rundfunkbereich erinnert:[1172] Die staatsvertragliche und einfachgesetzliche Ausgestaltung und Gewährleistung der Rundfunkfreiheit, was die Regelung des privaten Rundfunks mit einschließt,[1173] obliegt den Ländern. Gleiches gilt auch für die Kompetenz zur Gesetzesausübung, der Exekutivkompetenz, in diesem Bereich.

Daneben hat der Bund die Kompetenz zur Regelung der Wirtschaft und zur Verhinderung wirtschaftlicher Machtstellung. Diese darf er aber nicht benutzen, um die Kompetenz der Länder auszuhöhlen. Er darf nicht unter dem Deckmantel dieser Kompetenztitel selbst die Rundfunkordnung umgestalten. Insbesondere dürfen der Bund und seine mit dem Vollzug betrauten Behörden aus kompetenziellen Gründen im Schwerpunkt keine vielfaltssichernden Ziele verfolgen.[1174]

1. Beschluss vom 27.08.1985 – Globalvertrag Sportrechte

Kompetenzrechtliche Bedenken zum ersten Verfahren ergeben sich bereits aus den Ausführungen des BGH zur Zuständigkeit des Bundeskartellamts: Zwar dürfe diese nicht weiter gehen, als die Gesetzgebungskompetenz des Bundes für das Kartellrecht als äußerste Grenze für seine Verwaltungsbefugnisse reiche. Verfügungen des Bundeskartellamts seien aber nicht „von vorneherein ausgeschlossen", weil sie sich auch auf Bereiche der Rundfunkordnung auswirken würden, deren gesetzliche Gestaltung in der ausschließlichen Zuständigkeit der Länder liege.[1175] Der BGH meint mithin mit Blick auf die Rechtsprechung des

1172 Vgl. oben B.III.1.d.

1173 *Stock*, AfP 1989, 627 (628).

1174 *Gersdorf* in: ders./Paal, BeckOK Informations- und Medienrecht, 18. Edition, Stand 01.05.2017, Art. 70 GG Rn. 7.

1175 BGH vom 14.03.1990, KVR 4/88, NJW 1990, 2815 (2816).

Bundesverfassungsgerichts zur Presse, kartellrechtliche Regelungen der Programmbeschaffung und -gestaltung der Rundfunkanstalten dürften auch ohne ausdrückliche Kompetenzzuweisung aufgrund des Kompetenztitels aus Art. 74 Nr. 16 GG erlassen werden, wenn der wirtschaftlichen Wettbewerb beeinflusst werde und die Rundfunkordnung nur „als Nebenfolge" betroffen sei.[1176] Materiell-rechtlich sei das für den publizistischen Zweck notwendige Maß an Exklusivität überschritten.[1177] Die Verfügung des Bundeskartellamts diene der Rundfunkfreiheit durch eine Förderung der Vielfalt der Information.[1178]

Zutreffend ist, dass kartellrechtliche Verfügungen durchaus eine Regelung rundfunkrechtlicher Aspekte enthalten dürfen – jedoch eben nur „reflexartig". Die Förderung der Rundfunkfreiheit darf hingegen nicht zum Schwerpunkt einer kartellrechtlichen oder anderen bundesrechtlichen Maßnahme gemacht werden. Hierzu wurde die typologische Verschiedenheit des Presse- und Rundfunksektors bereits dargelegt.[1179]

Die Programmbeschaffung, den die vorliegende Verfügung schwerpunktmäßig betraf, gehört, weil notwendigerweise verknüpft mit der Programmgestaltung,[1180] zum Kern der Kompetenzen der Länder und ist daher Aufgabe der Rundfunkanstalten als deren Kompetenzträger. *Rahn* bemerkt insoweit zu Recht, dass das Interesse der Rundfunkanstalten an einem derart gesicherten Programmplan nicht wie etwa bei anderen Beschaffungstätigkeiten der öffentlichen Hand in langfristiger Programm- oder Kostenplanung begründet liege; es gehe vielmehr um die Erfüllung des Programmauftrags und die Gewährleistung der rundfunkverfassungsrechtlichen Grundversorgung selbst.[1181] Die Programmbeschaffung ist also denknotwendiges Puzzlestück des Rundfunkauftrags. Konsequenterweise wurde sie deswegen auch bis zur GWB-Novelle zum 01.01.2012 gem. § 100 Abs. 2 lit. j GWB a.F. komplett aus dem Kartellvergaberecht ausgeklammert. Die Länder haben jüngst durch eine erneute Änderung von § 11 RStV, der mit Blick auf Art. 106 Abs. 2 AEUV eine sog. Betrauungslösung schaffen soll, versucht, die Verknüpfung von Rundfunkauftrag und der Programmbeschaffung in einem neuen vierten Absatz zu verdeutlichen: Danach

---

1176 BGH ebenda, mit Verweis auf BVerfG vom 04.11.1986, 1 BvF 1/84, BVerfGE 73, 118 (174).

1177 BGH vom 14.03.1990, KVR 4/88, NJW 1990, 2815 (2818 f.).

1178 BGH vom 14.03.1990, KVR 4/88, NJW 1990, 2815 (2820 f.).

1179 Vgl. oben B.V.3.

1180 *Rahn*, Programmauftrag und Kartellrecht, 1991, 117.

1181 *Rahn*, Programmauftrag und Kartellrecht, 1991, 125.

sind „die öffentlich-rechtlichen Rundfunkanstalten […] mit der Erbringung von Dienstleistungen von allgemeinem wirtschaftlichem Interesse im Sinne des Art. 106 Abs. 2 des Vertrages über die Arbeitsweise der Europäischen Union auch betraut […]. Die Betrauung gilt insbesondere für die Bereiche Produktion, […], Programmrechteerwerb, […].[1182]

Die Verfügung des Bundeskartellamts, die den Globalvertrag für kartellrechtswidrig erklärt, sowie ihre Bestätigung durch die Instanzgerichte regelt damit im Schwerpunkt einen Kernbereich der Länderkompetenzen.

2. Beschluss vom 18.07.1989 – WDR Beteiligung Rahmenveranstalter

Auch im zweiten Verfahren offenbart sich die kompetenzrechtliche Reibungsfläche bereits bei der Prüfung der Zuständigkeit des Bundeskartellamts: Das KG sieht, dass dessen Grenzen sich zwar aus dem Umfang der bundesrechtlichen Gesetzgebungskompetenz ergeben würden. Gleichzeitig sei verfassungsgerichtlich aber anerkannt, dass die auf Art. 74 Nr. 16 GG gestützten Vorschriften zur Fusionskontrolle auch Anwendung finden dürften, wenn dies Auswirkungen auf ein Sachgebiet habe, das in die Gesetzgebungskompetenz der Länder fiele.[1183] Im Falle eines Widerspruchs von LRG NW und GWB müsse Art. 31 GG zur Anwendung kommen, wenn nicht zwingende grundrechtliche Erfordernisse ausnahmsweise dem Landesrecht Vorrang einräumen würden. Bei der Beteiligung des WDR sei diese Notwendigkeit zur Gewährleistung der Medienvielfalt schlicht nicht gegeben. Die notwendige Beteiligung hätte sonst in § 6 Abs. 2 LRG NW fixiert werden können.[1184]

Wie bereits erörtert, darf der Bund aber auch bei der Anwendung der Fusionskontrolle schwerpunktmäßig keine Sachgebiete, die in die Gesetzgebungskompetenz der Länder fallen, mitregeln. Auch Art. 31 GG kann den vorliegenden Widerspruch von Kartell- und Rundfunkrecht nicht lösen, da die Norm nur bei kompetenzmäßiger Anwendung von Bundesrecht Kompetenzkollisionen auflöst.[1185] Eine solche kompetenzmäßige Anwendung lag aber gerade nicht vor.

1182 Vgl. hierzu *Schubert*, NZKart 2017, 452 (453).

1183 KG Berlin, ebenda, mit Verweis auf BVerfG vom 04.11.1986, 1 BvF 1/84, BVerfGE 73, 118 (173).

1184 KG, ebenda.

1185 Vgl. oben B.I.2.; in diese Richtung auch *Spieler*, Fusionskontrolle im Medienbereich, 1988, 159.

Denn erneut wird durch die Anwendung des GWB schwerpunktmäßig auf die „eindeutige Zielvorstellung des Landesgesetzgebers“[1186] hinsichtlich des publizistischen Wettbewerbs eingewirkt. Die Beteiligung des WDR sollte Anreize für private Interessenten schaffen, das den Lokalrundfunk entlastende Rahmenprogramm gemeinsam mit dem WDR zu veranstalten, und damit entsprechend der Strukturprognose des Landesgesetzgebers, dass sich auf der Ebene der lokalen Sender eine programmliche Vielfalt nicht durch den Wettbewerb einer Vielzahl von Rundfunkveranstaltern erreichen lassen würde,[1187] die Veranstaltung eines Lokalrundfunks mit gesetzlich begrenzter Zuschauerreichweite erst ermöglichen. Die strukturelle Ordnung des Lokalrundfunks ist dabei ein Kernbereich der Rundfunkkompetenz der Länder und darf daher nicht einfach durch das bundesrechtliche Kartellrechtsregime umgestaltet werden.[1188] Die Präponderanz des Medienrechts darf nicht übergangen werden, der Bund und seine mit dem Vollzug betrauten Behörden aus kompetenziellen Gründen nicht im Schwerpunkt vielfaltssichernde Ziele verfolgen.[1189]

Die Zuordnung derartiger Fusionen zum Kompetenzbereich der Länder hat auch das Bundesverfassungsgericht kurz darauf bestätigt und ausdrücklich zum Teil des Rundfunkauftrages erklärt. Im 6. Rundfunkurteil entschied das Gericht mit Blick auf die vorliegende wirtschaftliche Betätigung der Rundfunkanstalten und die Kooperation mit Dritten im Bereich der Programmherstellung, dass der Auftrag des öffentlich-rechtlichen Rundfunks auch die Herstellung von Rundfunkproduktionen und deren finanzielle Verwertung umfasse, solange diese Betätigung nicht allein oder vorrangig dem wirtschaftlichen Zweck der Verwertung diene.[1190]

Das Kartellrecht darf auch nicht deswegen angewendet werden, weil die konkrete rundfunkrechtliche Frage nicht ausdrücklich durch die sektorspezifische Regulierung geregelt ist.[1191] Zum einen hat der Bund keine Kompetenz, durch Anwendung von Bundesrecht die Lücken zu schließen, die der Landesgesetzgeber offengelassen hat. Zum anderen konnte vorliegend eine noch genauere Regelung der Beteiligung an Rahmenprogrammveranstaltern schon deswegen

1186 *Jarass*, Kartellrecht und Landesrundfunkrecht, 1991, 16 f.

1187 Entwurf der Landesregierung für das LRG NW, LT-Drs. 10/1140, 53.

1188 *Jarass*, Kartellrecht und Landesrundfunkrecht, 1991, 25.

1189 *Gersdorf* in: ders./Paal, BeckOK Informations- und Medienrecht, 18. Edition, Stand 01.05.2017, Art. 70 GG Rn. 7.

1190 BVerfG vom 05.02.1991, 1 BvF 1/85, BVerfGE 83, 238 (303 f.).

1191 *Ladeur*, ZUM 2012, 939 (944).

nicht getroffen werden, da dies mit Blick auf die Rundfunkfreiheit von WDR und Rahmenprogrammveranstalter verfassungsrechtlich problematisch gewesen wäre.[1192]

Da Schwerpunkt der kartellrechtlichen Verfügung der publizistische Wettbewerb war, verletzt auch sie die bundesstaatliche Kompetenzverteilung.

3. Beschluss vom 19.01.2006 Fusion ProSiebenSat1/Springer

Das dritte Verfahren scheint im Vergleich zu den ersten beiden Verfahren kompetenzrechtlich nicht im selben Maße eindeutig. Letztlich setzen sich in diesem Fusionskontrollverfahren aber die 20 Jahre zurückliegenden Kompetenzverstöße aus den anderen Verfahren fort. Denn erst diese haben die unbegrenzte, „kumulative Anwendung"[1193] des Kartellrechts bzw. der Fusionskontrolle im Rundfunkbereich etabliert.

Der kompetenzrechtliche Konflikt der Regelungsmaterien ist dabei erst nach den sich unterscheidenden Urteilen des BGH einerseits und des BVerwG andererseits offen zu Tage getreten. Dass sich somit die Gerichte mit dem Spannungsfeld zuvor nicht beschäftigt haben, ist vor dem Hintergrund verständlich, dass die parallele Anwendung von kartellrechtlicher und rundfunkrechtlicher Fusionskontrolle wegen ihrer grundsätzlichen Zieldivergenz – Rundfunkrecht schützt den publizistischen, Kartellrecht den wirtschaftlichen Wettbewerb – zumindest im privaten Rundfunkbereich allgemein als zulässig erachtet wird.[1194] Ein und derselbe Sachverhalt kann also nach allgemeiner Meinung neben der rundfunkrechtlichen Regulierung gleichermaßen der kartellrechtlichen unterfallen.[1195] In diesem Nebeneinander der Regelungsmaterien soll das Kartellrecht das Rundfunkrecht tendenziell entlasten.[1196]

1192 *Jarass*, Kartellrecht und Landesrundfunkrecht, 1991, 16.

1193 *Rösler*, WuW 2009, 1014 (1018).

1194 vgl. etwa *Jungheim*, Medienordnung und Wettbewerbsrecht im Zeitalter der Digitalisierung und Globalisierung, 508; *Schaarschmidt*, Cross-Promotion durch Medienkonglomerate, 2005, 242; *Spieler*, Fusionskontrolle im Medienbereich, 1988, 159; *Westphal*, Föderale Privatrundfunkaufsicht im demokratischen Verfassungsstaat, 2007, 116; *Dörr*, ZWeR 2004, 159 (187); *Gersdorf* in: ders./Paal, BeckOK Informations- und Medienrecht, 18. Edition 01.05.2017, Art. 70 GG Rn. 8; *Rösler*, WuW 2009, 1014 (1018); *Dörr/Herr*, K&R 2004, 424 (427).

1195 *Paal*, GRUR Int. 2017 481 (484); *Bauer*, Netz und Nutzung, 2004, 195; *Brockhoff*, Reichweite und Grenzen der Fusionskontrolle im Rundfunkbereich, 2016, 147.

1196 *Dörr*, ZWeR 2004, 159 (187); *Dörr/Herr*, K&R 2004, 424 (427).

Wenn dann Kartellrecht und Rundfunkrecht zu unterschiedlichen Ergebnissen kommen, stellt sich aber nicht zuletzt aus Sicht der Beteiligten der geplanten Fusion die Frage, wie der Konflikt zwischen den unterschiedlichen Urteilen aufgelöst werden soll und welche Regelungsmaterie maßgeblich ist. Auch hier muss die Lösung kompetenzrechtlich erfolgen.

Dieses Problem hat unlängst auch der Gesetzgeber gesehen: Der neue § 40 GWB, eingefügt durch die 9. GWB Novelle, bestimmt, dass das Bundeskartellamt in Zukunft vor der Untersagung eines Zusammenschlussvorhabens das Benehmen mit der KEK herzustellen hat, soweit deren Zuständigkeitsbereich berührt ist.[1197] Dies löst das Spannungsverhältnis unterschiedlicher Ergebnisse von ökonomischer und publizistischer Fusionskontrolle in der Vergangenheit freilich nicht und auch für die Zukunft allenfalls unvollständig auf. Laut Gesetzesbegründung muss das Kartellamt bei der Untersagung eines Vorhabens, gegen das aus Sicht der KEK aus Meinungsvielfaltsgründen keine Bedenken bestehen, lediglich in seiner Entscheidungsbegründung darauf eingehen.[1198] Insbesondere wird der Medienkonzentrationskontrolle selbst für Zusammenschlussvorhaben mit eindeutigem publizistischen Regelungsschwerpunkt kein Vorrang eingeräumt.

Der Annahme, dass ein genereller Vorrang des Kartellrechts anzunehmen sei, nur weil das Rundfunkrecht gerade am Beispiel ProSieben/Springer praktische Effektivität habe vermissen lassen,[1199] kann schon deshalb nicht gefolgt werden, weil die Effektivität eines Regulierungsregimes nicht an einer „Erfolgsquote" seiner Eingriffe gemessen werden kann. Auch die Erteilung einer medienrechtlichen Unbedenklichkeitsentscheidung ist, wenn die Voraussetzungen hierfür vorliegen, eine „effektive" Regulierung. Andererseits kann auch nicht einfach „im Zweifel" dem Rundfunkrecht wegen seiner überragenden Bedeutung für die demokratische Ordnun[1200] oder, um den Besonderheiten der Rundfunkmärkte Rechnung zu tragen,[1201] Vorrang eingeräumt werden. Die (strikte) bundesstaatliche Kompetenzabgrenzung würde damit zu einer allgemeinen Güterabwägung verkommen.[1202]

1197 Vgl. hierzu auch *Podszun*, WuW 2017, 266 ff.

1198 BT Drs. 18/10207, 79.

1199 *Paal*, GRUR Int. 2017, 481 (485).

1200 So aber *Rösler*, WuW 2009, 1014 (1023).

1201 *Ladeur*, WuW 2000, 965 (969); *Schwartmann* in: Gersdorf/Paal, BeckOK Informations- und Medienrecht, 18. Edition, Stand: 01.05.2017, Einführung in das Informationsrecht in Nordrhein-Westfalen Rn. 42.

1202 Vgl. zu dem ähnlichen Ansatz von *Jarass* u.a. bereits oben B.I.4.b.

Dabei fällt unter rechtstatsächlichen Gesichtspunkten auf, dass die Unterschiede der beiden Kontrollmechanismen gering sind und sogar mehr für einen Gleichlauf als für eine Divergenz von publizistischem und ökonomischem Wettbewerb sprechen. Der Werbemarkt, der im kartellrechtlichen Verfahren entscheidend war, hängt schließlich von der Reichweite, also der potentiellen Zuschauer- und Leseranzahl, ab und damit letztlich vom gleichen Maßstab, der auch zur Meinungsmacht anzulegen ist.[1203]

Hinter dem Markt der Werbeeinnahmen steht faktisch der Zuschauermarkt.[1204] Das Bundeskartellamt hat es nur deswegen abgelehnt, direkt auf den Zuschauermarkt als Angebotsmarkt abzustellen, weil diesem Markt die Entgeltlichkeit fehle; dabei erbringt der Zuschauer durch die Wahl der Fernsehsendung (und damit verbunden der Wahl der Werbung) durchaus ein vermögenswertes, zeitliches Opfer.[1205]

Die oben angesprochene Zieldivergenz und die Trennung von publizistischem und wirtschaftlichem Wettbewerb dürfen über den Zusammenhang, der zwischen den beiden faktisch besteht, daher nicht hinwegtäuschen. Sind die Regelungsgegenstände des publizistischen und des wirtschaftlichen Wettbewerbs aber weitestgehend deckungsgleich, dürfen nicht verschiedene Regelungsmaterien angewandt werden.[1206] Daher muss entschieden werden, welcher Kompetenzmaterie das Verfahren schwerpunktmäßig zugeordnet werden kann bzw. muss.

Das ist vorliegend das Rundfunkrecht. Auch die kartellrechtliche Verfügung regelt bei genauer Betrachtung den publizistischen Wettbewerb, greift in die Zuschauermärkte ein und kann sich nur über die Hilfskonstruktion der Werbemärkte überhaupt auf eine rein kartellrechtliche Subsumtion zurückziehen. Entlarvend sind insoweit die Stimmen in der Literatur, die die Leistungsfähigkeit des Kartellrechts zur Vielfaltssicherung betonen.[1207] Denn eben diese Vielfaltssicherung ist Ländersache.

Diese Analyse deckt sich im Wesentlichen mit der Auffassung von *Bayer* zur Lösung „materieller Konflikte", also unterschiedlicher Ergebnisse der rundfunkrechtlichen und der kartellrechtlichen Zusammenschlusskontrolle: Art. 31

1203 *Körber*, ZWeR 2009, 315 (332).

1204 *Körber*, ZWeR 2009, 315 (339).

1205 *Steger*, WuW 2010, 282 (284).

1206 *Spieler*, Fusionskontrolle im Medienbereich, 1988, 159.

1207 *Jungheim*, Medienordnung und Wettbewerbsrecht im Zeitalter der Digitalisierung und Globalisierung, 548 ff. und 556.

GG finde keine Anwendung, da die gesetzgeberischen Zielsetzungen der beiden Fusionskontrollen unterschiedlich seien; schließlich müsse der publizistische und der ökonomische Wettbewerb gerade nach der Rechtsprechung des Bundesverfassungsgerichts getrennt betrachtet werden.[1208] Ein Vorrang des landesrechtlichen Rundfunkregimes komme nach ihrer Lösung aber nur ausnahmsweise und dann in Betracht, wenn die Rundfunkfreiheit in ihrem Kern betroffen wäre.[1209]

Das kann vorliegend zumindest angezweifelt werden. Die Lösung überzeugt allerdings schon deshalb nicht, da sie mit der Argumentation von *Jarras,* den sog. Kompetenzausübungsschranken, begründet wird,[1210] der aus oben genannten Gründen nicht gefolgt werden kann.[1211]

Denn dem Rundfunkrecht muss, wenn schwerpunktmäßig die Rundfunkordnung geregelt wird, grundsätzlich und nicht, wie von *Bayer* vorgeschlagen, nur bei einer Betroffenheit der Rundfunkfreiheit in ihrem Kern, Vorrang eingeräumt werden. Bei Zusammenschlussvorhaben mit eindeutigem publizistischem Regelungsschwerpunkt hat die Medienkonzentrationskontrolle daher kompetenzrechtlich Vorrang.

Dem Kartellrecht bleibt im Rundfunkbereich die Aufgabe, das Rundfunkrecht zu entlasten. Rechtsvergleichend interessant ist insoweit der Blick nach Italien, wo ebenfalls dem Wettbewerbsrecht eine Hilfsfunktion bei der publizistischen Vielfaltsordnung zugesprochen wird. Kollisionen durch widersprüchliche Verfügungen wie die vorliegende sind aber bereits prozessual ausgeschlossen, da die Kartellbehörde im Medienbereich nur als Berater der Medienbehörde tätig wird, der aber in letzter Instanz die Entscheidung über die Anwendung des Kartellgesetzes obliegt.[1212]

Da die Fusionskontrolle im vorliegenden Verfahren einen publizistischen Schwerpunkt hatte, hätte sie nicht zur Anwendung kommen dürfen.

4. BGH Rechtsprechung Einspeiseentgelte

Noch weitaus klarer tritt der Kompetenzkonflikt im vierten Verfahrenskomplex zutage, in dem der BGH einen Kontrahierungszwang aufgrund des Must-Carry Regimes aus § 52 b Abs. 1 Nr. 1 RStV und § 33 LMG Rheinland-Pfalz verneint,

1208 *Bayer*, Fusionskontrolle im Rundfunk, 2013, 238.
1209 *Bayer*, Fusionskontrolle im Rundfunk, 2013, 240.
1210 *Bayer*, Fusionskontrolle im Rundfunk, 2013, 239.
1211 Siehe oben B.III.1.b.
1212 *Wrangel*, GRUR Int 1991, 870 (873).

dieses Ergebnis aber über die kartellrechtsbedingte Unwirksamkeit der Kündigung in ihr Gegenteil verkehrt.[1213]

Anders als andere Gerichte übersah der BGH, dass die Zusammenarbeit der in der ARD zusammengeschlossenen Landesrundfunkanstalten bereits durch den Zusammenschluss vorgegeben ist und daher nicht als Ausführungsvereinbarung einer kartellrechtswidrigen Absprache aufgefasst werden kann, dies umso weniger, als die Kabelnetzbetreiber den Einspeisungsvertrag mit den „in der Arbeitsgemeinschaft der öffentlich-rechtlichen Rundfunkanstalten der Bundesrepublik Deutschland (ARD) zusammengeschlossenen Landesrundfunkanstalten" abgeschlossen hatten.[1214]

Auch hinsichtlich der Gemeinschaftsprogramme sah der kartellrechtliche Spruchkörper einen Verstoß gegen § 1 GWB nicht deswegen ausgeschlossen, weil die Rundfunkanstalten insoweit rundfunkrechtlich gem. § 11 b Abs. 1 RStV eine gemeinsame Verbreitungslast treffe,[1215] und bejahte wegen der Anwesenheit des ZDF ein Informationsaustausch unter Wettbewerbern.[1216] Diese Entscheidungen stehen freilich in klarem Widerspruch zu den Urteilen der Verwaltungsgerichte, selbst wenn diese sich meist auf eine rein rundfunkrechtliche Beurteilung des Anschlusszwanges zurückgezogen haben.

Der BGH konstruiert kartellrechtlich ein „Must-Pay", wo rundfunkrechtlich ein reines „Must-Carry" vorgesehen ist. Die Must-Carry Regelungen verbunden mit der haushaltsrechtlichen Bindung der Anstalten an Wirtschaftlichkeit und Sparsamkeit, § 14 Abs. 1 RStV, verbieten es den Rundfunkanstalten sogar, sich vertraglich zur Zahlung von Einspeiseentgelten für Signaltransportleistungen zu verpflichten.[1217] Diese klare gesetzgeberische Entscheidung hat der BGH durch seine eigene kartellrechtliche ersetzt und damit in den Gestaltungsspielraum des Landesgesetzgebers und der Rundfunkanstalten als Kompetenzträger eingegriffen. Die Regelung der Einspeisegebühr liegt schließlich allein in der Kompetenz der Länder, wie schon die §§ 52 RStV zeigen.[1218]

1213 BGH vom 16.06.2015, KZR 83/13, MMR 2015, 762 (766) – Einspeiseentgelt; insoweit identisch BGH vom 16.06.2015, KZR 3/14, ZUM-RD 2015, 569.

1214 So LG Berlin vom 30.04.2013, 16 O 389/12 Kart, ZUM 2013, 954 (961).

1215 OLG Düsseldorf vom 21.05.2014, VI-U (Kart) 16/13, NZKart 2014, 285.

1216 BGH vom 12.04.2016, KZR 31/14, WuW 2016, 536 ff. – Gemeinschaftsprogramme.

1217 *Hain*, K&R 2015, 563 (564).

1218 *Raitz von Frentz/Masch*, ZUM 2016, 326 (328).

Die kartellrechtliche Verfügung regelt daher erneut schwerpunktmäßig rundfunkrechtliche Umstände und verletzt damit ebenfalls die bundesstaatliche Kompetenzordnung.

5. Entscheidend: Der Wettbewerb der Rundfunkanstalten als Mittelpunkt des gesetzgeberischen Gestaltungsspielraums der Landesgesetzgeber

Alle Anwendungsfälle verfolgen gleichermaßen das Ziel, den Wettbewerb im Rundfunkwesen, speziell den Wettbewerb der Rundfunkanstalten untereinander, aber auch mit Privaten zu sichern und zu stärken.

Wie zuvor im Glücksspielrecht zeigt aber eine Analyse der gesetzgeberischen Konzeption des Rundfunkrechts, dass ein solcher Wettbewerb landesrechtlich nicht erwünscht und teilweise sogar mit den Zielen des kompetenten Gesetzgebers unvereinbar ist. Im Grunde folgt schon aus der stets betonten prinzipiellen Zielkonvergenz der Regelungsmaterien,[1219] dass der Landesgesetzgeber für viele Bereiche den Wettbewerb gerade ausschließen wollte.

Das gilt bereits für die grundsätzliche Ordnung der Rundfunklandschaft. Maßgeblicher Eckpfeiler für die Schaffung einer gesamtpluralistischen Rundfunklandschaft durch den (Landes)Gesetzgeber ist die FRAG Entscheidung des Bundesverfassungsgerichts,[1220] in der wegen des Aufkommens des privaten Rundfunks erstmals ein binnenpluralistisches und ein außenpluralistisches Modell gegenübergestellt wurden. Die Wahl der Organisationsform sei damit Sache des Landesgesetzgebers, dem das Grundgesetz insoweit keine bestimmte Form vorschreibe. Sofern sich der Gesetzgeber für eine binnenpluralistische Struktur der Veranstalter, also für eine Organisation entscheide, bei welcher der Einfluß der in Betracht kommenden Kräfte intern, durch Organe der jeweiligen Veranstalter vermittelt wird, bedürfe es namentlich einer sachgerechten, der bestehenden Vielfalt prinzipiell Rechnung tragenden Bestimmung und Gewichtung der maßgeblichen gesellschaftlichen Kräfte und der Sicherstellung des effektiven Einflusses desjenigen Organs, in dem diese vertreten seien. Demgegenüber gewährleiste das Modell des Außenpluralismus die Vielfalt der Meinungen durch die Vielfalt der unterschiedlichen Anbieter und ihrer jeweiligen Tendenzen, also letztlich durch den freien Wettbewerb der Anbieter.[1221] Wegen

---

1219 *Kübler*, MD 1999, 379 (384).

1220 BVerfG vom 16.06.1981, 1 BvL 89/78, BVerfGE 57, 295.

1221 BVerfG vom 16.06.1981, 1 BvL 89/78, BVerfGE 57, 295 (325).

der Knappheit der Übertragungswege zum Zeitpunkt der Entscheidung könne aber die Frage, wem eine der knappen Möglichkeiten zur Programmveranstaltung zugutekommen soll, nicht dem Zufall oder dem freien Spiel der Kräfte anheimgegeben werden. Und seine „Skepsis" vor einer Regelung durch den Markt und einem rein außenpluralistischen Ordnungsmodell hat das Gericht danach wiederholt auch nach Wegfall der Frequenzknappheit betont.

Während im Pressewesen oder den elektronischen Medien eine Mehrzahl konkurrierender Anbieter unerlässlich und daher erwünscht ist, ist wirtschaftlicher Wettbewerb im Rundfunk eine weder notwendige noch ausreichende Bedingung.[1222] Wie das Bundesverfassungsgericht festgestellt hat, führen publizistischer und ökonomischer Wettbewerb nicht automatisch dazu, dass für die Unternehmen publizistische Ziele im Vordergrund stehen oder dass in den Rundfunkprogrammen die Vielfalt der in einer Gesellschaft verfügbaren Informationen, Erfahrungen, Werthaltungen und Verhaltensmuster abgebildet werden, so dass bei einer Steuerung des Verhaltens der Rundfunkveranstalter allein über den Markt das für die Funktionsweise einer Demokratie besonders wichtige Ziel der inhaltlichen Vielfalt gefährdet bleibt.[1223] Dies hängt damit zusammen, dass insbesondere kulturelle Programminhalte meritorischen Charakter aufweisen, d.h. gesellschaftlich, aber nicht notwendigerweise von einzelnen Konsumenten gewünscht sind: Uberließe man die Bereitstellung der meritorischen Güter dem Markt, bestünde die Gefahr, dass ein Angebot zustande kommt, das nicht dem gesellschaftlich wünschenswerten Angebot entspricht.[1224]

Hinzukommt, dass die strukturell ungleiche Informationsverteilung zwischen den Programmveranstaltern und Zuschauern tendenziell dazu führt, dass Güter und Dienstleistungen von schlechter Qualität auf den Rundfunkmärkten gehandelt werden, auf dem die Konsumenten oft nicht oder nur mit nachträglichen zeitlichen oder finanziellen Einbußen in der Lage sind, die Qualität der Inhalte zu beurteilen.[1225] Das Angebot der meritorischen Güter und der notwendige qualitative Gehalt der Programme soll nach der Konzeption des Gesetzgebers daher durch binnenplurale Strukturen, also durch organisationsrechtliche Maßstäbe gewährleistet werden.

1222 *Kübler*, MD 1999, 379 (384).

1223 BVerfG vom 11.09.2007, BVerfGE 119, 181 Rn. 117 mit Verweis auf entsprechende medienökonomische Analysen.

1224 Vgl. *Monopolkommission*, Hauptgutachten 16, Rn. 770.

1225 *Monopolkommission*, Hauptgutachten 16, Rn. 771.

In den konkreten Anwendungsfällen hat die Anwendung des Kartellrechts diese gesetzgeberische Entscheidung gegen das „freie Spiel der Kräfte" konterkariert.

Im ersten Verfahren rund um den Globalvertrag war maßgebliches Leitmotiv des Bundeskartellamts, den (Programmbeschaffungs-)Wettbewerb zwischen privatem und öffentlich-rechtlichem Rundfunk aufrecht zu erhalten. Dabei ist die duale Ordnung an sich kein Konkurrenzsystem, keine „Rivalität zweier gleichartiger Partner" im Rahmen einer übergreifenden, auf ökonomischem und publizistischem Wettbewerb gegründeten intramediären Marktstruktur, sondern eher Ausdruck von Komplementarität.[1226]

Zu Recht kritisiert *Rahn* daher, die verfassungsrechtliche Relevanz der Reichweite der Anstalten auf der einen und der Marktchancen der privaten Anbieter auf der anderen Seite seien falsch gewertet worden.[1227] Die duale Rundfunkordnung sei kein nach Marktkriterien geordnetes System gleichberechtigter und voneinander unabhängiger Konkurrenten.[1228] Wegen der verschiedenen verfassungsrechtlichen Aufgabenstellungen der Rundfunkveranstalter erfolge die Programmbeschaffung durch die öffentlichen Rundfunkveranstalter daher nicht stets im Wettbewerb. Der Rundfunkauftrag könne daher durchaus erfordern, dass der Rechteerwerb wie beim Globalvertrag nicht im Wettbewerb vorgenommen wird.

Beim zweiten Anwendungsfall hatte das Kartellamt den Markt für Hörfunkwerbung in Nordrhein-Westfalen im Blick. Hinter diesem Werbemarkt muss notwendigerweise eine Mehrzahl an Hörfunkanbietern stehen, die Werbezeit zur Finanzierung ihres Programms anbieten. Allerdings war der nordrhein-westfälische Rundfunkgesetzgeber bei der Schaffung der Organisationsstruktur des lokalen Rundfunks davon ausgegangen, dass sich im lokalen Bereich eine programmliche Vielfalt allein durch eine Vielzahl von Rundfunkveranstaltern nicht erreichen lasse.[1229] Er hatte sich daher, verfassungsrechtlich zulässig,[1230] für ein Modell des Binnen- und gegen ein Model des Außenpluralismus im lokalen Rundfunk entschieden.[1231] Die Anwendung des Kartellrechts schützt daher

1226 *Stock* in: Hoffmann-Riem, Rundfunk im Wettbewerb, 1988, 35 (46).

1227 *Rahn*, Programmauftrag und Kartellrecht, 1991, 126.

1228 *Rahn*, Programmauftrag und Kartellrecht, 1991, 128.

1229 Entwurf der Landesregierung für ein Rundfunkgesetz NRW, LT-Drs. 10/1140, 53; *Jarras*, Kartellrecht und Landesrundfunkrecht, 1991, 5.

1230 BVerfG vom 04.11.1986, 1 BvF 1/84, BVerfGE 73, 118 (175).

1231 *Jarass*, Kartellrecht und Landesrundfunkrecht, 1991, 26.

einen Markt von Hörfunkveranstaltern, der in der gesetzgeberischen Prognose gerade nicht vorgesehen war.

Das dritte Verfahren betrifft den Werbemarkt im privaten Rundfunk. Dieser Markt besteht zwar, ist aber wegen seiner Deckungsgleichheit mit dem publizistischen Markt auch Gegenstand der dem Landesgesetzgeber vorbehaltenen Prognose. Betrifft das Verfahren aber im konkreten Fall schwerpunktmäßig den publizistischen Markt, ist der ökonomische Markt insoweit irrelevant.

Gegenstand des vierten Verfahrens war der Wettbewerb um die Kapazitäten, die die Kabelnetzbetreiber für die öffentlichen-rechtlichen Rundfunkanstalten vorhalten. Dieser Markt ist aber komplett von den Must-Carry Regelungen des RStV verbunden mit den haushaltsrechtlichen Bindungen der Anstalten zu Wirtschaftlichkeit und Sparsamkeit, etwa aus § 14 Abs. 1 RStV, überlagert. Diese Bestimmungen verbieten es den Rundfunkanstalten, sich vertraglich zur Zahlung von Einspeiseentgelten für Signaltransportleistungen zu verpflichten.[1232] Wegen dieses gesetzlichen Verbots besteht daher kein Markt.[1233] Die den Must-Carry Verpflichtungen zugeteilten Kapazitäten sind von vorneherein dem Wettbewerb entzogen,[1234] der Wettbewerb war insoweit von vornherein aufgehoben.[1235]

6. Grundsatz des bundestreuen Verhaltens

Der Grundsatz des bundestreuen Verhaltens kann diese Kompetenzverstöße nicht legalisieren, da er keine selbstständigen Pflichten des Bundes oder eines Landes begründet,[1236] sondern nur Beschränkungen in der Ausübung der dem Bund und den Ländern eingeräumten Zuständigkeiten festsetzt.[1237] Sind keine Kompetenzen eingeräumt, findet der Grundsatz des bundestreuen Verhaltens keine Anwendung.[1238]

Er dirigiert somit nur das Gebrauchmachen von einer durch das Grundgesetz eingeräumten Kompetenz.[1239] Der Bund hatte vorliegend aber keine Kompetenz

---

1232 *Hain*, K&R 2015, 563 (564).

1233 *Hain*, K&R 2015, 563 (565).

1234 *Holznagel/Salwitzek*, K&R 2013, 454 (456).

1235 *Assion*, ZUM 2015, 645 (647).

1236 BVerfG vom 24.01.2001, 2 BvE 1/00, BVerfGE 103, 81; BVerfG vom 11.03.1997, 2 BvG 3/95, 4/95, BVerfGE 95, 250 (266).

1237 BVerfG vom 28.02.1961, 2 BvG 1/60, 2 BvG 2/60, BVerfGE 12, 205 Rn. 174.

1238 OLG Düsseldorf vom 17.09.2008, Kart 19/07, NJOZ 2008, 4979 (4987).

1239 Etwa BVerfG vom 24.07.1962, 2 BvF 4/61, BVerfGE 14, 197 (215).

zur Regelung der Vielfaltsicherung, die er durch alle Verfahren schwerpunktmäßig betrieben hat.

7. Zwischenergebnis

Die betrachtete Anwendung des Kartellrechts hat in die verfassungsrechtlich eingeräumten Kompetenzen der Länder eingegriffen, da sowohl beim Verfahrenskomplex „Globalvertrag“, den Fusionen Radio NRW und Springer/Sat-1ProSieben sowie der Frage der Einspeiseentgelter schwerpunktmäßig in den Rundfunkauftrag, im speziellen in die publizistische Vielfaltssicherung, eingegriffen wurde. Dabei war jeweils der Wettbewerb, den Kartellbehörden wie -gerichte zu schützen versucht haben, Gegenstand der Einschätzungsprärogative der Länder, Art. 70, 83 GG. Die Ersetzung dieser Prognose durch kartellrechtliche Maßstäbe durch Bundeskartellamt und die kartellrechtlichen Spruchkörper bei KG, OLG Düsseldorf und BGH kann auch nicht durch den Grundsatz des bundestreuen Verhaltens oder durch europarechtliche Wertungen legalisiert werden.

II. Glücksspielrecht

Der Bund unterhält zwar keine eigenen Lottogesellschaften. Allerdings darf der Bund auch nicht „durch die Hintertür“, über das Recht der Wirtschaft, Art. 74 Abs. 1 Nr. 11 GG, Länderkompetenzen aushebeln[1240] und im Schwerpunkt Gefahrenabwehrrecht betreiben. Gleiches gilt selbstredend für Maßnahmen, die auf das Recht des Bundes zur Verhütung des Missbrauchs wirtschaftlicher Machtstellung, Art. 74 Abs. 1 Nr. 16 GG, gestützt werden.[1241]

1. Beschluss vom 28.02.1996 – Deutscher Lotto- und Totoblock

Ziel des Bundeskartellamts im ersten Verfahren war es, den zwischen den Blockpartnern bestehenden Wettbewerb aufrecht zu erhalten: Zwar sei kein „aktiver“ Wettbewerb möglich, doch bleibe davon der „passive“ Wettbewerb um die Entscheidung der Spieler, mit welchem der 16 Veranstalter sie Spielverträge abschließen wollen, unberührt.[1242] Dieser Wettbewerb selbst ist, wie gleich zu

1240 Allgemein zur Tendenz, das GWB in dieser Richtung anzuwenden *Brohm*, NJW 1994, 281 (287).

1241 *Ohlmann*, WRP 2001, 672 (675).

1242 Hier wird als Vergleich die Parallele zum Regionalitätsprinzip der Sparkassen gezogen, BKartA, Beschluss vom 28.02.1996, WuW/E 1996, 521, 528 f.

zeigen sein wird, von hoher Relevanz für die dem Landesgesetzgeber vorbehaltene Gefahrenprognose. Eben die Gefahrenprognose sah das Bundeskartellamt aber nicht beeinträchtigt: Das Vorliegen einer konkreten Gefahr könne sogar offen bleiben, da den Lottogesellschaften anders als den Ländern gerade keine öffentlich-rechtliche Regelungskompetenz zustände.[1243]

Die Unzuständigkeit der Lottogesellschaften zur (hoheitlichen) Gefahrenabwehr begreift das Bundeskartellamt wohl als Beleg seiner eigenen Zuständigkeit zu einer Regelung der Gefahrenlage. Auch wenn diese an wettbewerbsrechtliche Parameter anknüpft, nimmt die Behörde damit sehenden Auges die ordnungsrechtliche Regelungszuständigkeit wahr. Denn insgesamt ersetzt das Kartellamt schlicht die Gefahrenprognose der aus seiner Sicht unzuständigen „Behörde", des DLTB, durch seine eigene: der Wettbewerb unter den Lottogesellschaften sei aus ordnungsrechtlicher Sicht „ungefährlich".

Das KG erklärt im Anschluss den Bund für befugt, auch die Lebensbereiche den allgemeinen Regeln zur Verhütung des Missbrauchs wirtschaftlicher Macht zu unterwerfen (Art. 74 Nr. 16 GG), für die ihm keine umfassende Kompetenz zustehe.[1244] Bundesbehörden wie das Bundeskartellamt könnten danach Maßnahmen treffen, die der Regelungskompetenz der Länder unterfielen, wenn sie (auch) der Sicherung der Wettbewerbsfreiheit dienen.[1245] Dabei müssen die Verfügungen der Bundesbehörde nicht lediglich der Wettbewerbsfreiheit dienen, sondern nur im Schwerpunkt auf die Ziele des GWB ausgerichtet sein.

Ohne kompetenzrechtliche Bedenken ersetzt das KG auch die Gefahrenprognose der Lottogesellschaften durch seine eigene: ordnungsrechtliche Gründe für den Beschluss vom 20.05.1995 würden sich als nicht stichhaltig erweisen, da durch die gewerblichen Spielevermittler ein übertriebenes Anheizen der Spielleidenschaft der Bevölkerung und damit eine Gefährdung der öffentlichen Sicherheit und Ordnung nicht entstehe.[1246] Die Möglichkeit von Missbrauch und Manipulationen bei der Verwendung der Einsätze und Auskehrung der Gewinne durch die Spielevermittler bestehe nur abstrakt.[1247]

1243 BKartA, ebenda: Die Lottogesellschaften hätten bewusst die „zweite Handlungsebene" gewählt, weil ein derartiges Vorgehen einfacher sei. Den Ländern bliebe es unbenommen, im Rahmen des verfassungs- und unionsrechtlich zulässigen, eine angemessene Problemlösung zu finden.

1244 KG Berlin vom 11.12.1996, Kart 1/96, WuW/E 1997, 633 (645).

1245 KG, ebenda.

1246 KG Berlin vom 11.12.1996, Kart 1/96, WuW/E 1997, 633 (647).

1247 KG Berlin vom 11.12.1996, Kart 1/96, WuW/E 1997, 633 (648).

Ob das KG hier richtigerweise eine abstrakte oder konkrete Gefahr sieht, kann dahinstehen. Allein das Aufstellen der Gefahrenprognose, die auch der BGH teilte,[1248] entlarvt, welchem Ziel die Verfügung im Schwerpunkt diente: der Gefahrenabwehr.

2. Beschluss vom 23.08.2006 – Lottoblock

Auch scheinbarer Gegenstand des zweiten Verfahrens war der Wettbewerb zwischen den Lottogesellschaften: Die Aufforderung des Rechtsausschusses, keine Einsätze gewerblicher Spielevermittler mehr anzunehmen, ebenso wie die Normen in Blockvertrag und Regionalisierungsstaatsvertrag, würden eine Beschränkung des zwischen den Lottogesellschaften bestehenden Angebotswettbewerbs auf dem Markt für Lotterien sowie eine des Nachfragewettbewerbs auf dem Markt für die bundesweite gewerbliche Vermittlung von Lotterien und Sportwetten bezwecken und bewirken.[1249]

Dabei sei aus Sicht des Bundeskartellamtes nicht erkennbar, dass durch die Ausdehnung eines terrestrischen Vertriebsnetzes für Lotto die ordnungspolitisch gebotene Kanalisierung des Spielbetriebs gefährdet werde.[1250] Zur Erforderlichkeit des Lotteriemonopols an sich schlussfolgerte das Bundeskartellamt, die Abwehr von Folge- und Begleitkriminalität sowie ein effektiver Verbraucherschutz sei auch durch repressive Maßnahmen möglich.[1251]

Die durch die gewerblichen Spielevermittler bewirkte Ausdehnung des Vertriebsgebiets der Lottogesellschaften sei jedoch rechtmäßig, da nicht zu erwarten sei, dass die unter staatlichem Einfluss stehenden Lottogesellschaften auch im Wettbewerb zueinander die ordnungsrechtlichen Anforderungen einhalten würden und das Suchtgefährdungspotential von Lotto ohnehin nur gering sei:[1252] Eine möglicherweise zutreffende Prognose, aber eben eindeutig eine Gefahrenprognose.

1248 BGH vom 19.03.1999, KVR 20/97, GRUR 1999, 771, (771 ff.) – Lottospielgemeinschaft.

1249 BKartA vom 23.08.2006, B 10 – 148/05, WuW/E DE-V 1251, (1251 ff.) – Deutscher Lotto- und Totoblock, Rn. 170 ff.

1250 So aber die Argumentation des DLTB sowie die im Verfahren geäußerte Ansicht des Bayerischen Staatsministers der Finanzen im Schreiben vom 08.05.2006, vgl. BKartA vom 23.08.2006, B 10 – 148/05, WuW/E DE-V 1251, (1251 ff.) – Deutscher Lotto- und Totoblock, Rn. 267.

1251 BKartA, ebenda, Rn. 322 f.

1252 BKartA, ebenda, Rn. 637, 650 ff.

Die Tätigkeit der Lottogesellschaften als fiskalisch abzutun,[1253] verkennt zudem in diesem Zusammenhang auch den ordnungsrechtlichen Zweck der Abschöpfung der Spielerträge. Denn die Steuerung des Glücksspielsektors basiert neben den Regularien für die Erlaubniserteilung und der Steuererhebung als wesentliches Steuerungsinstrument auch auf der besteuerungsähnlichen Abschöpfung des sogenannten Zweckertrags.[1254]

3. Beschluss vom 29.11.2007 – Lotto Rheinland-Pfalz GmbH

Auch beim Fusionskontrollverfahren, bei dem das Bundeskartellamt das GWB auf das Zusammenschlussvorhaben für anwendbar erklärte, da entgegenstehende landesrechtliche Normen „unterhalb des Bundesrecht stünden (vgl. Art. 31 GG)“ und daher keinen Ausnahmebereich von den Vorschriften des GWB begründen könnten,[1255] sollten die Lotteriemärkte in Rheinland-Pfalz, Baden-Württemberg, Bayern, Hessen, Sachsen und Thüringen davor geschützt werden, dass die marktbeherrschenden Stellungen der jeweiligen Lottogesellschaften verstärkt werden.[1256]

Dass der Bestand, die Ausgestaltung und die Wettbewerbsintensität auf diesen Märkten insgesamt Teil einer ordnungsrechtlichen Gefahrenprognose sind, vermochte das Amt ausdrücklich nicht zu erkennen. Im Gegensatz dazu stellte das OLG Düsseldorf jedoch ausdrücklich fest, dass die Entscheidung zur Monopolisierung dieser Märkte den Ländern vorbehalten sei.[1257] Würde das Bundeskartellamt die vom Landesgesetzgeber getroffene Entscheidung missachten und der Fusionskontrolle unterwerfen, würde es damit im Ergebnis die Gesetzgebungskompetenz des Landes aushebeln.[1258]

Das OLG Düsseldorf erkennt also, dass die Frage, ob Wettbewerb im Lotteriemarkt und speziell zwischen den Lottogesellschaften bestehen darf, eine Frage der Gefahrenabwehr ist, die das Bundeskartellamt in dem Fusionskontrollverfahren an sich zieht. Das Kartellrecht hätte somit von vornherein nicht angewendet werden dürfen.

1253 BKartA, ebenda, Rn. 87.

1254 *Ohlmann*, WRP 2005, 48 (55).

1255 BKartA vom 29.11.2007, B 6 – 158/07, WuW/E DE-V 1571, Rn. 84.

1256 BKartA vom 29.11.2007, B 6 – 158/07, WuW/E DE-V 1571, Rn. 87 f., 93 ff.

1257 OLG Düsseldorf vom 17.09.2008, Kart 19/07, NJOZ 2008, 4979 (4983).

1258 OLG Düsseldorf vom 17.09.2008, Kart 19/07, NJOZ 2008, 4979 (4989).

4. Entscheidend: Der Wettbewerb der Lottogesellschaften als Mittelpunkt der Gefahrenprognose des Landesgesetzgebers

Die sich in den Anwendungsfällen offenbarende, weitestgehende Identität der Regelungsgegenstände von Kartell- und Ordnungsrecht führt mitunter zu der Annahme, das Bundeskartellamt wie auch die kartellrechtlichen Spruchkörper der Instanzgerichte hätten in allen Anwendungsfällen das Ziel, den Wettbewerb zwischen den Lottogesellschaften zu fördern, also ein im Schwerpunkt wettbewerbliches Anliegen verfolgt.[1259] Dabei wird argumentiert, ein Wettbewerb zwischen den Lottogesellschaften habe entweder überhaupt keine ordnungsrechtliche Relevanz oder entspreche zumindest auch „angeheizt" durch die gewerbliche Spielevermittlung der Intention des zuständigen Landesgesetzgebers. Immerhin kann dem Wettbewerb als Entdeckungs- und Verteilungsverfahren auch im Lotteriewesen der Vorteil zugesprochen werden, zu einer effizienteren Selektion der Lotteriedienstleistungen und damit mittelbar auch zu günstigeren Angeboten der Lotteriebetreiber zu führen: Wer spielen will, kann dies „so zumindest zu weniger hohen Preisen."[1260] Nach dieser Ansicht ist der Wettbewerb im Glücksspielsektor also lediglich ein ordnungsrechtlich neutraler Mehrwert bei der Preisgestaltung.

Das ist trifft jedoch nicht zu. Vielmehr ist der Wettbewerb der Lottogesellschaften von erheblicher ordnungsrechtlicher Relevanz und daher zentraler Bestandteil der Gefahrenprognose, die dem Landesgesetzgeber, aber auch den Exekutivkörperschaften sowie den Lottogesellschaften als landesrechtlichen Kompetenzträgern[1261] zusteht. Deswegen ist auch die Entscheidung über die Monopolisierung dieser Märkte, als denkbar stärkste Regelung des Wettbewerbs, den Ländern vorbehalten.[1262] Dabei muss nach Auffassung des Bundesverfassungsgerichts der Einschätzungsspielraum des Gesetzgebers hinsichtlich der Gefahrenlage und des Grades der Wahrscheinlichkeit eines Schadenseintritts beachtet werden.[1263] Auch der EuGH hat mehrfach explizit in Bezug auf das Glücksspielrecht betont, dass staatliche Stellen der Mitgliedstaaten bei der Festlegung der Anforderungen, die sich aus dem Schutz der Verbraucher und

---

1259 So etwa *Westermann*, ZWeR 2010, 81 (99).

1260 *Terhechte*, ZfWG 2006, 203 (204).

1261 Siehe oben B.II.b.cc.

1262 OLG Düsseldorf vom 17.09.2008, Kart 19/07, NJOZ 2008, 4979 (4983).

1263 BVerfG vom 08.06.1960, 1 BvL 53/55, BVerfGE 11, 168 (185); ebenso BVerfGE 25, 1 (17); 30, 292 (317); 38, 61 (87); 39, 210.

der Sozialordnung ergeben, über ein weites Ermessen verfügen.[1264] Zurecht löst daher das Vorgehen des Bundeskartellamtes bei *Dietlein* „ungläubiges Staunen" mit seiner Unbekümmertheit aus, mit der ordnungsrechtlichen Einschätzungsprärogative des Landesgesetzgebers zu brechen und den Wettbewerb zwischen den Lottogesellschaft für risikolos zu erklären.[1265]

Denn nach eben dieser gesetzgeberischen Intention des zuständigen Gesetzgebers ist der Glücksspielsektor gerade kein Bereich, in dem Wettbewerb herrschen darf.[1266] Wie *Krüger* allgemein für Monopole betont, beruht die Überantwortung gewisser Aufgaben an den Staat unter Ausschluss aller gesellschaftlichen Träger auf der Feststellung, dass Freiheit, Wettbewerb und vor allem Gewinnstreben an dieser Stelle das Erforderliche nicht zu leisten vermögen, und man daher eine solche Aufgabe in die unmittelbare, sichere und ständige, allein vom Gemeinwohl bestimmte Verantwortung der Allgemeinheit nehmen muss.[1267]

Die Veranstaltung von Lotterien ist eben eine dieser „gewissen" Aufgaben. Bereits mit der Verabschiedung der einschlägigen Regelungsmaterien zur Errichtung des Lotteriemonopols haben die Länder einer erwerbsorientierten Einordnung des Lotteriewesens eine klare Absage erteilt.[1268] Das geregelte Monopol und die freiheitlich-wettbewerbliche Bedarfsbefriedigung in einem freien Markt folgen ganz wortwörtlich verschiedenen Gesetzen.[1269]

a. Wettbewerb der Länder als bundesstaatlicher Widerspruch

Soweit es in Grenzgebieten der Länder aufgrund der Erreichbarkeit mehrerer Angebote zu einer Auswahlentscheidung des Lotteriespielers kommt, folgt hieraus noch kein Wettbewerb. Denn die Lottogesellschaften sind anders als jeder normale Wirtschaftsakteur nicht darauf aus, ständig Wettbewerbsvorteile gegenüber dem Wettbewerber zu erzielen, daher keine Gebilde des wirtschaftlichen Lebens und ihr Betrieb nicht wirtschaftliche Betätigung.[1270] Auch

1264 Zuletzt etwa EuGH vom 12.06.2014 - C-156/13, CR 2016, 112 - Digibet, Rn. 32 m.w.N.

1265 *Dietlein*, ZfWG 2006, 197 (200).

1266 *Ohlmann*, WRP 2005, 48 (55); vgl. dort auch die rechtshistorischen Ausführungen zu der Entwicklung dieses Regulierungsansatzes.

1267 *Krüger*, Allgemeine Staatslehre, 1966, 771.

1268 *Ohlmann*, WRP 2005, 48 (58), zum sog. Staatsvorbehalt.

1269 *Ohlmann*, WRP 2005, 48 (59).

1270 *Ohlmann*, WRP 2001, 672 (674).

Regionalisierungsstaatsvertrag und Blockvertrag bzw. ihre Nachfolgeregelungen im GlüStV sind reiner Ausdruck des föderalen Gefüges.[1271]

Letztlich ist es, wie *Kirchof* bemerkt hat, das Prinzip der Republik selbst, die einen Wettbewerb der Länder, die hinter den Lottogesellschaften stehen, in Bereichen der staatlichen Aufgabenerfüllung ausschließt: das Prinzip erwartet uneigennütziges Handeln der Länder, während Wettbewerb auf individuelle Vorteilssuche zum Zwecke der Gewinnmaximierung und auf Verdrängung des Wettbewerbers zielt. Bei einem Wettbewerb der Länder wäre das Ziel also Gewinnminimierung der anderen Länder, bis zu einer Zerstörung des anderen Landes.[1272] Wie aber schon *Rau* pointiert angemerkt hat, schließt man keinen Bund, um miteinander zu konkurrieren.[1273] Die demokratischen Entscheidungsverfahren der Länder sind daher nicht auf ökonomische Bedarfsbefriedigung und finanziellen Gewinn, sondern auf die Erledigung staatlicher Aufgaben nach Maßgabe des Rechts angelegt.[1274] Das gilt für die Veranstaltung von Lotto im Besonderen Maße. Wettbewerb und kooperativer Föderalismus schließen sich daher aus.

b. Gefahrenprognose durch Staatsverträge bestätigt

Der Wettbewerb der Lottogesellschaften ist daher eindeutig Gegenstand der Gefahrenprognose des Landesgesetzgebers: Durch die Lotteriemonopolisierung durch zunächst den Lotteriestaatsvertrag und nachfolgend GlüStV 2008, GlüStV 2012 und GlüStV 2020 sowie die jeweiligen Ausführungsgesetze, haben die Länder ihren klaren Willen zum Ausdruck gebracht, auf diesem Markt jedes Handeln nach rein wirtschaftlichen Maßstäben unterbinden zu wollen.

Seit Verabschiedung des GlüStV 2008 ist die gewerbliche Spielevermittlung zudem grundsätzlich untersagt. Die zuständigen Landesgesetzgeber haben also erst durch Abschluss neuer Staatsverträge den Regelungsgegenstand, den durch die gewerbliche Spielevermittlung bewirkten, an sich untersagten Wettbewerb der Lottogesellschaften, wieder der Einschätzung durch das Bundeskartellamt und die kartellrechtlichen Spruchkörper der Instanzgerichte zuführen können.

Das Verbot der gewerblichen Spielevermittlung, und damit der Ausschluss eines Wettbewerbs der Lottogesellschaften durch das Auftreten gewerblicher

---

1271 Zuletzt OVG Hamburg vom 22.06.2017, 4 Bf 160/14, juris, Rn. 87 ff.

1272 *Kirchof*, FS Badura, 2004, 237 (252).

1273 Zitat bei *Huber*, Klare Verantwortungsteilungs zwischen Bund, Ländern und Kommunen?, 2004, 45.

1274 *Kirchof*, FS Badura, 2004, 237 (252).

Spielevermittler, wurde anschließend vom Bundesverfassungsgericht als Teil der dem Landesgesetzgeber vorbehaltenen Gefahrenprognose für verfassungskonform befunden.[1275] Auch das präventive Verbot mit Erlaubnisvorbehalt hinsichtlich des Teilbereichs der Internetlotterievermittlung hat erst vor kurzem das OVG Hamburg als verfassungskonform angesehen.[1276]

Das OVG Hamburg betont dabei, dass der Erlass von Regelungen zur gewerblichen Spielevermittlung Ländersache sei. Wenn die Untersagung der gewerblichen Spielevermittlung und die Ausschaltung des hierdurch entstehenden Wettbewerbs der Lottogesellschaften jedoch Ländersache ist, darf der Bund auch keine kartellrechtlichen Verfügungen treffen, die diesen Wettbewerb im Schwerpunkt regeln. Der Kompetenzverstoß in den behandelten Verfahren liegt daher seit Abschluss der neuen Staatsverträge, spätestens aber seit dem Vorliegen der hierzu ergangenen Rechtsprechung, offen zu Tage.

5. Grundsatz des bundestreuen Verhaltens

Die festgestellten Kompetenzverstöße können erneut nicht durch den Grundsatz des bundestreuen Verhaltens, analog zu dem Grundsatz der praktischen Konkordanz für Grundrechtskollisionen,[1277] legalisiert werden.

Der deutsche Föderalismus ist neben den beschriebenen Kompetenznormen stark von dem ungeschriebenen Verfassungsgrundsatz von der wechselseitigen Pflicht des Bundes und der Länder zu bundesfreundlichem Verhalten beherrscht.[1278]

Wie aber schon das OLG Düsseldorf zur Fusionskontrolle in der Sache Lotto Rheinland-Pfalz angemerkt hat, kann eine Anwendung des Kartellrechts nicht auf diesen Grundsatz gestützt werden: Das – aus dem in Art. 20 Abs. 1 GG verankerten Grundsatz der Bundesstaatlichkeit hergeleitete – verfassungsrechtliche Gebot des bundesfreundlichen Verhaltens begründet als solches kein materielles Verfassungsrechtsverhältnis zwischen Bund und Land. Ohne ein solches, durch entsprechende Kompetenzen des Bundes und der Länder begründetes Verfassungsrechtsverhältnis, kann es auch keine „kartellrechtliche Rücksichtsnahmepflicht" der Länder geben.[1279] Dies gilt nicht nur für den Anwendungsfall

---

1275 BVerfGE-K vom 02.08.2007 – 1 BvR 1896/99, NVwZ 2007, 1297, Rn. 58 f.

1276 OVG Hamburg vom 22.06.2017, 4 Bf 160/14, juris, Rn. 95 f.

1277 Hierzu *Brohm*, NJW 1994, 281 (286).

1278 BVerfG vom 28.02.1961, 2 BvG 1/60, 2 BvG 2/60, BVerfGE 12, 205 Rn. 173 ff.; *Makswit*, ZfWG 2015, 430 (430 f.).

1279 OLG Düsseldorf vom 17.09.2008, Kart 19/07, NJOZ 2008, 4979 (4987).

der Fusion Lotto Rheinland-Pfalz GmbH, sondern für alle vorliegenden Kompetenzverstöße.

Der Grundsatz des bundestreuen Verhaltens ist rein akzessorischer Natur und begründet für sich allein keine selbstständigen Pflichten des Bundes oder eines Landes.[1280] Er kann nur konkrete Beschränkungen in der Ausübung der dem Bund und den Ländern eingeräumten Zuständigkeiten festsetzen.[1281] Der Grundsatz greift nur, wo die sich hieraus ergebenden Interessen auseinanderfallen, und zwar so, dass der eine Teil Schaden nimmt, wenn der andere Teil seine Maßnahmen ausschließlich nach seinen Interessen treffen würde.[1282] Sind aber gerade keine Kompetenzen eingeräumt, findet der Grundsatz des bundestreuen Verhaltens bereits keine Anwendung.[1283]

Der Grundsatz dirigiert somit nur das Gebrauchmachen einer durch das Grundgesetz eingeräumten Kompetenz.[1284] Der Bund hat für die von ihm geregelten Bereiche im Lotterierecht jedoch gerade keine Gesetzgebungs- oder Exekutivkompetenz.

Darüber hinaus folgt der Grundsatz wie beschrieben aus dem Grundsatz der Bundesstaatlichkeit, Art. 20 Abs. 1 GG, dessen begrenztes verfassungsrechtliches Gewicht insbesondere die Länder vor einem Absinken zu höchstpotenzierten Gebietskörperschaften schützen soll.[1285] Eine Ausweitung oder Neubegründung von Bundeskompetenzen gestützt auf den Grundsatz des bundestreuen Verhaltens würde diese Schutzrichtung in ihr Gegenteil verkehren.

6. Zwischenergebnis

Die Anwendung des Kartellrechts auf den Teilnahmeausschluss gewerblicher Spielegemeinschaften durch den DLTB,[1286] den Beschluss des Rechtsausschusses beinahe zehn Jahre später,[1287] sowie die Übernahme einer Mehrheitsbeteiligung

---

1280 BVerfG vom 24.01.2001, 2 BvE 1/00, BVerfGE 103, 81; ebenso BVerfGE 95, 250 (266).

1281 BVerfG vom 28.02.1961, 2 BvG 1/60, 2 BvG 2/60, BVerfGE 12, 205 Rn. 174.

1282 BVerfG vom 08.02.1977, 1 BvF 1/76, BVerfGE 43, 291 (348 f.)

1283 OLG Düsseldorf vom 17.09.2008, Kart 19/07, NJOZ 2008, 4979 (4987).

1284 Etwa BVerfG vom 24.07.1962, 2 BvF 4/61, BVerfGE 14, 197 (215).

1285 *Huber*, Klare Verantwortungsteilungs zwischen Bund, Ländern und Kommunen?, 2004, 42.

1286 BKartA, Beschluss vom 28.02.1996, WuW/E 1996, 521; BGH vom 19.03.1999, KVR 20/97, GRUR 1999, 771, (775) – Lottospielgemeinschaft.

1287 BKartA vom 23.08.2006, B 10 – 148/05, WuW/E DE-V 1251, (1251 ff.) – Deutscher Lotto- und Totoblock; BGH vom 14.08.2008, KVR 54/07, ZfWG 2008, 359, (359 ff.) – Lottoblock.

durch das Land Rheinland-Pfalz an der Lotto Rheinland-Pfalz GmbH,[1288] hat die verfassungsrechtlich eingeräumten Kompetenzen der Länder verletzt.

Gerade der Schwerpunkt der Regelungen, der (durch die gewerbliche Spielevermittlung entstehende) Wettbewerb zwischen den Lottogesellschaften, ist Teil der Gefahrenprognose der Länder, Art. 70, 83 GG. Die Ersetzung dieser Prognose durch Bundeskartellamt und die kartellrechtlichen Spruchkörper bei KG, OLG Düsseldorf und BGH kann auch nicht durch den Grundsatz des bundestreuen Verhaltens legalisiert werden.

III. Die kommunale Daseinsvorsorge

Schließlich sind auch die Fälle im Bereich des Kommunalrechts auf ihre verfassungsrechtliche, insbesondere kompetenzrechtliche Zulässigkeit hin zu untersuchen.

Gemeinden sind bei der Vergabe von Wegenutzungsrechten keine mit dem Vollzug des EnWG betraute Behörden, sondern Selbstverwaltungskörperschaften.[1289] Der Bund aber hat hinsichtlich der Betätigung dieser Selbstverwaltungskörperschaften auf dem Gebiet der Daseinsvorsorge keine originäre Gesetzgebungskompetenz, die vielmehr gem. Art. 70 GG den Ländern zusteht. Gleiches gilt für die dazugehörigen Verwaltungskompetenzen.

Diese Kompetenzen dürfen nicht durch die Anwendung des GWB, also die Wahrnehmung der Gesetzgebungskompetenz zum Recht der Wirtschaft und zur Verhinderung wirtschaftlicher Machtstellung, Art. 74 Abs. 1 Nr. 11 und 16 GG ausgehöhlt werden. Folgerichtig dürfen Bundeskartellamt, Instanzgerichte und BGH nicht die gesetzgeberischen Prognosen insbesondere in den Gemeindeordnungen der Länder unterlaufen und durch die Anwendung des Wettbewerbsrechts der Daseinsvorsorge den eigenen wettbewerbsbezogenen Regulierungsansatz „überstülpen" und damit im Schwerpunkt kommunalrechtliche Zielsetzungen verfolgen.

1. BGH Rechtsprechung zur Rekommunaliserung von Stromnetzen

Jedes Ge- oder Verbot wirtschaftlicher Betätigung der Gemeinden ist zunächst ein rechtfertigungsbedürftiger „Eingriff" in die kommunale

---

1288 BKartA vom 29.11.2007, B 6 – 158/07, WuW/E DE-V 1571, Rn. 19, 44 ff.

1289 *Hellermann*, EnWZ 2014, 339 (342) mit Verweis auf *Hellermann*, Die gemeindliche Entscheidung über die Vergabe von Strom- und Gaskonzessionsverträgen, 2013, 31.

Selbstverwaltungsgarantie.[1290] In den Entscheidungen zur Rekommunalisierung der Stromnetze Berkenthin und Heiligenhafen betont der BGH, die Gesetzesbegründung des EnWG und vorherige Urteile des BGH, wonach die Kommunen „auch künftig frei entscheiden können, ob die Versorgung durch ein eigenes Stadtwerk oder ein anderes Unternehmen erfolgen soll",[1291] hätten dem Ziel des freien Wettbewerbs, nicht der Freistellung der Gemeinden von gesetzlichen Vorgaben gedient.[1292] Die Energieversorgung als Aufgabe der verfassungsrechtlich geschützten kommunalen Selbstverwaltung würde durch die Pflicht zur diskriminierungsfreien Auswahl des Netzbetreibers nicht übermäßig zu Ungunsten der Gemeinden beschränkt und sei zu einer Verbesserung der Versorgungsbedingungen geeignet und erforderlich.[1293]

Dieses aus den kombinierten Vorgaben von EnWG und GWB hergeleitete Diskriminierungsverbot, das verfahrensbezogene, etwa die Mitteilung der Entscheidungskriterien und ihrer Gewichtung, und Materiell-rechtliche Anforderungen hinsichtlich der Vergabe der Wegenutzungsrechte aufstellt, regelt also schwerpunktmäßig die Art und Weise, wie sich die Kommunen in Wahrnehmung von Aufgaben der kommunalen Selbstverwaltung verhalten. Dies aber ist nicht Regelungsgegenstand von EnWG und GWB, wie schon die Gesetzesbegründung klarstellt,[1294] sondern des Kommunalrechts, das in die Kompetenz des Landesgesetzgebers fällt. Zudem hat der Landesgesetzgeber die Anforderungen an die Vergabe auch maßgeblich determiniert.

Die Rechtsprechung des BGH führt zu einer Reduzierung der Möglichkeit der Gemeinden zu einer eigenen Betätigung als Netzbetreiber auf die Fälle, in denen das kommunale Unternehmen nach objektiven Kriterien ohnehin zum Zuge kommt.[1295] Kommunalwirtschaftliche Gesetze der Länder, insbesondere die dort verankerten Subsidiaritätsklauseln, lassen aber gerade in der Energieversorgung eine Betätigung der Gemeinde zu, ohne „besser als Private zu

---

1290 *Ehlers*, Empfiehlt es sich, das Recht der öffentlichen Unternehmen im Spannungsfeld von öffentlichem Auftrag und Wettbewerb national und gemeinschaftsrechtlich neu zu regeln, 2002, 69.

1291 Vgl. zu § 13 EnWG 1998 BT-Drs. 13/7274, 32; sowie BGH vom 16.11.1999, KZR 12/97, BGHZ 143, 128 (146 f.) – Endschaftsbestimmung.

1292 BGH vom 17.12.2013, KZR 65/12, NZBau 2014, 303 (306) – Stromnetz Heiligenhafen; vom 17.12.2013, KZR 66/12, NZBau 2014, 514 (516) – Stromnetz Berkethin.

1293 BGH, ebenda.

1294 Vgl. zu § 13 EnWG 1998 BT-Drs. 13/7274, 32.

1295 *Weiß*, EnWZ 2014, 435 (442).

sein".[1296] Der BGH regelt daher einen Bereich der kommunalen Daseinsvorsorge im offenen Widerspruch zur Entscheidung des Landesgesetzgebers.

2. Beschluss vom 28.01.2015 – Stadtwerke Titisee-Neustadt

Auch beim Verfahren rund um die Stadtwerke akzeptierte das Bundeskartellamt nicht, dass die Konzessionsvergabe durch die politische Festlegung auf kommunale Eigenunternehmen bereits weitreichend vorgezeichnet war. Die zulässigen Kriterien seien vielmehr durch das Diskriminierungsverbot von EnWG und GWB fixiert und die nun nach § 46 Abs. 3 S. 5 EnWG zu berücksichtigenden kommunalen Belange könnten nur in eingeschränktem Maße berücksichtigt werden.[1297] Dies sei zulässig, da das Recht zur kommunalen Selbstverwaltung nur im Rahmen der allgemeinen Gesetze „gewährt" sei, wozu EnWG und GWB gleichermaßen zählen würden.[1298] Da das EnWG es den Kommunen erlaube, den Wettbewerb um den Netzbetrieb zu prägen und diesen auch selbst zu übernehmen, gleichzeitig aber den Zielen diene, denen die Gemeinden im Rahmen ihrer kommunalen Infrastrukturverantwortung zu dienen hätten, bestünde kein Zielkonflikt zwischen der kommunalen Daseinsvorsorge und dem Energie(kartell)recht.[1299]

Eben dieser Zielkonflikt besteht aber evident zwischen dem Energiekartellrecht und denjenigen Gesetzesmaterien der Landesgesetzgeber, die die kommunale Daseinsvorsorge regeln. Die Gemeindeordnungen der Länder lassen eine Vergabe an eigene Unternehmen auch dann zu, wenn diese nicht das tauglichste Unternehmen i.S.d. Vergaberechts sind. Konkret lässt die für die Gemeinde Titisee-Neustadt anwendbare GemO BW für die Energieversorgung innerhalb der eigenen Daseinsvorsorge sogar das Erfordernis der Subsidiarität gem. § 102 Abs. 1 Nr. 3 GemO BW entfallen.[1300] Stattdessen bestimmt § 107 GemO, dass die Gemeinde Verträge über die Lieferung von Energie oder Wasser in das Gemeindegebiet sowie Konzessionsverträge, durch die sie einem Energieversorgungsunternehmen oder einem Wasserversorgungsunternehmen die Benützung von

---

1296 *Weiß*, EnWZ 2014, 435 (443) mit Verweis auf Art. 87 Abs. 1BayGO, § 107a Abs. 1 GO NRW; § 85 Abs. 1 GemO RP; § 121 Abs. 1a HGO.

1297 BKartA vom 08.01.2009, B 3 – 174/08, BeckRS 2016, 14187, Rn. 83.

1298 BKartA, ebenda, Rn. 92 und 146 ff.

1299 BKartA, ebenda, Rn. 147.

1300 *Koppe*, (Re-)Kommunalisierung des Strom- und Gasversorgungsnetzbetriebes, 2017, 72; ähnlich auch § 116 Abs. 2 S. 1 GO LSA, nachdem öffentlicher Zweck und Subsidiarität nicht mehr festgestellt werden müssen.

Gemeindeeigentum einschließlich der öffentlichen Straßen, Wege und Plätze für Leitungen zur Versorgung der Einwohner überlässt, nur abschließen darf, wenn die Erfüllung der Aufgaben der Gemeinde nicht gefährdet wird und die berechtigten wirtschaftlichen Interessen der Gemeinde und ihrer Einwohner gewahrt sind. Die Gemeinde muss daher zwar auch prüfen, ob die Versorgung durch ein gemeindliches Unternehmen zu wirtschaftlich günstigeren Konditionen als im Falle der Versorgung durch einen Dritten erfolgen kann.[1301] Ob sie diese Versorgung selbst vornimmt – durch eigene Energiebetriebe – oder durch Dritte erbringen lässt, steht aber weitestgehend in ihrem Ermessen.[1302] Dabei weisen die § 102 ff. GemO BW der Gemeinde durch die Verwendung unbestimmter Rechtsbegriffe, wie auch die „Erfüllung der Aufgaben" in § 107 GemO BW, prognostische Entscheidungen wertenden Charakters zu,[1303] die in der Folge durch die Rechtsaufsicht auch nur im Hinblick auf die Einhaltung des Beurteilungsspielraums überprüft werden können.[1304]

Dem steht der Beschluss des Bundeskartellamts diametral entgegen, da die Kartellbehörde der Gemeinde den Beurteilungsspielraum nahezu vollständig nimmt. Dabei besteht, wie bereits dargelegt, schon keine Aufgreifkompetenz der Kartellbehörden für Zuständigkeiten der Kommunalaufsicht.[1305]

3. Entscheidend: keine Konzessionsvergabe im Markt – keine Vergabe i.S.d. Vergaberechts

Sämtliche Verfahren eint dabei, dass der Energieversorgungsmarkt als Teilausschnitt der Daseinsvorsorge dem Wettbewerb geöffnet wurde bzw. geöffnet werden sollte. Die Konzessionsvergabe sollte „im Markt" stattfinden.

Dabei ist das Stattfinden oder Ausbleiben von Wettbewerb in diesem Teilbereich gerade Mittelpunkt der gesetzgeberischen Prognose, auch weil der Wettbewerb (allein) das gewünschte gesetzgeberische Ziel nicht erreicht. Denn ganz allgemein ist Daseinsvorsorge in Bereichen, in denen sie notwendige, vom freien

---

1301 *Müller* in: Dietlein/Pautsch, BeckOK Kommunalrecht Baden-Württemberg, 8. Edition, Stand: 01.01.2020, Art. 107 Rn. 5.

1302 *Müller* in: Dietlein/Pautsch, BeckOK Kommunalrecht Baden-Württemberg, 8. Edition, Stand: 01.01.2020, Art. 107 Rn. 1.

1303 *Schmidt-Jortzig*, NJW 1983, 967 (969 f.).

1304 *Müller* in: Dietlein/Pautsch, BeckOK Kommunalrecht Baden-Württemberg, 8. Edition, Stand: 01.01.2020, Art. 108 Rn. 5.

1305 Vgl. *Breder*, Die Kartellrechtliche Preishöhenmissbrauchskontrolle im Bereich der Trinkwasserversorgung, 2016, 156 f.; *Säcker*, NJW 2012, 1105 (1109).

Wettbewerb nicht erreichte Versorgung gewährleistet, Marktkorrektur und gerade nicht Teilnahme am Wettbewerb.[1306]

Das belegen neben dem bereits dargestellten Regelungskonzept in Baden-Württemberg auch die kommunalwirtschaftlichen Regelungen in den Gemeindeordnungen anderer Bundesländer, in denen die Landesgesetzgeber die energiewirtschaftliche Betätigung der Gemeinden im Bereich der Strom-, Gas- und Wärmeversorgung privilegieren.[1307] So verlangt etwa § 107a GO NRW gerade keine Vergabe im Markt, sondern knüpft die „Zulässigkeit energiewirtschaftlicher Betätigung" allein daran, dass diese einem öffentlichen Zweck dient und nach Art und Umfang in einem angemessenen Verhältnis zur Leistungsfähigkeit der Gemeinde steht.[1308] Die Landesgesetzgeber wollen also gerade keine Konzessionsvergabe „im Wettbewerb".

a. Konzessionsvergabe als Quasi-Vergabe

Die vom BGH geforderte Konzessionsvergabe „im Wettbewerb" führt rechtlich im Ergebnis zu einer Vergabe i.S.d. Vergaberechts. *Weiß* nennt dies die „Entdeckung vergaberechtlicher Regelungsgehalte" in den kartellrechtlichen Generalklauseln,[1309] *Nebel* spricht vom Eingang vergaberechtlicher Anforderungen, Prinzipien und Rechtsfiguren in das Konzessionsrecht.[1310] Auch *Templin* bemerkt, dass sich der BGH sowohl in der Sache aber auch durch die Wortwahl ausdrücklich auf das Vergaberecht beziehe, etwa durch die Verwendung der Begriffe „Auswahlkriterien" und „Leistungsbeschreibung".[1311]

Das Vergaberecht bindet die öffentliche Hand auftragswertabhängig bei der Vergabe öffentlicher Aufträge. Ab der Erreichung bestimmter Schwellenwerte tritt das grundsätzlich in den Haushaltsordnungen von Bund und Ländern (§ 55 BHO, Art. 55 BayHO) normierte Vergaberecht hinter den Bindungen des

---

1306 *Gaßner*, KommJur 2007, 129 (131).

1307 *Brüning*, NVwZ 2015, 689 (691 f.) mit Verweis auf § 107a Abs. 1 NWGO, § 85 Abs. 1 S. 2 RhPfGO, § 128 Abs. 2 S. 1 LSA KVG, § 101a Abs. 1 S. 1 GO-E oder Art. 87 Abs. 1 Nr. 1 BayGO im Gegensatz zu § 121 Abs. 1a HessGO; in vielen Gemeindeordnungen finden sich zudem sektorale Ausnahmen für die Daseinsvorsorge als solche.

1308 *Koppe*, (Re-)Kommunalisierung des Strom- und Gasversorgungsnetzbetriebes, 2017, 66.

1309 *Weiß*, NVwZ 2014, 1415 (1418).

1310 *Nebel*, jurisPR-UmwR 5/2014, Anm. 3.

1311 *Templin*, NZBau 2014, 487 (489).

in Umsetzung der Vergaberichtlinien erlassenen Kartellvergaberechts, insbesondere §§ 97 ff. GWB sowie der Vergabeverordnung (VgV), zurück.[1312] § 97 GWB definiert als Grundsatz und Ziel des Vergaberechts, dass öffentliche Aufträge und Konzessionen „im Wettbewerb" vergeben werden. Der Wettbewerb ist im GWB-Vergaberecht wie auch im EU-Vergaberecht zugleich Instrument, Ziel und damit das zentrale Element der öffentlichen Beschaffungstätigkeit: Die Allokation der „Kräfte des Marktes" soll bei der Beschaffung von Waren, Dienst- oder Bauleistungen durch die öffentliche Hand zum Einsatz kommen und eine wirksame Konkurrenz mehrerer Bieter oder Bewerber gewährleisten.[1313] Ausweislich der Gesetzesbegründung ist die Organisation eines größtmöglichen Wettbewerbs bei der Vergabe öffentlicher Aufträge das zentrale Ziel des Kartellvergaberechts.[1314]

b. Kein Vergaberecht in diesem Bereich der Daseinsvorsorge

Nach Auffassung des BGH befriedigt die Gemeinde als Nachfrager den „Bedarf nach einem sicheren und preisgünstigen Netzbetrieb im Gemeindegebiet", so dass einige vergaberechtliche Normen entsprechende Anwendung finden würden.[1315] Tatsächlich findet das kartellrechtliche Vergaberecht aber keine – auch nicht entsprechende – Anwendung auf die vorliegenden Konzessionsvergaben nach § 46 EnWG.[1316]

Bereits tatbestandlich sind die Vergaben derartiger Konzessionen keine Aufträge i.S.v. § 103 Abs. 1 GWB oder Konzessionen i.S.v. § 105 GWB.[1317] Der Vergabe von Wegenutzungsrechten fehlt das in § 103 Abs. 1 GWB enthaltene

---

1312 Umfassend hierzu *Huber/Wollenschläger*, GewArch WiVerw Nr. 04/2005, 212 (216 ff.).

1313 *Dörr* in: Burgi/Dreher, Beck'scher Vergaberechtskommentar, 3. Auflage 2017, § 97 Rn. 5.

1314 BT-Drs. 13/9340, 14.

1315 BGH vom 17.12.2013, KZR 65/12, NVwZ 2014, 817, Rn. 45.

1316 Anders als bei der Gründung einer privaten Betreibergesellschaft, vgl. VK Münster vom 08.06.2012 – VK 6/12, NZBau 2012, 521 – Münsterland Netzgesellschaft; hierzu *Byoak/Graef/Faasch*, NZBau 2012, 556 (556 ff.).

1317 *Koppe*, (Re-)Kommunalisierung des Strom- und Gasversorgungsnetzbetriebes, 2017, 18 m.w.N.; *Nebel*, jurisPR-UmwR 5/2014, Anm. 3; *Templin*, NZBau 2014, 487 (489).

Element der „Beschaffung",[1318] das auch für § 105 GWB entsprechend gefordert wird.[1319]

Auch das europäische Vergaberecht findet auf die Rekommunalisierung von Stadtwerken keine Anwendung. So wurde in Art. 12 der Vergaberichtlinie 2014/24/EU[1320] die zuvor in der „Teckal"-Rechtsprechung des EuGH für öffentlich-öffentliche Zusammenarbeit entwickelte Ausnahme kodifiziert, ihre Tatbestandsvoraussetzungen präzisiert und fortentwickelt.[1321] Danach fällt ein von einem öffentlichen Auftraggeber an eine juristische Person des privaten oder öffentlichen Rechts vergebener öffentlicher Auftrag nicht in den Anwendungsbereich dieser Richtlinie, wenn der öffentliche Auftraggeber über die betreffende juristische Person eine ähnliche Kontrolle ausübt, wie über seine eigenen Dienststellen, mehr als 80 % der Tätigkeiten der kontrollierten juristischen Person der Ausführung der Aufgaben dienen, mit denen sie von dem die Kontrolle ausübenden öffentlichen Auftraggeber oder von anderen von diesem kontrollierten juristischen Personen betraut wurden und keine direkte private Kapitalbeteiligung an der kontrollierten juristischen Person besteht, mit Ausnahme nicht beherrschender Formen der privaten Kapitalbeteiligung und Formen der privaten Kapitalbeteiligung ohne Sperrminorität, die in Übereinstimmung mit den Verträgen durch nationale gesetzliche Bestimmungen vorgeschrieben sind und die keinen maßgeblichen Einfluss auf die kontrollierte juristische Person vermitteln.

Nach der hierzu ergangenen Rechtsprechung des EuGH soll die Richtlinie den Mitgliedstaaten nicht die Freiheit nehmen, eine Form der Erbringung von Dienstleistungen, der Ausführung von Arbeiten oder der Beschaffung von Lieferungen zum Nachteil der anderen zu bevorzugen. Diese Freiheit impliziere nämlich eine Wahl, die in einer Phase vor der Vergabe eines Auftrags getroffen wird und daher nicht in den Anwendungsbereich der Richtlinie 2014/24 fallen kann. Die Freiheit der Mitgliedstaaten, die Art der Erbringung von Dienstleistungen,

---

1318 § 103 Abs. 1 GWB definiert öffentliche Aufträge als „Verträge ... über die Beschaffung von Leistungen"; *Koppe*, (Re-)Kommunalisierung des Strom- und Gasversorgungsnetzbetriebes, 2017, 19 f.

1319 KG vom 22.01.2015, 2 U 14/14 Kart, NZBau 2015, 323 (324); ebenso OLG München, NZBau 2011, 380 (382); VergabeR 2012, 496 (497); *Classen*, VergabeR 2016, 13 (19 f.); *Donhauser/Hölzlwimmer*, VergabeR 2015, 509 (511); *Opitz*, NVwZ 2014, 753 (756).

1320 ABl. L 94 vom 28.03.2014.

1321 *Dörr* in: Burgi/Dreher, Beck'scher Vergaberechtskommentar, 3. Auflage 2017, Band 1, Einleitung Rn. 147.

durch die die öffentlichen Auftraggeber für ihren eigenen Bedarf sorgen, zu wählen, ergebe sich auch aus dem fünften Erwägungsgrund der Richtlinie 2014/24, in dem es – insoweit die Rechtsprechung des EuGH aus der Zeit vor dieser Richtlinie aufnehmend – heißt, dass „die Mitgliedstaaten durch diese Richtlinie in keiner Weise dazu verpflichtet werden, die Erbringung von Dienstleistungen an Dritte oder nach außen zu vergeben, wenn sie diese Dienstleistungen selbst erbringen oder die Erbringung durch andere Mittel als öffentliche Aufträge im Sinne dieser Richtlinie organisieren möchten".[1322]

Gleichermaßen fällt die Rekommunalisierung nicht in den Anwendungsbereich der Konzessionsrichtlinie 2014/23/EU. Deren Erwägungsgrund 11 S. 2 sieht das „Ziel" der Konzessionsvergabe in der „Beschaffung von Bau- oder Dienstleistungen durch eine Konzession".[1323] Verträge über die schlichte Gewährung von Wegerechten, bei denen über die bloße Nutzungsmöglichkeit keine hinausgehende Betriebs- und Unterhaltungspflichten auferlegt werden und das Betriebsrisiko dem Betreiber nicht überantwortet wird, stellen daher keinen tauglichen Gegenstand von Konzessionen dar.[1324] Der Regelungsgehalt derartiger Verträge erschöpft sich in der Gestattung eines Nutzungsrechts, der Gestattende selbst hat aber kein Interesse an der Leistungserbringung.[1325]

Würde man demgegenüber Strom- und Gaskonzessionen dem Anwendungsbereich der Konzessionsrichtlinie unterstellen, etwa weil diese oft zusätzlich zur gesetzlichen Pflicht eine vertragliche Netzbetriebspflicht des Konzessionsnehmers enthielten,[1326] käme man im Bezug auf die Rekommunalisierung der Stadtwerke zu keinem anderen Ergebnis. Denn Art. 17 der Konzessionsrichtlinie kodifiziert den in der Rechtsprechung des EuGH anerkannten Inhouse-Tatbestand und nimmt sogar unter gewissen Voraussetzungen auch die Konzessionierung von gemischtwirtschaftlichen Unternehmen vom Anwendungsbereich der Richtlinie aus (vgl. Art. 17 I lit. c und II lit. c Konzessionsrichtlinie 2014/23/EU).[1327]

1322 EuGH vom 03.10.2019 – C-285/18, NZBau 2020, 173 (178).

1323 ABl. L 94 vom 28.03.2014; die Richtlinie wurde damit kurz nach den ersten BGH Entscheidungen vom 17.12.2013 erlassen.

1324 *Wollenschläger* in: Burgi/Dreher, Beck'scher Vergaberechtskommentar, 3. Auflage 2017, § 105 Rn. 41, 49, 112.

1325 *Weiß*, NVwZ 2014, 1415 (1419).

1326 *Weiß*, ebenda; *Opitz*, NVwZ 2014, 753 (756 f.); *Wollenschläger* in: Burgi/Dreher, Beck'scher Vergaberechtskommentar, Band 1, 3. Auflage 2017, § 105 Rn. 112; a.A. aber *Schwab/Giesemann*, VergabeR 2014, 351 (366).

1327 *Weiß*, NVwZ 2014, 1415 (1419).

Um in jedem Fall eine Anwendung des Vergaberechts auf die Konzessionsvergaben zu verhindern, hatte der Bundesrat bei der Umsetzung der Konzessionsrichtlinie für Wegenutzungsrechte gem. § 46 EnWG insoweit sogar einen expliziten Ausnahmetatbestand in § 105 GWB gefordert.[1328] In Anlehnung an Erwägungsgrund 16 der Konzessionsrichtlinie 2014/23/EU, wo eine ausdrückliche Ausnahme für die Gewährung von Wegerechten angelegt war, befand der Bundesrat: Die für § 46 EnWG verwendete Formulierung „Konzession" sei irreführend, da es sich nicht um einen Beschaffungs-, Konzessionierungs- oder Vergabevorgang im Sinne der Richtlinien handele, sondern vielmehr die Gemeinden den Energieversorgungsunternehmen die Nutzung von Wegerechten gestatten. Die klare und eindeutige Abgrenzung der Gestattung von der Konzessionierung im Sinne der Richtlinien sei von wesentlicher praktischer Bedeutung für die Kommunen und deren Berater und eine Klarstellung daher zwingend erforderlich. Die bloße Übernahme des Gesetzestextes und der Hinweis auf die Erwägungsgründe der Richtlinie seien nicht ausreichend, da insbesondere die Richtlinie zu viel dogmatisches und rechtssystematisches Wissen voraussetze.[1329] Die Ausnahme ist trotz dieser Bedenken nicht Gesetzestext geworden.[1330] Der Bundesrat sah offenbar die Gefahr, dass die Vergabe von Wegenutzungsrechten zu einfach einer vergaberechtlichen Konstellation gleichgesetzt und damit weiter in die Kompetenzen der Länder eingegriffen werden könne. Wie schon im Fall der Überprüfung der Wassergebühren, scheint nur eine gesetzliche Ausnahme im GWB bei der Anwendung des Kartellrechts auf die kompetenzrechtliche Thematik aufmerksam machen zu können. Ohne die ausdrückliche Legalausnahme konnten die Kompetenzverstöße jedenfalls nicht verhindert werden.

Eine derartige Legalausnahme wäre auch mit der Konzessionsrichtlinie vereinbar gewesen. Der EuGH hat etwa den Eingriff in die einschlägigen Grundfreiheiten und Grundrechte, den ein Privatisierungsverbot für Elektrizitäts- und Gasverteilernetzbetreiber in den Niederlanden auslöst, durch das Ziel,

1328 Stellungnahme des Bundesrates zum Entwurf der Bundesregierung eines Gesetzes zur Modernisierung des Vergaberechts (Vergaberechtsmodernisierungsgesetz – VergRModG), BT-Drs. 18/6281, Anlage 3, 151

1329 Stellungnahme des Bundesrates zum Entwurf der Bundesregierung eines Gesetzes zur Modernisierung des Vergaberechts (Vergaberechtsmodernisierungsgesetz – VergRModG), BT-Drs. 18/6281, Anlage 3, 151.

1330 *Wollenschläger* in: Burgi/Dreher, Beck'scher Vergaberechtskommentar, 3. Auflage 2017, Band 1, § 105 Rn. 10.

ausreichende Investitionen in die Netze und hierdurch die Sicherheit der Energieversorgung zu gewährleisten, als gerechtfertigt angesehen.[1331]

Der deutsche (Bundes-)Gesetzgeber hat sich bei der Reform des Vergaberechts dazu entschieden, einen Mittelweg beizubehalten: Er trifft keine Grundsatzentscheidung für einen staatlichen oder privaten Verteilernetzbetrieb, sondern legt die Entscheidung darüber, ob der Netzbetrieb durch ein öffentliches, gemischtwirtschaftliches oder privates Unternehmen durchgeführt werden soll, in die Hand der konzessionsgebenden Gemeinden und belässt diesen die im Unionsrecht anerkannten Gestaltungsspielräume (In-house-Vergabe, PPP-Ausschreibung).[1332]

Dieser Mittelweg ist freilich verfassungsrechtlich vorgezeichnet. Die Unterstellung der Konzessionsvergaben i.S.v. § 46 EnWG unter das Vergaberecht hätte einen Eingriff in das Recht der kommunalen Selbstverwaltung bedeutet. Die Kompetenz hierzu liegt aber bei den Ländern, Art. 70 GG. Der Bund hätte also weder in den vergaberechtlichen Normen des GWB noch im EnWG eine Anwendung des Vergaberechts auf diese Konzessionsvergaben anordnen können.

4. Grundsatz des bundestreuen Verhaltens

Auch an dieser Stelle stellt sich die Frage, ob denn der Grundsatz des bundestreuen Verhaltens die vorliegenden Kompetenzverstöße legalisieren kann. Er legalisiert allerdings nur das Gebrauchmachen einer durch das Grundgesetz eingeräumten Kompetenz.[1333], begründet keine selbstständigen Pflichten des Bundes oder eines Landes,[1334] sondern setzt nur Beschränkungen in der Ausübung von dem Bund und den Ländern eingeräumten Zuständigkeiten fest.[1335] Sind hingegen keine Kompetenzen eingeräumt, findet der Grundsatz des bundestreuen Verhaltens keine Anwendung.[1336]

1331 EuGH vom 22.10.2013, C-105/12, C-106/12, C-107/12, EuZW 2014, 61 – Nederlanden/Essent NV; BVerfG vom 23.11.1988, 2 BvR 1619/83, 2 BvR 1628/83, BVerfGE 79, 127 (147 ff.).

1332 Bereits zur alten Gesetzeslage *Weiß*, NVwZ 2014, 1415 (1420).

1333 etwa BVerfG vom 24.07.1962, 2 BvF 4/61, BVerfGE 14, 197 (215).

1334 BVerfG vom 24.01.2001, 2 BvE 1/00, BVerfGE 103, 81; BVerfG vom 11.03.1997, 2 BvG 3/95, 4/95, BVerfGE 95, 250 (266).

1335 BVerfG vom 28.02.1961, 2 BvG 1/60, 2 BvG 2/60, BVerfGE 12, 205, Rn. 174.

1336 OLG Düsseldorf vom 17.09.2008, Kart 19/07, NJOZ 2008, 4979 (4987).

Vorliegend hatte der Bund aber gerade keine Kompetenz zur Regelung der kommunalen Selbstverwaltung, die er durch alle Verfahren ausdrücklich betrieben hat.

5. Zwischenergebnis

Die Anwendung des Kartellrechts auf die Konzessionsvergabeverfahren hat in allen dargestellten Fällen dazu geführt, dass landesrechtliche Wertungen im Kommunalwirtschaftsrecht ausgetauscht und auch entgegen den Wertungen der Konzessionsrichtlinie ein Quasi-Vergaberecht für die Vergabe der Wegerechte i.S.v. § 46 Abs. 2 EnWG eingeführt wurde. Damit wurden im Schwerpunkt Kompetenzmaterien der Länder geregelt.

IV. Ergebnis der kompetenzrechtlichen Untersuchung

Alle betrachteten Anwendungsfälle betrafen Sachbereiche, für die den Ländern die Gesetzgebungs- und Verwaltungskompetenz zusteht, Art. 30, 70 GG. Dennoch haben das Bundeskartellamt und die Rechtsprechung gestützt auf die Gesetzgebungs- und Verwaltungskompetenzen zur Regelung des Rechts der Wirtschaft sowie zur Verhütung wirtschaftlicher Machtstellung, Art. 74 Abs. 1 Nr. 11 und 16 GG sowie Art. 87 Abs. 3 S. 1 GG, diese Bereiche dem Kartellrecht unterstellt.

Da aber in allen geprüften Anwendungsfällen schwerpunktmäßig landesrechtliche Zielsetzungen verfolgt und insbesondere Prognosen der Landesgesetzgeber sowie der Kompetenzträger in der Gesetzesausführung durch eigene ersetzt wurden, hat die Anwendung des Kartellrechts gegen die bundesstaatliche Kompetenzordnung verstoßen.

So wurden im Bereich des Rundfunks die Programmbeschaffung der Rundfunkanstalten, der Wettbewerb lokaler Hörfunkveranstalter, eine Fusion zweier Medienunternehmen sowie die Einspeiseverträge der Rundfunkanstalten mit Kabelnetzbetreibern im ausdrücklichen Widerspruch zu den landesrechtlichen Wertungen geregelt und damit im Schwerpunkt Rundfunkrecht betrieben; das Geschäftsfeld der gewerblichen Lotterievermittlung zum Zwecke des Wettbewerbs der Lotteriegesellschaften weiterbetrieben und damit im Schwerpunkt ordnungsrechtliche Zielsetzungen umgesetzt; und schließlich nach der Wasserversorgung auch die Energieversorgung in weiten Teilen der kommunalen Regelungshoheit entzogen und einer Regelung im Markt zugeführt, im Schwerpunkt damit der Bereich der kommunalen Selbstverwaltung geregelt. Entscheidend war, dass der Wettbewerb in den landesrechtlich determinierten Bereichen selbst Gegenstand der Gesetzes- oder Verwaltungsprognose der Länder war, was ein Berufen auf wettbewerbliche Zielsetzungen bei der Kartellrechtsanwendung insoweit sperrt.

Mit der Erosion der Zuständigkeiten durch eine Anwendung des Kartellrechts werden auch die eingangs dargelegten[1337] hinter der Kompetenzordnung stehenden Prinzipien gefährdet.

Im Rundfunkbereich meint *Dörr* anlässlich der dargestellten Anwendungsfälle, der öffentliche-rechtliche Medienföderalismus dürfe nicht durch das Kartellrecht in Frage gestellt werden, weil dies ein grundlegendes Unverständnis über den deutschen Föderalismus als solchen und dessen Bedeutung für die Demokratie zeigen würde.[1338] Ähnlich sieht *Prantl* durch die Anwendung des Kartellrechts im Bereich der kommunalen Daseinsvorsorge die „Demokratisierung der Energieversorgung" gefährdet.[1339]

Ohlmann meint mit Blick auf das Lotterierecht, dass die Anwendung des Kartellrechts die gesamte Systematik und Dogmatik einer öffentlich-rechtlichen Überprüfung des pauschalen Ausschlusses der Spielevermittler aushebele, selbst wenn diese möglicherweise zu dem gleichen Ergebnis gekommen wäre.[1340]

Die öffentlich-rechtliche Überprüfung und Verantwortungszurechnung ist durch die Anwendung des Kartellrechts gestört. Zudem wurde durch das Tätigwerden einer Bundesbehörde, des Bundeskartellamts, der Komplex auch dem Kontrollbereich der Länderparlamente, dem er eigentlich unterfällt, entzogen.[1341]

Denn durch die gezeigte Einengung der landesrechtlichen und kommunalen Entscheidungsspielräume im Widerspruch zu den landesgesetzlichen Wertungen wird auch das konstitutiv erhöhte freiheitssichernde Potential von Ländern und Kommunen im Vergleich zum Bund[1342] untergraben. Gerade für den Bereich des Rundfunks ist die bewusste Dezentralisierung und die „auf die Kulturkompetenz der Länder gestützte Tradition"[1343] des Gebots der

1337 Vgl. oben B.I.

1338 *Dörr*, ZWeR 2004, 159 (188).

1339 *Prantl*, EnWZ 2014, 481 (482).

1340 *Ohlmann*, WRP 2001, 672 (675).

1341 Grundsätzlich hierzu *Knothe/Lebens*, AfP 2000, 125 (128).

1342 *Huber*, Klare Verantwortungsteilungs zwischen Bund, Ländern und Kommunen?, 2004, 43.

1343 *Martini* in: Gersdorf/Paal, BeckOK Informations- und Medienrecht, 18. Edition, Stand: 01.11.2017, § 1 RStV Rn. 4.1: der Rundfunk war bereits zur Zeit der Weimarer Republik Ländersache.

Staatsferne[1344] im materiellen Gehalt der Rundfunkfreiheit angelegt.

Der Konflikt im Bereich der kommunalen Daseinsvorsorge zeigt schließlich anschaulich, wie auch die in der Kompetenzverteilung liegende Verantwortungszurechnung durch eine Anwendung des Kartellrechts gestört wird. Egal ob De- oder Rekommunalisierung, jede Monopolisierung der Daseinsvorsorge ist eine politische Entscheidung, für die die demokratisch gewählten Gemeindeorgane die Verantwortung tragen.[1345]

1344 Ausführlich hierzu *Paulus/Nölscher*, ZUM 2017, 177, (179).

1345 *Markopoulos*, KommJur 2012, 330 (336).

D. Kartellrechtliche Rekonstruktion landesrechtlicher Zielsetzungen

Wie zu Beginn der Arbeit dargelegt ist die bundesstaatliche Ordnung jedoch weder Selbstzweck noch starres Korsett, sondern ein stetiger Veränderung und Neujustierung unterworfener Prozess, der sich vor allem durch seinen Ertrag für den Gesamtstaat, also dem „Mehrwert" für Freiheit und Selbstbestimmung des Einzelnen sowie der Effizienz der staatlichen Aufgabenerledigung, rechtfertigen muss.[1346] Sinn der Kompetenzverteilung ist es nicht, die Einheit der Staatsgewalt ziellos zu sprengen, sondern diese vielmehr auszudifferenzieren und dadurch möglichst in ihrer Leistungsfähigkeit zu steigern.[1347]

Die gezeigte Erosion der bundesstaatlichen Kompetenzordnung durch die unzulässige Anwendung des Kartellrechts wirft daher die Frage auf, ob das Kartellrecht nicht ebenso gut hinsichtlich der landesrechtlichen Anliegen, die „Märkte nicht leisten", aktiviert werden kann.

I. Was Märkte nicht leisten

Die Betrachtung der Kompetenzverstöße hat dabei schon gezeigt, an welchen Stellen der Wettbewerb als Ordnungsprinzip als untauglich empfunden und daher zum Gegenstand landesrechtlicher Intervention gemacht wurde. Für die nachfolgende Betrachtung sollen diese Erkenntnisse daher nur noch kursorisch zusammengefasst werden.

1. Marktversagen im Rundfunk

Im Bereich des Rundfunks scheidet ein nach Marktkriterien geordnetes System gleichberechtigter und voneinander unabhängiger Konkurrenten zur Erreichung des erwünschten Ziels aus:[1348] Hier ist der Wettbewerb durch eine Vielzahl der Anbieter weder notwendige noch ausreichende Bedingung für die Gewährleistung von Meinungsvielfalt.[1349] Das Bundesverfassungsgericht betont

---

1346 *Huber*, Klare Verantwortungsteilungs zwischen Bund, Ländern und Kommunen?, 2004, 43 und 49.

1347 *Isensee*, HStR VI, 3. Auflage 2008, § 133 Rn. 3.

1348 *Rahn*, Programmauftrag und Kartellrecht, 1991, 128.

1349 Hierzu *Paal*, GRUR Int. 2017, 481 (482).

in ständiger Rechtsprechung, dass der Rundfunk nicht dem „freien Spiel der Wettbewerbskräfte überlassen“ werden kann und eine rein außenpluralistische Ordnung durch ein marktwirtschaftliches Modell daher ausscheidet.[1350]

Zunächst war davon ausgegangen worden, dass schon wegen der Frequenzknappheit gar kein „echter Markt“ hätte entstehen können.[1351] Auch nach dem Wegfall der Frequenzknappheit betont das Gericht aber, dass der freie Markt die Gefahr einer Konzentration von Meinungsmacht und ihres Missbrauchs zur einseitigen Einflussnahme schlicht nicht ausräumen kann.[1352]

Insoweit kann ein Stück weit auf die Begründung der Notwendigkeit von Kartellgesetzen verwiesen werden: auch ökonomische Macht tendiert dazu, sich zu konzentrieren. Die Konzentration publizistischer Macht verläuft keineswegs parallel dazu. So sinkt zwar bei zunehmender wirtschaftlicher Konzentration nicht notwendigerweise die Programmdiversifizierung, da ein Unternehmen, das (wirtschaftlich konzentriert) mehrere Sender besitzt, diese durchaus inhaltlich unterschiedlich ausrichten wird, um sich nicht gegenseitig Konkurrenz zu machen; und auch auf der Kehrseite kann und wird eine Vielzahl (werbeabhängiger) Unternehmen sogar dazu führen, dass sich alle mit entsprechender Angleichung an den Massengeschmack um denselben Zuschauer bemühen.[1353]

Bei einer Steuerung allein über den Markt ist daher, unabhängig ob mit oder ohne ökonomische Fusionskontrolle, insbesondere eine Standardisierung des Angebots, ein Verlust inhaltlicher Vielfalt und ein Absinken der Qualität zu befürchten.[1354]

Bereits die Beitragsfinanzierung des öffentlich-rechtlichen Rundfunks durchbricht diese Ausrichtung auf den Massengeschmack, die mit der Werbefinanzierung privater Rundfunkveranstalter einhergeht. Auch hinsichtlich der Verbreitung des Rundfunks hat der Gesetzgeber bewusst das „Must-Carry“

1350 BVerfG vom 11.9.2007, 1 BvR 2270/05, 1 BvR 809/06, 1 BvR 830/06, BVerfGE 119, 181 Rn. 115; ebenso BVerfGE 90, 60 (87); 57, 295 (323).

1351 *Spieler*, Fusionskontrolle im Medienbereich, 1988, 156.

1352 BVerfG vom 16.06.1981, 1 BvL 89/78, BVerfGE 57, 295 (323); *Körber*, ZWeR 2009, 315 (320).

1353 *Körber*, ZWeR 2009, 315 (333); diese Ausrichtung ist bei den beiden marktbeherrschenden Unternehmen, der ProSiebenSat1 Media AG sowie der RTL Group, durchaus zu beobachten.

1354 BVerfG vom 11.09.2007, 1 BvR 2270/05, 1 BvR 809/06, 1 BvR 830/06, BVerfGE 119, 181 Rn. 117.

Regime etabliert, da insoweit der freie Markt einer vielfaltssichernden Verbreitung entgegengestanden wäre.[1355]

2. Marktversagen im Lotteriebereich

Auch eine rein wettbewerbliche Ordnung des Lotterierechts scheidet aus.[1356]

Das Lotteriemonopol dient einer effektiven Suchtbekämpfung der Spieler und gleichzeitig einer Kanalisierung sowohl des Glücksspiels als auch der damit einhergehenden Kriminalität.[1357] Mit Festlegung dieser „öffentlichen Aufgabe", das illegale Glücksspiel um Geld einzudämmen und dem unterdrückenden Spieltrieb des Menschen staatlich überwachte Betätigungsmöglichkeiten zu schaffen, hat der Gesetzgeber ausdrücklich zum Ausdruck gebracht, dass er insoweit keinen freien, von staatlicher Lenkung abgekoppelten Markt duldet, weil er ihn nicht dulden kann. Das Bundesverfassungsgericht hat diese Entscheidung für andere Teilbereiche des Glücksspiels gebilligt und auch festgehalten, dass insoweit „kein Gebilde des wirtschaftlichen Lebens entstehe".[1358]

Gerade dieses wirtschaftliche Leben, der freie Markt, begründet in der Prognose von Landesgesetzgeber und Bundesverfassungsgericht diese Gefahren, die mit dem Glücksspiel nun einmal einhergehen. Zwar führt auch hier Wettbewerb grundsätzlich und dadurch zu einem Profit in der gesamtwirtschaftlichen Summierung, dass er die Wahrscheinlichkeit rationaler Entscheidungen des „*homo oeconomicus*" steigert.[1359] Wie *Ohlmann* überzeugend herausgearbeitet hat, verkommt jedoch der „*homo oeconomicus*" beim Glücksspiel zum irrationalen „*homo ludens*", der eben nur schwer allein in die Gesetzmäßigkeiten der – rationalen – Ökonomie gestaucht werden kann.[1360] Statt alleine die Rationalität der Wettbewerbsteilnehmer zu fördern, löst gerade Spielsucht auch ein durch Irrationalität gesteuertes Verhalten aus und führt daher zu einem Marktversagen.

1355 Daher auch nun kein Markt durch „Must-Carry", vgl. *Hain*, K&R 2015, 563 (565); *Holznagel/Salwitzek*, K&R 2013, 454 (456).

1356 *Dietlein*, ZfWG 2006, 197 (198).

1357 Vgl. § 1 GlüStV; oben B.II.1.b.aa.

1358 BVerfG vom 18.03.1970, 2 BvO 1/65, BVerfGE 28, 119 Rn. 96 ff.; ebenso BVerWG, NVwZ 1995, 478; vgl. auch *Dietlein*, ZfWG 2008, 12 (16).

1359 Vgl. oben C.III.1.b.; *Grzeszick*, HStR IV, 3. Auflage 2006, § 78 Rn. 12 ff.

1360 *Ohlmann*, ZRP 2002, 354 (354), der diesen Erkenntnisgewinn mit *David Friedmann*, Sohn des Wirtschaftsnobelpreisträgers und Begründers des „more economic approach", *Milton Friedmann*, zu teilen glaubt, vgl. *Friedmann*, Der ökonomische Code, 2001, 268 (276).

Das Glücksspielrecht der Länder ist damit Teil der rechtspolitischen Antwort auf dieses komplexe anthropologisch und soziologisch relevante Phänomen, dass Wettbewerb und Markt im Bereich des Glücksspiels versagen.[1361] Das Lotteriemonopol beruht schlicht auf der Feststellung, dass Freiheit, Wettbewerb und vor allem Gewinnstreben an dieser Stelle das Erforderliche nicht zu leisten vermögen, und dass man daher eine solche Aufgabe in die unmittelbare, sichere und ständige, allein vom Gemeinwohl bestimmte Verantwortung der Allgemeinheit nehmen muss.[1362]

3. Marktversagen im Bereich kommunaler Daseinsvorsorge

Schließlich ist auch die (kommunale) Daseinsvorsorge als klassisches Interventionsmittel des Staates gegenüber unzureichenden Marktergebnissen aufgebaut.[1363] Die Legitimation der Daseinsvorsorge ergibt sich immer dann und solange der Markt allein die Bedürfnisse der Menschen nach Gütern und Dienstleistungen von allgemeinem Interesse nicht befriedigt.[1364] Daher darf einem privaten Daseinsvorsorgemarkt aus sozialstaatlichen Gesichtspunkten Grenzen gesetzt werden.[1365] Wenn aber diese sozialstaatlichen Gründe vorliegen, hat der Staat die Verantwortung für eine entsprechende Steuerung der Daseinsvorsorge und steht damit auch in der Pflicht, sich Einflußmöglichkeiten auf die Leistungserbringung zu sichern. Die damit einhergehenden Beschränkungen des freien Wettbewerbs der Bürger sind dann gerechtfertigt.[1366] Daseinsvorsorge ist also die staatliche Marktkorrektur zur Erreichung sozialer und gesellschaftspolitischer Zwecke.[1367]

Hintergrund, politisches Fernziel und Anknüpfungspunkt der sozialstaatlichen Rechtfertigung der Rekommunalisierung ist die Energiewende. Insbesondere aus ökologischen Gründen haben viele Gemeinden damit begonnen, die Energie- und Wasserversorgung wieder in die eigenen Hände zu nehmen.[1368] Es wird in diesem Zusammenhang daher darauf verwiesen, dass die Förderung

---

1361 *Ohlmann*, ZRP 2002, 354 (355).

1362 *Krüger*, Allgemeine Staatslehre, 1966, 771.

1363 *Gaßner*, KommJur 2007, 129 (131).

1364 *Gaßner*, ebenda.

1365 *Grzeszick*, HStR IV, 3. Auflage 2006, § 78 Rn. 34.

1366 *Grzeszick*, ebenda.

1367 *Gaßner*, KommJur 2007, 129 (132): z.B. korrigiert das Wohngeld einen gestörten Wohnungsmarkt und ist mithin Daseinsvorsorge.

1368 *Byoak/Graef/Faasch*, NZBau 2012, 556 (556).

erneuerbarer Energien „außerhalb wettbewerblicher Strukturen“ stattfindet.[1369] Konkret bedeutet das, dass der Markt das gewünschte Marktergebnis, den Umstieg auf erneuerbare Energien, aus einer Vielzahl von ökonomischen Gründen nicht liefern würde. *Körber* spricht insoweit ganz ausdrücklich von einem Marktversagen.[1370]

Daher muss der Staat und müssen vorliegend die zuständigen Gemeinden diese spezielle Art der Daseinsvorsorge am Markt vorbei gestalten. Denn letztlich folgt aus dem Sozialstaatsprinzip eine „Infrastrukturverantwortung“ des Staates, unabhängig von der gewählten rechtlichen Gestaltungsform alle Leistungen der Daseinsvorsorge allen Bürgern zu qualitativ wie quantitativ angemessenen Bedingungen zur Verfügung zu stellen.[1371] Eben diese qualitativen Bedienungen, nämlich die vorrangige Produktion von erneuerbaren Energien, hätte der Markt gerade nicht geleistet.

II. Die Reichweite des Kartellrechts

Ob diese Zielsetzungen des Lotterie- und Rundfunkrechts sowie des Rechts der kommunalen Daseinsvorsorge kartellrechtlich rekonstruierbar sind, erscheint jedoch fraglich.

1. Verbotsnormen und Wettbewerbprinzip

Ziel aller Vorschriften des Kartellrechts und auch des Vergaberechts ist der Schutz des Wettbewerbs.[1372]

Das Kartellrecht arbeitet hierfür überwiegend mit Verbotsnormen: um die unternehmerische Freiheit insgesamt zu erhalten, muss die Gestaltungsfreiheit des einzelnen Unternehmens eingeschränkt werden. Da es andererseits dem Wettbewerbsprinzip selbst zuwiderlaufen würde, bestimmte unternehmerische Handlungen und Entscheidungen vorzuschreiben, beschränkt sich das Kartellrecht hauptsächlich auf die Entscheidungsfreiheit einschränkende

---

1369 *Meessen/Kersting* in: Loewenheim/Meessen/Riesenkampff/Kersting/Meyer-Lindemann, Kartellrecht, 3. Auflage 2016, Einführung in das europäische und deutsche Kartellrecht, Rn. 125.

1370 Vgl. Zusammenfassung der 4. Göttinger Kartellrechtstage bei *Kühn*, EuZW 2014, 685.

1371 *Pielow*, JuS 2006, 692 (693); *Gaßner*, KommJur 2007, 129 (132).

1372 *Meessen/Kersting* in: Loewenheim/Meessen/Riesenkampff/Kersting/Meyer-Lindemann, Kartellrecht, 3. Auflage 2016, Einführung in das europäische und deutsche Kartellrecht, Rn. 5.

Verhaltensweisen und Strukturveränderungen untersagende Verbotsnormen.[1373] Schwerpunkt der kartellrechtlichen Behördenpraxis war daher stets die Tenorierung der Nicht-Ausübung einer bestimmten Verhaltensweise.[1374]

Nur ausnahmsweise ergeben sich auch Verhaltensgebote, etwa hinsichtlich des den Wettbewerb vorbereitenden Handelns wie der Verpflichtung zur Gewährung von Zugang zu sog. „essential facilities".[1375] Auch aus dem praktisch wichtigsten Instrument, der 1973 in Deutschland, 1990 in der jetzigen EU eingeführten vorbeugenden Kontrolle von Zusammenschlüssen von Unternehmen, können sich Verhaltensgebote ergeben. Zwar ist die Fusionskontrolle in allererster Linie ein Vollzugsverbot.[1376] Rechtstechnisch ergeben sich aus Bedingungen oder Auflagen abgeschlossener Fusionskontrollen notwendigerweise auch Verhaltensgebote für Anmelder in ähnlichen Fallkonstellationen in der Zukunft. Zudem stellt u. a. die Anmeldepflicht im europäischen und deutschen Fusionskontrollrecht ein Verhaltensgebot dar.[1377]

Allerdings sind in Deutschland anders als nach europäischem Recht (Art. 6 Abs. 2, Art. 8 Abs. 2 FKVO) nur strukturelle Bedingungen und Auflagen, wie die Verpflichtung zur Veräußerung von Unternehmen oder Unternehmensteilen, zulässig. Zur Wahrung der Wettbewerbsfreiheit sieht das deutsche Kartellrecht vielmehr ausdrücklich vor, dass die Freigabe von Zusammenschlussvorhaben nicht unter die Bedingung oder Auflage einer laufenden Verhaltenskontrolle gestellt werden darf (§ 40 Abs. 3 S. 2 GWB); das Kartellrecht will also gerade keine „laufende Verhaltenskontrolle".[1378] Genau diese Verhaltenskontrolle ist aber Gegenstand der betrachteten Regelungsmaterien der Länder.

1373 *Meessen/Kersting* in: Loewenheim/Meessen/Riesenkampff/Kersting/Meyer-Lindemann, Kartellrecht, 3. Auflage 2016, Einführung in das europäische und deutsche Kartellrecht, Rn. 23.

1374 *Podszun*, ZWeR 2012, 48 (50 f.).

1375 *Meessen/Kersting* in: Loewenheim/Meessen/Riesenkampff/Kersting/Meyer-Lindemann, Kartellrecht, 3. Auflage 2016, Einführung in das europäische und deutsche Kartellrecht, Rn. 33.

1376 *Meessen/Kersting* in: Loewenheim/Meessen/Riesenkampff/Kersting/Meyer-Lindemann, Kartellrecht, 3. Auflage 2016, Einführung in das europäische und deutsche Kartellrecht, Rn. 31.

1377 *Meessen/Kersting* in: Loewenheim/Meessen/Riesenkampff/Kersting/Meyer-Lindemann, Kartellrecht, 3. Auflage 2016, Einführung in das europäische und deutsche Kartellrecht, Rn. 33.

1378 *Podszun*, ZWeR 2012, 48 (59); *Meessen/Kersting* in: Loewenheim/Meessen/Riesenkampff/Kersting/Meyer-Lindemann, Kartellrecht, 3. Auflage 2016, Einführung in das europäische und deutsche Kartellrecht, Rn. 44.

a. *Keine kartellrechtliche Rekonstruktion der publizistischen Vielfaltssicherung*

Zwar kann das Kartellrecht neben wirtschafts- und gesellschaftspolitischen Funktionen auch mittelbar die Verwirklichung des medienrechtlichen Leitbildes der Meinungs- und Medienvielfalt fördern. Damit kann das Kartellrecht das Rundfunkrecht also tendenziell entlasten.[1379]. Es hat aber wegen der unterschiedlichen Funktionsweise von ökonomischer und publizistischer Vielfalt lediglich eine „Hilfsfunktion“.[1380]

Wie das Bundesverfassungsgericht formuliert, reicht das kartellrechtliche Instrumentarium zur Sicherung der Meinungsvielfalt schlicht nicht aus.[1381] Das Kartellrecht erfasst auch die Problematik der Meinungskonzentration bereits materiell-rechtlich nur unvollkommen, da im GWB nur der Zusammenschluss geregelt, der weit häufigere Fall der Gründung von Rundfunkunternehmen sowie Fälle des inneren Wachstums zumindest derzeit[1382] vollkommen ausgeblendet wird.[1383] Entscheidend ist aber, dass die Beschränkung wirtschaftlicher Macht ohnehin nicht ausreichend zur Beschränkung von Meinungsmacht führt, sondern vielmehr nur eine notwendige, aber nicht hinreichende Bedingung für die verfassungsrechtlich geforderte Meinungsvielfalt ist.[1384]

Auch die funktionalen Einbindungen, Inpflichtnahmen und Steuerungsakte der Rundfunkanstalten gehen weit über das hinaus, was die Kartellbehörden anhand des Gesetzes gegen Wettbewerbsbeschränkungen bewerkstelligen können.[1385]

Schließlich darf nicht außer Acht gelassen werden, dass die Kompetenzzuweisung auch historisch bedingt ist und sich die dezentrale Organisation des Rundfunks auch in den Erfahrungen des Machtstaates im Dritten Reich begründet.[1386] Auch diesem Grundsatz würde eine zentral bei einem Bundesamt wie

---

1379 *Dörr*, ZWeR 2004, 159 (187); *Dörr/Herr*, K&R 2004, 424 (427); *Paal*, ZWeR 2012, 380 (386 und 391): „Vielfalt durch Vielzahl“; vgl. auch *ders.*, GRUR Int. 2017, 481 (482).

1380 *Spieler*, Fusionskontrolle im Medienbereich, 1988, 157.

1381 BVerfG vom 04.11.1986, 1 BvF 1/84, BVerfGE 73, 118 (174).

1382 Hinsichtlich einer Modifizierung der Fusionskontrolle vgl. etwa *Knothe/Lebens*, AfP 2000, 125 (126).

1383 *Dörr*, ZWeR 2004, 159 (187).

1384 *Dörr*, ZWeR 2004, 159 (188).

1385 *Stock* in: Hoffmann-Riem, Rundfunk im Wettbewerb, 1988, 35, 41.

1386 *Martini* in: Gersdorf/Paal, BeckOK Informations- und Medienrecht, 18. Edition, Stand: 01.11.2017, § 1 RStV Rn. 4.1: freilich war der Rundfunk bereits zur Zeit der Weimarer Republik Ländersache.

dem Bundeskartellamt angesiedelte Verantwortung für die Sicherung publizistischer Vielfalt widersprechen.

b. *Keine kartellrechtliche Rekonstruktion von Suchtpräventation und Kanalisierung*

Auch die lotterierechtlichen Regelungsziele der Suchtprävention und der Kanalisierung können ohne eine Verhaltenskontrolle nicht geleistet werden. Die Verbotsnormen des Kartellrechts stellen jedoch erneut lediglich die Funktionsweise des freien Marktes sicher.

Die Irrationalität des „*homo ludens*" bilden hingegen weder die kartellrechtlichen Verbotsnormen noch die Eingriffsmaßnahmen der Kartellbehörden ab, sondern gehen in ihrer Zielrichtung stets von einem „*homo oeconomicus*" aus. Bezeichnenderweise sanktioniert das Kartellrecht daher mit dem Kartellverbot, dem Verbot des Missbrauchs marktbeherrschender Stellung und auch der Fusionskontrolle, zwar marktschädliche, aber grundsätzliche rationale Entscheidungen der Marktteilnehmer.[1387] Das entstehende „level playing field" enthält schon bildlich keine Kanalisierung, mit der irrationale Verhaltensweisen moderiert und Suchtprävention betrieben werden können.

Somit kann auch dies nur die „laufende Verhaltenskontrolle" des landesrechtlichen Glückspielregimes leisten.

c. *Keine kartellrechtliche Rekonstruktion der kommunalen Daseinsvorsorge*

Die Zielsetzung, die mit der Rekommunalisierung der Stadtwerke auf kommunaler Ebene verfolgt wird, lässt sich ebenfalls nicht kartellrechtlich moderieren.

Die Anwendung der Missbrauchsaufsicht führt, wie gerade die Anwendungsfälle zeigen, vielmehr dazu, dass ausschließlich marktbezogene Kriterien bei der Konzessionsvergabe zur Geltung kommen: „Konzessionsabgabe", „Gemeinderabatt", „Abschlagszahlungen", „Folgenkostenübernahme", „Endschaftsbestimmungen", „Kaufpreisregelung", „Vertragslaufzeit", „Aufkunftsansprüche" und „Zusatzleistungen" würden danach zur Geltung kommen, [1388] die Kriterien

---

1387 So kann ein Preiskartell, etwa der Zusammenschluss mit einem Wettbewerber oder eine Verweigerung des Zugangs zu „essential facilities", rein ökonomisch betrachtet, durchaus Sinn machen.

1388 BGH vom 17.12.2013, KZR 66/12, NZBau 2014, 514 (521) – Stromnetz Berkethin: das Gericht kommt zu dem Schluss, dass allein das Kriterium der Netzsicherheit der „Regionalen Präsenz", „Höhe des kommunalen Anteils an den Netzen", „Kommunaler Vermögenszuwachs", „Höhe des kommunalen Kapitaleinsatzes", „Möglichkeiten der Geschäftserweiterung" sowie „Mitgestaltungsrechte/Einflussmöglichkeiten" müssten hingegen vernachlässigt werden.[1389]

Die Anliegen der kommunalen Daseinsvorsorge, insbesondere das einer stärkeren Berücksichtigung ökologischer Ziele auf Ebene der Gebietskörperschaften, blendet das Kartellrecht hingegen vollständig aus. Dies auch zu Recht: schließlich dient es dem Wettbewerb als ergebnisoffenem Prozess und darf daher gerade keine politischen Anliegen wie die Energiewende in seine Beurteilung mit einbeziehen.

2. Paradigmenwechsel durch „more economic approach"

Allerdings könnte gerade diese Ausrichtung des Kartellrechts durch die neuesten Entwicklungen insbesondere einer stärkeren „Sozialpolitisierung"[1390] teilweise überholt sein.

Denn der sog. „more economic approach" im europäischen und deutschen Kartellrecht sowie die Zunahme von Verpflichtungszusagen und anderer Verwaltungsinstrumente in dessen Gefolge haben das Design des Rechtsgebiets spürbar verändert. Das Paradigma der überwiegenden Selbststeuerung der Wirtschaft, das dem Kartellrecht bis dahin zu Grunde lag, hat sich dabei zu einem Steuerungsparadigma mit einer direkten Ausrichtung an einem außerrechtlichen Ergebnis gewandelt.[1391]

a. Begriff „More economic approach"

Der Begriff „more economic approach" selbst ist alles andere als klar.[1392] Er beschreibt das Anliegen, bei der Anwendung des Rechts und insbesondere des Kartellrechts ökonomischen Erkenntnissen mehr Einfluss zuzugestehen und hierdurch zugleich die Interessen der Verbraucher besser zu berücksichtigen und zu schützen.[1393] Der Ansatz geht zurück auf die sog. „Chicago School" rund

---

statt mit lediglich 10, mit mindestens 43 von 170 Punkten hätte gewichtet werden müssen; andere Ziele kämen im Kriterienkatalog der Gemeinde überhaupt nicht vor.

1389 BGH vom 17.12.2013, KZR 66/12, NZBau 2014, 514 (522) – Stromnetz Berkethin.

1390 *Unger*, Wettbewerbsverwaltung, 14.

1391 *Podszun*, ZWeR 2012, 48 (53 f.); *Unger*, Wettbewerbsverwaltung, 16; siehe auch *Stockmann*, ZWeR 2015, 183 (185); *Klement*, Wettbewerbsfreiheit, 2015, 179.

1392 *Unger*, Wettbewerbsverwaltung, 13.

1393 *Schmidt*, FS Bechtold, 2006, 409 (409); *Klement*, Wettbewerbsfreiheit, 2015, 164: „stärkeres Gewicht der Wohlfahrtswirkungen".

um *Milton Friedman*[1394], die seit Ende der 1950er Jahre ein „advancement of economic understanding of law" und damit auch eine stärkere Ausrichtung des US-amerikanischen Kartellrechts an Effizienzkriterien forderte.[1395]

Nachdem sich diese konsequentialistische Wettbewerbstheorie[1396] zu Beginn der 1980er Jahre in den Vereinigten Staaten durchsetzen konnte, führte gerade die stark anglo-amerikanisch geprägte Besetzung der EU-Kommission dazu,[1397] dass diese 1999 in einem „Weißbuch über die Modernisierung der Vorschriften zur Anwendung der Art. 85 und 86 EG-Vertrag", also in einem Vorschlag zur Neuinterpretation des unionalen Kartellrechts, erklärte, ebenfalls einem stärker ergebnisorientierten Ansatz folgen zu wollen.[1398] Die Neujustierung wurde in der Folge von hochrangigen Vertretern der EU-Kommission sogar als „der wichtigste Meilenstein in der bisherigen europäischen Wettbewerbspolitik" gefeiert.[1399] Durch Erwägungsgrund 29 der Verordnung 139/2004 fand der Ansatz schließlich auch unmittelbaren Einzug in das unionale Sekundärrecht.[1400]

Die Anwendung wirtschaftlicher Effizienzkriterien soll den ergebnisoffenen Schutz „des" Wettbewerbs zu einer ergebnisorientierten, unmittelbaren Förderung der gesellschaftlichen Gesamtwohlfahrt umgestalten.[1401] Die Kartellbehörden sind hiernach angehalten, Kosten-Nutzen-Analysen hinsichtlich der Marktwirkungen sowie der eigenen Behördeneffizienz anzustellen und dabei eine stärkere Verbraucherorientierung anzustreben.[1402]

Der wirtschaftswissenschaftliche Einfluss ist dem Kartellrecht freilich nicht neu und in der Sache naheliegend.[1403] Das Kartellrecht ist als

---

1394 *Friedman*, Capitalism and Freedom, 1962.

1395 *De Bronett*, EWS Beilage 2013, Nr. 1, 1 (2); *Schmidt*, FS Bechtold, 2006, 409 (417); *Sprenger*, Optionen zur Regulierung des publizistischen Wettbewerbs, 2013, 68 f.

1396 *Unger*, Wettbewerbsverwaltung, 12.

1397 Seit dem Beitritt Großbritanniens und Irlands zur EU 1973 haben mit *Sutherland* und *Brittan* als Kommissaren und *Lowe* als Generaldirektor erstaunlich viele Persönlichkeiten des englischsprachigen Raums wichtige Positionen in der europäischen Wettbewerbspolitik bekleidet; hierzu *de Bronett*, EWS Beilage 2013, Nr. 1, 1 (5).

1398 *De Bronett*, EWS Beilage 2013, Nr. 1, 1 (2); *Unger*, Wettbewerbsverwaltung, 58.

1399 So Wettbewerbskommissar *Almunia* 2012 in seiner Rede „Beyond the integration of Markets – The citizen at the heart of EU law" Speech/12/742; Zitat bei *de Bronett*, EWS Beilage 2013, Nr. 1, 1 (2).

1400 *De Bronett*, EWS Beilage 2013, Nr. 1, 1 (7); zu den „Erscheinungsformen" davor, etwa in der GFVO-Vertikalvereinbarungen, *Klement*, Wettbewerbsfreiheit, 2015, 165 f.

1401 *Schwalbe*, ZWeR 2010, 454 (454); *de Bronett*, EWS Beilage 2013, Nr. 1, 1 (3).

1402 *Podszun*, ZWeR 2012, 48 (53).

1403 *Künzler*, Effizienz oder Wettbewerbsfreiheit, 2008, 5.

Wirtschaftsordnungsrecht in besonderem Maße mit wirtschaftswissenschaftlichen Begriffen durchsetzt und auf wirtschaftliche Sachverhalte bezogen.[1404] Auch vor Einführung des „more economic approach“ wurden Spieltheorie und Simulationsmodelle zur Kategorisierung und Berechnung von Effizienzgewinnen eingesetzt, um etwa zu zeigen, dass dynamische Effizienzgewinne auch Marktmacht verstärken, aber zugleich wettbewerbspolitisch erwünschte Anreize zu Innovationen darstellen, soweit die hierdurch erlangte Stellung „contestable“ (bestreitbar) bleibt. Auch wurde seit längerem darum gestritten, ob das abstraktere Kriterium der erheblichen Behinderung wirksamen Wettbewerbs eine Kompensation („trade-off“) mit Effizienzgewinnen durch Wettbewerbsbehinderung erlaubt.[1405]

Allerdings war bis dahin davon ausgegangen worden, dass das Kartellrecht nur den Wettbewerb an sich schützen und dem Prozess dieser „unsichtbaren Hand“[1406] die Wohlfahrtsförderung überlassen werden sollte.[1407] Im Unterschied zum „more economic approach“ sollte, wie *Eilmansberger* ausführt, der Wettbewerb geschützt werden, *weil und nicht wenn* er wirtschaftlich effiziente Ergebnisse hervorbringt.[1408] Statt also die „Richtigkeitsgewähr“[1409] des Kartellverfahrens aus den Voraussetzungen und Rahmenergebnissen zu ziehen, wird im Rahmen des „more economic approach“ auf die Ergebnisse selbst abgestellt.[1410]

b. Neue Verfahrensinstrumente der Kartellbehörde

Begleitet wurde die Implementierung des „more economic approach“ von der Einführung neuer Handlungsmöglichkeiten für die Kartellbehörden. Mit der

---

1404 *Meessen/Kersting* in: Loewenheim/Meessen/Riesenkampff/Kersting/Meyer-Lindemann, Kartellrecht, 3. Auflage 2016, Einführung in das europäische und deutsche Kartellrecht, Rn. 55.

1405 *Meessen/Kersting* in: Loewenheim/Meessen/Riesenkampff/Kersting/Meyer-Lindemann, Kartellrecht, 3. Auflage 2016, Einführung in das europäische und deutsche Kartellrecht, Rn. 60.

1406 Begriff geht zurück auf *Smith*, An Enquiry into the Nature and Causes of the Wealth of Nations, 1789; vgl. hierzu *Meessen/Kersting* in: Loewenheim/Meessen/Riesenkampff/Kersting/Meyer-Lindemann, Kartellrecht, 3. Auflage 2016, Einführung in das europäische und deutsche Kartellrecht, Rn. 7.

1407 Sog. Structure-approach, *Schmidt*, FS Bechtold, 2006, 409 (409); *Unger*, Wettbewerbsverwaltung, 11.

1408 *Eilmansberger*, ZWeR 2009, 437 (469).

1409 *Canaris*, AcP 200, 276 (294).

1410 *Unger*, Wettbewerbsverwaltung, 10.

VO 1/2003 und der 7. GWB Novelle wurden Kommission und Bundeskartellamt eine Reihe neuer Befugnisse, ein neues Handlungsinstrumentrarium,[1411] eingeräumt. Die Behörden erhielten etwa die Möglichkeit, den Unternehmen Abhilfemaßnahmen aufzugeben, also positiv zu tenorieren, Art. 7 Abs. 1 S. 2 VO 1/2003, § 32 Abs. 2 GWB; neu ist auch die Befugnis, das Verfahren auch ohne Feststellung der Zuwiderhandlung durch Verpflichtungszusagen zu beenden, Art. 9 VO 1/2003, § 32b GWB; und schließlich können Kartellbehörden seitdem sog. Sektoruntersuchungen anstrengen, Art. 17 VO 1/2003, § 32e GWB.[1412]

Die Verpflichtungszusage hat sich schnell zum „Lieblingsinstrument“ der Kartellbehörden, insbesondere bei der Beilegung von Fusionskontrollverfahren, entwickelt: zwischen 2004 bis Oktober 2012 schloss die Kommission 147 Verfahren durch solche „commitments“ ab, während im gleichen Zeitraum nur vier Verfahren untersagt wurden.[1413] Auch Missbrauchsfälle haben Kommission und Bundeskartellamt seitdem überwiegend mit Verpflichtungszusagen gelöst.[1414]

In den Verpflichtungszusagen manifestiert sich der „more economic approach“ und führt zu einer stärkeren wirtschaftspolitischen Gestaltung durch die Wettbewerbsbehörden.[1415] Sprachregelungen wie „Selbstverpflichtungen“ oder „Angebote“ können den hoheitlichen Charakter der Bindeerklärung und das damit verbundene Rechtmäßigkeitserfordernis selbstverständlich nicht verbergen.[1416]

3. Kompetenzrechtliche Folgen des Paradigmenwechsels

Das wirft die Frage auf, ob das Kartellrecht nicht in die Nähe einer „Quasi-Regulierung“ rückt und im Rahmen einer etwaigen Kompetenzverteilung *de constitutione ferenda* auch für landesrechtliche Zielsetzungen aktiviert werden könnte. Schließlich arbeiten Kartellbehörden nun nicht mehr wie dargestellt allein rückwirkend sanktionierend, sondern durchaus zukunfts- und auswirkungsorientiert.[1417]

1411 *Podszun*, ZWeR 2012, 48 (52).

1412 Ausführlich hierzu *Podszun*, ZWeR 2012, 48 (51); *Bornkamm*, FS Bechtold, 2006, 45 ff.

1413 *De Bronett*, EWS Beilage 2013, Nr. 1, 1 (9).

1414 Genaue Zahlen bei *Podszun*, ZWeR 2012, 48 (51).

1415 *De Bronett*, EWS Beilage 2013, Nr. 1, 1 (10); *Unger*, Wettbewerbsverwaltung, 10, 13; *Podszun*, ZWeR 2012, 48 (52).

1416 *Podszun*, ZWeR 2012, 48 (61).

1417 *Podszun*, ZWeR 2012, 48 (54).

Der „more economic approach" hat das Kartellrecht jedoch nicht in der Weise umgestaltet, dass die publizistische Vielfalt, ordnungsrechtliche Fragestellungen oder die kommunale Daseinsvorsorge nun unter Anwendung des GWB geregelt werden können. Zudem stehen dem Ansatz erhebliche, insbesondere rechtsstaatliche Bedenken entgegen.

a. *Kritik am Ansatz*

Die Institutionalisierung der „rule of reason"[1418] und insbesondere die Praktikabilität[1419] und Rechtmäßigkeit des „more economic approach" im Kartellrecht, aber auch der Einsatz des neuen Handlungsinstrumentariums durch die Kartellbehörden sind bereits bei ihrer Einführung verbreitet auf Kritik gestoßen.[1420]

Gerade in der kartellrechtlichen Literatur wurde betont, dass das Kartellrecht nicht den Anspruch auf Regulierung oder Marktlenkung erhebe, sondern vielmehr von dem Gedanken geprägt sei, dass sich das Marktergebnis aus den autonomen Entscheidungen der Marktteilnehmer ergebe.[1421]

Beispielhaft für die Debatte um die Rechtmäßigkeit des Ansatzes sind aber insbesondere die diametral gegensätzlichen Auffassungen zweier ehemaliger Direktoren der Monopolkommission.[1422] Diese zeigen auch ein Stück weit grundsätzliche Spannungen zwischen den Rechts- und Wirtschaftswissenschaften, die insoweit Deutungshoheit beanspruchen.[1423] So kritisiert *Basedow* die Abkehr von der traditionell in Deutschland vorherrschenden Auffassung, den Wettbewerb als solchen und nicht „als Mittel zum Zweck" zu schützen.[1424]

1418 *De Bronett*, EWS Beilage 2013, Nr. 1, 1 (8).

1419 *Schmidt*, FS Bechtold, 2006, 409 (410), der etwa eine umfassende ökonomische Analyse im Rahnen der kurzen Fristen der FKVO bezweifelt; ähnlich *Künzler*, Effizienz oder Wettbewerbsfreiheit, 2008, 238.

1420 *Künzler*, Effizienz oder Wettbewerbsfreiheit?, 2008; *de Bronett*, EWS Beilage 2013, Nr. 1, 1 (3 ff.); *Schmidt*, FS Bechtold, 2006, 409 (410 ff.); *Klement*, Wettbewerbsfreiheit, 2015, 178 ff.; speziell zu Verpflichtungszusagen, Sekoruntersuchungen u.a. *Podszun*, ZWeR 2012, 48 (62).

1421 *Podszun*, ZWeR 2012, 48 (65), der auf die Gefahren durch „market engineering" hinweist.

1422 *Basedow*, WuW 2007, 712, sowie darauf replizierend *von Weizsäcker*, WuW 2007, 1078; *Mestmäcker*, WuW 2017, 302, 304 meint, diese „Kontroverse" lasse die Tragweite der Grundsatzfrage erkennen.

1423 *Mestmäcker*, WuW 2008, 6 (15), der den Utilitarismus der Ökonomie hierbei als Kernproblem identifiziert; ebenfalls in diese Richtung *Künzler*, Effizienz oder Wettbewerbsfreiheit?, 2008, 19 ff.

1424 *Basedow*, WuW 2007, 712 (712).

Effizienzüberlegungen den Vorrang einzuräumen würde zu einer hochgradigen Rechtsunsicherheit führen, da eine klare Regel-Ausnahme Struktur durch eine „quasi beliebige Melange von Erwägungen“ ersetzt würde.[1425] Die außerrechtlichen Ziele der Konsumentensouveränität und Effizienzsteigerung könnten nur Beachtung finden, soweit dies gesetzgeberisch im Wettbewerbsrecht festgehalten sei.[1426] Schließlich führe der ergebnisorientierte Ansatz zu Friktionen in der Deregulierungspolitik der Gemeinschaft, in der eben das ergebnisoffene Entdeckungsverfahren des Wettbewerbs maßgeblich sei[1427]

Dem versucht *von Weizsäcker* zu entgegnen, dass stets nicht eine Wettbewerbsfreiheit, sondern mehrere Varianten der Wettbewerbsfreiheit im Raum stünden.[1428] Bei der Auswahl dieser Varianten sei der „more economic approach“ unentbehrlich, wie es etwa die Abwägung des Preiswettbewerbs mit dem Standortwettbewerb im Einzelhandel deutlich zeige.[1429] Wettbewerbsbehörden könne die Abschätzung solcher Rationalisierungseffekte ebenso zugetraut werden, wie die nicht minder schwere Abschätzung von Wettbewerbseffekten.[1430]

Wie *Mestmäcker* zu Recht anmerkt, verkennt *von Weizsäcker* dabei, dass es in einer Rechtsordnung die Regeln des geltenden Rechts sind, die darüber entscheiden, welcher Wettbewerbsfreiheit der Vorrang eingeräumt werden muss.[1431] Dabei merkt er an, dass eben dieses Verhältnis der Wohlfahrtökonomie zum Recht kein auf das Wettbewerbsrecht begrenztes Problem sei, sondern vielmehr auf einer generellen, utilitaristischen Prägung dieser Wissenschaft beruhe. Im Utilitarismus würden Rechte eben nur Instrumente im Dienst anderer Güter, insbesondere in der Optimierung der Wohlfahrt als *utility* gesehen.[1432] Der „more economic approach“ steht damit sinnbildlich für die Transplantationsschwierigkeiten anglo-amerikanischer und stark konsequentialistisch

---

1425 *Basedow*, WuW 2007, 712 (713).

1426 *Basedow*, WuW 2007, 712 (714).

1427 *Basedow*, WuW 2007, 712 (715); in diese Richtung auch *Podszun*, ZWeR 2012, 48 (65): wer vom Entdeckungsverfahren überzeugt ist, müsse zukunftsorientierten Vorgaben skeptisch gegenüberstehen.

1428 *Von Weizsäcker*, WuW 2007, 1078 (1078); kritisch hierzu *Klement*, Wettbewerbsfreiheit, 2015, 183.

1429 *Von Weizsäcker*, WuW 2007, 1078 (1079 f.).

1430 *Von Weizsäcker*, WuW 2007, 1078 (1082.).

1431 *Mestmäcker*, WuW 2017, 302 (304).

1432 *Mestmäcker*, WuW 2008, 6 (15); ausführlich zum Bezug des „more economic approach“ zum Utilitarismus *Künzler*, Effizienz oder Wettbewerbsfreiheit, 2008, 19 ff.

geprägter Rechtstheorien in den zuvor sehr ordoliberal geprägten, europäischen Rechtsrahmen.[1433]

Mestmäcker meint zudem, dass ökonomischen Gesetzen die Gewissheit versagt sei, mit der Naturgesetze Ursache-Wirkungszusammenhänge und Gleichgewichte erklären könnten.[1434] Ob ökonomische Modelle die wirtschaftliche Realität nicht exakt darstellen könnten und daher zur Prägung der Praxis eines Rechtsgebiets per-se ungeeignet sind, kann jedoch nicht eindeutig beantworten werden.[1435] *Schwalbe* merkt in diesem Zusammenhang an, dass eine derartige Kritik bereits zu dem Zeitpunkt, in dem sie formuliert wird, von den Fortschritten der Wirtschaftswissenschaften überholt sein könne.[1436]

Letztlich kann diese Frage jedoch dahinstehen, da der „more economic approach“ darüberhinaus auch handfesten, staats- und verfassungsrechtlichen Bedenken begegnet. Es geht also um die „rechtlichen Grenzen einer Ökonomisierung europäischen Wettbewerbsrechts“.[1437] Denn nicht der Umstand, dass Recht in die Hände der Ökonomen gelegt wird, sondern die fehlende Vorhersagbarkeit der rechtlichen Prüfung als Folge hiervon muss in den Mittelpunkt der Kritik gerückt werden.

Zunächst ist die Rechtssicherheit des neuen Ansatzes problematisch. Dabei hatte gerade die Europäische Kommission bei Einführung des „more economic approach“ betont, dass der Rückgriff auf ökonomische Konzepte und Analysemethoden zu mehr Transparenz und damit auch zu einer Erhöhung der Rechtssicherheit führen würde.[1438] Mithin führt die neue Methodik jedoch genau zum Gegenteil.

1433 *Unger*, Wettbewerbsverwaltung, 15.

1434 *Mestmäcker*, Rechtliche und ökonomische Grundlagen marktwirtschaftlicher Ordnungen, in: Vanberg, Evolution und freiheitlicher Wettbewerb, 2009, 1 (14).

1435 so aber *de Bronett*, EWS Beilage 2013, Nr. 1, 1 (7).

1436 *Schwalbe*, Per-se-Regeln und der ‚More Economic Approach‘ in: Vanberg, Evolution und freiheitlicher Wettbewerb, 2009, 62 (76); vgl. in diesem Zusammenhang auch die Rezension der „rechtswissenschaftlichen Dissertation“ von *Künzler*, Effizienz oder Wettbewerbsfreiheit?, 2008, durch *Schwalbe*, ZWeR 2010, 454 (455).

1437 *Immenga*, Leitlinien als Instrument europäischer Wettbewerbspolitik, Vorträge und Berichte, Nr. 169, Zentrum für Europäisches Wirtschaftsrecht (Bonn), 2008; *Meessen/Kersting* in: Loewenheim/Meessen/Riesenkampff/Kersting/Meyer-Lindemann, Kartellrecht, 3. Auflage 2016, Einführung in das europäische und deutsche Kartellrecht, Rn. 64.

1438 Hierzu *Künzler*, Effizienz oder Wettbewerbsfreiheit, 2008, 220.

Auch jenseits der „Robustheit" wirtschaftswissenschaftlicher Erkenntnisse[1439] legt der „more economic approach" eindeutig den Fokus auf die ökonomischen Besonderheiten des Einzelfalls[1440] und kann schon deswegen eben nur für diesen Einzelfall Transparenz und Rechtssicherheit schaffen. Gerade aufgrund rechtsstaatlicher Bestimmtheitsanforderungen wurde deshalb bei der Anwendung des Kartellrechts bis zur Einführung des „more economic approach" eine Typisierung vorgenommen, die in komplexen Sachverhalten keine punktgenaue Erreichung der ökonomischen Ziele erlaubte.[1441] Nur normative Generalisierung führt zu Vorhersehbarkeit.[1442]

Auch wenn Befürworter des Ansatzes anmahnen, dass Rechtssicherheit weiterhin ein wesentlicher Faktor sinnvoller Wettbewerbspolitik sein muss,[1443] werden abstrakt-generelle Wettbewerbsregeln allerdings nur noch als „Klugheitsregel für den Normalfall" begriffen, die im Einzelfall einer besseren Einsicht anzupassen sind.[1444] Erklärt man aber ökonomische Ziele zum maßgeblichen Entscheidungsfaktor, wirkt sich das auf die Bestimmtheit und Bestimmbarkeit der kartellrechtlichen Verfügungen aus. Aus der rechtlich nicht tragbaren Beliebigkeit wirtschaftswissenschaftlicher Deutungen des „more economic approach" folgt die fehlende Bestimmtheit, die für materiell-rechtliche Tatbestandsmerkmale von Ermächtigungsnormen für Eingriffe in die unternehmerische Freiheit vorausgesetzt werden muss.[1445] Für den Rechtsunterworfenen wird die Folge einer bestimmten Verhaltensweise fraglos weniger klar vorhersehbar.[1445]

Daneben sprechen – im Rahmen der vorliegenden Arbeit nicht überraschend – kompetenzrechtliche Gesichtspunkte gegen einen „more economic approach", zumindest in seiner derzeitigen Form. Da Eingriffe in den Marktmechanismus

---

1439 Vgl. oben *Schwalbe*, ZWeR 2010, 454 (455) mit Blick auf die in diese Richtung gehende Analyse bei *Künzler*, Effizienz oder Wettbewerbsfreiheit, 2008, 223 ff.

1440 *Künzler*, Effizienz oder Wettbewerbsfreiheit, 2008, 231.

1441 *Meessen/Kersting* in: Loewenheim/Meessen/Riesenkampff/Kersting/Meyer-Lindemann, Kartellrecht, 3. Auflage 2016, Einführung in das europäische und deutsche Kartellrecht, Rn. 61.

1442 *Künzler*, Effizienz oder Wettbewerbsfreiheit, 2008, 231; *Schmidt* in: FS Bechtold, 2006, 409 (411) spricht insoweit von der Notwendigkeit normativer Pauschalierung.

1443 *Schwalbe*, ZWeR 2010, 454 (460).

1444 *Klement*, Wettbewerbsfreiheit, 2015, 179.

1445 *Schmidt*, FS Bechtold, 2006, 409 (410 f.); *Meessen/Kersting* in: Loewenheim/Meessen/Riesenkampff/Kersting/Meyer-Lindemann, Kartellrecht, 3. Auflage 2016, Einführung in das europäische und deutsche Kartellrecht, Rn. 65.[1446] *Künzler*, Effizienz oder Wettbewerbsfreiheit, 2008, 225.

nur noch gestattet sind, wenn sie wissenschaftlich und empirisch abgesichert sind, wird die rechtliche Relevanzschwelle insgesamt zurückgenommen.[1446] Der „more economic approach“ ist nicht nur die Hinwendung zu einer an ökomischen Folgen orientierten Anwendung des Kartellrechts, sondern ebenso zu seiner Nichtanwendung.[1447]

Jenseits des grundsätzlichen „Legitimationsdefizits“, den Wettbewerbsbehörden im Vergleich zum Gesetzgeber haben,[1448] wurde der Ansatz nicht von den kompetenzrechtlich zuständigen Organen auf Unionsebene eingeführt. Konkret wäre der unionale Gesetzgeber, nicht aber die Kommission, zuständig gewesen, im Wege des Erlasses von Leitlinien die Tatbestandsmerkmale „Beitrag zur Verbesserung der Warenerzeugung oder -verteilung oder zur Förderung des technischen oder wirtschaftlichen Fortschritts“ in Art. 101 Abs. 3 AEUV durch das ökonomische Konzept „Effizienzgewinne“ zu ersetzen oder, wie der EuGH inzwischen festgestellt hat,[1449] durch ein Diskussionspapier die Konsumentenwohlfahrt zunächst als Ziel und gleich anschließend als zusätzliches Tatbestandsmerkmal von Art. 102 AEUV auszuweisen.[1450] Selbst den gesetzgeberischen Verankerungen des Ansatzes, etwa EG 29 der FKVO, begegnen kompetenzrechtliche Bedenken.[1451]

Auch in der Anwendung stößt der „more economic approach“ an seine Grenzen. Zwar meint auch *von Weizsäcker*, dass die Abwägung verschiedener Varianten der Wettbewerbsfreiheit „primär“ Sache der Gesetzgebung sei, aber auch die Praxis des Supreme Court hier erfolgreiche Ergebnisse zu Tage gefordert habe.[1452] Die Abwägung ist aber nicht nur primär, sondern ausschließlich Sache des Gesetzgebers. Bei Anwendung des „more economic approach“ müssen aber sowohl die Zivilgerichte (im Rahmen von „private enforcement“) als auch die Verwaltungsbehörden (im Rahmen von „public enforcement“) die neu entstandenen wettbewerbspolitischen Spielräume zu einer Entscheidung im Einzelfall

1446 *Künzler*, Effizienz oder Wettbewerbsfreiheit, 2008, 227.

1447 *Klement*, Wettbewerbsfreiheit, 2015, 164; *Schmidt*, FS Säcker, 2011, 939 (947) sieht daher im Ansatz die „Bemäntelung“ einer politisch gewollten Abschwächung der Wettbewerbspolitik.

1448 *Künzler*, Effizienz oder Wettbewerbsfreiheit, 2008, 335.

1449 EuGH vom 15.03.2007, C-95/04, WuW/E EU-R 1259 – British Airways/Kommission.

1450 *Meessen/Kersting* in: Loewenheim/Meessen/Riesenkampff/Kersting/Meyer-Lindemann, Kartellrecht, 3. Auflage 2016, Einführung in das europäische und deutsche Kartellrecht, Rn. 65.

1451 Hierzu *Immenga* in: FS Mestmäcker, 2006, 271 (274 ff.).

1452 *Von Weizsäcker*, WuW 2007, 1078 (1079).

verdichten und damit eine politische Ordnungsfunktion übernehmen. An die Stelle abstrakt-genereller rechtlicher Bindungen treten weite Entscheidungsspielräume, die Wettbewerbsaufsicht wird zur diskretionären Wettbewerbspolitik.[1453]

Ist aber die Durchsetzung von Wettbewerbsrecht im Einzelfall in erheblichem Umfang auf politische Entscheidungen angewiesen und kann sie nicht auf bereits getroffene Entscheidungen zurückgreifen, bedarf sie jedenfalls einer tragfähigen Legitimationsgrundlage.[1454] In dem Umfang, in dem aber gesetzliche Bindungen entfallen, geht damit auch der Zugriff auf die im parlamentarischen Gesetz gespeicherte demokratische Legitimation verloren.[1455] Genau dieser Übergang zu einem „technokratischen" Kartellrecht habe zu dem geführt, was *First* und *Weber Waller* als „antitrust's democracy deficit" bezeichnen.[1456]

Aufgrund der organisatorischen „Unabhängigkeit" der Kartellbehörden, insbesondere der fehlenden Eingliederung in die „Legitimationskette" der hierarchischen Ministerialverwaltung, sowie aufgrund der fehlenden weitgehenden inhaltlichen Determinierung durch parlamentarische Gesetze greifen im Kartellrecht darüber hinaus auch keine tauglichen Legitimationskompensationsstrategien.[1457]

Zudem kann rechtstatsächlich beobachtet werden, dass die Zunahme der Verpflichtungszusagen in vielen Fällen zu einer Ausschaltung der gerichtlichen Kontrolle geführt hat: denn durch die einvernehmliche Verfahrensbeendigung fehlt häufig der Kläger.[1458] So scheidet bei der Verpflichtungszusage eine gerichtliche Klärung des Kartellrechtsverstoßes schon deswegen aus, weil Verfügungen nach § 32b GWB hierzu keine Aussage treffen; das Unternehmen muss also erst der Verpflichtungszusage zuwiderhandeln, um die darauf folgende Abstellungsverfügung überprüfen zu lassen.[1459] Dritte haben bereits keinen Rechtsanspruch auf (weitergehendes) Tätigwerden der Kartellbehörde.[1460]

1453 *Unger*, Wettbewerbsverwaltung, 12.

1454 *Unger*, Wettbewerbsverwaltung, 28.

1455 *Unger*, Wettbewerbsverwaltung, 252.

1456 *Unger*, Wettbewerbsverwaltung, 254.

1457 *Unger*, Wettbewerbsverwaltung, 259.

1458 *Podszun*, ZWeR 2012, 48 (67), spricht insoweit von einer de facto nicht anfechtbaren Verfahrensbeendigung, da die schnelle Verfahrensbeendigung und die Ausschaltung von „follow-on"-Klagen schlicht wirtschaftlich zu attraktiv sind, um Verpflichtungszusagen überprüfen zu lassen.

1459 *Bornkamm*, FS Bechtold, 2006, 45 (56 f.): eine Beschwerde kann daher nur auf den wohl seltenen Fall gestützt werden, dass der Adressat gar keine Verpflichtungserklärung abgegeben hat oder er getäuscht oder zur Abgabe sogar genötigt wurde.

1460 *Bornkamm*, FS Bechtold, 2006, 45 (57).

Das führt zudem dazu, dass der institutionelle Faktor des Rechtsschutzes, insbesondere die Einflussnahme der Gerichte auf die kartellbehördliche Praxis, gemindert wird.[1461] Auch das Transparenzgebot ist betroffen.[1462] Mitunter wurde daher auch vorgeschlagen, Verpflichtungszusagen und settlements von der Zustimmung eines Richters abhängig zu machen.[1463]

b. Untauglichkeit des „more economic approach" am Beispiel des Rundfunkrechts

Diese rechtlichen Grenzen lassen sich auch anhand der vorliegenden Anwendungsfälle verdeutlichen. Insbesondere für den Bereich des Rundfunks wird dafür plädiert, dass dem Kartellrecht durch Anwendung eines „more economic approach" die Sicherung der Meinungsvielfalt überantwortet werden könne. Jenseits der gesondert zu betrachtendenden, beitragsfinanzierten öffentlich-rechtlichen Rundfunkanstalten sei im Privatfernsehen zu erkennen, dass die Werbeabhängigkeit die Diversifizierung eher fördere, da politische „Richtungssender" ökonomisch unvernünftig seien.[1464] Die Werbeeinnahmen seien als ökonomisch greifbarer Markt anders als ein Meinungsmarkt aber sehr wohl kartellrechtlich justiziabel. Der demokratischen Entscheidung der Zuschauer müsse mehr Gewicht eingeräumt und nicht das inhaltliche „race to the bottom" verteufelt werden.[1465]

Diese Ansicht blendet aber bereits zu stark aus, dass die Rundfunkfreiheit in der Lesart des Bundesverfassungsgerichts als „dienende Freiheit" zu verstehen ist: Sie dient als drittnütziges Freiheitsrecht der freien, individuellen Meinungsbildung und ist gerade damit Grundvoraussetzung für eine funktionsfähige Demokratie.[1466] In deren Interesse werden publizistische Vielfalt und ein funktionsfähiger publizistischer Wettbewerb als Werte an sich begriffen, die mit den

---

1461 *Podszun*, ZWeR 2012, 48 (67).

1462 *Stockmann*, ZWeR 2015, 183 (185).

1463 *Podszun*, ZWeR 2012, 48 (69); *Fischer*, Das Ermessen des Bundeskartellamts zur Verfolgung und Ahndung von Zuwiderhandlungen gegen das Kartellverbot, 2014, 393 und 570.

1464 *Körber*, ZWeR 2009, 315 (334).

1465 *Körber*, ZWeR 2009, 315 (335).

1466 BVerfG vom 06.10.1992, 1 BvR 1586/89, 1 BvR 487/92, BVerfGE 87, 181 (197); ebenso BVerfGE 83, 238 (295); 57, 295 (319); *Dörr/Herr*, K&R 2004, 424 (427); *Dörr/Deicke*, ZUM 2015, 89 (91); *Flechsig*, CR 1999, 327 (330); *Körber*, ZWeR 2009, 315 (320); *Huber*, BayVBl. 2004, 609 (612).

Interessen der Rundfunkwirtschaft und der Rezipienten gerade nicht abgeglichen werden müssen.[1467] Die „demokratische Entscheidung der Zuschauer" ist also mit der Rundfunkfreiheit schon nicht abwägbar.

Auch lässt sich die fehlende Rechtssicherheit am Beispiel der dargestellten Fusion von ProSiebenSat1 und Springer gut nachvollziehen. Die Fusionspläne der beiden Medienhäuser scheinen nach wie vor aktuell.[1468] Würde man die medienrechtliche Konzentrationskontrolle ausblenden, stellt sich die Frage, wie das Bundeskartellamt die ökonomischen Parameter, in denen durch einen „more economic approach" die Meinungsrelevanz abgebildet werden soll, beurteilt. Gerade in Zeiten der Medienkonvergenz unterliegen aber Technik und Nutzerverhalten nahezu täglichen Änderungen.[1469] Damit unterliegen aber auch die ökonomischen Anreize der Medienveranstalter starken Schwankungen. Folgerichtig wäre auch die kartellrechtliche Zulässigkeit einer Fusion in einer allein ökonomisch geprägten Medienordnung nicht mehr rechtssicher prognostizierbar.

Zwar ist die Ausfüllung unbestimmter Gesetzesbegriffe eine herkömmliche und anerkannte Aufgabe aller Rechtsanwendungsorgane, somit auch der kartellrechtlichen Behörden. Entscheidend ist aber insoweit, dass sich die betreffenden Normen durch Auslegung hinreichend konkretisieren lassen und verbleibende Ungewissheiten nicht so weit gehen, dass Vorhersehbarkeit und Justiziabilität des Verwaltungshandelns gefährdet werden.[1470] Eben dies ist jedoch Folge des „more economic approach".

Auch kompetenzrechtliche Betrauung mit der Aufgabe der Vielfaltssicherung erlaubt fehlende Rechtssicherheit und _planbarkeit ebensowenig, wie sie das Verbot von Doppelkompetenzen aufhebt. Die Pflicht zur Sicherung der publizistischen Vielfalt steht, wie das Bundesverfassungsgericht betont, unter „(Landes) Parlamentsvorbehalt".[1471]

1467 *Huber*, BayVBl. 2004, 609 (612); *Huber*, FS „10 Jahre TLM", 2001, 185 (195).

1468 Zwar wurde ein zweiter Fusionsversuch vor kurzem aufgegeben, dies zeigt aber, dass auch nach Abschluss der oben dargestellten Verfahren der ökonomische Antrieb zur Fusion nicht gesunken ist, vgl. „Springer und Pro Sieben gehen nicht zusammen", FAZ vom 29.07.2015 auf http://www.faz.net/aktuell/wirtschaft/unternehmen/prosiebensat-1-gruppe-fusioniert-nicht-mit-axel-springer-13725404.html (zuletzt abgerufen: 20.01.2021).

1469 hierzu *Paal*, ZWeR 2012, 380 (387).

1470 BVerfG vom 19.09.2018, BVerfGE 150, 1 Rn. 205; st. Rspr. BVerfGE 21, 73 (79 f.); 118, 168 (188); 120, 274 (316); 131, 88 (120); 133, 277 (355 f.); 145, 20.

1471 BVerfG vom 16.06.1981, 1 BvL 89/78, BVerfGE 57, 295 (321); *Jarass*,Kartellrecht und Landesrundfunkrecht, 1991, 25.

4. Zwischenergebnis

Weder der Markt noch das sich im Umbruch befindende Kartellrecht können die in den landesrechtlichen Kompetenzmaterien gebündelten Anliegen zielgerichtet „leisten". Auch der in diesem Rechtsgebiet zu beobachtende Paradigmenwechsel zu einem „more economic approach" führt zu keinem anderen Ergebnis, zumal dem Ansatz selbst erhebliche rechtsstaatliche und kompetenzrechtliche Bedenken begegnen.

Damit ergibt sich für den Verfassungsgeber aus dem vorgefundenen Kompetenzbefund auch kein Handlungsbedarf *de constitutione ferenda.*

E. Fazit und Thesen

Die Untersuchung hat es sich zur Aufgabe gesetzt, die kompetenzrechtliche Zulässigkeit verschiedener kartellrechtlicher Anwendungsfälle zu prüfen.

Dabei hat sich gezeigt, dass die in diesem Zusammenhang oft bemühte Kollisionsnorm des Art. 31 GG zur Lösung etwaiger Konfliktfälle dann vollkommen ungeeignet ist, wenn das den Konflikt auslösende Bundesrecht schon nicht im Einklang mit der Kompetenzordnung erlassen oder ausgeübt wurde.
Daher muss zunächst eine grundsätzliche Kompetenzabgrenzung im jeweiligen Bereich vorgenommen werden, die stets in Art. 30 GG ihren Ausgangspunkt nimmt. Die Abgrenzung muss dabei strikt und unter Beachtung des Verbots von Doppelkompetenzen erfolgen. Eine Unterscheidung von Kompetenzqualifikation und Kompetenzausübung verbietet sich dabei, da dies einerseits die Verbindlichkeit der Kompetenzausübung für Verwaltungskompetenzen ausblendet und überdies die Abgrenzung weitgehend in die Richtung einer allgemeinen Güterabgrenzung bewegt.
Die Gesetzgebungs- und Verwaltungskompetenzen im Glücksspielbereich, speziell im Lotteriesektor, und gleichermaßen im Rundfunk und weiten Teilen der kommunalen Daseinsvorsorge stehen überwiegend den Ländern zu. Daneben stehen die Kompetenzen des Bundes insbesondere aus dem Recht der Wirtschaft und der Verhütung wirtschaftlicher Machtstellung.
Diese bundesstaatliche Kompetenzverteilung wird auch nicht durch europäisches Recht überlagert.
Ein Anwendungsvorrang europäischen Rechts scheidet in den meisten Fällen bereits begrifflich aus, da die betroffenen Bereiche weitgehend nicht harmonisiert wurden und daher schlicht kein Unionsrecht existiert, dass Anwendungsvorrang beanspruchen könnte. Zudem muss die Union wegen Art. 4 Abs. 2 EUV die jeweilige nationale Identität des Mitgliedstaats achten und ihre grundlegenden politischen und verfassungsmäßigen Strukturen, also insbesondere die bundesstaatliche Kompetenzordnung, respektieren.
Soweit es ausnahmsweise zu „diagonalen" Konflikten unionaler und nationaler Gesetzesmaterien kommt, müssen diese unter entsprechender Anwendung des Grundsatzes praktischer Konkordanz gelöst werden.
Es ist verfassungsrechtlich nicht zu beanstanden, wenn landesrechtlich determinierte Akteure Adressaten von Verwaltungsakten gestützt auf Bundesrecht sind, solange in der jeweiligen Rechtsgrundlage deren Rechtsverhältnisse nicht geregelt sind, sondern lediglich „reflexartig" berührt werden.

Gleichzeitig kann der Bund nicht, auch nicht über Art. 87 Abs. 3 S. 1 GG, unbegrenzt landesrechtliche Sachverhalte „mitregeln". Vielmehr muss bei der Einordnung einer gesetzgeberischen oder verwaltungsrechtlichen Maßnahme auf den Schwerpunkt des objektiven Regelungsgegenstandes abgestellt werden. Kartellrechtliche Verfügungen, die im Schwerpunkt landesrechtliche Zielsetzungen verfolgen, verstoßen gegen die bundesstaatliche Kompetenzordnung.
Im Rundfunkrecht wurden durch die Anwendung des Kartellrechts die verfassungsrechtlich eingeräumten Kompetenzen der Länder verletzt, da sowohl beim Verfahrenskomplex „Globalvertrag", den Fusionen Radio NRW und Springer/Sat1ProSieben sowie der Frage der Einspeiseentgelter schwerpunktmäßig in den Rundfunkauftrag, im speziellen in die publizistische Vielfaltssicherung, eingegriffen wurde: Dabei war der jeweilige Wettbewerb, den Kartellbehörden wie -gerichte zu schützen versucht haben, Gegenstand der Einschätzungsprärogative der Länder.
Auch im Lotterierecht hat daher die Anwendung des Kartellrechts auf den Teilnahmeausschluss gewerblicher Spielegemeinschaften durch den DLTB, den Beschluss des Rechtsausschusses sowie die Fusion des Landes Rheinland-Pfalz mit der Lotto Rheinland-Pfalz GmbH in die verfassungsrechtlich eingeräumten Kompetenzen der Länder eingegriffen:
Gerade der Schwerpunkt der Regelungen, der (durch die gewerbliche Spielevermittlung entstehende) Wettbewerb zwischen den Lottogesellschaften, ist Teil der Gefahrenprognose der Länder, Art. 70, 83 GG.
Die Anwendung des Kartellrechts auf die Konzessionsvergabeverfahren hat in allen dargestellten Fällen dazu geführt, dass landesrechtliche Wertungen im Kommunalwirtschaftsrecht ausgetauscht und auch entgegen der Wertungen der Konzessionsrichtlinie eine Quasi-Vergaberecht für die Vergabe der Wegerechte i.S.v. § 46 Abs. 2 EnWG eingeführt wurde:
Damit wurden erneut im Schwerpunkt Kompetenzmaterien der Länder geregelt.
Der freie Markt versagt in den betrachteten Bereichen, was eben eine Steuerung durch Rundfunk- und Lotterierecht sowie das Tätigwerden der Gebietskörperschaften in Bereichen der kommunalen Daseinsvorsorge notwendig macht.
Das Kartellrecht kann diese Anliegen nicht „leisten", da es insbesondere die publizistische Vielfalt nicht nachhaltig sichern, den Lotteriebereich keiner laufenden Verhaltenskontrolle unterstellen und politische Ziele wie die Energiewende nicht in seine Beurteilung einstellen kann. Auch die stärkere Sozialpolitisierung des Wettbewerbsrechts in Folge der Implementierung des „more economic approach", dem ohnehin rechtsstaatliche Bedenken begegnen, führt daher zu keinem Handlungsbedarf des Verfassungsgesetzgebers.

Literaturverzeichnis

Adams, Michael/Tolkemitt, Till, Das staatliche Lotterieunternehmen, ZRP 2001, S. 511–518.

Arendts, Martin, Zum Verbot der Veranstaltung von Glücksspielen im Internet - Anmerkung zu einem Urteil des EuGH vom 12.06.2014, MMR 2014, S. 556–557.

Assion, Simon, Must-offer Pflichten für Programmveranstalter?, ZUM 2015, S. 631–640.

Badura, Peter, Wirtschaftliche Betätigung der öffentlichen Hand zur Gewährleistung der Daseinsvorsorge, in: Schwarze, Jürgen (Hrsg.), Daseinsvorsorge im Lichte des Wettbewerbsrechts, Baden-Baden 2001, S. 25–40.

Basedow, Jürgen, Konsumentenwohlfahrt und Effizienz - Neue Leitbilder der Wettbewerbspolitik?, WuW 2007, S. 712–715.

Bauer, Andreas, Netz und Nutzung, Berlin 2004.

Bayer, Irene, Fusionskontrolle im Rundfunk, Frankfurt a. M. 2013.

Bleckmann, Albert, Zur Zuständigkeitsverteilung zwischen Bund und Ländern, DVBl. 1985, S. 832–837.

Bornkamm, Joachim, Die Verpflichtungszusage nach § 32b GWB - Ein neues Instrument im deutschen Kartellverwaltungsverfahren, in: Brinker, Ingo/Scheunig, Dieter/Stockmann, Kurt (Hrsg.): Recht und Wettbewerb, Festschrift für Rainer Bechtold zum 65. Geburtstag, München 2006, S. 45–58.

Breder, Torsten, Die Kartellrechtliche Preishöhenmissbrauchskontrolle im Bereich der Trinkwasserversorgung, Baden-Baden 2016.

Brenner, Christian, Fusionskontrolle bei privaten Rundfunkveranstaltern, ZUM 1998, S. 877–880. *Brenner, Tobias*, „Settlements" in Kartellverfahren des Bundeskartellamts - Perspektiven und Grenzen, WuW 2011, S. 590–601.

Brenner, Tobias, Regulierung mithilfe des Kartellrechts? - Verpflichtungszusagen der Europäischen Kommission, EuR 2014, S. 671–697.

Breuer, Ludger, Zersplitterung und Bedeutungsverlust des Gemeindewirtschaftsrechts, GewArch Beilage WiVerw Nr. 03/2015, S. 150–171.

Breuer, Rüdiger, Wasserpreise und Kartellrecht, NVwZ 2009, S. 1249–1255.

Bringmann, Tobias, Wasser als Daseinsvorsorge, in: Sander, Gerald (Hrsg.), Öffentliche Wasserversorgung zwischen Daseinsvorsorge, Regulierung und Privatisierung, Hamburg 2014, S. 13–22.

Brock, Oliver, Online-Sportwetten im neuen (Glücks-)Spielrecht, CR 2011, S. 517–525.

Brockhoff, Ingo, Reichweite und Grenzen der Fusionskontrolle im Rundfunkbereich, Hamburg 2016.

Brohm, Winfried, Wirtschaftstätigkeit der öffentlichen Hand und Wettbewerb, NJW 1994, S. 281–289.

Brüning, Christoph, Risse im Rechtsrahmen kommunaler wirtschaftlicher Betätigung, NVwZ 2015, S. 689–695.

Busche, Jan/Keul, Thomas, Zum Kartellverbot nach der Neufassung des GWB § 1, ZIP 1999, S. 1027–1028.

Byoak, Jan/Graef, Andreas/Faasch, Rolf, Neugründung kommunaler Stadtwerke-Gesellschaften im Lichte des Kartellvergaberechts, NZBau 2012, S. 556–559.

Calliess, Christian, Art. 5 EUV, in: ders./Ruffert, Matthias (Hrsg.), EUV/AEUV, München 5. Aufl. 2016.

Canaris, Claus-Wilhelm, Wandlungen des Schuldvertragsrechts – Tendenzen zu seiner „Materialisierung", AcP 200, S. 276–364.

Classen, Kai-Dieter, Zur Abgrenzung von Dienstleistungskonzessionen gegenüber Miet- und Pachtverträgen, VergabeR 2016, S. 13–22.

De Bronett, Georg-Klaus, Der „More Economic Approach" bei der Anwendung des europäischen Kartellverwaltungsrechts und Kartellstrafrechts, EWS Beilage 2013, Nr. 1, S. 1–8.

Deringer, Arved, Zum Verhältnis des Wettbewerbsrechts zu der durch GG Art. 5 Abs. 1 S. 2 geschützten Rundfunkordnung, NJW 1990, S. 2821–2822.

Deichfuß, Hermann, Unternehmenseigenschaft einer Körperschaft des öffentlichen Rechts („Niederbarnimer Wasserverwand"), jurisPR-WettbR 2/2012 Anm. 2.

Dietlein, Johannes, Ist der Bundesstaat kartellrechtswidrig?, ZfWG 2006, S. 197–202.

—, Zur Novellierung des nordrhein-westfälischen Sportwettengesetzes, NWVBl. 2001, S. 171–175.

—, § 3 GlüStV, in: ders./Hecker, Manfred/Ruttig, Markus (Hrsg.), Glücksspielrecht, München 2008.

—, Die Gesetzgebungszuständigkeit der Länder für das Spielhallenwesen, ZfWG 2008, S. 12–19.

—, Landesverfassungsgerichte als Hüter der gesetzlichen Kompetenzordnung, ZfWG 2014, S. 261–266.

—, Glücksspielregulierung und Konsequenzgebot NVwZ 2017, S. 1667–1669.

Dietlein, Johannes/Hecker, Manfred, Die Vermittlung von Oddset-Wetten zwischen Gefahrenabwehr und Wettbewerbsschutz, WRP 2003, S. 1175–1180.

Di Fabio, Migrationskrise als föderales Verfassungsproblem, Gutachten im Auftrag des Freistaates Bayern, 2016, abrufbar unter http://www.bayern.de/wp-content/uploads/2016/01/Gutachten_Bay_DiFabio_formatiert.pdf (zuletzt abgerufen: 20.01.2021).

Donhauser, Christoph/Hölzlwimmer, Jennifer, Die neue Richtlinie über die Konzessionsvergabe – Auswirkungen auf die Vergabe von Wegenutzungskonsessionen nach § 46 EnWG, VergabeR 2015, S. 509–521.

Dörr, Dieter, Die Vorschriften im Rundfunkstaatsvertrag zur Sicherung der Meinungsvielfalt, ZWeR 2004, S. 159–190.

—, § 97, in: Burgi, Martin/Dreher, Meinrad, Beck'scher Vergaberechtskommentar, München 3. Aufl. 2017.

Dörr, Dieter/Deicke, Richard, Positive Vielfaltssicherung – Ein Beitrag zur Bedeutung und zukünftigen Entwicklung der Fensterprogramme für die Meinungsvielfalt in den privaten Fernsehprogrammen, ZUM 2015, S. 89–106.

Dörr, Dieter/Herr, Christian, Das Hamburgische Mediengesetz und die Bestimmungen über die Meinungsvielfalt im Rundfunk, K&R 2004, S. 424–432.

Dos Santos Goncalves, David-Julien/Lunk, Tobias, Kausalitätsvermutung im Rahmen von Informationsaustausch unter Wettbewerbern, GWR 2016, S. 365–

Dreher, Meinrad, Die Beschaffung von Programmmaterial durch die Rundfunkanstalten, ZUM 2005, S. 265–275.

Dreier, Horst, Art. 28, in: ders./u.a. (Hrsg.), GG Kommentar, Tübingen 3. Auflage 2015.

Ehlers, Dirk, Empfiehlt es sich, das Recht der öffentlichen Unternehmen im Spannungsfeld von öffentlichem Auftrag und Wettbewerb national und gemeinschaftsrechtlich neu zu regeln, Gutachten E für den 64. Deutschen Juristentag, München 2002.

Eilmansberger/Thomas, Verbraucherwohlfahrt, Effizienzen und ökonomische Analyse – Neue Paradigmen im europäischen Kartellrecht?, ZWeR 2009, S. 437–471.

Emmerich/Volker, Rundfunk im Wettbewerbsrecht, AfP 1989, S. 433–438.

—, Anwendung des Kartellrechts auf die öffentlich-rechtlichen Rundfunkanstalten – „Globalvertrag", JuS 1991, S. 156–157.

—, Anmerkung zu BGH – Prosieben II, JuS 2011, S. 464–465.

—, § 130, in: Immenga, Ulrich/Mestmäcker (Hrsg.), Ernst-Joachim, Wettbewerbsrecht, München 5. Aufl. 2014.

Emmerich, Volker/Steiner, Udo, Möglichkeiten und Grenzen der öffentlichen Rundfunkanstalten, Berlin 1988.

Ennuschat, Jörg, § 33h, in: Pielow, Johann-Christian (Hrsg.), GewO, 2. Aufl. 2014.

Erbguth, Wilfried/Schubert, Mathias, Art. 30 in: Sachs, Michael, GG, 8. Auflage 2018, Art. 30.

Ewer, Wolfgang/Thienel, Tobias, Verletzung grundgesetzlicher Länderrechte durch die Flüchtlingspolitik der Bundesregierung?, NJW 2016, S. 376–379.

Fassbender, Bardo, „Staatliche Befugnisse und Aufgaben" im Sinne von Art. 30 GG als innere und auswärtige Kompetenzen des Bundes und der Länder, DÖV, 2011, S. 714–720.

Fehling, Michael, Mechanismen der Kompetenzabgrenzung in föderativen Systemen im Vergleich, in: Aulehner, Josef/Dengler, Andreas/u.a. (Hrsg.), Föderalismus – Auflösung oder Zukunft der Staatlichkeit, München 1997.

—, Zur Möglichkeiten und Grenzen identischer Wettbewerbsbedingungen für öffentliche Unternehmen der Daseinsvorsorge und private Konkurrenten, in: Schwarze, Jürgen (Hrsg.), Daseinsvorsorge im Lichte des Wettbewerbsrechts, Baden-Baden 2001, S. 195–206.

Fink, Udo/Kerber, Tobias, Übertragungspflichten ohne Einspeiseentgelt? – Die Verbreitung öffentlich-rechtlicher Fernseh- und Hörfunkprogramme durch Kabelnetze, MMR-Beilage 2013/2, 1–43.

Fischer, Beatrice, Das Ermessen des Bundeskartellamts zur Verfolgung und Ahndung von Zuwiderhandlungen gegen das Kartellverbot, Berlin 2014.

Flechsig, Norbert, Presse- und Rundfunkfreiheit – Von der vierten Gewalt zum fünften Rad im Lichte zunehmender Kommerzialisierung?, CR 1999, S. 327–338.

Forsthoff, Ernst, Rechtsfragen der leistenden Verwaltung, Stuttgart 1959.

Frotscher/Kramer, Wirtschaftsverfassungs- und Wirtschaftsverwaltungsrecht, in: Aulehner, Josef/Dengler, Andreas/u.a. (Hrsg.), Föderalismus – Auflösung oder Zukunft der Staatlichkeit, München 1997.

Gaßner, Otto, Europa und das Zusammenspiel von Markt und Daseinsvorsorge, KommJur 2007, S. 129–133.

Gersdorf, Hubertus, Regulierung von Entgelten und Gebühren in Netzwirtschaften, ZWeR 2016, S. 113–136.

—, Mediengrundrechte, Art. 70 GG in: ders./Paal, Boris P., Informations- und Medienrecht, München 18. Edition, Stand 01.05.2017.

Glöckner, Jochen, Rechtsbruchtatbestand oder … The Saga Continues!, GRUR 2013, S. 568–576.

Gottfried, Kerstin, Kartellrechtliche Kontrolle der Wasserpreise – Welche Kosten können eingestellt werden?, in: Sander, Gerald (Hrsg.), Öffentliche Wasserversorgung zwischen Daseinsvorsorge, Regulierung und Privatisierung, Hamburg 2014, S. 89–96.

Gounalakis, Georgios/Zagouras, Georgios, Crossmedia Konzentration und multimediale Meinungsmacht, AfP 2006, S. 93–103.

Grave, Carsten/ Klauß, Ingo, Erlangung der Möglichkeit crossmedialer Strategien kann Zusammenschlussvorhaben entgegenstehen – „Springer/ProSiebenSat1", GWR 2010, S. 530–531.

Grave, Carsten/Nyberg, Jenny, Art. 101 in: Loewenheim, Ulrich/Meessen, Karl/ Riesenkampff, Alexander/Kersting, Christian/Meyer-Lindemann, Hans-Jürgen (Hrsg.), Kartellrecht, München, 3. Auflage 2016.

Grossfeld, Bernhard, Föderalismusprobleme im Rundfunk, AG 1992, S. 336–345.

Grünwald, Andreas, Anmerkung zu BVerwGE: Medienrechtliche Unbedenklichkeit der Fusion Springer/ProSiebenSat.1 muss neu geprüft werden, MMR 2011, S. 269–270.

—, Die KEK hätte Springer/Pro Sieben nicht untersagen dürfen – na und?, MMR 2014, S. 209–210.

Grzeszick, Bernd, § 78 Hoheitskonzept – Wettbewerbskonzept, in: Isensee, Josef/ Kirchhof, Paul (Hrsg.), Handbuch des Staatsrechts, Band IV, Heidelberg 3. Aufl. 2006.

Hain, Karl E., Zum ersten Akt des (verwaltungs-)gerichtlichen Nachspiels der gescheiterten Fusion von Springer und Pro7Sat1, K&R 2008, S. 160–165.

—, Das medien-rechtliche Must-Carry-Regime und das Kartellrecht – ein schwieriges Verhältnis, K&R 2015, S. 563–565.

Hain, Karl E./Steffen, Christine/Wierny, Thomas, Must-Carry! Must-Offer! Must Pay?, MMR 2013, S. 769–773.

—, Das deutsche Must-Carry-Regime auf dem Prüfstand, MMR 2014, S. 24–28.

Hambach, Wulf/Hettich, Michael/Kruis, Tobias, Verabschiedet sich Poker aus dem Glücksspielrecht?, MR-Int 2009, S. 41–50.

Hartmann, Bernd J., Kohärenz im Glücksspielrecht: vertikal – horizontal-intersektoral?, EuZW 2014, S. 814–819.

Haucap, Justus, Wirtschaftskrise – Krise der Marktwirtschaft, WuW 2009, S. 247.

Heintzen, Markus, Art. 70 in: Kahl, Wolfgang/Dolzer, Rudolf/Abraham, Hans Jürgen, Bonner Kommentar zum Grundgesetz, Heidelberg Stand: 135. Lfg. August 2008.

Hellermann, Johannes, Die gemeindliche Entscheidung über die Vergabe von Strom- und Gaskonzessionsverträgen, München 2013.

—, § 46 EnWG und die gemeindliche Selbstverwaltung – aus Sicht des Bundesgerichtshofs, EnWZ 2014, S. 339–346.

—, Art. 30, in: Epping, Volker/Hillgruber (Hrsg.), Christian, Beck OK GG, 42. Edition, Stand: 01.12.2019.

Hertwig, Stefan, Grundfreiheiten und Glücksspiel, NZBau 2016, S. 152–154.

Hesse, Albrecht, Zur aktuellen Entwicklung des Rundfunkrechts, BayVBl. 1997, S. 132–143.

Hill, Hermann, In welchen Grenzen ist kommunalwirtschaftliche Betätigung Daseinsvorsorge, BB 1997, S. 425–431.

Hoffmann-Riem, Wolfgang, Regulierung der dualen Rundfunkordnung, Baden-Baden 2000.

Holznagel, Bernd/Salwitzek, Astrid, Doppelt hält besser – Wer zahlt für das Kabelfernsehen?, K&R 2013, S. 454–458.

Horn, Hans-Detlef, Zum Recht der gewerblichen Veranstaltung und Vermittlung von Sportwetten, NJW 2004, S. 2047–2056.

Houtman-de Smedt, Helma, North-West Europe Under the Spell of Lotteries and Lotto in the Eighteenth and Nineteenth Centuries, in: Bauer, Günther G. (Hrsg.), Lotto und Lotterie, München 1997.

Huber, Peter M., Klare Verantwortungsteilungs zwischen Bund, Ländern und Kommunen?, Gutachten D für den 65. Deutschen Juristentag, München 2004.

—, Regulierungsansätze zur Sicherung publizistischer Vielfalt in Thüringen – Das Rundfunkrecht als Referenzgebiet für die Marktregulierung –, in: Rössler, Patrick/u.a. (Hrsg.), Radio in der Region – Das Geräusch der Provinz, Festschrift „10 Jahre TLM“, München 2001, S. 185–196.

—, Die unternehmerische Betätigung der öffentlichen Hand, in: Brenner, Michael/Huber, Peter M./Möstl, Markus, Der Staat des Grundgesetzes, Kontinuität und Wandel, Festschrift für Peter Badura zum siebzigsten Geburtstag, Tübingen 2004, S. 897–930.

—, Das bayerische Rundfunkmodell im Lichte seiner verfassungs- und unionsrechtlichen Rahmenbedingungen, BayVBl. 2004, S. 609–616.

—, Medienkonzentrationskontrolle als Herausforderung an das Allgemeine Verwaltungsrecht, Die Verwaltung 2007, S. 1 ff.

—, Die Renaissance des Staates, in: Calliess, Christian/Paqué, Karl-Heinz, Deutschland in der Europäischen Union im kommenden Jahrzehnt – Kreativität und Innovationskraft: Neue Impulse für Staat, Markt und Zivilgesellschaft, Köln 2010, S. 25–32.

Huber, Peter M./Wollenschläger, Ferdinand, EMAS und Vergaberecht – Berücksichtigung ökologischer Belange bei öffentlichen Aufträgen, GewArch WiVerw Nr. 04/2005, S. 212–234.

Kirchhof, Gregor, Das Glücksspielkollegium verletzt das Grundgesetz, ZfWG 2015, S. 301–307.

Kirchof, Paul, Das Parlament als Mitte der Demokratie, in: Brenner, Michael/Huber, Peter M./Möstl, Markus, Der Staat des Grundgesetzes, Kontinuität und Wandel, Festschrift für Peter Badura zum siebzigsten Geburtstag, Tübingen 2004, S. 237–262.

Klamert, Marcus, Unschärfen der Kompetenzverteilung im Wettbewerbsrecht und das Loyalitätsgebot als ausgleichendes Kooperationsprinzip, EuZW 2017, S. 131–136.

Klaue, Siegfried, Zur Anwendung des Kartellgesetzes auf die öffentlich-rechtlichen Rundfunkanstalten, in: Hoffmann-Riem, Wolfgang (Hrsg.), Rundfunk im Wettbewerb, Baden-Baden 1988, S. 84–94.

Klees, Andreas, Zur Kartellrechtswidrigkeit des Regionalisierungsstaatsvertrages, EWiR 2007, S. 493–494.

Klement, Jan Henrik, Wettbewerbsfreiheit, Tübingen 2015.

Kling, Michael, Staatliches Handeln, Daseinsvorsorge und Kartellrecht: die Rolle der europäischen Wettbewerbsregeln im öffentlichen Sektor, Köln 2014.

Kling, Michael/Dally, Christoph, Staatliches Handeln und Kartellrecht, ZWeR 2014, S. 3–31.

Kluckert, Sebastian, Ausschluss und entsprechende Geltung des deutschen Kartellrechts aufgrund Öffentlichen Rechts im Bereich der gesetzlichen Krankenversicherung, NZS 2012, S. 808–814.

Knothe, Matthias/Lebens, Julia, Rundfunkspezifische Konzentrationskontrolle des Bundeskartellamts, AfP 2000, S. 125–131. *Kolb, Florian*, Die Veranstaltung von Glücksspielen, Köln 2009.

Koppe, Lars, (Re-)Kommunalisierung des Strom- und Gasversorgungsnetzbetriebes, Marburg 2017.

König, Christian/Meyer, Matti, E-Geldwäscherecht – Online Glücksspiel an der Regulierungsfront, K&R 2013, S. 17–22.

Körber, Torsten, Sektorspezifische Rundfunkregulierung oder „Wettbewerb 2.0"?, ZWeR 2009, S. 315–342.

Korioth, Stefan, Art. 30, in: Maunz, Theodor/Dürig, Günther/u.a. (Hrsg.) GG-Kommentar, 89. EL Oktober 2019.

Kössinger, Winfried, Die Durchführung des Europäischen Gemeinschaftsrechts im Bundesstaat, Berlin 1988.

Kreile, Johannes/Heinrich, Helge, Die Regulierung kommerzieller Tätigkeiten von Tochtergesellschaften des öffentlich-rechtlichen Rundfunks am Beispiel von technischen Dienstleistungen und Programmproduktionen, ZUM 2016, S. 110–125.

Krönke, Christoph, Die Verfahrensautonomie der Mitgliedstaaten der Europäischen Union, Tübingen 2013.

Krüger, Herbert, Allgemeine Staatslehre, Stuttgart 1966.

Kubiciel, Michael, Das Verbot von Online-Casinospielen aus verfassungs- und unionsrechtlicher Sicht NVwZ 2018, S. 841–486.

Kuchinke, Björn A./Schubert Jens M., Der Beschluss des Bundeskartellamts in Sachen Springer - ProSiebenSat-1, WuW 2006, S. 477–485.

Kunig, Philip, Art. 70, in: v. Münch, Ingo/ders. (Hrsg.), GG Kommentar, Band 2, München 5. Auflage 2003.

Kühn, Hendrik, Wettbewerbsbeschränkungen auf staatlich gelenkten Märkten, EuZW 2014, S. 685–686.

Künzler, Adrian, Effizienz oder Wettbewerbsfreiheit, Tübingen 2008.

Ibler, Martin Art. 87, in: Maunz, Theodor/Dürig, Günther/u.a. (Hrsg.), Grundgesetz-Kommentar, München 79. EL Dezember 2016.

Immenga, Ulrich, Zur wettbewerbsrechtlichen Zulässigkeit der Beschränkung des Marktzugangs für private Fernsehveranstalter bei der fernsehmäßigen Auswertung von Sportveranstaltungen, JZ 1991, S. 520–520.

—, Der SIEC-Test der europäischen Fusionskontrolle als Kompetenzfrage, in: Engel, Christoph/Möschel, Ernst-Joachim (Hrsg.), Recht und spontane Ordnung, Festschrift für Ernst-Joachim Mestmäcker zum achtzigsten Geburtstag, 2006, S. 269–284.

Ipsen, Jörn, Rechtsschutz gegen kommunale Wirtschaftstätigkeit, ZHR 170, S. 422–454.

Isensee, Josef, § 73 Staatsaufgaben, in: Isensee, Josef/Kirchhof, Paul (Hrsg.), Handbuch des Staatsrechts, Band IV, Heidelberg 3. Auflage 2006.

—, § 133 Die bundesstaatliche Kompetenz, in: Isensee, Josef/Kirchhof, Paul (Hrsg.), Handbuch des Staatsrechts, Band VI, Heidelberg 3. Auflage 2008.

Jaeger, Wolfgang, Erfahrungen aus der Praxis, in: Schwarze, Jürgen (Hrsg.), Daseinsvorsorge im Lichte des Wettbewerbsrechts, Baden-Baden 2001, S. 165–184.

Janson, Nils J., Zur interföderalen Kohärenz in Bundesstaaten ZfWG 2015, S. 212–216.

Janz, Norbert, Rechtsfragen der Vermittlung von Oddset-Wetten in Deutschland, NJW 2003, S. 1694–1701.

Jarras, Hans D., Kartellrecht und Landesrundfunkrecht, Köln u.a. 1991.

—, Die Kompetenzverteilung zwischen der Europäischen Gemeinschaft und den Mitgliedstaaten, AöR 121 (1996), S. 173–196.

Jung, Christian, Art. 106 AEUV, in: Calliess, Christian/Ruffert, Matthias (Hrsg.), EUV/AEUV, München 5. Aufl. 2016.

Jungheim, Stephanie, Medienordnung und Wettbewerbsrecht im Zeitalter der Digitalisierung und Globalisierung, Tübingen 2012.

Jürgens, Fabian, Die Kompetenzabgrenzung zwischen der Europäischen Union und den Mitgliedstaaten, München 2010.

Langer, Eva, Neue Angebote am Online-Games-Markt und das deutsche Glücksspielrecht, CR 2013, S. 237–242.

Ladeur, Karl-Heinz, Die Kooperation von europäischen Kartellrecht und mitgliedstaatlichem Rundfunkrecht, WuW 2000, S. 965–975.

—, Entgeltpflicht für die Kabeleinspeisung von Programmen der öffentlich-rechtlichen Rundfunkanstalten?, ZUM 2012, S. 939–946.

Leible, Stefan/T. Streinz, Thomas, Art. 34 EUV, in: Grabitz, Eberhard/Hilf, Meinhard/Nettesheim, Martin (Hrsg.), Das Recht der Europäischen Union, München 62. EL Juli 2017.

Lerche, Peter, Die Gesetzgebungskompetenz von Bund und Ländern auf dem Gebiete des Presserechts, JZ 1972, S. 468–474.

Longo, Fabio, Neue örtliche Energieversorgung als kommunale Aufgabe, Baden-Baden 2009.

Lüder, Tobias, Der Dritte Glücksspieländerungsstaatsvertrag, NVwZ 2020, S. 190–195.

Ludwigs, Markus/Sikora, Patrick, Der Vorrang des Unionsrechts unter Kontrollvorbehalt des BVerfG, EWS 2016, S. 121–131.

Lüttmann, Ruth, Beschränkung privater Fernsehveranstalter durch Globalvertrag zwischen öffentlich-rechtlichen Rundfunkanstalten und Spitzenverbänden des Sports über die Befugnis zur Übertragung von Sportveranstaltungen, JA 1990, S. 391–394.

Makswit, Jesko-Alexander, Verfassungsrechtliche Schranken der Kompetenzwahrnehmung im Glücksspielrecht, ZfWG 2015, S. 430–434.

Mailänder, Peter, Freistellungsbedarf für medienwirtschaftliche Zusammenarbeit der Rundfunkanstalten, WuW 2017, S. 61–61.

Marberth-Kubicki, Annette/Hambach, Wulf/Berberich, Bernd, Aktuelle Entwicklungen im deutschen Glücksspielrecht, K&R 2012, S. 27–33.

Markopoulos, Titos, EU-Wirtschaftsverfassung und kommunale Wasserversorgung, KommJur 2012, S. 330–336.

Martini, Mario, § 1 RStV, in: Gersdorf, Hubertus/Paal, Boris P. (Hrsg.), BeckOK Informations- und Medienrecht, München 18. Edition, Stand: 01.11.2017.

März, Wolfgang, Art. 31, in: v. Mangoldt, Hermann/Klein, Friedrich/Starck, Christian, GG Kommentar, 6. Aufl. 2010.

Maunz, Theodor, Art. 74, in: ders./Dürig, Günther/u.a. (Hrsg.), Grundgesetz-Kommentar, München 79. EL Dezember 2016.

Meessen, Karl M./Kersting, Christian, Einführung in das europäische und deutsche Kartellrecht, in: Loewenheim, Ulrich/Meessen, Karl. M/Riesenkampff, Alexander/Kersting, Christian/Meyer-Lindemann, Jürgen (Hrsg.), Kartellrecht, München 3. Auflage 2016.

Mehde, Veith, Art. 28, in: Maunz, Theodor/Dürig (Hrsg.), Günther, GG Kommentar, 89. EL September 2019.

Meinzenbach, Jörg/Koch, Susanne, Follow-on-Klage zu Lottoblock-Verfahren: Staatliche Lottogesellschaft zu Kartellschadensersatz in Millionenhöhe verurteilt, ZfWG 2014, S. 286–288.

Mestmäcker, Ernst-Joachim, Die Abgrenzung von öffentlich-rechtlichem und privatrechtlichem Handeln im Wettbewerbsrecht, NJW 1969, 1.

—, 50 Jahre GWB – Die Erfolgsgeschichte eines unvollkommenen Gesetzes, WuW 2008, S. 6–22.

—, Rechtliche und ökonomische Grundlagen marktwirtschaftlicher Ordnungen, in: Vanberg/Viktor (Hrsg.), Evolution und freiheitlicher Wettbewerb, Tübingen 2009, S. 1–18.

—, Ein Forum im Kampf um die richtige Ordnung des Wettbewerbs, WuW 2017, S. 302–305.

Michl, Walther, EuZW 2014, S. 630–631.

Möllnitz, Christina, Die Vergabe von Konzessionsverträgen nach § 46 Abs. 2 EnWG im Spannungsfeld zwischen Wettbewerb und Daseinsvorsorge, 2016.

Möschel, Wernhard, Globalvertrag von ARD und ZDF und Deutschem Sportbund-Wettbewerbsbeschränkung, EWiR 1990, S. 911–912.

—, Wettbewerbssicherung versus Vermachtung in der Informationsgesellschaft, MMR 2001, S. 3–8.

—, Keine Aufweichung der Pressefusionskontrolle, WuW 2004, S. 622–632.

—, Finanzkrise und Marktwirtschaft, WuW 2008, S. 1283–1291.

—, Glücksspiel und europäischer Binnenmarkt, EuZW 2013, S. 252–255.

Müller, Matthias, Art. 107, 108 GemO BW, in: Dietlein, Johannes/Pautsch, Arne (Hrsg.), BeckOK Kommunalrecht Baden-Württemberg, 8. Edition, Stand: 01.01.2020.

Müller, Michael, Konzentrationskontrolle zur Sicherung der Informationsfreiheit, München 2004.

Müller-Graff, Peter-Christian, Art. 34, in: von der Groeben, Hans/Schwarze, Jürgen/Hatje, Armin, Europäisches Unionsrecht, Baden-Baden 7. Auflage 2015.

Nagel, Bernhard, Wettbewerb und Rechtsordnung, KJ 2007, S. 144–155.

Nebel, Julian Asmus, Konzessionsvergabe bei der Rekommunalisierung von Stromnetzen („Stromnetz Berkenthin"), jurisPR-UmwR 5/2014, Anm. 3.

Oebbecke, Janbernd, § 136 Verwaltungszuständigkeit, in: Isensee, Josef/Kirchhof, Paul (Hrsg.), Handbuch des Staatsrechts, Band VI, Heidelberg 3. Auflage 2008.

Ohlmann, Wolfgang, Lotterien in der Bundesrepublik Deutschland – Der kooperative Lotterieföderalismus und seine praktischen Rechtswirkungen, WRP 1998, S. 1043–1058.

—, Die deutschen Lotto- und Totounternehmen – Wettbewerbsakteure oder Kompetenzträger im kooperativen Lotterieföderalismus?, WRP 2001, S. 672–686.

—, Lotterien am Prokrustesbett der Ökonomen?, ZRP 2002, S. 353–356.

—, Lotterien, Sportwetten, der Lotteriestaatsvertrag und Gambelli, WRP 2005, S. 48–68.

—, Lotterien und Glücksspiele in Deutschland, ZfWG 2007, S. 101–106.

Opitz, Marc, Die Zukunft der Dienstleistungskonzession, NVwZ 2014, S. 753–760.

Ossenbühl, Fritz, Daseinsvorsorge und Verwaltungsprivatrecht, DÖV 1971, S. 513–524.

Oster, Jan, Teil 4 Telekommunikationsrechtliche Vorfragen, in: Hoeren/Sieber/Holznagel, Multimedia-Recht, München 44. EL Januar 2017.

Paal, Boris P., Crossmediale Zusammenschlüsse, Marktabgrenzung und Medienmacht – Springer/ProSieben II, ZWeR 2012, S. 380–402.

—, Vielfaltssicherung und Konzentrationskontrolle nach dem RStV, AfP 2014, S. 389–394.

—, Presse-Grosso-System – Befreiung(en) vom Kartellverbot und Betrauung, ZWeR 2016, S. 179–204.

—, Current Issues and Recent Developments on Media Concentration in the Context of Competition Law and Media Law, GRUR Int. 2017, S. 481–486.

Pagenkopf, Martin, Der neue Glücksspielstaatsvertrag – Neue Ufer, alte Gewässer, NJW 2012, S. 2918–2924.

Papier, Hans-Jürgen/Krönke, Christoph, Sportwetten und Verfassungsrecht, Baden-Baden 2012.

Paschke, Martin, Kartellrechtsnovelle für Pressegrosso ohne Kompetenzgrundlage, AfP 2012, S. 501–510.

Paulus, Andreas/Nölscher, Patrick, Rundfunkbegriff und Staatsferne im Konvergenzzeitalter, ZUM 2017, S. 177–186.

Pfeifer, Nicolas, Vergütungsansprüche von Kabelnetzbetreibern für die Einspeisung der Angebote des öffentlich-rechtlichen Rundfunks im Must-Carry-Bereich, Rechtsgutachten im Auftrag der in der ARD zusammengeschlossenen Landesrundfunkanstalten, Köln 2013.

Pichler, Philipp/Klar, Manuel, Rechtliche Rahmenbedingungen für kartellrechtliche Settlements in Deutschland – insbesondere Reichweite der Übertragbarkeit strafprozessualer Vorgaben für Verständigungen, NZKart 2015, S. 217–223.

Pielow, Johann-Christian, Öffentliche Daseinsvorsorge zwischen Markt und Staat, JuS 2006, S. 692–694.

Pieroth, Bodo, Art. 30, in: Jarass, Hans D./ders. (Hrsg.), GG Kommentar, München 14. Auflage 2016.

Pieroth, Bodo/Görisch, Christoph, Gewerbliche Lotteriespielvermittlung als Gegenstand der konkurrierenden Bundesgesetzgebung, NVwZ 2005, S. 1225–1231.

Pieroth, Bodo/Lammers, Thomas, Das Berliner Spielhallengesetz und die Kompetenzordnung des Grundgesetzes, GewArch 2012, S. 1–5.

Pietzcker, Jost, § 134 Zuständigkeitsordnung und Kollisionsrecht im Bundesstaat, in: Isensee, Josef/Kirchhof, Paul (Hrsg.), Handbuch des Staatsrechts, Band VI, Heidelberg 3. Auflage 2008.

Pönicke, Astrid, Der Ausschluß gewerblich organisierter Spielgemeinschaften durch den Deutschen Lotto- und Totoblock, WRP 1998, S. 830–838.

Podszun, Rupprecht, Anmerkung zu einer Entscheidung des BGH, Beschluss vom 08.06.2010 – Zur Bestätigung der Untersagungsverfügung des Bundeskartellamts hinsichtlich der Übernahme von ProSiebenSat1 durch den Axel-Springer-Verlag seitens des BGH, MMR 2011, S. 63–65.

—, Paradigmenwechsel in der kartellbehördlichen Befugnisausübung: Grundlagen, Gefahren, Grenzen, ZWeR 2012, S. 48–69.

—, Institution im Wandel: Die 9. GWB-Novelle und das Bundeskartellamt, WuW 2017, S. 266–269.

—, Telekommunikationssektor, in: Jaeger, Wolfgang/Kokott, Juliane/Schroeder, Petra (Hrsg.), Frankfurter Kommentar zum Kartellrecht, Frankfurt a.M. 88. Liederung 04.2017.

Podszun, Rupprecht/Leber, Marius, Kommerzielle Tätigkeiten öffentlich-rechtlicher Rundfunkanstalten und der Grundsatz der Marktkonformität, K&R 2015, S. 777–783.

Podszun, Rupprecht/Palzer, Christoph, Machtprobe zwischen Markt und Staat? – Rekommunalisierung und Kartellrecht, NJW 2015, S. 1496–1500.

Polenz, Sven, Rechtsquellen und Grundbegriffe des allgemeinen Datenschutzes in: Kilian, Wolfgang/Heussen, Benno, Computerrechts-Handbuch, 32. EL Februar 2013.

Prantl, Heribert, Hackschnitzel-Demokratie – Warum Rekommunalisierung der Daseinsvorsorge so wichtig ist, EnWZ 2014, S. 481–482.

Püttner, Günter, Die öffentlichen Unternehmen, Köln 1969.

—, Zur Kompetenz des Bundesgesetzgebers im Pressewesen, NJW 1975, S. 813–815.

—, Besprechung der Schrift von Volker Emmerich und Udo Steiner: „Möglichkeiten und Grenzen der wirtschaftlichen Betätigung der öffentlich-rechtlichen Rundfunkanstalten, DÖV 1987, S. 879–879.

Rahn, Monika, Programmauftrag und Kartellrecht, Konstanz 1991.

Raitz von Frentz, Wolfgang/Masch, Christian, Umfang der Aufsicht der Landesmedienanstalten (inkl. KEK und ZAK) über die an die Plattformanbieter zu zahlenden Einspeisegebühren und die Zahlungen der Plattformanbieter an die Sendeunternehmen, insbesondere der von den Kabelnetzbetreibern gezahlten HD-Erlöse, ZUM 2016, S. 326–334.

Rees/Ukrow Art. 167 AEUV, in: Grabitz, Eberhard/Hilf, Meinhard/Nettesheim, Martin (Hrsg.), Das Recht der Europäischen Union, München 62. EL Juli 2017.

Reimer, Franz, Die Energiewende und die Kompetenzordnung des Grundgesetzes, in Müller, Thorsten/Kahl, Hartmut (Hrsg.), Energiewende im Föderalismus, 2015, S. 69–98.

Rengeling, Werner, § 8 Kompetenzen, in: Kube, Hanno/Mellinghoff, Rudolf/u.a. (Hrsg.), Leitgedanken des Rechts in der Diskussion, Symposium aus Anlass des 70. Geburtstag von Paul Kirchhof, Heidelberg 2013.

Richter, Burkhard/Steinvorth, Till, § 19 in: Wiedemann, Gerhard, Handbuch des Kartellrechts, 3. Aufl. München 2016.

Rösler, Hannes, Kartellrecht im Mediensektor – Strukturen und Perspektiven, WuW 2009, S. 1014–1023.

Roth, Wulf-Henning, Rundfunk und Kartellrecht, AfP 1986, S. 287–297.

—, Zum Unternehmensbegriff im europäischen Kartellrecht, in: Brinker, Ingo/Scheunig, Dieter/Stockmann, Kurt (Hrsg.): Recht und Wettbewerb, Festschrift für Rainer Bechtold zum 65. Geburtstag, München 2006, S. 393–408.

Rozek, Jochen, Art. 70, in: v. Mangoldt, Hermann/Klein, Friedrich/Starck, Christian, GG Kommentar, Bd. 2, 6. Aufl. 2010.

Ruess, Peter/Slopek, David E.F., Wettbewerbsrechtliche Grenzen der Glücksspielwerbung: Zwischen Monopol- und Verbraucherschutz, WRP 2011, S. 28–36.

Ruffert, Matthias, Europarecht: Verfassungskonformität des angekündigten OMT-Programms der EZB, JuS 2016, S. 756–759.

Säcker, Franz Jürgen, Das Regulierungsrecht im Spannungsfeld von öffentlichem und privatem Recht – Zur Reform des deutschen Energie- und Telekommunikationsrechts, AöR 130 (2005), S. 180–224.

—, Die kartellrechtliche Missbrauchskontrolle über Wasserpreise und Wassergebühren, NJW 2012, S. 1105–1111.

Säcker, Franz Jürgen/Mohr, Jochen/Wolf, Maik, Konzessionsverträge im System des europäischen und deutschen Wettbewerbsrechts, Frankfurt a.M. u.a. 2011.

Sachs, Michael, Art. 87 in: ders., GG, 8. Auflage 2018.

Sannwald, Rüdiger, Art. 30, in: Schmidt-Bleibtreu, Bruno/Klein, Franz (Hrsg.), GG Kommentar, 10. Aufl. München 2004.

Sauer, Mirko, Das Recht der Vergabe von Strom- und Gas-Konzessionsverträgen im EnWG, Baden-Baden 2012.

Schaarschmidt, Ulrich, Cross-Promotion durch Medienkonglomerate: Schranken des Kartell- und Medienrechts, Münster 2005.

Scharpf, Christian, Die wirtschaftliche Betätigung von Gemeinden zwischen Grundrechtsrelevanz und kommunalem Selbstverwaltungsrecht, GewArch 2005, S. 1–8.

Scheuner, Ulrich, Staatliche Interventionen im Bereich der Wirtschaft. Rechtsformen und Rechtsschutz, VVDStRL 11 (1954), S. 1–74.

Schiller, Marcus, Staatliche Gewährleistungsverantwortung und die Sicherstellung von Anschluss und Versorgung im Bereich der Energiewirtschaft, Baden-Baden 2012.

Schmahl, Stefanie, Die mitgliedstaatliche Daseinsvorsorge im Spannungsfeld zum europäischen Binnenmarkt, GewArch Beilage WiVerw Nr. 02/2011, S. 96–111.

Schmidt, Ingo, More economic approach: Ein wettbewerbspolitischer Fortschritt?, in: Brinker, Ingo/Scheunig, Dieter/Stockmann, Kurt (Hrsg.): Recht und Wettbewerb, Festschrift für Rainer Bechtold zum 65. Geburtstag, München 2006, S. 409–418.

—, More Economic Approach: Ökonomisches Modell oder Verbesserung der Rechtspraxis?, in: Joost, Detlev/Oetker, Harmut/Paschke, Marian, Festschrift für Franz Jürgen Säcker zum 70. Geburtstag, München 2011, S. 939–948.

Schmidt-Jortzig, Edzard, Kommunalverwaltung und Verwaltungsgerichtsbarkeit, NJW 1983, S. 967–973.

Schneider, Hans-Peter, Ultra Vires?, GewArch 2013, S. 137–144.

—, Staatliches Glücksspielmonopol auf dem Prüfstand, GewArch Beilage WiVerw Nr. 03/2014, S. 165–186.

Scholtka, Boris/Keller-Herder, Laurenz, Anmerkung zur Entscheidung des BGH, Urteil vom 17.12.2013 - KZR 65/12 - Kriterien der Konzessionsvergabe müssen sich am Ziel von § 1 EnWG orientieren, RdE 2014, S. 189–191.

Scholz, Rupert, Neue Entwicklungen im Gemeindewirtschaftsrecht - Strukturfragen und Verfassungskritik, DÖV 1976, S. 441–449.

—, Audiovisuelle Medien und bundesstaatliche Gesetzgebungskompetenz, Berlin 1976.

Scholz, Rupert/Weidemann, Clemens, Das Staatsmonopol für Veranstaltung und Vermittlung von Sportwetten und anderen Glücksspielen - Zur Verfassungswidrigkeit des Entwurfs für einen Staatsvertrag zum Glücksspielwesen, GewArch Beil. 2007, S. 105–164. *Schramm, Irene*, Zum Anwendungsbereich des neuen Spielhallenrechts, GewArch 2013, S. 244–245.

Schreiber, Stefanie, Verwaltungskompetenzen der Europäischen Gemeinschaft, Baden-Baden 1997.

Schröder, Werner, Art. 34 AEUV, in: Streinz, Rudolf (Hrsg.), EUV/AEUV, München 2. Aufl. 2012.

Schubert, Tobias, Die mühsame (und erfolglose) Flucht der öffentlich-rechtlichen Rundfunkanstalten vor dem Wettbewerbsrecht, NZKart 2017, S. 452–458.

Schultz, Klaus-Peter, Krankenkassen als Adressaten des Kartellrechts, NZS 1998, S. 269–274.

Schwab, Andreas/Giesemann, Amelie, Mit mehr regeln zu mehr Rechtssicherheit?, VergabeR 2014, S. 351–369.

Schwalbe, Ulrich, Effizienz oder Wettbewerbsfreiheit? Zur Frage nach den Aufgaben des Rechts gegen private Wettbewerbsbeschränkungen, ZWeR 2010, S. 454–464.

—, Per-se-Regeln und der ‚More Economic Approach' in: Vanberg/Viktor (Hrsg.), Evolution und freiheitlicher Wettbewerb, Tübingen 2009, S. 61–78.

Schwartmann, Rolf, Einführung in das Informationsrecht in Nordrhein-Westfalen, in: Gersdorf, Hubertus/Paal, Boris P. (Hrsg.), BeckOK Informations- und Medienrecht, München 18. Edition, Stand: 01.11.2017.

—, Praxishandbuch Medien-, IT- und Urheberrecht, Heidelberg 3. Aufl. 2014.

Schwarze, Jürgen, Einführung, in: ders. (Hrsg.), Daseinsvorsorge im Lichte des Wettbewerbsrechts, Baden-Baden 2001, S. 9–24.

Schweitzer, Michael, Die Verwaltung der europäischen Gemeinschaften, Die Verwaltung 17, S. 137–168.

Schwensfeier, Roland/Knauff, Matthias, § 130 in: Loewenheim, Ulrich/Meessen, Karl. M/Riesenkampff, Alexander/Kersting, Christian/Meyer-Lindemann, Jürgen (Hrsg.), Kartellrecht, München 3. Auflage 2016.

Sennekamp, Irmela, Der Diskurs um die Abgrenzung von Kartell- und Regulierungsrecht, Tübingen 2016.

Siara, Carsten, Der Medienstaatsvertrag und die „neuen" Medien, MMR 2020, 523–526.

Spieler, Ekkehard, Fusionskontrolle im Medienbereich, Berlin 1988.

Sprenger, Regine, Optionen zur Regulierung des publizistischen Wettbewerbs, Frankfurt a.M. 2013.

Steger, Jens, Konglomerate Medienzusammenschlüsse in der deutschen Fusionskontrolle, WuW 2010, S. 282–291.

Stern, Klaus, Staatsrecht der Bundesrepublik Deutschland, Band I, München 1977.

Stettner, Rupert, Grundfragen einer Kompetenzlehre, Berlin 1983.

—, Art. 73, in: Dreier, Horst/u.a. (Hrsg.), GG Kommentar, Band II, Tübingen 2. Auflage 2006, Supplementum 2007.

Stober, Rolf, Zur staatlichen Regulierung der gewerblichen Spielevermittlung, GewArch 2003, S. 305–321.

Stock, Martin, Das vierte Rundfunkurteil des Bundesverfassungsgerichts – Kontinuität oder Wende?, NJW 1987, S. 217–224.

—, Rundfunk und Kartellrecht, AfP 1989, S. 627–634.

Stock, Dieter in: Hoffmann-Riem, Wolfgang (Hrsg.), Rundfunk im Wettbewerb, Baden-Baden 1988, S. 35 ff.

Stockmann, Kurt, Das Ermessen des Bundeskartellamts zur Verfolgung von Zuwiderhandlungen gegen das Kartellverbot, ZWeR 2015, S. 183–188.

Streinz, Rudolf, Bundesverfassungsgerichtlicher Grundrechtsschutz und Europäisches Gemeinschaftsrecht, Baden-Baden 1989.

—, Europarecht, Heidelberg 2015.

—, § 218 Vollzug des europäischen Rechts durch deutsche Organe, in: Isensee, Josef/Kirchhof, Paul (Hrsg.), Handbuch des Staatsrechts, Band X, Heidelberg 3. Auflage 2012.

—, Art. 5 EUV in: ders. (Hrsg.), EUV/AEUV, München 2. Aufl. 2012.

—, Europarecht: Vorrang des Unionsrechts und Notifizierungspflicht, JuS 2016, S. 568–571.

Stulz-Herrnstadt, Michael/Engelmann, Christoph, Keine Inkohärenz des GlüStV durch Sonderweg Schleswig-Holsteins, GRUR-Prax 2014, S. 310–310.

Suerbaum, Joachim, Art. 87, in: Epping, Volker/Hillgruber, Christian, BeckOK GG, 42. Edition, Stand: 01.12.2019.

Theobald, Christian, § 54, in: Danner, Wolfgang/ders. (Hrsg.), Energierecht, München 93. EL Juni 2017.

Templin, Wolf, Wettbewerb um Konzessionen durch Richterrecht, NZBau 2014, S. 487–490.

Terhechte, Jörg, Mehr Wettbewerb im Lotteriewesen?, ZfWG 2006, S. 203–206.

Tettinger, Peter J., Art. 28, in: v. Mangoldt, Hermann/Klein, Friedrich/Starck, Christian, GG Kommentar, 5. Auflage 2005.

Trafkowski, Armin, Medienkartellrecht – Die Notwendigkeit der Harmonisierung zweiter Rechtsgebiete, K&R 2002, S. 62–67.

Trute, Hans-Heinrich/Broemel, Roland, Der Verbreitungsauftrag der öffentlich-rechtlichen Rundfunkanstalten, MMR-Beilage 11/2012, S. 1–30.

Uhle, Arnd, Art. 70, in: Maunz, Theodor/Dürig, Günther/u.a. (Hrsg.), Grundgesetz-Kommentar, München 79. EL Dezember 2016.

Ulmer, Peter, Der Programmauftrag der Rundfunkanstalten in kartell- und wettbewerbsrechtlicher Sicht, Berlin 1983.

Unger, Sebastian, Wettbewerbsverwaltung, Tübingen (in Vorbereitung).

—, Herstellerbegleitung oder Marktüberwachung?, EuZW 2017, S. 299–303.

Unterreitmeier, Johannes, Glücksspielanbieter ohne Glück, NJW 2013, S. 127–130.

Uwer, Dirk, Monopolisierung und Pathologisierung, NJW 2006, S. 3257–3259.

Voet van Vormizeele, Philipp, Kartellrecht und Verfassungsrecht, NZKart 2013, S. 386–393.

von Bogdandy, Armin/Schill, Stephan, Art. 4 EUV, in: Grabitz, Eberhard/Hilf, Meinhard/Nettesheim, Martin (Hrsg.), Das Recht der Europäischen Union, München 62. EL Juli 2017.

von Danwitz, Thomas, Europäisches Verwaltungsrecht, Berlin/Heidelberg 2008.

von Weizsäcker, Christian, Konsumentenwohlfahrt und Wettbewerbsfreiheit – Über den tieferen Sinn des „Economic Approach", WuW 2007, S. 1078–1084.

Voßkuhle, Andreas, § 1, in: Hoffmann-Riem, Wolfgang/Schmidt-Aßmann, Eberhard/ders. (Hrsg.), Grundlagen des Verwaltungsrechts, Band I, 2006.

Walz, Simone, Nur wer mitspielt, kann gewinnen, Werbung für staatliche Glücksspielangebote als öffentliche Ausgabe?, Baden-Baden 2009.

Weck, Thomas, Staatliche Unternehmen und Daseinsvorsorge nach Marktregeln, DÖV 2015, S. 500–508.

Weiß, Wolfgang, Kommunale Entscheidungsspielräume bei § 46 EnWG, EnWZ 2014, S. 435–443.

Weiß, Holger, Stand und Perspektiven des Rechts der Strom- und Gaskonzessionsvergabe, NVwZ 2014, S. 1415–1420.

Weisser, Ralf, Anmerkung zu einer Entscheidung des BGH, Urt. v. 16.06.2015 – Zur Frage der Einspeisevergütung nach Kündigung von Einspeiseverträgen mit den Kabelnetzbetreibern durch die öffentlich-rechtlichen Rundfunkanstalten im Hinblick auf die Must-carry-Regelung, MMR 2015, S. 767–770.

Westermann, Kathrin, Die Entscheidung des BGH zum Lotteriewettbewerb, ZWeR 2010, S. 81–100.

Westphal, Dietrich, Föderale Privatrundfunkaufsicht im demokratischen Verfassungsstaat – verwaltungs- und verfassungsrechtliche Analyse der Kommission zur Ermittlung der Konzentration im Medienbereich (KEK), Berlin 2007.

Windoffer, Alexander, Der neue Glücksspielstaatsvertrag: Ein wichtiger Beitrag zur Gesamtkohärenz des deutschen Regulierungsregimes, GewArch 2012, S. 388–392.

Wittig-Terhardt, Margret, Rundfunk und Kartellrecht, AfP 1986, S. 298–306.

Wolf, Maik, Unternehmensbegriff, Zuständigkeit der Kartellämter und Rechtsweg bei öffentlich-rechtlichen Leistungsbeziehungen, BB 2011, S. 648–654.

—, Zu den verfassungsrechtlichen Grenzen für eine kartellrechtliche Kontrolle von Gebühren, WuW 2013, S. 246–251.

Wolff, Johanna, § 5, in: Schneider, Jens-Peter/Theobald, Christian, Recht der Energiewende, München 2013.

Wolfers, Benedikt/Wollenschläger, Burkhard, Wasserpreiskontrolle: Welcher Rechtsschutz verbleibt nach dem Beschluss des OLG Düsseldorf v. 24.02.2014?, EnWZ 2014, S. 261–267.

Wollenschläger, Ferdinand, § 105, in: Burgi, Martin/Dreher, Meinhard, Beck'scher Vergaberechtskommentar, Band 1, München 3. Auflage 2017.

Wormit, Maximilian, Grundstrukturen und aktuelle Entwicklungslinien der deutschen Glücksspielregulierung, NVwZ 2017, S. 281–286.

Wrangel, Philipp, Die Fusionskontrolle des italienischen Rundfunkgesetzes, GRUR Int. 1991, S. 870–882.

Wuermeling, Joachim, Auswirkungen des Lissabonner Vertrags auf die Daseinsvorsorge, GewArch Beilage WiVerw Nr. 04/2008, S. 247–252.

Printed by
CPI books GmbH, Leck

Kolibri 360 GmbH
Ferdinand-Jühlke-Straße 7
99095 Erfurt, Deutschland
produktsicherheit@kolibri360.de